"十二五"普通高等教育本科国家级规划教材

新编21世纪人力资源管理系列教材

薪酬管理

第三版

Compensation

曾湘泉　主编

中国人民大学出版社
·北京·

作者简介

曾湘泉 现任中国人民大学劳动人事学院院长、教授、博士生导师。教育部长江学者特聘教授。兼任中国劳动学会副会长、劳动科学教育分会会长、薪酬专业委员会副会长、中国人力资源开发研究会副会长、中国就业研究所所长、德国劳动研究所（IZA）研究员。美国富布赖特项目高级访问学者。曾荣获国家教育部和团中央颁发的“挑战杯特等奖——全国优秀指导教师”、“北京市教学名师”、“北京市有突出贡献的科学、技术、管理人才”等荣誉称号。2003 年 3 月 28 日在中共中央政治局第三次集体学习中，应邀就“世界就业趋势及我国的就业政策研究”进行讲解。

发表和出版了大量劳动经济和人力资源管理方面的学术著作和论文。代表作《经济增长过程中的工资机制》、《面向市场的就业与失业测量》等多次获奖。

内容简介

本教材系统阐述了薪酬管理的基本原理和应用技术，并入选“十二五”普通高等教育本科国家级规划教材。

本书具有以下特色：

- 系统性：对战略、职位、能力、市场、绩效、福利、预算、外部环境等与薪酬的关系进行了全面、系统和深入的阐述。
- 实用性：关注薪酬设计的具体方法，突出薪酬管理的应用技术，结合作者多年的管理咨询经验，内容丰富且实用。
- 前沿性：包含国内外最新的薪酬管理理论研究和操作技术。

此外，为缓解管理实践经验缺乏的在校学生面临的学习困境，本书在章节安排上，尽量考虑书中内容的难易程度，力求对问题的叙述尽可能简明、生动和流畅。在每章之后，特别增加了附录或案例，帮助读者加深对有关专题的理解，并为教师组织课堂讨论提供素材。

本书适合人力资源管理、劳动与社会保障、劳动关系等专业本科生、研究生（包括 MBA、MPA）对薪酬管理理论和实践知识的学习，也适合经济和管理类专业人士阅读。

序　言

就薪酬理论研究和管理实践而言，一直存在着两种倾向。一种情况是，在理论界，学者比较关注薪酬管理知识积累，包括来自经济学和心理学一些重大理论的总结和分析。通常这些理论虽具有高度和深度，但实用性不强，或者说与现实距离较大。另一种倾向是，在实践层面，大家更多关注薪酬管理具体技术和方法，这些技术和方法简单、实用，且具有可操作性，但人们对其理论分析和认识还不够。就薪酬管理专业人才的培养而言，显然应当是两者的有机结合。本书既重视理论也重视实践，力求避免一边是理论夸夸其谈，一边是实践的就事论事，即尽可能避免出现理论与实践严重脱节的"两张皮"尴尬局面。

本教材紧紧围绕如下具体问题展开：从理论上如何认识公司战略、职位、能力、市场、绩效、福利和预算等因素与薪酬决策的关系？一个微观组织的薪酬管理制度究竟如何设计，其具体技术和方法是什么？有哪些宏观环境因素将会影响我国各类组织的薪酬管理实践？如果说薪酬管理变革是大势所趋，那么其究竟应当如何把握和理解？等等。总体来说，本书试图提供一个系统的、既有理论分析又具备实用和可操作技术的薪酬管理指南。

《薪酬管理》由《薪酬：宏观、微观和趋势》一书改写。《薪酬：宏观、微观和趋势》是作者及研究团队多年来对薪酬研究和探讨的成果，含有我们对薪酬理论和管理实践一些重大问题的深入思考和认识。该书出版后尽管获得读者的好评，但也有一些大学老师反映，在给本科生教学过程中，该书内容略显艰深。鉴于此，应出版社要求，我们将该书做了大幅度修改，并更名为《薪酬管理》。《薪酬管理》一书将宏观和趋势四章内容合并为一章，即将从前的十三章缩减为目前的十章内容。同时，考虑到本科阶段学生接受程度和学习负担，还大幅压缩了各章节的相关内容。当然，对硕士研究生而言，我们仍然建议使用《薪酬：宏观、微观和趋势》一书。

本书主要是一本为劳动经济、劳动关系、人力资源管理及劳动和社会保障专业本科生学习使用撰写的教材。应当特别指出，对薪酬理论和薪酬管理的学习和把握，既需要系统的经济学和管理学的理论修养和学术训练，更需要大量丰富的人力资源管理工作经验的积累。严格说来，要成为一个具有高度专业化的薪酬管理人士，不断的实践探索和对问题的独立思考，不可或缺。为缓解管理实践经验缺乏的在校学生读者面临的学习困境，本书在章节安排上，尽量考虑书中内容的难易程度，并力求对问题的叙述做到尽可能简明、生动和流畅。在每章之后，我们还特别增加了附录或案例，以帮助读者加深对有关专题的理解，并为教师组织课堂讨论提供素材。相信这些附录、案例以及中英文参考文献的阅读，会对大家薪酬管理课程的系统学习，带来更多的收获和帮助。当然，对人力资源管理专业的学生来说，除了阅读和学习本书的正文、附录和案例等之外，如果能同时增加阅读薪酬管理或人力资源管理领域中的一些专业期刊或文献，将会获益更多。

本书最初大纲、框架结构，包括许多重要观点和思想的形成和确定，都是我与我多年指导的多位博士生和硕士生共同研讨的结果。赵立军、王学力、韩瑞青、岳颖、肖守中、苏中兴、唐蔚蔚、夏祖浩、贾金玉、周禹、陈宇良、王军宏、卢亮、牛玲、汪泽英、于海蛟、宁思、刘彩凤、徐振斌、袁罡、汪雯、宋洪峰、李娇、赵瑜、张洁等参与了 2006 年第一版资料收集、整理和部分章节的撰写。崔钰雪、苏中兴、熊通成、巫强、宋洪峰等参与了 2010 年第二版的修订。彭诗杰、刘春凯等参与了第三版的修订。在此，对他们的积极参与和做出的贡献表示感谢！

时至今日，无论是理论还是实践，无论是企业还是非营利组织，无论是在国内还是国外，薪酬管理领域的新问题不断涌现。金融危机以来，从美国华尔街到中国金融界，高管限薪已成为人们热议的重要话题。这一方面说明，在当今世界，薪酬管理已经成为各国共同面对的难题；另一方面也要求我们继续在薪酬领域做更为深入的学术研究和实践探索。期望本次对本书相关章节的调整和修改，特别是相关内容的补充，能够最大限度地反映并满足读者的要求。

曾湘泉

目　录

第 1 章

导　论

薪酬管理是人力资源管理的重要组成部分。现代各类组织人力资源管理的核心命题是人才的吸纳、保留和激励问题。对薪酬管理的学习和研究，有助于我们对整体劳动经济和人力资源管理的分析框架有一个全面系统的认识和思考，也有助于宏观劳动经济和微观人力资源管理工作者有效地把握人力资源管理规律，解决人力资源管理战略实施中所面临的员工激励问题。

以下将首先介绍薪酬及薪酬管理的含义，特别是有关薪酬的内涵和外延的演变过程，然后简要概述本书的章节内容。

1.1 薪酬和薪酬管理

薪酬（compensation）按照英文字面的理解，应当是补偿和回报的意思。它是 20 世纪 90 年代中期，在我国开始流行起来的一个外来的管理学范畴。90 年代初期，随着跨国公司陆续进入中国大陆，在大陆的“三资”企业开始引入“薪资”这一说法。“薪资”成为我们长期使用的“工资”和“薪水”整合的一个概念。90 年代中后期，不仅在外资企业，而且在国有企业和民营企业，甚至政府领导人的工作报告和讲话中，又广泛使用“薪酬”这一概念。如同“人事管理”被“人力资源管理”的概念替代一样，我国长期使用的“工资”逐渐演化并开始表达为“薪酬”这一范畴。

撇开“工资”（wage）、“薪酬”（compensation）、“薪资”或“薪水”（salary）、“报酬”（reward）等概念在英语中的不同说法，纯粹就中文而言，中国古代有“俸禄”（薪俸、俸钱、俸饷、俸金）、“工钱”，现代有“待遇”、“工资”、

“收入”和“报酬”等多种多样的表达。简单考察“薪酬”范畴的中外含义差别和历史演进，可以看到，一个社会的进步通常伴随着对一个事物认识表达的微妙变化，“薪酬”这一范畴和概念的出现和流行，是我国企业、政府和非营利组织人力资源管理变革实践发展的产物，它反映了我国封闭的、传统高度集中的劳动人事管理制度，向现代开放的、更具有竞争活力的国际人力资源管理体系演进的一些背景变化。

在德语中，薪酬最初的表达——工资，原本有雇佣的含义。工资首先与雇佣相联系。按照马克思的说法，工资制度滥觞于古代，是在古代的军队中发展起来的。在中国的古代，也有所谓“军饷”的说法。近代的工资，是工业革命以来，工作地点雇佣劳动的报酬，是雇主与雇员之间雇佣关系的一种产物。

薪酬是当今国内外社会各界讨论的热点。员工的最低工资达不到标准、农民工工资遭到拖欠，这些问题的讨论都使得在全面建设小康社会的进程中，薪酬成为社会正义测量的尺度。美国制造业工人“失去工作”，一些美国学者将此与中国工人“不合理”的低人工成本优势相联系，《华尔街日报》一度大谈中国的低工资风险向全球其他发展中国家蔓延等，薪酬甚至成为中美贸易不平衡讨论的有关问题。

薪酬是微观和宏观经济问题关注的重点。从微观角度看，工资是企业产品成本的主要构成部分，对人工成本所占比重较大的劳动密集型企业而言，工资对产品的竞争力构成了重要的影响。据统计，美国炼油工业中工资每增加1%，总成本仅仅上升0.15%，在这一行业中人工成本仅占总成本的3%。相反，在服装工业中工资同样增加1%，将使总成本上升3%，在这一行业中工资占总成本的60%。从宏观角度看，工资增加具有两方面的影响：在劳动生产率保持不变的前提下，人工成本增加，会引起消费物价的持续上升，即通货膨胀；而如果有效需求不足，通过增加薪酬，可以扩大消费需求，推动经济增长。从长期来看，较高的薪酬水平还会导致产业结构的调整、工作的转移、资本对劳动的替代，以及社会的技术进步。

薪酬是组织管理的难点。在市场经济国家，存在着高薪酬与低绩效、高绩效与低薪酬的现实，尽管如此，股东仍期望高层管理人员的薪酬与组织的绩效相联系。无论在北美、欧洲还是亚洲，无论在跨国公司、民营企业还是国有单位，薪酬都是微观组织管理高度关注的话题。一方面，将薪酬与组织的战略相联系，将其作为吸纳、保留和激励员工的重要手段；另一方面，薪酬是人工成本的主要构成部分，企业尽可能将员工薪酬控制在预算的合理范围之内。

人工成本是与薪酬有关的外延最广的一个统计范畴。它不仅包括基本工资、奖金和福利等劳动报酬，而且包括员工招聘、培训和职业安全生产所需要的支出。尽管在不同国家人工成本的优势比较中，劳动报酬是人工成本的主体部分，但我们应记住，其他因素也是人工成本的组成部分。

在现代薪酬管理中，有一个比薪酬（compensation）的外延更广的概念，这就是报酬（reward）及总报酬（total rewards）。我们通常所说的报酬有内在报酬和外在报酬两部分内容。内在报酬是指与工作相关的非经济报酬，是员工由于完成工作而获得的关系回报（relational returns），或是指员工在工作地点获得的心理回报（psychological returns），诸如被赏识、有身份地位、就业安全感、挑战性的工作、学习机会等。当雇员的工作在以下五个方面——技术多样性、工作特性、工作意义、自主权和回馈的程度都很高时，雇员的心理状态（即内在报酬）就会得到改善。通常，组织发展专业人员通过有效的工作设计来提高内在薪酬。而总报酬是雇员因他们提供的时间、才能、努力和结果所获得的货币和非货币的回报。它涉及有效地吸纳、保留和激励人才的组织战略所需的五个因素，即薪酬、福利、工作—生活、绩效和赏识以及职业生涯和开发。

我们通常所说的薪酬实际上指的是总报酬中的外在报酬（extrinsic reward）部分。它由以下几方面组成：

（1）基本工资。基本工资通常与个人工作表现没有根本联系，而与物价或生活费用，以及市场上其他雇主支付的报酬水平相关。

（2）绩效加薪或晋升制度。这个制度建立在对过去的工作表现行为的评价基础之上，是对员工过去表现的一种认可。与因生活费用调整而给所有的人涨工资不同，它只是对一部分表现良好的员工的工资水平进行调整。

（3）浮动薪酬（奖金或业绩津贴等）。在整个薪酬中，这部分通常与个人工作表现相联系。与前述绩效加薪不同，这部分浮动薪酬不是固定不变的，它随着员工未来行为和业绩的变化而变化。

（4）长期激励。指股票期权、员工持股计划等。

（5）福利制度。包括法定的养老、医疗和失业保险等，也包括企业年金、补充医疗保险和补充工伤保险等，还包括住房补贴、交通补贴等。

应当说明的是，以上我们使用的薪酬是指年薪或月薪。实际上，我们计算一个人的报酬时，应当计算终生总收入或者总报酬。通常一个员工在一生不同的工作时间段里，存在着不同的薪酬变动轨迹，即有的人开始起薪较低，但以后则有较大的增长；有的人开始起薪较高，而随后薪酬仅有微小的变动，即所谓个人终生收入薪酬变动曲线存在着不同的形状。我们可以观察到，尽管大学生与农民工的初次报酬相差不大，但实际上终身收入有很大的区别。

概括起来，本书所说的薪酬，是指雇员作为雇佣关系中的一方，因为工作和劳动而从雇主那里所得到的各种货币收入，以及各种特定的服务和福利之和。它既包括直接以现金形式支付的工资（如基本工资、绩效工资、激励工资、生活水平调整增资），又包括通过福利和服务（如养老金、医疗保险、带薪休假等）获得的报酬。薪酬通常包括以下四种形式：基本工资、绩效工资、短期和长期的激励工资、福利和服务等。

什么是薪酬管理？按照通常的理解，薪酬管理是在组织发展战略指导下，对员工薪酬支付原则、薪酬战略、薪酬水平、薪酬结构、薪酬构成进行确定、分配和调整的动态管理过程。它主要涉及组织战略与薪酬、职位与薪酬、能力与薪酬、市场与薪酬、绩效与薪酬、长期激励、福利与薪酬、预算与薪酬、外部环境与薪酬等一系列的内容。

1.2 本书章节内容

纵览国内外薪酬理论和薪酬管理的教材，尽管主体内容存在着广泛的一致性，但分析的框架和章节安排则完全不同。应当说，一本教材的框架和章节内容，反映了一个时代的现实背景和客观需求，也反映出作者自身思考和认识的角度。总结现代薪酬管理理论研究成果和管理实践经验，以及我国转型经济和管理变革的新要求，本书后续由以下九章内容构成。

第 2 章“战略与薪酬”，是目前国内外人力资源和薪酬管理最热门，也是最具前沿性的内容和话题。无论在理论还是实践层面，国内与国际在这方面均有较大的差距，有必要对此给予高度的关注。我们讨论了战略理论与分析框架；从薪酬战略实践的发展、薪酬战略的理论与模型、组织战略与薪酬战略的匹配性研究角度，分析了薪酬战略理论与模型；就评估组织战略与相关因素的关系，以及薪酬战略的建立、实施、评估与调整，讨论了如何科学地构建薪酬战略体系。

以职位为基础的薪酬制度设计，是我国目前微观组织薪酬变革中，采用最为广泛的技术和方法，也是来源于西方现代薪酬管理最为基础的内容。在第 3 章“职位与薪酬”中，通过职位管理概念的界定、理论基础和实践活动分析，对职位这一管理对象进行了整体介绍；系统探讨了工作分析的概念、原则、操作程序、基本方法和职位说明书的撰写；从职位评价概念的界定、基本原则、操作程序和主要方法等角度，对职位评价这一薪酬管理技术性最强的内容进行了概述；讨论了职位薪酬设计的流程、结构、水平及调整问题；还讨论了职位薪酬的适用范围、职位评价的局限及兼职兼岗人员的薪酬问题。

虽然技能薪酬或能力薪酬谈不上是薪酬管理实践过程中的一个新技术或方法，但可以说是国际薪酬理论和实践领域蓬勃发展的一个领域。在我国薪酬管理中，目前这一领域仍较为薄弱。近年来，能力薪酬在国内开始引起关注。第 4 章“能力与薪酬”从基于能力付酬的背景与成因、基本界定和特点等角度，对能力薪酬进行了阐述；讨论了基于能力付酬的基本概念、历史沿革和我国的实践；从能力薪酬的主要构成、技能薪酬（skill-based salary）、知识薪酬（knowledge-based salary）和能力薪酬（competence-based salary）的基本设计方法与操作要点、特点与比较等角度，讨论了能力薪酬设计的基本方法与要点；就职位薪酬设计方法中的缺陷与可借鉴之处，探讨了从职位基础到按能力付酬的过渡性的操作方式。

随着企业人才竞争的加剧，外部竞争力在薪酬制度设计中成为关注的重点和难点。第 5 章“市场与薪酬”，从薪酬的外部竞争力概念的界定、劳动力市场与薪酬、产品市场与薪酬和组织因素与薪酬等方面，分析了薪酬的外部竞争性与市场的关系；讨论了市场薪酬调查的目的和流程；从薪酬数据更新、薪酬模型和薪酬水平策略等方面，讨论了市场薪酬策略。

“绩效与薪酬”是薪酬理论研究和管理实践中重要且难度较大的问题。大量的事实证明，脱离绩效的薪酬很难起到激励员工的作用。随着管理上档次，特别是管理出效益的管理需求的上升，薪酬与绩效的关系处理耗费了人力资源管理工作者大量的时间和精力。诚如有人概括的，绩效管理是人力资源管理中的高科技，因此，如何将绩效与薪酬挂钩，成为薪酬管理工作者最大的工作挑战。在第6章“绩效与薪酬”，介绍了绩效薪酬的种类和发展历史；在此基础上，从个人、团体、组织三个角度，探讨如何通过绩效评价来设计绩效薪酬，如何进行绩效薪酬的管理；分析了包括高管人员、销售人员和研发人员三类特殊人员的绩效薪酬；最后总结了目前有关绩效薪酬的争论。

长期激励是20世纪90年代以来，国内外薪酬理论和薪酬管理实践中广泛关注的内容。第7章“长期激励”，深入讨论了公司实行长期激励分配制度的意义、存在的主要问题和在我国的实践；介绍了员工持股的基本概念、分类以及实施该计划的方法步骤；介绍了股票期权的基本理论模型和实施的方法步骤；介绍了虚拟股份的概念、实施股票增值权计划的方法步骤；分析了国内近年来颇受争议的管理层收购（MBO）的基本内容、方法步骤等；总结了收益分享计划的主要思想、观点和该计划的方法步骤。

福利与薪酬是薪酬管理理论和实践不可忽视的课题。第8章“福利与薪酬”讲述了福利的概念及发展历史、福利的作用和福利的分类；从福利设置的影响因素、设计模式，讨论了目前各类组织关注的员工福利设计；从年金计划、住房保障计划和补充医疗保险等角度，介绍了国内几种典型的员工福利计划。

第9章“预算与薪酬”从薪酬核算与分析讲起，讨论了薪酬核算的定义、要素和目标，分析了薪酬成本分析指标，对薪酬成本分析模型进行了总结；通过对薪酬预算框架、编制方法和薪酬控制设计的讨论，总结了薪酬预算编制；介绍了薪酬预算使用与评估；从薪酬成本问题的热化、实践和再思考等角度，探讨了国内目前的薪酬成本控制问题。

除了个人和企业因素，企业所处的外部环境也是我们在探索薪酬问题时不可忽视的因素。尤其是伴随经济全球化、组织知识化的发展趋势，影响薪酬管理制度选择的法律环境、商业环境和产业环境都发生了很大的变化，这些环境因素是薪酬实践与研究所关注的重要方面。在第10章“外部环境与薪酬”中，我们从政治、经济、科技和社会文化等角度，分析了影响薪酬管理的外部环境；从改革开放前、经济转型时期以及市场经济推进过程等不同阶段，分析了宏观经济体制变动对薪酬的影响；从劳动力市场规制的特点、宪法、劳动法、国际公约等有关薪酬方面的规定、最低工资、税收等企业薪酬的规制等角度，分析了劳动力市场规制以及政府宏观调控对薪酬的影响；从国际化背景下工作环境、薪酬理念的融合和发展、跨国公司的薪酬管理实践等角度，分析了国际化对我国薪酬管理的影响。

复习思考题

1. 什么是薪酬和薪酬管理？

2. 我国薪酬概念演变的过程和原因是什么？

3. 假如你在校实习或工作过，你获得的薪酬的水平和结构是什么？谈谈你对实习薪酬的认识和思考。

4. 计算和分析中国和美国薪酬在国民收入或国民生产总值中的不同比重和变化。

附　录

薪酬理论的新发展——总报酬模型及其在中国的运用[①]

薪酬在整个人力资源管理中起着领导、支持和变革诱因的作用。[②] 自第一部薪酬教科书 *Methods of Industrial Remuneration*（David Schloss，1892）问世以来[③]，100 多年间薪酬管理的主题变化不断，但是基本的假设和前提却日益清楚并趋于一致：员工为组织提供生产力和绩效产出，而组织则为员工提供对其有价值的东西作为回报。从最早的实物交换到当前日益复杂的薪酬体系，如何吸纳、保留和激励优秀的员工，是企业人力资源管理所面对的主要挑战。总报酬模型的出现和发展为我们提供了一个新的分析框架和思考模式。

一、总报酬模型的产生

随着全球经济与跨国公司的迅速发展，自 20 世纪 70 年代以来，战略性薪酬设计开始为组织所重视，以往相对简单的薪酬与福利计划开始变得复杂起来，报酬要素间的相互关系也开始为薪酬专家所关注。至 90 年代，面对日益激烈的人才竞争，为员工的绩效付酬、控制人工成本并尽可能地提高人员产出，以及如何有效地激励并保留核心员工等，成为薪酬管理专家高度关注的问题，传统的基于货币和实物报酬组合的模式开始显现出局限性。

90 年代初，特罗普曼（Tropman，1990）较为完整地提出了定制性与多样性相结合的整体薪酬计划。他提出应该把基本工资、附加工资、福利工资、工作用品补贴、额外津贴、晋升机会、发展机会、心理收入、生活质量和个人因素等统一起来，作为一个整体来考虑。[④] 这是一种新的将有形报酬与无形报酬有机结合的思维框架，它不再将目光局限于以工资和福利为主体的现金报酬，而是将所有组织能够提供的、对员工有价值的东西统一作为组织的激励资源，并以此为基础

---

① 曾湘泉、宋洪峰：《薪酬理论的新发展——总报酬模型及其在中国的运用》，载《劳动工资动态》，2006（6）。

② George T. Milkovich，Jerry M. Newman，*Compensation*，Eleventh Edition，McGraw-Hill，2013，p. 49.

③ George T. Milkovich，Jennifer Stevens，“From Pay to Rewards—100 Years of Change”，*ACA Journal*，Vol. 9，No. 1，First Quarter 2000.

④ 参见何燕珍：《企业薪酬管理发展脉络考察》，载《外国经济与管理》，2002（11）。

来设计付酬计划。尽管这种非常规的薪酬模式在刚提出时很少有企业大胆采用，但是作为一种新的付酬理念和思维框架，它还是得到了相当广泛的关注，尤其是为美国薪酬协会（WAW）① 所接受并大力推广。

作为全球最具影响力的致力于薪酬理论研究和实践应用的非营利组织，WAW在总报酬理论探讨和实践应用中一直扮演着推动者的角色。21世纪伊始，WAW在总结多位薪酬领域专家研讨成果的基础上，提出了第一个总报酬模型（见图1—1），在关注薪酬和福利的同时，将工作体验（work experience）作为模型框架的重要组成部分。在这一模型中，薪酬和福利是用于吸纳、保留和激励员工的基础，而置身于组织所获得的工作体验则发挥着重要的杠杆作用。②

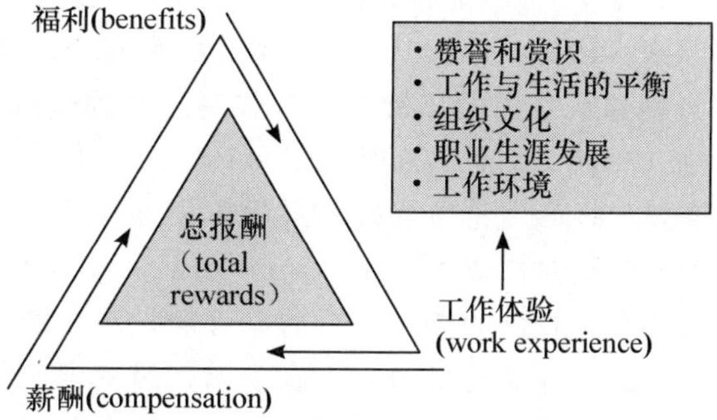

图1—1 总报酬模型的构成要素

资料来源：Worldatwork，2000.

模型中的工作体验包括赞誉和赏识、工作与生活的平衡、组织文化、职业生涯发展，以及工作环境等五大要素。

● 赞誉和赏识：要让员工在工作中得到肯定、认可和赏识，充满成就感；

● 工作与生活的平衡：要考虑员工工作和生活的平衡，例如，提供员工家庭成员计划、财务或健康咨询计划、便利服务以及其他可提高员工生活质量的一切因素；

● 组织文化：倡导多元化和不断创新的企业文化，领导和管理层要与员工充分沟通；

● 职业生涯发展：为员工提供个性化的发展机会，例如，学习和受教育的机会、在职培训的机会、事业提升的机会等；

● 工作环境：提供富于激励的工作环境和办公环境，以及通过工作本身来吸纳、保留并激励员工，让员工始终有一种家的感觉。

自这一模型提出以来，越来越多的组织开始接受总报酬的概念并将其应用于薪酬管理的实践。WAW于2005年9月对其成员进行的一次调查表明，超过

① 美国薪酬协会（ACA）成立于1955年，2000年更名为Worldatwork（WAW），是一个全球领先的致力于推动薪酬福利以及总体薪酬体系理论研发和教育培训的非营利性专业组织。

② Jean Christofferson，Bob King，*The "It" Factor：A New Total Rewards Model Leads the Way*，Wordspan 04/06，pp. 19-20.

90%的回答者在描述组织吸纳、保留和激励员工所使用的薪酬组合时，使用了总报酬（total rewards）、总薪酬（total compensation），或薪酬与福利（compensation and benefits）的概念。[①]

二、总报酬模型的新发展

21世纪的头五年，是总报酬研究与实践迅速发展的阶段。在此期间，得益于总报酬模型在薪酬实践中的广泛应用，有关总报酬的文献与案例研究日益增多，不同的研究与咨询机构、专家学者也在总报酬概念的基础上陆续提出了丰富的理论与操作模型。[②] 尽管这些新的理论与模型的出发点大致相同，并在很大程度上推动了总报酬思想的深入人心，但同时也给薪酬管理人员理解和运用这一概念造成了一定难度。以 *Canadian HR Reporter* 2005年所做的一项调查为例，尽管有59%（$N=191$）的组织接受并在薪酬实践中运用了总报酬的概念，但是其中仅有27%的组织在与员工就薪酬和福利进行沟通时使用了“总报酬”一词。[③]

在这样一个背景下，WAW于2006年提出了一个新的、更为全面的总报酬模型，作为对总报酬理论与实践发展的阶段性总结，并希望以此为基础推进总报酬思想在实践中更为广泛的应用。

一是明确了总报酬的概念。新的总报酬模型重新审视了组织与组织中的人的价值，将多种激励方式有机地整合在一起，明确定义总报酬为用于吸纳、保留和激励员工的各种手段的整合，任何员工认为具有价值的东西都有可能成为总报酬的组成部分。

二是系统整理了总报酬的思考框架。新模型系统考虑了组织战略、人力资源战略和薪酬战略之间的一致性，在新的模型中，基于总报酬的薪酬战略被置于组织整体发展战略之中，成为支持组织人力资源战略实现的重要工具。新模型更加强调要通过对内外部环境变化的分析，有针对性地将总报酬导入组织的薪酬实践，以此吸引和激励员工，提高员工的参与度和满意度，并最终实现组织绩效的提升和发展目标的达成，如图1—2所示。

三是在原有模型的基础上，重新设计和明确了总报酬模型的五大构成要素（见图1—3）。

在新的总报酬模型中，薪酬、福利同样发挥着重要的基础性作用，而工作体验则被进一步细化为平衡工作与生活、绩效与赏识、个人发展与职业机会三个部分。

1. 薪酬。薪酬作为总报酬的重要内容，包括固定薪酬（fixed pay）和浮动薪酬（variable pay）两个部分。固定薪酬对应我们所说的基薪或基本工资，通常直接取决于职位的价值评估和薪酬结构，不会随着绩效水平或工作结果的变化而改变。

---

① http://www.worldatwork.org/aboutus/generic/html/aboutus-whatis.html#model.

② “What is Total Rewards?” http://www.worldatwork.org/aboutus/generic/html/aboutus-whatis.html#today.

③ Todd Humber, “Total Rewards: One Concept, Many Monikers”, *Canadian HR Reporter*, Feb 14, Vol. 18, Iss. 3, 2005.

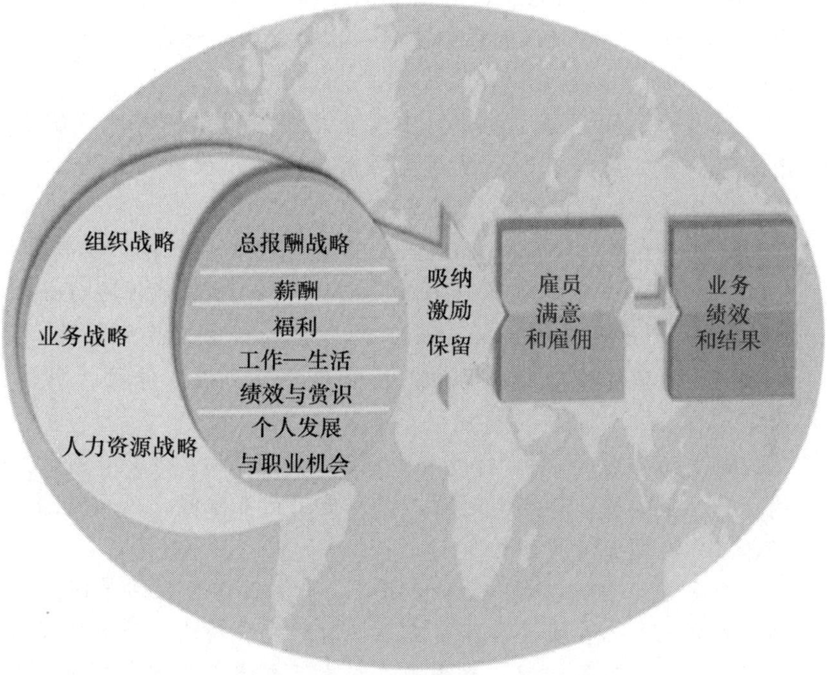

图 1—2 总报酬模型与组织整体战略的关系

资料来源：Worldatwork，2006.

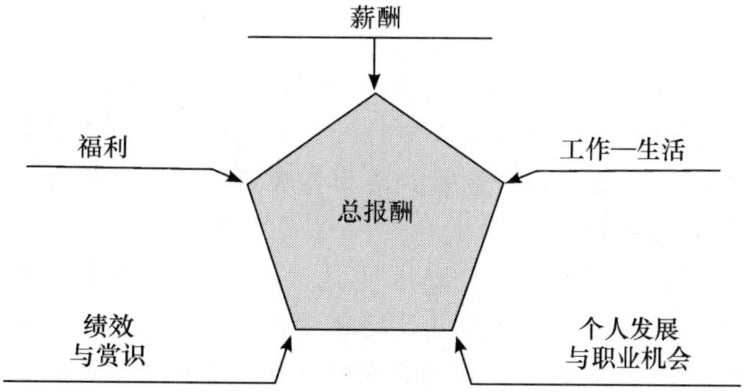

图 1—3 总报酬模型的构成要素

资料来源：Worldatwork，2006.

浮动薪酬通常对应一定的风险性，它直接随绩效水平或结果产出的变化而变化。组织根据员工在某一绩效周期内的绩效表现为其支付这部分报酬，浮动薪酬会随着绩效周期的不同而发生变化。浮动薪酬的变化不会对固定薪酬产生影响，浮动薪酬的支付是一次性的，组织与员工需要为每一个绩效周期的浮动薪酬进行沟通与确认。浮动薪酬一般包括短期激励和长期激励：

● 短期激励（short-term incentive pay）通常用于对员工在相对较短的周期内（一年或更短）所取得的成绩进行一次性奖励；

● 长期激励（long-term incentive pay）通常用于对员工在相对较长的周期内（一年以上）所取得的成绩进行一次性奖励，如现金奖励、股票期权、利润分享等。

2. 福利。福利是雇主为员工现金报酬所提供的补充。福利计划通常被设计用来保护员工及其家庭免受财务风险的影响，大致可以分为社会保险、集体保险，以及非工作时间报酬等几类：

● 社会保险（social insurance）通常包括失业保险、工伤赔偿保险（workers' compensation）、社会保障（social security）① 和失能保险（disability）等；

● 集体保险（group insurance）通常包括重大疾病保险、牙齿与视力保健、处方药、心理健康、人寿保险、意外死亡（伤残）保险、退休金保险和储蓄保险等；

● 非工作时间报酬（pay for time not worked）通常包括为员工在工作期间的休息、卫生整理和换装时间，以及员工正常休假、公司节假日和员工个人节日等非工作时间支付报酬。

3. 平衡工作与生活（work-life）。平衡工作与生活是组织所特别设计的一系列旨在帮助员工在事业和家庭方面同时获得成功的政策和制度规定，甚至只是一种惯例或者一种价值观。平衡工作与生活围绕着薪酬、福利以及人力资源管理的其他方面展开，主要包括提供灵活的工作时间，安全、宽松的工作环境，重视员工的身体健康，关心员工的赡养对象，提供信贷支持以改善员工的生活质量，支持员工融入所在的社区生活，鼓励员工参与管理和在组织变革过程中发挥积极的作用等。

4. 绩效与赏识。绩效目标的实现是组织成功的关键，而对绩效结果的关注恰恰是总报酬模型的一个重要特征。如何通过有效的引导机制实现组织绩效、团队绩效和个人绩效的一致性，进而实现组织的发展目标，总报酬模型充分强调了绩效管理的重要作用。

● 绩效计划为员工努力指明了方向，绩效目标的制定需要同时考虑组织、团队和个人目标的一致性，并设定通过努力可以达到的绩效标准；

● 绩效表现是对员工技能或能力水平的最好证明，能否对绩效结果进行正确评价，会对总报酬战略的最终实现产生决定性的影响；

● 绩效反馈通过与员工就是否以及如何达到既定的工作期望和绩效标准进行充分沟通，有助于激励员工和促进绩效改善。

赏识（recognition）是指承认员工的绩效贡献并对员工的努力工作给予特别关注。被人赏识且自己对组织的价值得到承认，是员工一种内在的心理需要。不管这种赏识和承认是正式的还是非正式的，如果能够创造一种尊重员工贡献、认可员工价值的工作氛围，组织将很快能够看到员工的工作状态朝着期望的方向发

---

① “social security”在欧洲国家包含的内容很广，比如教育、医疗、养老等都被称为社会保障，而在美国通常仅指养老金或者退休金，此处取后一种解释。

生改变。通过赏识计划，可以适当地以现金或非现金的方式（如口头表扬、授予奖品、与公司领导共进晚餐等），对员工的优秀表现进行非常规性的奖励。赏识计划的价值在于：

- 能够对员工贡献提供及时、积极的反馈；
- 强化绩效改善的价值，有助于形成正式的评价程序；
- 鼓励持续的绩效改善，鼓励组织认可的行为表现。

5. 个人发展与职业机会。个人发展指组织为员工提供有价值的培训和学习机会以提升他们的工作能力，通常与员工的业绩改善高度相关。职业机会指组织重视人才的内部培养，规划员工的职业发展，并在组织内部为其提供工作轮换的机会和职位晋升的空间，确保优秀的员工能够在组织中发挥出最大的作用。通常个人发展与职业机会包括以下内容：

- 学习机会。通常包括用于学费的专项补助，公司的培训机构提供的系统培训，新产品或新技术的培训，参加外部培训和研讨会的机会，在职学习，工作轮换以及为获取特定知识、经验或技能的脱产学习等。
- 资深专家或导师的亲自指导。通常包括指定专家及时解答员工在工作中的各种疑问，指导员工工作并对他们的领导能力进行训练；设计使用正式或非正式的导师制度，以帮助员工尽快成长等。
- 发展机会。通常包括为员工设计实习期或学徒期，提供内部的职位轮换与职业发展机会，设计有针对性的职业阶梯与发展通道，为关键职位设计继任计划，提供海外工作机会等。

三、总报酬模型相对于传统付酬方式的优势

直至20世纪90年代以前，企业吸引员工的方式还是以传统的“工资+福利”的付酬方式为主。在这样一种付酬方式下，薪酬通常包括基薪、年度加薪、福利、少量津贴和一些特殊的奖金（如过节费）等几个部分。但是随着知识经济的到来，吸引有竞争力的员工特别是关键人才成为愈发具有挑战性的工作，“旧的付酬方式已经不再有效”[①]。员工在作出受雇选择时，开始越来越多地关注工资和福利之外的东西，如可能的培训与职业发展机会、相对灵活的工作安排、良好的工作环境、认可的组织文化等，这些都已经成为员工选择工作时所考虑的重要内容。

在传统的付酬方式下，薪酬水平及年度加薪主要取决于职位等级而非员工的技能或绩效水平；而以工作分析为基础的工作评价，则基本决定了从事某一工作的员工在组织中的相对价值。传统的付酬方式就其内在机理而言至少在三个方面先天不足：一是薪资主要取决于职位价值而非员工绩效，激励效果差，员工往往只需出现在工作场所即可获得既定的工资；二是职位价值的上限直接决定了员工薪资增长的上限，一旦员工薪资增长至所在等级的工资上限，除非获得升职进入

---

① Jay R. Schuster, Patricia K. Zingheim, *The New Pay: Linking Employee and Organizational Performance*, Jossey-Bass Inc., 1996.

更高的职位等级，否则工资的增长便戛然而止；三是年度加薪主要根据员工资历且直接计入来年的基薪部分，这意味着不管以后员工的业绩好坏，组织都将为他们的资历和以往的表现支付报酬，从而导致人工成本的持续上升。

除此之外，传统的付酬方式在实际操作中也存在着一系列的问题[①]：首先，以往的付酬方式将员工报酬的组成部分隔离开来进行考虑，在实际运作中很难有针对性地考虑不同人员的需要。有些人认为工资是最重要的，有些人认为福利是最重要的，还有些人认为培训机会是最重要的，如果组织不能将有限的资源与员工需要尽可能地匹配起来，无疑是对激励资源的一种浪费。其次，薪酬体系的弹性差，难以及时应对变化的内外部环境。传统付酬方式过于强调内部职位等级，缺乏对外部劳动力市场变化的关注。组织难以通过薪酬体系的及时调整来应对外部环境的变化，薪酬管理鲜有机会真正成为支持组织变革的有力工具。最后，缺乏员工参与。多数组织在进行薪酬决策时，很少会征求员工意见并考虑他们的具体需要，通常只是简单告诉员工所要接受的薪酬构成与薪酬水平，这在很大程度上限制了员工对薪酬的满意水平。

相较于传统的付酬方式，基于总报酬的付酬方式无疑在许多方面具有明显的优势：

第一，总报酬模型是真正以员工多样化需求为导向的付酬系统。基于总报酬的付酬计划，强调将那些对员工最具价值的要素作为组织的付酬基础，相较于传统的雇主导向的付酬系统，能够针对员工需求制定不同的薪酬组合，进而将有限的激励资源最大限度地转化为员工价值，支持企业在劳动力相对短缺的市场竞争中获得人才优势。

第二，总报酬模型更加强调薪酬战略、人力资源战略和组织战略的一致性。[②]一个有效的薪酬计划总是以支持组织战略实现为目标的。总报酬计划在系统分析组织内外部环境的基础上，将多种激励方式有机地整合在一起，强调目标与绩效管理，使之成为支持组织战略实现的有力工具。

第三，基于总报酬的付酬方式更加强调沟通和员工参与。相对于“暗箱操作”的薪酬决策方式，强调员工参与、员工选择和充分沟通的总报酬计划，能够更容易地促进员工对组织薪酬公平性的认同，进而提升薪酬系统的有效性。

第四，基于总报酬的付酬计划更加具有弹性。总报酬计划以员工需要为导向，将多种激励方式有机地整合在一起，一旦组织面临竞争压力或变革的需要，可以及时调整薪酬的构成要素和各要素之间的比例关系，进而调整和引导员工行为，以支持组织的变革需要和应对外部环境的变化。

第五，基于总报酬的付酬计划有助于更好地控制人工成本。总报酬模型在关注财务报酬的同时，也强调非财务报酬（如发展机会、工作环境、组织文化等）

---

① John E. Tropman, *The Compensation Solution: How to Develop an Employee-Driven Rewards System*, Jossey-Bass Inc., 1996.

② Andrew S. Richter, “Total Rewards: Meeting The Pay Challenge”, *Strategic HR Review*, Vol. 3, Issue 1, 2003.

为员工带来的价值。在总报酬计划中，员工不再仅关注薪酬水平的高低，组织也因此可以通过明智地选择为哪些要素进行直接投资和设计双赢的薪酬项目来节约成本，比如，提供健康的工作环境和健康福利保险，就可以通过企业与员工的共同合作而达到成本节约的目的。

四、总报酬模型在中国应用的借鉴与思考

总报酬模型重新审视了组织与组织中的人的价值，将多种激励方式有机地整合在一起，使之成为支持组织战略实现和应对变革挑战的有力工具。考虑到我国企业现阶段的实际情况，对于总报酬模型的借鉴和应用，我们提出以下几点建议：

1. 要根据企业自身的特点，有针对性地学习和借鉴。总报酬模型不再仅关注薪酬与福利，以及传统的财与物的组合，而是把多种激励方式有机地整合在一起，将一切对员工具有价值的东西都视为可能的报酬要素。这是一种全新的思考组织与员工之间交换关系的模型框架，它在理论上可以通过整合所有的激励资源来为员工提供个性化的付酬方案。但就具体执行而言，组织需要在准确把握内外部环境变化的基础上，只选择那些最具代表意义的薪酬要素作为总报酬的组成部分，进而设定不同薪酬要素间的相对比例，并仔细考虑不同要素之间的相互影响。企业在进行薪酬管理变革时，需要仔细思考组织的愿景与发展目标，必须立足于自身实际，充分考虑组织的管理需要，特别是人力资源管理面临的突出问题，分析哪些要素对员工而言是最具价值的①，而非简单照搬总报酬模型，一味求全求新。

2. 要继续重视管理平台的建设。就总报酬模型的各个组成部分而言，它们并不是新鲜事物，诸如固定薪酬、浮动薪酬和福利等的操作都在薪酬管理的实践中积累了大量可借鉴的经验。但恰恰是这些最基本的薪酬模块，反而成了总报酬在我国发展的最大瓶颈。

自20世纪30年代末第一个工作评价系统②出现以来，以职位和工作价值评定为基础的薪酬体系设计，就一直在薪酬实践中占据着主导地位。这种建立在工作分析与工作评价基础上的付酬模式，强调不同职位对组织的相对价值和对任职者特定的资格要求，通过职位、职责和任职者资格的标准化，对组织效率的提升发挥了巨大作用。半个多世纪以来，西方企业的薪酬管理在实践中经历了从刚性到柔性的逐步变化，越来越强调薪酬的弹性，越来越关注对组织内外部环境变化的主动适应。但不可否认的是，有效的管理平台建设以及一系列以职位为基础的基础性工作，如美国《职位分类词典》和美国劳工部职业信息网（O* NET）的发展，为今天柔性化的薪酬管理和总报酬的实践发展提供了必要条件。

而我国企业的现实是，管理平台建设的基础性工作相当薄弱，基于总报酬的

---

① Andrew S. Richter, "Total Rewards: Meeting The Pay Challenge", *Strategic HR Review*, Vol. 3, Issue 1, Nov/Dec 2003.

② 1938年，海氏（Hay）开发了第一个工作评价系统（Hay Point Plan），并首次将其运用于宾夕法尼亚一家有1 100多名员工的商业银行。

薪酬管理变革缺乏必要的平台支持。我国企业要想通过薪酬管理变革在人才竞争中获得优势，首先需要弥补管理平台建设不足的缺陷，盲目求新只会给企业带来不必要的损失。即使能够将灵活的工作方式、系统的绩效评价和个性化的培训与发展引入到薪酬管理中来，我们也很难想象这些“美丽的花朵”能够在职位设计不合理、职责权限不清晰、任职资格不明确的土壤上获得生机。

3. 提升薪酬管理人员的专业能力。总报酬模型改变了以往雇主导向的付酬理念，形成了以关注员工需要、强调员工参与和选择为核心的员工导向的付酬理念，这对薪酬管理人员提出了新的挑战。从操作层面来讲，不同组织所处的环境、发展阶段和所在地域不同，其使用的薪酬方法也不相同。没有一种薪酬方案能够适用于所有的企业，也很难服务于企业不同的发展阶段。[①] 组织在引入总报酬计划时，必须具备专业的薪酬管理能力，在系统分析组织内外部约束条件的基础上，设计与组织发展目标相符的总报酬方案。

4. 加强沟通，加大对员工的有效宣导。有效实施的总报酬战略必须是建立在与员工充分沟通的基础上，必须从员工的角度出发来判断到底哪些因素才是他们认为有价值的。[②] 换句话说，除非员工认可非财务报酬与财务报酬一样对他们具有重要意义，否则，基于总报酬的薪酬实践很难获得成功。

多数员工初次接触总报酬时往往都会感到陌生和不知所措，这种突然出现的不确定性通常会增加员工的心理成本，如果沟通不当，员工就会产生抵触情绪。而且相对而言，基于总报酬的付酬方式，在操作上比以往的付酬方式更复杂，不仅对执行方案的设计和维护有着更高的专业要求，而且在整个薪酬实践过程中都强调员工的积极参与和配合。因此，组织在导入总报酬模型的过程中，可以考虑自上而下或从一个部门、一个管理层级循序渐进地进行变革，而且需要优先考虑对员工的主动宣导和及时沟通，确保员工真正理解和认可总报酬对个人发展的价值，尽可能减少因沟通不足和认识不一致而带来的负面影响。

---

① Lance A. Berger, Dorothy R. Berger, *The Compensation Handbook*, Fifth Edition, McGraw-Hill, 2008, p. 584.

② Iain Morris, *A Total Rewards Overview*, Benefits Canada, Dec 2005 Supplement Future, Vol. 29, pp. 6-9.

第 2 章

战略与薪酬

重要的决策，即真正要紧的决策，是战略性的决策。

——德鲁克：《管理的实践》

一个好的薪酬设计，可支持组织战略，能承受环境的压力，帮助组织赢得竞争优势。从战略高度而不仅仅在技术层面上思考薪酬管理已经成为现代人力资源管理的必然趋势。在本章中，首先回顾了组织战略的一些基本知识，通过对战略管理理论演变的梳理，理解和明确薪酬管理对组织战略的重要意义；其次，探讨了什么是薪酬战略，薪酬战略包括哪些战略性的决策内容，构建薪酬战略需要考虑组织内外哪些重要因素的影响；最后，探讨了组织战略与薪酬战略之间的整合和匹配。本章内容具有承上启下的作用，它既是战略管理的延伸，又是薪酬管理的核心；既是宏观薪酬的总结，又是微观薪酬的统领。

2.1 组织战略

要理解组织战略与薪酬的关系，首先需要回顾组织战略的一些基本知识和理论。在这一节中，我们通过了解战略的本质、分类及战略管理理论的历史演变，明确人力资源与薪酬战略对组织战略的重要意义。

2.1.1 战略的概念

著名的战略管理大师亨利·明茨伯格认为，人们对战略的认识，就如同盲人摸象。每个人都紧紧地抓住战略的某一部分，同时对认识不到的其余部分则是一无所知。明茨伯格在总结了战略发展的历程后，认为战略至少有五种定义：战略是一种面向未来的计划（plan）、方向、指南，是通向未来的前进路线、由此及彼的途径；战略是从以往经验中总结出来的一种模式（pattern），即长期行动的一致性；战略是一种定位（position），即特殊产品在特殊市场的定位；战略是一种观念（perspective），即一个组织做事的基本方式、企业理念；战略就是策略（ploy），即为了击败反对者或竞争者而采用的特定的计谋。①

2.1.2 战略的层次

战略在组织内分为不同的层次。一个业务多元化的公司至少存在着三个不同层次的组织战略：公司战略（corporate-level strategy）、业务单位战略（business unit strategy）以及职能战略（functional strategy）。②

公司战略关注的是公司的整体目标和活动范围，它可能包括公司的覆盖地域、产品和服务多样化，以及如何将资源配置给公司各个不同的业务单位等。公司战略的一个基本类型是多元化战略，即组织必须决定它想要进入何种行业以及在多少种行业中展开经营。例如，通用电气公司选择在多个产品市场中经营，包括塑料、照明、电器用品、医药行业以及娱乐业等。但在美国，大多数的公司都实行主营业务集中的战略，像麦当劳仅从事汉堡快餐，而波音公司从事飞机制造。

业务单位战略又称为竞争战略或者经营战略，即在组织决定进入何种产品市场之后，它还必须决定如何在特定产品市场中展开竞争。通常的竞争战略有成本领先、差异化和目标集聚三种。成本领先战略是以最低的成本提供为客户所接受的产品或服务。差异化战略要求向具有独特需求的顾客提供与众不同的产品。目标集聚战略寻求在一个相对集中的竞争领域或细分市场上的成本领先或差异化，以获得竞争优势。另外一种关于竞争战略的分类是由迈尔斯和斯诺（Miles & Snow，1978）提出的，他们将竞争战略分为前瞻者、防御者和分析者三种。前瞻者通常试图成为产品或服务创新引入市场的第一人，期望抓住吸引新顾客的先发优势。防御者倾向于留在同一行业和产品线中，不断提炼、改进生产和营销流程以实现更低的成本，保持盈利。分析者处于上述两者之间，它们扫描环境以发现新产品和新工艺流程（往往由前瞻者开发），随后致力于比最初创新者更有效率地进行生产。③

在组织确定了公司战略和业务单位战略之后，如何成功实施或执行这两个层次战略的任务就落在职能战略上。职能战略是指为特定的职能活动、业务流程和职能部门制定的策略规划和行动方案。比如营销战略、生产战略、研发战略、投

---

① 参见亨利·明茨伯格等：《战略历程——纵览战略管理学派》，7～11页，北京，机械工业出版社，2005。

② 参见［美］汤姆森、斯迪克兰德：《战略管理——概念与案例》（第14版），30～31页，北京，北京大学出版社，2009。

③ 参见巴里·格哈特等：《薪酬管理——理论、证据与战略意义》，232页，上海，上海财经大学出版社，2005。

资战略和人力资源战略（包括薪酬战略）等都属于职能战略范围。职能战略的首要作用是支持公司的整体战略和业务单位战略，使公司战略和业务单位战略得以落实和贯彻，所以制定职能战略的出发点就是要和公司战略及业务单位战略保持一致。

2.1.3　战略管理理论的演进

一、传统战略规划理论

传统战略规划理论主要形成于 20 世纪 60 年代。我们这里使用传统一词，并非是指过时的意思，而是因为它是最早形成的较为完善的战略理论体系。这一学派的核心思想是寻求企业内部资源与外部环境机会之间的匹配。1962 年，美国著名管理学者钱德勒出版了《战略与结构》一书。在这部论著中，钱德勒指出：企业战略应当适应环境变化，而组织结构又必须随企业战略的变化而变化。[①] 美国哈佛商学院的著名教授安德鲁斯及其同事为传统战略理论奠定了坚实的基础，形成了战略规划的基本框架。他们认为战略规划的核心任务是机会与资源的匹配，并设计了 SWOT 框架来分析和评估组织所处环境中存在的机会与威胁，以及组织内部的优势和劣势。[②] 这种对组织内外部进行综合分析的框架是后来各种战略思想演变的基础。安索夫的主要观点认为战略制定是一个有控制的、有意识的计划过程，他主张将企业战略分为总体战略和经营战略两大类，建立了以环境—战略—组织（environment—strategy—organization）为主线的企业战略管理的基本分析框架，即 ESO 理论，并且认为，只有当三者协调一致、相互适应时，才能成功地实现企业经营总目标。[③]

二、产业结构理论

产业结构理论是由哈佛大学的梅森、贝恩及波特等产业经济学家倡导的。波特认为，形成竞争战略的实质就是将一个公司与其环境建立联系。尽管相关环境的范围广阔，但公司环境的最关键部分就是公司投入竞争的一个或几个产业。产业结构强烈影响着竞争规则的确立以及潜在的可供公司选择的战略。一个产业内部的竞争状态取决于进入者威胁、替代威胁、买方和供方讨价还价能力以及现有竞争对手等五种基本力量，这五种力量决定了竞争力的强弱，进而决定了产业的利润率。进入特定产业后有三种基本竞争战略可供选择：成本领先、差异化和目标集聚。企业必须从这三种战略中选择一种以赢得低成本或者差异化的竞争优势。[④] 每一个企业都是用来设计、生产、营销、交货以及对产品

---

① Chandler，A. D.，*Strategy and Structure：Chapters in the History of the American Industry Enterprises*，MIT Press，1962.

② Andrews，K.，*The Concept of Corporate Strategy*，Homewood，IL：Irwin，1971.

③ Ansoff，H. I.，*Corporate Strategy：An Analytic Approach to Business Policy for Growth and Expansion*，New York：McGraw-Hill，1965.

④ 参见迈克尔·波特：《竞争战略》，32～44 页，北京，华夏出版社，2012。

起辅助作用的各种活动的集合，所有这些活动可以用价值链的形式表现出来。价值链活动是竞争优势的来源，企业可以通过价值链活动的改进和调整来实施其基本战略。①

三、资源基础和核心能力理论

资源基础和核心能力理论主要是在20世纪80年代中后期和90年代由沃纳菲尔特、格兰特、科利斯和蒙哥马利、普拉哈拉德和哈默尔等学者提出的。资源基础和核心能力理论认为，企业是异质的资源和能力的组合，这些不同的组合允许企业采用不同的战略，而不同的战略又产生不同的收益。企业很难根据外部环境来决定战略，因为环境总是变化多端的，相反，企业应根据企业的内部资源和能力来决定战略，资源的差异和能力的独特性是形成竞争优势的基础。因此，分析和构建战略的切入点是企业内部的资源和能力，战略重点是培育、开发、获取和运用企业的异质性资源和能力。早期的资源观简单地把能力也看做企业的一种资源，并没有强调能力的作用。但是另外一些学者却指出，对竞争起决定作用的资源一般是在企业内部积累和形成的，并且通常是无法交易的，这种组织在长期学习过程中获得的独特的、难以模仿的能力是竞争优势的源泉，由此产生了“核心竞争力”的观点和理论。普拉哈拉德与哈默尔将核心竞争力定义为“组织中的积累性学识，特别是关于如何协调各种生产技能和有机整合各种技术的学识”②。一些学者认为核心竞争力具有价值性、稀缺性、不可替代性、难以流动等特点，同时指出，培养核心竞争力是企业的一种战略行为。

四、对战略管理理论演进的评述与总结

战略管理理论的基本问题是如何获得并保持竞争优势，特别是近20年来，战略管理理论发展的历程是与企业寻求竞争优势的过程紧密相关的。战略管理理论经历了从重视战略制定过程到重视战略内容本身，从重视企业外部环境到重视企业内部资源，从被动适应环境到主动培育企业的资源和能力的转变。

传统战略规划理论体系自20世纪60年代确立以来一直得到承袭和发展，SWOT分析框架到现在仍然是当代战略管理教材和咨询公司用于战略分析的最主要工具。传统战略理论的核心思想注重现有资源与外部环境机会的匹配，但是很少强调主动培养企业的独特资源和核心能力来赢得竞争优势，因此，它是一种被动适应环境的理论。传统战略理论的另一弱点是它假定环境是可以事先分析和预测的，企业对自身的优势和劣势有非常清楚的认识，但事实并非如此，在未得到真实的验证之前，组织无法仅仅通过思考、评估就判断出自身的优势和劣势。因此，传统的战略规划容易导致战略和实际执行之间的脱节。

如果说传统战略规划理论更多强调的是战略规划的过程，对战略内容本身

---

① 参见迈克尔·波特：《竞争优势》，36页，北京，华夏出版社，1997。

② Prahalad, C. K., Gary Hamel, “The Core Competence of the Corporation”, *Harvard Business Review*, May-June, 1990.

很少涉及，产业结构理论则明显弥补了这方面的不足。它不但有五种竞争力模型、价值链等工具可以用来详细地分析企业所处的外部环境和内部条件，而且提出了成本最小化、差异化和目标集聚等三种基本竞争战略。但是，产业结构理论过于重视产业环境而忽视了企业的内部条件。从产业结构的理论很容易得出一个推论：如果企业所处的行业利润率不高的话，企业就会没有竞争力。但现实中，在没有吸引力的产业中也会存在经营业绩很好的企业，而吸引力很强的产业中也会存在经营业绩不佳的企业。这显然是产业结构理论难以解释的。

资源基础和核心能力理论的进步在于，它认为企业要主动培育独特的资源和能力。即使一个企业在缺乏吸引力的行业经营，它也可以依赖它的独特资源和能力赢得竞争优势，关键是企业必须拥有对顾客有价值的、稀缺的、难以模仿的资源和能力。[①] 这种战略思想的转变使战略分析的重点又回到了企业内部，并发展成为目前战略管理领域中的理论前沿。这种转变也为人力资源管理上升到战略层面提供了理论基础。企业的核心竞争力具有价值性、稀缺性、不可替代性、难以流动等特点，而企业的人力资源和人力资源管理无疑具备了这些特点。薪酬管理作为人力资源管理的一个重要组成部分，不仅是企业吸引关键人才、提高人力资本存量的有效手段，而且也是激励员工、引导员工行为以实现组织战略的有效手段。

2.2　薪酬战略

2.2.1　薪酬战略的内涵

戈麦斯（Gomez）等人认为，薪酬战略是能对组织绩效和人力资源利用的有效性产生影响的薪酬决策的选择。这些薪酬决策能适应组织面临的内外部环境的制约，引导各个部门和员工为实现组织的战略目标而努力。薪酬方案选择的成功与否取决于与当时组织的权变因素是否相符。[②]

米尔科维奇指出，薪酬必须支持企业的经营战略，战略视角的薪酬要关注那些能帮助组织获取和维持竞争优势的薪酬选择。不同的经营战略决定着不同的薪酬战略，企业经营战略和薪酬战略之间联系得越紧密或彼此越适合，企业的效率就会越高。成功的薪酬体系，可支持公司的经营战略，能承受周围环境中来自社会、竞争以及法律法规等各方面的压力。它的最终目标是使企业赢得并保持竞争优势。

---

① 参见周三多等：《战略管理思想史》（第 2 版），10～11 页，上海，复旦大学出版社，2003。

② Luis R. Gomez-Mejia，Theresa M. Welbourne，“Compensation Strategy：An Overview and Future Steps”，*Human Resource Planning*，1988，11（3）.

图 2—1 有助于我们更加深入地理解薪酬战略的内涵和机制。在公司整体层面上，最基本的战略决策就是明确组织应该进入哪些行业和领域开展经营活动。在事业部或者业务单位层面上，核心问题则变为确定相应的经营战略，考虑如何在特定行业的竞争中赢得并保持竞争优势。低成本？产品差异化？或者是其他的一些竞争战略？在职能层面上，企业的战略决策就是制定相应的人力资源战略，以支持经营战略的实施。企业需要什么样的核心人才和核心能力？企业的人力资源部门应该做出哪些相应的辅助和配合？在明确企业的人力资源战略后，相应的薪酬战略应该是什么？组织所处的社会、竞争和法制环境对薪酬战略提出了哪些要求？如何通过战略性薪酬决策引导员工的态度和行为，帮助企业赢得并保持竞争优势？

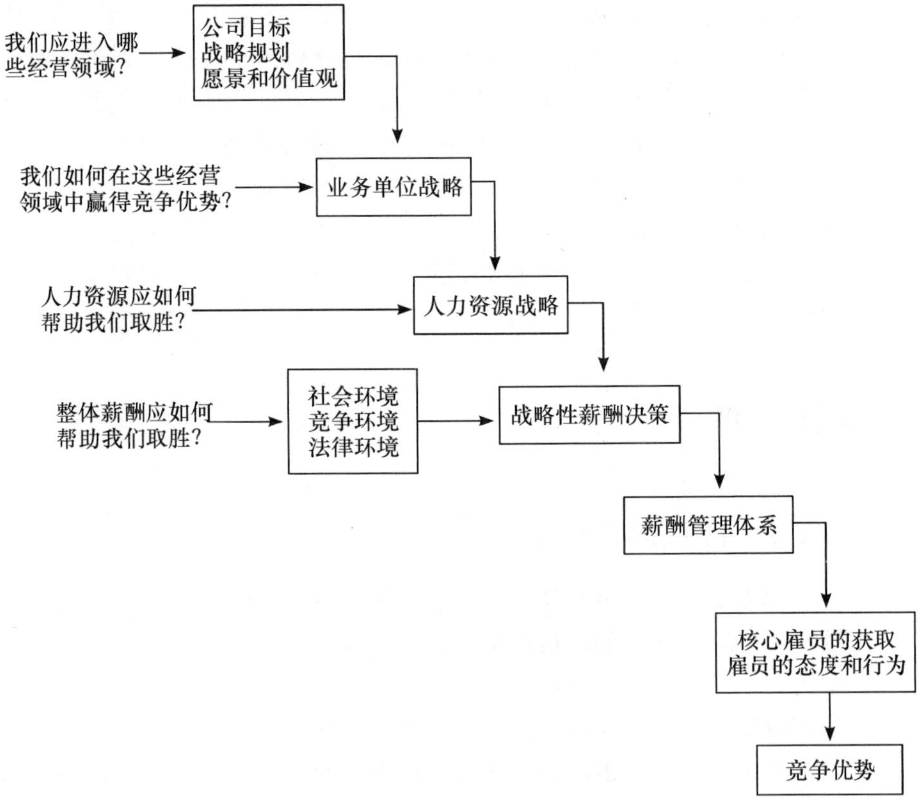

图 2—1 基于战略的薪酬体系

资料来源：George T. Milkovich，Jerry M. Newman，*Compensation*，Eleventh Edition，McGraw-Hill，2013，p. 42.

2.2.2 薪酬战略的框架

薪酬战略就是要关注那些能帮助组织获取和维持竞争优势的薪酬决策。那么，哪些薪酬决策能对组织战略和绩效产生影响？戈麦斯在一篇薪酬战略综述文献中对很多薪酬战略的研究进行了总结，并将这些研究归纳为薪酬水平的决定基础、薪酬体系的设计以及薪酬管理模式三个方面。[①②] 米尔科维奇则认为薪酬目标、内部一致性、外部竞争力、员工贡献以及薪酬管理这五个方面有关的薪酬决策，整合起来就形成了一个组织的薪酬战略。综合现有的一些研究成果，我们认为薪酬战略可以从薪酬支付依据、薪酬水平定位、薪酬组合方式、薪酬结构（等级与幅度）以及薪酬管理模式等五个方面来考虑。

一、薪酬支付依据

薪酬支付依据是指组织根据什么来向员工支付薪酬。员工所从事的岗位，所具备的知识、技能和资历，员工的工作绩效等因素都可能成为组织向员工支付薪酬的依据。

1. 基于职位还是技能（能力）

按职位来决定薪酬是最常见的一种付酬依据。企业可以通过职位评估来衡量一个特定职位对公司的价值。当然，也有的企业是将相同职位在劳动力市场上的价格作为该职位的薪酬支付依据。基于职位的薪酬一般要求企业的职位结构有一定的稳定性，而不是经常流动和变化的。由于从事同一职位的不同人员往往会产生不同的绩效，因此，完全按职位支付薪酬难以保证薪酬激励的公正性。技能工资一般应用于蓝领工作，比如制造业的技术工人；能力工资一般应用于白领工作。基于技能（能力）的薪酬观认为，员工的技能或能力是企业竞争力的源泉，企业应该根据员工的技能或能力水平来决定员工的薪酬。技能（能力）薪酬能引导员工努力提高自身的技能或能力，但是，技能（能力）薪酬往往依据员工的潜在能力，而不是对企业的实际贡献来决定员工的薪酬。技能（能力）工资也容易导致企业人工成本过高。在实践中，还会出现既考虑职位又考虑技能（能力）的薪酬方案，比如岗位技能工资制度。

2. 基于绩效还是资历

除了职位和技能（能力），绩效或者资历也是决定薪酬的重要因素。许多学者认为，应该依据组织目标和组织衡量绩效的能力来决定到底是根据绩效还是资历来确定薪酬。如果组织确实能够精确地衡量员工绩效，并且相应地支付薪酬，那么这种薪酬制度也许就是最好的；否则，这种薪酬制度就不是公平的，甚至具有极大的破坏性。根据资历支付薪酬的一个假设前提就是，员工的资历越丰富，为企业创造价值的能力就越大。而且，与绩效相比，员工的资历比较直观，容易确定。许多企业希望能根据绩效来支付员工薪酬，但由于无法客观衡量员工绩效，最终还是根据资历来支付薪酬。

3. 基于个人绩效还是团队绩效

把个人绩效作为薪酬支付的依据具有很大的激励性。但是，由于管理者难以精确地衡量个人绩效，经常导致绩效和薪酬不一致。如果员工感觉不到绩效与薪

---

① Luis R. Gomez-Mejia，Theresa M. Welbourne，"Compensation Strategy: An Overview and Future Steps"，*Human Resource Planning*，1988，11 (3).

② 参见王凌云等：《论薪酬战略与经营战略的匹配》，载《外国经济与管理》，2004 (11)。

酬之间的强相关性，那么薪酬制度就无法发挥应有的激励作用。在企业中，很多工作和任务需要采用工作团队的形式来完成，团队内每一个成员的贡献难以精确衡量。采用团队绩效可以避免衡量个人绩效这个难题，也可以增加团队成员的合作意愿。但由于“搭便车”现象的存在，采用团队绩效有可能会降低薪酬对个人的激励效果。为充分利用个人绩效和团队绩效的优势，在薪酬设计中也经常同时考虑个人绩效和团队绩效对个人薪酬的影响。比如，团队绩效决定了可供团队分配的奖金的总额，而团队里个人的奖金则需要考虑个人的绩效。

4. 基于公司绩效还是部门绩效

在一些公司，员工薪酬除了和个人绩效、团队绩效有关外，还和部门绩效甚至整个公司的绩效相关。重视部门绩效有助于提高各部门员工为本部门工作的积极性，这在国内企业的薪酬设计中是一个值得重视和需要解决的问题。当然对此也不能过分地加以强调，因为它容易导致部门间丧失协作精神，不利于总部对部门之间的行为进行协调和控制。一般而言，企业经营者（如 CEO）的努力程度会对整个公司的绩效有影响，因此以公司绩效作为付酬依据更多体现在高管人员的薪酬设计中。而如果对所有员工采用公司绩效标准，有些业绩不好的员工可能得到了不该得到的收入。就激励效果而言，如果员工意识到自己个人的行为不能改变整个公司绩效，无疑会降低自己的努力程度。因此，我们说将所有员工的薪酬和公司绩效相联系，也许更多的是出于公司财务健康和长期发展的考虑，而不是为了实现对员工的短期激励。

5. 基于绝对绩效还是相对绩效

薪酬支付是基于绝对绩效还是相对绩效，这是从人事管理经济学的角度来考虑的一个问题。计件工资是以绝对绩效为依据的，因为工人所能得到的薪酬只和自己的工作绩效有关，而与其他人的工作绩效无关。而如果在员工之间进行相互比较，只有胜出者才能获得奖励的话，那么这种薪酬就是以相对绩效为基础的。比如在很多律师、会计师事务所或者高校，每年通常只有既定数量的合伙人位置或教授职称可以留给将被晋升的人，而往往有很多合格的人选在竞争这些职位。只有在竞争中脱颖而出的人才能得到较高的薪酬。相对绩效比较容易衡量，而且能够产生很强的竞争性激励，但是也容易导致员工之间的过度竞争而破坏合作。国内曾热烈推崇和争论的“末位淘汰”制度，集中反映了这一问题。

二、薪酬水平定位

薪酬水平定位是指与竞争对手或市场平均水平相比，如何定位组织的薪酬水平。薪酬水平定位包括薪酬整体水平定位以及基础工资、奖金和福利等各部分的水平定位。

1. 薪酬整体水平定位

这是企业为保持薪酬的外部竞争性而对员工的薪酬整体进行的定位。这里的薪酬整体是指各种可货币化的收入总和，包括基础工资、奖金和福利等。企业可以根据实际情况，采用领先于市场、市场匹配或者低于市场的不同定位。当然，企业也可以针对企业内部不同类型的员工采取不同的薪酬水平定位。比如，对核心人才的薪酬采取市场领先政策，对一般员工采取市场匹配或落后型政策。一般而言，薪酬水平高于市场标准，能够提高企业吸引和留住员工的能力，并让员工感觉到自己属于一个层次较高的团体。然而，要使薪酬水平居于市场领先地位的一个前提就是考虑企业未来的现金流状况，即企业是否能够在不影响其现金流的情况下，持续向员工支付较高的薪酬。另外，企业也要综合考虑较高的人工成本对企业竞争力的影响。

2. 基础工资、奖金和福利水平定位

薪酬水平定位除了要考虑薪酬整体水平的定位，也需要考虑薪酬的各个不同组成部分的水平定位。比如，一个薪酬整体水平在市场上领先的企业完全有可能在基础工资上落后于市场平均水平，而在奖金或者长期激励上远高于市场平均水平，以此激励员工努力工作并且减轻现阶段现金支付的压力。

三、薪酬组合方式

薪酬组合方式是指薪酬的不同组成部分及其比重。在企业管理实践中，薪酬组合通常由基础工资、绩效工资、奖金、津贴、福利等部分组成。但在理论研究中，我们讲的薪酬组合通常指的是有关固定和变动薪酬、短期和长期激励、内在和外在薪酬的选择问题。

1. 固定薪酬和变动薪酬

在薪酬组合中，如果固定薪酬比例高，意味着员工收入的保障程度高，但预期的总收入较低；如果变动薪酬比例高，意味着员工收入的风险高，但预期总收入较高。一般而言，对于偏好风险的员工，低固定薪酬和高变动薪酬的组合激励作用大；对规避风险的员工，高固定薪酬和低变动薪酬的激励作用大。高成长性公司鼓励冒风险，强调因此而带来的高额奖金和收入；成熟的企业强调工作和收入保障。当然，企业到底采用哪种薪酬组合，除了考虑员工风险偏好外，还要考虑产业环境、企业文化以及企业发展阶段等因素。

2. 短期激励和长期激励

短期激励使员工关注短期绩效，但有可能使员工产生短期行为，不符合公司的长期发展目标。而如果过分关注公司的长期目标，就意味着放弃短期激励所能产生的激励效果。倾向于短期激励的原因是短期绩效容易衡量，而且短期内激励效果好；长期绩效较难衡量，而且因考核期限长导致结果的不确定，降低了激励的效果。但是，企业的高层管理者往往愿意接受长期激励，因为这使得他们可以把企业当作自己的长期事业来经营。长期激励能在一定程度上解决委托—代理问题，增加企业对管理者的信任，使其在经营企业的过程中具有更大的自主权。短期激励和长期激励的组合受到行业的性质、企业的发展阶段、职位的高低以及工作项目的周期等多方面因素的影响。

3. 内在薪酬和外在薪酬

美国薪酬管理专家马尔托奇奥将薪酬划分为内在薪酬（intrinsic compensation）和外在薪酬（extrinsic compensation）。[①] 不少学者指出，公司要获取更有竞争力的地位应该重视工作的内在报酬，如工作成就感、工作自主权、学习和成长的机会等，以满足员工的精神需要。相对而言，知识型员工更加重视工作的内在薪酬，而传统的员工更加关注可货币化的外在薪酬。

四、薪酬结构

薪酬结构是对同一组织内部的不同职位或者技能等级之间的工资率的安排。它所强调的是在一个组织中，职位或者技能等级的数量、不同等级之间的薪酬差距以及用来确定这种差距的标准是什么。两种典型的薪酬结构是窄带薪酬结构和宽带薪酬结构。窄带薪酬的等级数量多，每一个等级的薪酬幅度相对较小，员工通常只能通过职位的晋升来增加薪酬。宽带薪酬的等级数量少，每一个等级的薪酬幅度大，在职位没有晋升的情况下，员工也可能因为绩效或能力突出而得到加薪。宽带薪酬将薪酬与职位的联系弱化，将员工的注意力由职位等级转向个人能力和团体绩效的提升，体现了组织结构趋于扁平和强调团队合作的趋势。但是，宽带薪酬使得员工的薪酬管理难度加大，在员工职位等级晋升困难以及测量的客观性面临挑战的情况下，这也可能会降低一些员工的工作积极性，甚至会因此而导致员工跳槽。

五、薪酬管理模式

薪酬管理模式是关于如何制定和执行薪酬制度与决策的问题。薪酬决策应该在多大程度上做到公开与透明？谁应该参与薪酬体系的设计和管理？如何管理和调整现有的薪酬制度？

1. 集权管理还是分权管理

薪酬制度由总部还是由部门来制定，是集权与分权管理的区分标准。一般而言，部门独立性小的公司，其薪酬制度倾向于由总部统一制定；反之，由部门决定自己的薪酬制度。集权管理的薪酬制度还意味着直线经理对下属的薪酬很少有决定权，而在分权管理的薪酬制度下，直线经理对下属的薪酬有较大的决定权。

2. 员工参与度低还是高

员工参与度低意味着薪酬制度主要反映了公司高管人员的意志。参与度高意味着员工可以根据自己的需要来影响或决定薪酬的内容，从而提高薪酬的激励效果和员工的满意度。比如，弹性福利制度，员工可以根据不同的偏好来选择适合自己的福利组合。

3. 秘密支付还是公开支付

秘密支付有利于员工之间的相互竞争，为求得高薪，大家都努力工作，但秘密支付会导致员工之间互相猜疑，降低信任水平。公开支付能增加企业管理的透明度，让员工知道企业薪酬体系的运行状况，减少在秘密支付过程中可能存在的

---

① 参见约瑟夫·J·马尔托奇奥：《战略薪酬》，4～5页，北京，社会科学文献出版社，2002。

以个人好恶取代客观标准的弊端，还可以迫使管理者有效地管理薪酬制度。但是，公开支付薪酬会导致优秀员工受排斥和员工之间相互攀比等问题，从而不利于企业经营。

4. 薪酬制度偏刚性还是偏弹性

偏刚性的薪酬制度意味着员工能够较好地预测未来的收入状况，有助于稳定人心，但难以适应环境的变化。偏弹性的薪酬制度在环境发生变化时容易进行调整，具有较强的适应能力，但容易造成过去的薪酬政策难以发挥作用，员工对其未来的收入状况无法预测，不利于稳定人心。一些专家认为，薪酬制度应该兼具刚性和弹性两种特征。

一个完整的薪酬战略可以从以上这些维度去考虑，但在实践中，对一个特定的企业来说，它所面临的人力资源管理实践的突出问题不同，因而，其薪酬战略可能主要体现在少数与自身发展特别相关的重要维度上，而不是面面俱到。

2.2.3　影响薪酬战略的重要因素

薪酬支付依据、薪酬水平定位、薪酬组合方式、薪酬结构以及薪酬管理模式这五个维度构成了完整的薪酬战略。无论是作为薪酬战略整体，还是作为构成薪酬战略的一个维度，都会受到很多因素的影响。不同的学者对薪酬战略的影响因素有不同的分类。有的学者认为，组织战略、组织文化和价值观、全球竞争和员工需求等因素会对薪酬战略产生影响。[①] 有的学者将薪酬战略的决定要素归纳为行业选择、企业的发展阶段、产品选择、产品定位和竞争方式选择五个主要方面。[②] 还有的学者把薪酬战略的影响因素分为所处行业的特点、组织本身的特点以及员工的特征三个层次。

在总结上述分类方法的基础上，我们认为，薪酬战略作为一种职能层面的战略，它会受到很多不同层面的战略因素的影响。我们把这些影响因素归纳为三类：其一是外部环境对薪酬战略的影响。外部环境会影响组织的战略，进而影响薪酬战略，一些外部环境因素也会直接影响薪酬战略。其二是组织战略对薪酬战略的影响。其三是企业内部的资源和能力对薪酬战略的影响。

一、外部环境

1. 法律制度

薪酬战略必须符合一个国家或地区相关法律法规的要求。比如最低工资、个人所得税、社会保障等方面的法律制度都会对一个企业选择自己的薪酬战略产生重大影响。在美国，企业可以采用员工持股和管理层期权等手段来对雇员进行长期激励，以此作为薪酬战略的一部分。而在中国，法律规定上市时公司不能预留自己的股份，也不能买卖自己的上市公司股票。[③]

---

① George T. Milkovich，Jerry M. Newman，*Compensation*，Eleventh Edition，McGraw-Hill，2013，p. 48.

② 参见文跃然：《薪酬管理原理》（第二版），47～50 页，上海，复旦大学出版社，2013。

③ 参见《中华人民共和国公司法》与《中华人民共和国证券法》。

2. 劳动力市场

经济学中习惯将薪酬称为工资，并认为工资是劳动力的市场价格，是劳动力需求和供给均衡的结果。在劳动力供大于求的市场上，雇主可以用较低的工资招聘到合格的员工，降低劳动力成本。而在供不应求的劳动力市场上，公司不得不增加工资来吸引优秀的雇员。所以，在制定企业的薪酬战略时还要考虑到当地劳动力市场的状况。

3. 产业特点

产业特点对企业薪酬战略的影响是巨大的。不同产业在平均薪酬水平、薪酬支付基础以及薪酬结构等方面均存在很大差异。高成长的新兴行业倾向于采用市场领先策略，而传统行业和衰退行业倾向于采用落后或匹配市场工资水平的策略。垄断性很强的行业中的企业通常会采用市场领先策略，以强化和巩固其垄断优势；而竞争性的行业通常会采用略高于或匹配市场工资水平的策略，以保持低成本的竞争力。传统行业的薪酬等级较多，而在新兴行业，宽带薪酬成为一种流行的趋势。新兴行业处于高速发展阶段，短期现金流不太充足，多采用较高比重的长期激励，如股权激励等；而传统行业的短期现金流比较充足，发展相对比较平稳，多注重采用短期激励，如业绩奖金等方式。

4. 竞争对手的薪酬战略

企业在制定薪酬战略时还必须考虑主要竞争对手的薪酬战略。一个企业不仅与竞争对手在产品市场上展开竞争，同样在人才上也展开争夺。特别是在竞争对手与自己处于同一个地区，而且人才需求结构又非常类似的情况下，这种竞争就更加激烈。如果竞争对手在薪酬水平、薪酬结构等方面做出了重大调整，企业就必须相应调整自己的薪酬战略以应对竞争对手的变化。

二、组织战略

在组织战略层面上，有很多因素能对薪酬战略产生直接的重大影响。目前关于薪酬战略的实证研究主要是在这一层面上展开的。这些因素包括公司战略、竞争战略、人力资源战略、组织文化与价值观、组织发展阶段，等等。

1. 公司战略

一个公司是否采用多元化经营的战略，或者采用何种多元化战略，会对公司的组织结构和管理模式产生不同影响，也会对公司的薪酬战略产生影响。多元化战略还涉及不同产业的选择，而不同产业特点对公司的薪酬战略也会有不同要求。

2. 竞争战略

波特把通用的竞争战略归纳为低成本、差异化和集中化。竞争战略不同，企业或业务单位所采用的薪酬战略也会有所不同，比如依靠低成本取胜和依靠差异化取胜的公司在薪酬战略的设计上显然是不同的。中国的企业在目前激烈的国际竞争中，能够获得发展，大多来源于低成本战略，这种低成本战略的关键在于国内的低工资的支持。要改变低成本战略为差异化的选择，必然会对薪酬水平和结构等构成决定性的影响。

3. 人力资源战略

薪酬战略必须和人力资源战略保持一致。人力资源管理包含绩效管理、薪酬管理、培训开发等许多职能，不同职能之间相互支撑和协调，共同组成人力资源管理系统，塑造员工的态度和行为，实现组织的绩效目标。比如，一个企业要建立基于绩效的薪酬体系，那么前提是该企业必须有一个科学的绩效评价体系。

4. 组织文化与价值观

组织文化是指组织中的成员所共有的价值观、信仰和行为模式。任何组织都有自己的文化，尤其是企业组织，人们常把企业的组织文化称作企业文化。世界上优秀的公司都有自己优秀的企业文化。薪酬战略应该有助于传递和强化企业的文化和核心价值观。如果公司强化绩效导向的文化，则奖金的设置比例要大；如果公司强化团队合作精神，则奖金的设计必须考虑团队的绩效而不仅仅是个人的绩效；如果公司强化创新的文化，则创新带来的成果必须在薪酬上得到体现。

5. 组织发展阶段

组织是一个有机的生命体，组织的发展将经历创建期、成长期、成熟期和衰退期。当组织处在不同的发展阶段时，它的组织战略、人力资源战略以及内部的资源和能力都是不同的，这也决定了薪酬战略必须和组织的发展阶段保持一致。比如，组织在创建阶段，所采取的薪酬战略比较强调外部市场、较低的基本薪酬和较高的薪酬奖励；而在成熟阶段，则重视内部公平的问题，采取较高的基本薪酬。

三、组织内部的资源和能力

一个组织的薪酬战略除了要适应外部环境、支持组织战略，还要考虑组织内部的资源和能力，比如组织的核心人力资源、员工的特点和需求、企业财务状况等。

1. 核心人力资源

核心人力资源对组织的战略实现和价值创造起着特殊的作用。在组织的薪酬体系设计中，针对这些特殊人才，应制定一些特殊的薪酬激励政策。比如，在薪酬水平方面，为吸引更多这些方面的优秀人才，要提高这几类人才的薪酬水平，给他们支付领先于市场平均水平的薪酬；在薪酬结构方面，应拉大与一般员工之间的收入差距。

2. 员工的特点和需求

员工的特点和需求也是薪酬战略的重要影响因素。不同的员工有着不同的特点和需求。传统的员工更重视有保障的收入以及较好的福利，而知识型员工更看重薪酬要能体现自身价值和业绩；年轻的员工需要大量现金来购房、购车等，年老的员工也许更愿意把钱加到退休金里。在福利制度的设计上，弹性福利也非常受欢迎，人们越来越看重根据自己的实际需要来选择福利。企业还需要根据员工工作性质的不同在薪酬上采用分类管理的办法。如对研发人才实施能力工资，对生产管理人才实施技能工资，对销售人才采取业绩工资，对资本运作和财务管理人才采取职位工资等。

3. 企业财务状况

一个企业的现金流和利润状况将影响薪酬的支付能力。当企业的现金流非常充足，利润收益比较高的时候，薪酬水平的定位通常是领先市场水平；当企业在短期内的现金流不是非常充足时，基本工资水平通常定位较低。如果企业拥有较好的资本运作平台，预期能够保持比较好的发展势头，企业就会采用更多的长期激励计划来提高总体的薪酬水平。

上面我们简单探讨了影响薪酬战略的一些因素。当然，影响组织薪酬战略的因素有很多，而且在不同时间、不同地点，组织在制定薪酬战略时需要考虑的因素也是在不断变化的。比如 20 年前，当企业把主要精力放在本国经营的时候，可能在制定薪酬战略时，并不需要深入考虑全球竞争带来的影响。而在今天，全球化带来的跨文化因素显然是跨国公司制定薪酬战略时必须考虑的一个重要因素。

2.3 薪酬战略与组织战略的匹配

薪酬体系在引导员工行为、实现组织战略目标方面起着至关重要的作用。如果设计得当，薪酬体系将对组织绩效的提升产生重大的贡献。管理者应调整他们的薪酬体系以适应组织的战略和外部环境。组织和薪酬战略之间联系得越紧密或越匹配，组织的效率就会越高。

大量研究者基于“匹配”和“整合”的观点，主张用战略的方法来设计薪酬体系，使薪酬与环境、公司战略以及经营战略紧密相连。

2.3.1 薪酬战略与公司战略的匹配

公司战略是企业最高层次的战略，主要涉及公司的整体目标、经营领域的选择与资源配置等问题。薪酬战略必须与公司战略保持一致。在公司战略中，业务多元化程度、业务关联形式和企业的发展阶段是最为重要的三个变量。

一、多元化战略与薪酬战略

当公司实施相关多元化战略时，薪酬战略应该配合公司的相关多元化战略。戈麦斯和鲍金（David B. Balkin）的研究揭示了与相关多元化战略相匹配的薪酬战略，如表 2—1 所示。

表 2—1　　薪酬战略与多元化战略的匹配

	单一产品	相关多元化
薪酬重点	激励薪酬	基本薪酬和福利
薪酬水平	低于市场	高于市场

续前表

	单一产品	相关多元化
薪酬政策	风险分摊 弹性 薪酬信息公开 绩效薪酬 分权式薪酬 公平式薪酬 员工参与 技能薪酬 长期取向	保障薪酬 内部一致性 薪酬保密 重视年资 集权式薪酬 层级薪酬 员工较少参与 职位薪酬 短期取向

资料来源：David B. Balkin，Luis R. Gomez-Mejia，“Matching Compensation and Organizational Strategy”，*Strategic Management Journal*，Vol. 11，1990，pp. 153-169.

二、企业生命周期与薪酬战略

组织在不同的发展阶段通常需要不同的薪酬战略与之相适应。埃利希（Ellig）以组织的开发、成长、成熟和衰退四个阶段来说明各个阶段应采取的薪酬政策，具体内容如表 2—2 所示。

表 2—2　　薪酬战略与企业发展阶段的匹配

	开发	成长	成熟	衰退
基本薪酬	低：为了储备资金，增加投资，以促进组织成长。	中：由于组织获益能力日益增加。	中：由于组织获益能力已趋于稳定。	高：因为激励计划难以奏效。
短期奖励	中：为储备资金。	高：为促进新发展的事业稳定增长，借此向市场占有率高的组织发起挑战。	高：为维持目前的市场占有率。	中：针对部分地区市场占有率较低而设计的奖励计划，以应对困难。
长期奖励	高：因为资金短缺，借此使员工与组织有同舟共济的感受。	高：为建立稳定的市场地位，市场价值的计划更盛行。	中：因为几乎不再成长，市场价值的计划更盛行。	低：因为长期的成功已不兼容于市场；此阶段中的市场价值计划亦消失。

资料来源：孟繁强：《企业薪酬战略的构建》，载《经济管理·新管理》，2004（5）。

三、公司战略与薪酬战略的整合模型

美国学者戈麦斯和特雷莎·M·韦尔伯恩（Theresa M. Welbourne）在总结了很多学者的研究成果的基础上，将薪酬战略分为机械的薪酬战略和有机的薪酬战略两种模式，并在薪酬战略的关键维度上对两者进行了比较，如表 2—3 所示。

表 2—3　　薪酬战略模式

	模式 A：机械的薪酬战略	模式 B：有机的薪酬战略
报酬支付基础		
评价单位	工作	技能
加薪标准	强调资历	强调业绩

续前表

	模式 A：机械的薪酬战略	模式 B：有机的薪酬战略
时间导向	短期导向	长期导向
风险承担	风险规避	风险偏好
业绩水平的测量	个人业绩	个人和团队业绩
公平性（关注重点）	内部公平性＞外部公平性 （强调内部一致性）	外部公平性＞内部公平性 （市场驱动）
报酬分配	强调等级	强调平等
控制类型	行为监测指标	结果导向指标
设计问题		
基本工资支付水平	支付水平领先于市场	支付水平落后于市场
福利水平	支付水平领先于市场	支付水平落后于市场
报酬包中激励报酬的比重	（激励报酬低） 固定报酬＞激励报酬	（激励报酬高） 激励报酬＞固定报酬
整体薪酬	大量的短期支付，少量延期支付的未来收入	大量延期支付的未来收入，少量的短期支付
强化的周期	少量的不经常发放的奖金	经常发放的多种形式的奖金
奖励重点	非货币报酬	货币报酬
管理框架		
决策制定	集权化	分权化
保密程度	保密政策	公开沟通
管理结构	没有员工参与	员工参与
薪酬政策的特性	官僚化的政策	灵活机动的政策
高层决定程度	高	低

以此为基础，戈麦斯等人还研究了不同的公司战略类型与两种薪酬战略的关系，总结如表 2—4 所示。

表 2—4　与不同公司战略类型相联系的薪酬战略模式

公司战略	薪酬战略模式
多元化的程度	
单一产品（single-product）	有机的薪酬战略
主导产品（dominant-product）	混合的薪酬战略 （有机的薪酬战略和机械的薪酬战略兼而有之）
相关产品（related-product）	机械的薪酬战略
不相关产品（unrelated-product）	有机的薪酬战略
业务关联形式	
垂直一体化（vertical）	机械的薪酬战略
多业务（multi-business）	有机的薪酬战略
集团企业（conglomerate）	有机的薪酬战略

续前表

公司战略	薪酬战略模式
企业的发展阶段	
新兴成长的企业（evolutionary firms）	有机的薪酬战略
稳定发展的企业（steady state firms）	机械的薪酬战略

资料来源：Luis R. Gomez-Mejia，David B. Balkin，*Compensation*，*Organizational Strategy*，*and Firm Performance*，South-Western Publishing Co.，1992.

2.3.2　薪酬战略与竞争战略的匹配

美国薪酬研究学者埃德尔伯多·F·蒙特梅尔（Edilberto F. Montemayor）认为不同的薪酬体系支撑着不同的企业经营战略。他把企业可选择的经营战略分为三类：成本领先型（cost leaders）、创新型（innovators）和差异型（differentiators）。围绕薪酬体系与企业战略的关系，埃德尔伯多·F·蒙特梅尔用实证研究的方法对美国薪酬协会的 1 400 多家成员企业进行了研究，得出的主要结论有①：

（1）成本领先型战略更强调薪酬体系侧重于“劳动力成本”目标，从而适应稳定的组织结构和传统管理模式。这些企业往往严格控制成本，尽量避免费用超支。

（2）创新型战略要求薪酬管理把重点放在吸引和留住有价值员工的目标上，网罗大量复合型员工，满足企业对员工技能的要求，借助从外部获得的人员来提升企业的竞争力。

（3）差异型战略强调的是薪酬的“激励”目标，鼓励员工对组织整体目标的认同。因此，与其他两种战略相比，差异型战略更强调员工高水平的协调和配合。

（4）从薪酬水平看，采用成本领先型战略的企业更倾向于采用低于竞争对手的薪酬水平定位，而采用创新型战略的企业则更有可能采取高于竞争对手的薪酬水平定位。

（5）差异型战略和成本领先型战略倾向于采用激励工资。实施这两种战略的企业也较多地会采用定量方法来衡量工作成果并确定薪酬，如通过收益分享等措施来提高效率。而创新型战略提倡支付稳定的薪酬，基本工资水平较低，通常采用长期激励计划，所追求的是员工强烈的组织归属感，而不是过多地采用短期激励计划。

（6）创新型战略通常广泛地采用绩效加薪（merit pay）政策，承认员工过去令人满意的工作行为，在基本工资的基础上进行永久性加薪。因为这种加薪并不需要事先协商，所以可以鼓励员工进行创新，承担更大的风险，追求工作行为的长期效果。

---

① Edilberto F. Montemayor，“Congruence between Pay Policy and Competitive Strategy in High-performance Firms”，1996；转引自周欢：《基于企业 GREP 战略的薪酬体系设计》，硕士论文，2003。

（7）实施创新型战略和差异型战略的企业薪酬管理相对比较开放，注重员工参与薪酬决策。

表 2—5 是埃德尔伯多·F·蒙特梅尔对前人有关企业经营战略和薪酬体系相互关系的研究所做的综述和总结。

表 2—5　　与不同经营战略相匹配的薪酬体系

薪酬体系维度	资料来源	经营战略		
		成本领先型	差异型	创新型
薪酬目标	Corroll（1987）	控制成本	激励	吸引/保留
薪酬水平	Miles and Snow（1984）	低于市场	与市场持平	高于市场
薪酬组合的刺激性	Miller（1986）	低——→高		
绩效加薪	Schuler and Jackson（1987）	有限使用——→广泛使用		
薪酬管理与控制	Tichy et al.（1984）	封闭——→开放		

米尔科维奇认为对应于不同的经营战略，企业要采取不同的薪酬方案。他把企业的经营战略也分为三类：创新者、成本控制者和关注顾客。这种分类与埃德尔伯多·F·蒙特梅尔的分类非常接近。米尔科维奇认为创新者战略强调冒险，不再过多地重视评价和强调各种技能或职位，而是把重点放在激励工资上，以此鼓励员工大胆创新，缩短从产品设计到顾客购买之间的时间差。成本控制者战略以效率为中心，注意控制劳动成本，强调少用人、多办事，其方式是降低成本、鼓励提高生产率、详细而精确地规定工作量。关注顾客战略将顾客满意度作为员工业绩的评价指标，按顾客满意度来给员工支付报酬，如图 2—2 所示。

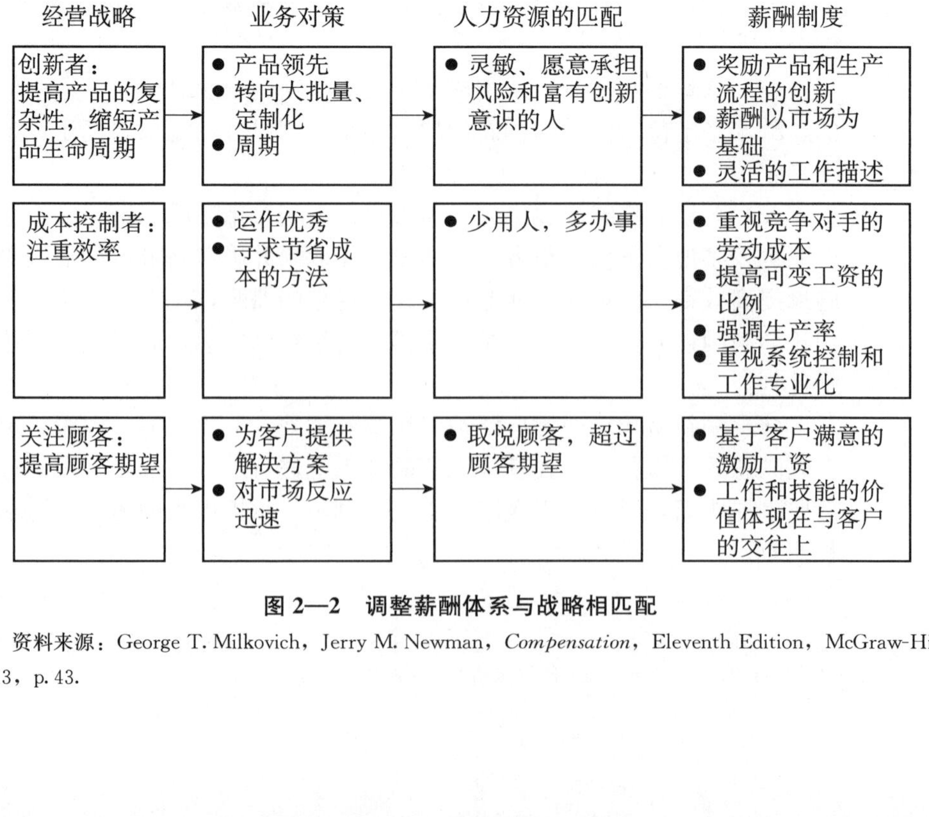

图 2—2　调整薪酬体系与战略相匹配

资料来源：George T. Milkovich，Jerry M. Newman，*Compensation*，Eleventh Edition，McGraw-Hill，2013，p. 43.

2.3.3　薪酬战略与人才战略的匹配

美国斯科特·A·斯奈尔教授（Scott A. Snell）认为评价组织人力资本的标准是价值和稀缺性。他根据价值和稀缺性这两个维度将组织中的人力资源分为核心人才、独特人才、通用人才和辅助性人才四类，并进行有针对性的人力资源管理模式和薪酬体系的设计（见图 2—3）。

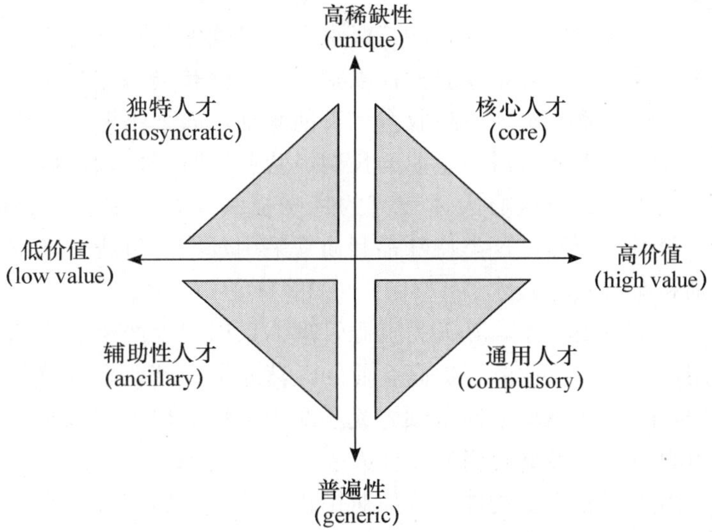

图 2—3　组织的四种人力资源

资料来源：文跃然：《薪酬管理原理》（第二版），51 页。

核心人才与企业的核心能力直接相关，对公司而言具有很高的价值；此外，核心人才具有公司所急需的、市场上不易获得的、不易通过简单学习和工作积累而获得的特殊知识和技能，因此非常稀缺和独特。通用人才与企业所需的核心能力直接相关，价值较高，但由于这类人才拥有的是容易学习和获得的普通知识和技能，比较容易从市场上招聘和获取，不具有独特性。独特人才与企业所需的核心能力间接相关，战略价值较低，但独特人才通常拥有非常特殊的、不易习得的知识和技能，因此相对比较紧缺。辅助性人才在企业中的战略价值通常比较低，他们大多只具备一般的知识和技能，比较容易从市场上招聘和获取。

对这四类人员应该采取不同的薪酬体系设计，如表 2—6 所示。

表 2—6　不同人才类型的薪酬战略

人力资本类型	人力资源管理体系	薪酬战略
核心人才	基于承诺	● 外部公平（高工资） ● 为知识、经验、资历付薪 ● 股权和额外福利
通用人才	基于生产率	● 注重外部公平（市场工资率） ● 为绩效付酬

续前表

人力资本类型	人力资源管理体系	薪酬战略
独特人才	基于合作关系	● 根据合同付酬，为知识付薪
辅助性人才	基于命令和服从	● 按小时或临时签订的合同付薪

资料来源：Scott A. Snell，2002。

对于核心人才，其人力资源管理体系以“承诺”为基础，强调员工对企业的忠诚，以建立稳固的心理契约。其薪酬战略的设计要点是：支付较高的报酬，薪酬水平通常领先于市场平均工资水平，以确保报酬具有市场竞争力，吸引和获取一流的核心人才为企业服务；以知识、经验和资历作为报酬支付的基础，多采用能力工资体系；重视风险收益和长期激励，如采用期股、股票期权和员工持股等方式，将其报酬所得与企业的长期经营业绩紧密挂钩，以最大限度地激励和保留核心人才；给予核心人才较高的特殊福利，如住房、带薪休假、俱乐部会员金卡、养老年金等，这类特殊福利通常采用延期支付或分期支付的方式，以尽可能激励和保留核心人才。

对于通用人才，其人力资源管理体系以“生产率的提高”为基础，强调充分利用员工的专业技能，提高企业的经营业绩。其薪酬战略的设计要点是：支付较高的报酬，薪酬水平通常领先或匹配于市场平均工资水平，以确保报酬具有市场竞争力，吸引足够合格的专业人才为企业服务；以绩效和业绩作为报酬支付的基础，多采用业绩工资体系，如对销售人员采用的佣金制度。

对于独特人才，其人力资源管理体系以“保持良好的合作关系”为基础，强调与独特人才之间的密切合作。其薪酬战略的设计要点是：按照合同约定，根据他们为企业提供的解决方案（知识方案、设计方案、技术解决方案等）和工作成果，支付相应数额的报酬。

对于辅助性人才，其人力资源管理体系强调建立劳动契约关系，要求员工服从企业的职责安排，其薪酬战略的设计要点是：按小时或临时签订的合同支付报酬，如对生产工人实行的计件工资制度，企业与清洁工签署的小时工服务协议等。

本章小结

本章内容可以分为三大部分。

首先，我们回顾了战略管理理论的一些基本知识。战略考虑的是组织发展的长期方向，影响着组织的整体利益；战略与组织、环境都有关系，组织运用战略来应对变化着的环境。组织的战略有三个层次，分别是公司战略、竞争战略和职能战略。公司战略决定了组织想要进入何种行业以及在哪些行业进行竞争；竞争战略决定了组织在特定行业中如何展开竞争；职能战略决定了如何使公司战略和竞争战略得以执行。

其次，我们探讨了什么是薪酬战略。薪酬战略属于第三个层次的战略，它是一种职能战略。薪酬战略可以从薪酬支付依据、薪酬水平定位、薪酬组合方式、薪酬结构（等级与幅度）以及薪酬管理模式等五个方面来考虑。薪酬战略作为一种职能层面的战略，会受到很多不同层面因素的影响，我们把这些影响因素归纳为三类：其一是外部环境对薪酬战略的影响；其二是组织战略对薪酬战略的影响；其三是企业内部的资源和能力对薪酬战略的影响。

最后，我们介绍了薪酬战略与公司战略、竞争战略、人才战略等不同层次战略之间的匹配模型。这些研究一般都是采用基于通用战略框架的结构化研究思路。研究所得出的与组织战略相匹配的薪酬战略模型对薪酬管理实践有一般性的指导意义，但这些模型都需要在企业层次的设计和实施中进行差异化。

复习思考题

1. 什么是组织战略？它分为几个层次？通用性组织战略有哪些？
2. 如何理解薪酬管理的战略意义？薪酬战略如何帮助企业赢得竞争优势？
3. 什么是薪酬战略？薪酬战略的维度有哪些？制定薪酬战略需要考虑哪些影响因素？
4. 现有的薪酬战略模型有哪些？这些模型有哪些不足？
5. 请为一个你所熟悉的企业制定薪酬战略。

案　例

A 公司基于战略的薪酬体系设计①

A 公司是一家在 20 世纪 90 年代中期创办成立的集研发、生产和销售为一体的民营家电企业，主要产品为燃气用具、厨房电器、家用电器等。近年来，由于燃具行业竞争的不断加剧，以及客户需求的不断变化等因素，A 公司所处的经营环境发生了巨大变化。因此，公司提出了新的愿景——不断追求创新来改进我们所提供产品和服务的质量；不断优化和培养我们的员工队伍，伴随公司的发展不断成长；在我们的员工、供应商和客户之间体现一种团队精神，以使我们在竞争中处于优势；以我们的产品和服务，使我们的客户享受美好生活。基于这一愿景，A 公司重新制定了公司战略——以颇具竞争性的价格，为客户提供最优的产品和服务；超越同比市场增长，在 5 年内使公司市场份额进入行业前三名，以使公司股东和员工获得合理回报；在公司内建立系统运营管理平台和塑造团队协作精神，为公司的可持续发展奠定坚实的基础。但一年多以来，公司出现开发周期过长、产品开发跟不上消费者需求变化、向客户提供产品不及时、生产成本与竞争对手相比居高不下、销售业绩停滞不前等现象。公司在

① 根据中国人力资源开发网的一个案例改编，原作者：刘大东。

内部进行了一次员工民意调查，调查结果清晰地反映出几个主要问题：除了高层，员工大多不清楚公司愿景和战略，更不知公司如何有效地实施战略，以及公司战略和自己有什么关系；公司在实施变革后，员工工作责任发生了变化，但薪酬并未随之改变；员工薪酬的升降只以职务等级为准；员工的薪酬表面上以绩效考核确定，但绩效考核没有显示出与公司战略的联系。

一、薪酬现状分析

1. 薪酬项目组合分析

A公司薪酬项目中的工资部分由基本工资和绩效工资组成，所有员工不论岗位高低都采用90/10的比例，没有反映出不同岗位（职务）对企业经营业绩产生的影响；这样的分布对于所有员工来讲，即使其绩效考核位于最末位，也能得到其对应工资（基本工资和绩效）总额的95%以上，绩效工资部分对员工已经失去了激励作用；而且，绩效工资不管对于高层还是低层员工都是短期性的，使员工特别是高层很难去关注企业的经营前景。由于公司目前正处于变革时期，因此要求员工不断地提升能力、对企业忠诚、承担责任、勇于进取等，但这些在公司薪酬组合项目中没有得到体现，员工看不到自己的付出能够得到何种收益。

2. 薪酬外部竞争性和内部公平性分析

（1）内部公平性。由于公司的整个薪酬等级体系是基于职务等级建立起来的，因此没有体现出不同岗位的性质、职责、能力、技术、经验等要求，使岗位内部价值分配等级体系缺乏对企业经营贡献方面的综合考虑。

（2）外部竞争性。A公司在设计整个薪酬结构之初，没有考虑外部同行业的薪酬水平现状，从而造成管理职务人员的工资明显高于市场水平，而其他人员，如研究开发、人力资源和财务人员的薪酬水平明显低于市场水平，这给企业吸引和保留专业技术人员带来了不利影响。

3. 等级与幅度分析

A公司薪酬根据职务等级共分12等，等内没有再分级，在实际运行中难以使薪酬随着员工的业绩和能力，以及岗位调整等作出动态变化。因此，升职成了员工获得薪酬增加的唯一机会。由于难以获得加薪机会，加上外部薪酬水平的变化，造成公司在吸引人才方面陷入困境，而且老员工对薪酬水平现状也非常不满。另外，薪酬等级的级差很大，薪酬每一次晋升的比例比较大，达到25%。

4. 薪酬与绩效分析

A公司每个月对员工进行绩效考核来决定其绩效工资，主要集中对生产和销售人员的考核，考核由员工的直接上级进行，人力资源部进行复核和归总。考核主要是从工作态度、工作任务和出勤方面进行，以确定员工的绩效等级。绩效考核结果共分为三级：一等（优秀）、二等（称职）、三等（不称职），其相应等级的考核系数为1.1：0.9：0.7；并采取强制分布法将员工考核一、二、三等的比例控制在 10%：60%：30%的范围内。但由于只对员工进行绩效考核，中高层管理人员未纳入整个绩效考核系统，因此在员工中造成了一种不公平感；而且员工的绩效工资所占比例很小，绩效高低对个人工资的总体收入影响很小，以至于绩效工资失去了对员工绩效的激励作用。

5. 对薪酬现状的总结

A 公司的薪酬主要是以管理职务为基本单位进行价值分配，薪酬与职务等级体系相匹配，晋升也就成为员工获取薪酬增加的主要动力。因此，员工关注的是企业内部的等级或地位，再加上对员工的评价来源于其上级，致使员工行为的关注焦点由外部客户转向自己的上级。

A 公司不同工作性质岗位的薪酬晋升通道没有打开，从公司发展的角度看，专业技术类（研究开发、人力资源、财务管理、市场营销等）岗位将不断增加，因此，目前的薪酬晋升路线很难适应专业技术类岗位的发展要求。

现在，A 公司要在激烈的市场竞争中取得经营业绩，必须将目光转向其外部客户，关注客户的需求、变化和想法。这就要求企业改变其经营战略和经营方式，转变员工工作行为的关注对象，不断增强能力，提高绩效，以员工的最优业绩组合来达到公司的经营目标。

二、基于战略的薪酬体系的建立

某管理咨询公司对 A 公司薪酬进行详细分析后，认为 A 公司的薪酬显然与公司的经营战略基本没有什么关联。所有薪酬激励都是面向权力和地位的，不是把员工和管理者团结起来，而是将他们对立起来；基于绩效激励的薪酬部分，既没有与员工的工作业绩联系起来，也没有和企业的经营业绩相关联，绩效工资在奖励业绩方面没有起到应有的作用；而特别奖励基本上是在中高层管理者之间进行相互竞争，大多数员工很少关注。

基于这些原因，A 公司必须首先明确公司的薪酬战略。薪酬战略必须支持企业的经营战略和价值观，有利于强化公司的核心能力或关键领域。因此，公司对企业愿景、经营战略进行重新审视，一致认为以下几点是公司经营成功的关键：

（1）关注客户需求，快速地对客户需求做出响应；

（2）以客户需求为导向进行产品研发，并缩短产品研发周期；

（3）鼓励员工创新，注重产品质量，压缩产品制造成本和生产周期；

（4）增加员工的知识和提升能力，并快速运用于工作实践；

（5）在公司内部创造多渠道的晋升路线，使员工与公司一起成长；

（6）不同的员工都应从公司经营业绩增长中获得收益；

（7）团队的协作奋进有利于员工取得最好的工作成果。

为了强化 A 公司的这些关键成功领域，结合公司人才配置战略、经济承受能力和同行业薪酬现状等因素，确定了公司薪酬战略。公司薪酬应实现四个目标：

第一，薪酬要能吸引人员进入企业；

第二，薪酬要能够留住员工为企业持续服务；

第三，薪酬要能驱动员工的行为和业绩；

第四，薪酬要能够激发员工提升能力。

因此，公司以市场薪酬水平为主导，结合内部岗位价值评估确定各个岗位的薪酬标准，中高级人员的薪酬水平定位于市场中高端水平，其余人员定位于市场薪酬中等水平；改变一岗一薪现状，压缩公司薪等，扩展薪等内部的级数，为员工发展打开薪酬晋升的通路；建立薪酬业绩导向，鼓励高层人员既要关注公司近期目标，也要关注公司的长远发展；明确以能力为基础的绩效贡献是员工获得加薪的标准。

某管理咨询公司在明晰了A公司的薪酬战略以后，建议建立一种有利于公司内部公平和外部竞争的薪酬体系。

1. 建立员工职业发展通路

A公司要在关键领域获得成功，以支撑公司经营业绩的成长，员工能力的提升对A公司的经营发展非常重要。为鼓励员工不断学习、开发自己的潜力以提升能力水平，公司采取了下列措施来激励员工：

(1) 配合员工职业晋升路线建立任职资格体系。依据公司不同系列岗位的性质、特点等，明确不同岗位需要的核心能力，如培养他人、服务意识、主动性、影响力、创新能力或团队精神等，对这些能力进行清晰的定义，并在企业员工中进行测试，建立起员工基于能力的任职资格体系。每一个员工，即使是普通工人，只要能力得到提升，并经公司内部鉴定，也可从初、中、高级操作员晋升到技师，或专业技术和管理类等岗位，为员工提供了广阔的成长空间。

(2) 建立基于能力和绩效的加薪标准。员工只有在能力达到相应标准，经公司员工能力评估中心认定后才有资格晋升工资标准；否则，即使员工业绩再好，如果能力没有得到提升，也不能进行加薪；而对员工绩效的认可已在可变薪酬（绩效工资、年终效益工资和嘉奖）中予以充分体现。

2. 薪酬组合策略

依据经营战略和对薪酬现状的分析，将A公司现有薪酬组成的三个主要部分——基本工资、绩效工资和福利，重新划分为六部分，即基本工资、绩效工资、年终效益奖金、分红、嘉奖和福利。

基本工资是A公司员工具有保障的工资部分，处于市场薪酬水平的中端，加上绩效工资，使员工薪酬总量水平处于市场的相对高位，以保持公司薪酬水平的总体竞争力，从而保留和激励公司员工。基本工资的确定主要考虑岗位所需的能力、经验、贡献和任务等，而不仅仅考虑职位权力大小，以确保薪酬的内部公平性。

绩效工资是员工基于绩效可能获得的相应的工资，绩效工资占基本工资的比例将得到提高。其评估方式是以客户对象的团队业绩为基础，再结合团队内部个人绩效考核，以体现公司既注重团队绩效，也注重个人贡献。

年终效益奖金并不是员工薪酬的必需部分，它与公司整个年度的经营业绩目标相关，向员工提供获得更多工资的机会，而不是获得更多工资的保证——为员工创造可以分享公司经营成长所带来的收益的机会。

年终分红是公司为高层人员提供的一种长期激励措施，以使高层在关注公司短期利益的同时，更关注公司的长远发展。年终分红采取递延支付策略，在公司经营阶段战略中逐步兑现。

3. 建立工资结构

针对行业类似企业和公司不同工作岗位的结构和性质，将整个公司的工资结构数目定为四种——管理人员工资结构、专业技术人员工资结构、销售人员工资结构和生产操作人员工资结构。公司人力资源部依据岗位所需的能力、经验、贡献和任务繁简等提取岗位评价薪酬要素，组织人员进行评估，通过对评估结果进行统计和分析，将公司的薪酬划分为6个薪等。

确定薪酬级别的范围。首先，确定关键（基准）岗位评价结果与外部岗位市场价格之间的联系，公司在所有岗位中抽取与市场薪酬调查中获得的岗位说明书相对应的岗位为基准岗位，对其与外部对应岗位进行市场薪酬对比分析，以确定公司基准岗位的市场薪酬水平——6个薪等的工资中位值水平。

其次，参照市场同一薪酬级别岗位的最高和最低工资水平差额，综合考虑各个级别岗位所需的能力、技术、经验、责任和对公司的价值，以水平差额的方法来确定最高和最低薪酬水平的差额。比如，助理工程师岗位的中位值为4 000元，其所在级别的最高与最低差额为30%，则该级别最低工资水平＝中位值/[100%＋(差额/2)]＝4 000/[100%＋(30%/2)]＝3 478(元)；最高工资水平＝最低工资水平＋(30%×最低工资水平)＝4 521(元)。

最后，以不同薪酬等级的差额水平，均等划分等级内部的小级，使员工在职位没有晋升的条件下，也能依据业绩和能力进行薪酬调整，从而建立具有内部合理性和外部竞争性的薪酬结构体系。

4. 可变薪酬的确定

某管理咨询公司依据上述可变薪酬解决思路，在分析了A公司的各种影响可变薪酬的因素后，从以下几个方面确定公司的可变薪酬，使薪酬激励与企业经营绩效相联系。

绩效工资是公司对员工工作业绩进行激励所采用的薪酬对策，在公司所有岗位薪酬水平的基础上，依据不同岗位系列的工作性质和对企业经营的影响程度，绩效工资占薪酬总额的比例各不相同，不再是所有员工不论职位系列和级别高低都一样是90/10的比例。

年终效益奖金和整个公司的经营目标挂钩，由董事会依据公司完成年度经营目标的实际情况计提，实际上是为员工创造了一种享有公司经营成长业绩的激励措施。

公司设置嘉奖主要是为了及时认可部门或员工的重大工作成果，以利于对工作贡献突出的相关部门和员工进行奖励，因此，扩大嘉奖的奖励范围，使公司所有员工都有机会得到，并于当月发放，以加强嘉奖对员工的强化作用。对于嘉奖总金额，从公司年初工资总额中预提2%备用。

分红是公司依据发展情况对中高级管理人员和关键核心员工的长期激励。参与对象主要为公司中高级管理人员和关键核心员工。具体做法是：

$$\text{本年分红所得现金}=\frac{\text{上年该员工的累积}}{\text{分红资本金}}\times\frac{\text{本年决算}}{\text{净资产收益率}}$$

式中，分红的资本金由公司董事会决定，并可于每年依据考核相应增加；决算净资产收益率以当年财务年终核算为准。

● 净资产收益率低于10%～15%，则资本金不增加，只按已有的分红资本金进行分红；

● 净资产收益率低于10%，则当年暂停分红，资本金不再增加，但已有分红资本金不取消；

● 分红资本金逐年增加，不能提取为现金或转让，且没有任何实际股东权利，也不实际拥有股份；

● 员工降职、离职、待职或因其他原因离开岗位，则不再参与分红；

● 每年分红在下一年度分为12个月平均发放。

5. 强化薪酬与绩效挂钩

公司原有的绩效管理只对员工进行绩效考核，中高层管理人员未纳入整个绩效考核系统。考核是从工作态度、工作任务和出勤方面由员工的直接上级进行，是一种典型的为考核而考核的绩效管理方式。绩效管理既没有为员工指明业绩成长的路径和体现员工业绩贡献与公司经营战略的关联，也没有展示出公司绩效管理体系是公司经营战略执行的强有力的策略工具。因此，配合本次薪酬变革，转变原有的薪酬激励——等级晋升导向，A公司通过下列思路重建了公司的绩效管理体系。

首先，公司以企业愿景与战略为基础，理解客户和他们的需求，这是绩效管理体系建立的前提——绩效成果应满足服务对象的要求，才能更具有意义和目的。

其次，明确企业要取得经营成功的关键领域。企业采用适合自己竞争的战略，并以此建立竞争优势。这就要求绩效管理能够为企业的经营战略提供支持和服务。比如，采用创新战略，其核心是以产品技术创新推动企业的经营发展，那么关键的成功领域就是快速市场响应、新产品开发、客户服务质量等，这就要求企业员工具备更快地学习新知识、新技术，以及适应新环境和团队协作等能力。

最后，明确表示企业履行关键领域的指标。为确保公司经营目标、计划以及相关政策、制度得到严格执行，公司运用平衡计分卡和目标管理的思想，从财务、客户、内部运营、学习成长四个方面展开，通过由上到下逐级分解的方法，先确定公司级的关键绩效指标，再依据公司级的关键绩效指标逐步分解到各个部门，进而分解到相关岗位人员。

通过以上措施，A 公司的业绩考核分为两级：一级是考核团队——部门；二级是考核个人——员工。部门考核依据不同指标采用多主体绩效考核方式进行。员工绩效考核又分为部门负责人和其他员工考核，公司部门负责人采用自评、委员会评估相结合的方式进行；其他员工考核由岗位服务对象进行，部门负责人进行归总和审核，同时采用百分制和强制排序的方法进行绩效考核系数的确定，并与员工绩效工资挂钩。

配合公司两级考核，员工绩效工资也做两级分配：一级由公司将绩效工资总额在部门间进行分配，部门绩效工资总额依据部门绩效工资标准总额、部门绩效考核等级和公司效益确定。二级由部门依据对员工的绩效考核在部门内部员工间进行分配。而且，公司还根据员工的绩效考核结果，采取了相应的绩效改善和沟通、申诉、末位警告和淘汰机制，以给予员工业绩改进的机会和增强员工的危机意识。

新的薪酬方案实施以后，公司出现了前所未有的新面貌，令管理层大受鼓舞。在总结 A 公司薪酬变革成功的因素后，我们得出的结论是：企业薪酬体系的设计一定要以企业的战略作为出发点，薪酬战略要能够适应外部经营环境的变化，支持企业战略的实施。薪酬战略要有利于留住核心员工，强化企业的核心价值观，增强企业的核心竞争力。一个好的基于战略的薪酬体系应该成为企业吸引和保留人才、激励人才努力为企业做出贡献、帮助企业赢得竞争优势的一种有效手段。

第3章

职位与薪酬

职位评价是研究职位的自然属性，确定职位的相对价值。

——佚名

在中国，一提起职位，人们自然就想起经理、总监、主管等头衔，职位的头衔是职位的重要组成部分，但不是职位的全部，我们甚至认为，它并不是职位最重要的部分。在对职位的认识中，职位的工作职责和任职资格等才是薪酬管理人员最为关心的内容。只有在充分理解和认识职位工作内容和任职资格的基础上，我们才能真正开展科学的职位薪酬管理工作。

同样是属于中层领导的两个职位，为什么职位薪酬会不同？人们是怎样给职位“定价”的？如何理解内部公平性或内部一致性薪酬制度设计的原则？本章将系统介绍有关职位薪酬设计的理论和技术。作为一种传统的、主流的薪酬方式，职位薪酬的基本知识和设计方法，是每一个学习薪酬管理的人所必须掌握的重要内容。

3.1 职位薪酬概述

3.1.1 职位薪酬：一种传统且主流的方式

实现最优的人职匹配，一直是人力资源管理者追求的最佳境界。职位，作为组织体系中与人发生直接联系和一一对应关系的单位，是人们实施和展开各项管理工作的重要基础。

职位薪酬（position-based pay/job-based pay）①，顾名思义就是一种以职位（价值）为基础的薪酬方式。在美国，基于职位的薪酬往往被认为是传统的薪酬体系，如表 3—1 所示。

表 3—1　　薪酬体系的发展历史

	20 世纪 50—60 年代	70—80 年代	90 年代至今
经济形势	基本稳定，变化不大	变革逐步出现	持续、快速的变革
主要方法	单一的职位评价体系＋有限的市场调查	标准化的职位评价体系＋细致的市场调查	多样化的技术（技能/胜任力体系、聚焦的市场调查、计算机模型等）
目标导向	基于职位的内部公平性	基于职位的内部公平性＋基于市场价值的外部竞争性	基于个人成就的内部公平性＋基于市场价值的外部竞争性
薪酬方式	职位薪酬体系	职位薪酬＋绩效薪酬	能力薪酬＋绩效薪酬

资料来源：Martin G. Wolf，"Compensation：An Overview"，*The Compensation Handbook*，Fourth Edition，McGraw-Hill，2006，p. 41.

可见，从 20 世纪 50 年代起，职位薪酬就已成为西方发达国家最主要的薪酬体系。尽管在过去的 50 年里薪酬体系发生了许多变化，出现了许多新的技术方法，但无论是从应用时间的跨度上，还是从应用范围的广度上，职位薪酬体系都扮演着无可争议的主流角色。特别是职位薪酬体系中包含的职位分析（position analysis）和职位评价（position evaluation）等技术，作为非常成熟的技术体系，既为职位薪酬的主流地位提供了技术支持，也能够为其他新的薪酬方式提供方法基础。

3.1.2　中国的现实需要：打好职位体系基础，完善职位薪酬机制

职位薪酬之所以在美国流行如此长的时间，其方法体系经久不衰，其中很重要的原因在于人们投入了大量的精力去进行职位基础设施的建设。美国劳工部（The U. S. Department of Labor，DOL）从 20 世纪 70 年代起就开始大规模地开发通用性的职位分析流程与方法，推出了标准化的《职位分析手册》。一些专业咨询研究机构也通过大量研究开发出各自的职位分析和职位评价的工具，为职位薪酬提供了大量的积累。随着咨询业务在全球的扩展，这些方法和工具也都逐步成为主流。当前，伴随着信息化网络平台的建设，很多职位基础设施也已经开始网络化，美国"职业信息网"（O* NET）② 的建设将几乎所有有关职位的信息（包括职责说明、任职资格、胜任特征、职位市场工资率等各方面的信息）都实

① 在西方主流教科书和文献中，职位薪酬所对应的英文多为"job-based pay"，也有"position-based pay"。虽然"job/工作"和"position/职位"这两个概念有着明确的区别，但是在作为概念使用时人们更倾向于忽略两者的区别。本书将使用"职位"这样一种表达，并取其广义，既包含"job"的意义，也包含"position"的具体含义。本书其后所使用的概念亦将相应地采用"职位分析"、"职位评价"的说法（而非"工作分析"、"工作评价"）。另一个经常使用的词是"岗位"，本书在引用的文献中将保持原文献所使用的"岗位"概念。

② 可登录网站 http：//online. onetcenter. org/。

现了网络化，你可以通过其网站轻松地搜索到你所需要的职位的全面信息。总之，在西方发达国家，有关职位的基础设施建设已经非常完善，这些都为职位薪酬的实施打下了坚实的基础。

在我国，职位体系和职位基础的建设已经取得了很多成效，但是职位基础的不完善，仍是制约我国人力资源管理和薪酬管理规范化提升的重要问题。特别是体现在薪酬上，各种问题比较突出，比如：

（1）长期以来，人们大多关注工作的政治等级属性，而忽略了职位本身的自然属性，“职位”的概念基本上是缺失的。“品位”及以此为标志的“身份”成为收入分配的主要依据，在这样的激励导向下，人们的工作目标往往是尽可能提升行政级别，而非更好地完成本职工作。

（2）由于缺乏职位体系作为基础，对职位的评估也就无从谈起，工资体系的结构性差异也就难以得到更加科学和细致的体现，制度内工资等级差别很小，不能体现职位的价值和工作绩效的差别。差距只体现在单位与单位之间、行业与行业之间。换句话说，我国企业有单位工资、行业工资，但没有职位工资。

（3）由于职位体系，特别是标准化职位信息不完善，不同职位之间市场工资率的可比性比较差，工资水平的外部参照性也就不强。

（4）职位体系基础和职位信息建设不完善导致的内部差异性不合理和外部参照性不强，很容易产生工资调整随意性很大的后果，管理通常为运动性管理而非制度管理。

可见，大力进行职位管理的基础设施建设，无疑是实现我国人力资源管理（包括薪酬管理）现代化所必须经历的步骤。建设“职位分类”和“职业标准”规范、推进人事制度改革、“建立岗位管理制度”、由“身份管理向岗位管理转变”、“按需设岗、竞聘上岗、以岗定酬”等来自国家文件的提法和举措，都体现了职位基础建设在我国人力资源管理实践中的重要地位。

可以预见，一个以职位薪酬为主体、多种薪酬方式（绩效薪酬、能力薪酬等）并存的薪酬管理时代即将到来。其中，建立健全职位管理基础、建立完善职位薪酬体系在一段时间内仍将是最为主要的部分；即使是在理性地追赶各种薪酬管理新潮流的同时，职位薪酬的建立和健全仍是不可跨越的步骤，它也将为其他薪酬方式提供必要且坚实的基础。总之，打好职位体系基础、完善职位薪酬机制，正是当今我国推动薪酬管理实践发展的现实之需、主体之路。

3.1.3 职位薪酬设计的基本框架

上面已经介绍，职位薪酬是一种以职位的（相对）价值作为支付依据的薪酬方式。相对于能力薪酬[①]和绩效薪酬[②]来说，它并非直接关注任职者本身的能力水平，也不直接对已经完成的绩效结果进行认定和激励，而是以职位作为其激励

① 有关能力薪酬的内容将在本书第 4 章具体介绍。

② 有关绩效薪酬的内容将在本书第 6 章具体介绍。

发生的直接对象。也就是说，在职位薪酬体系下，任职者的工资主要取决于其所在职位的价值。

那么如何才能科学有效地评定职位的价值，进而设计一套职位薪酬体系呢？一般需要经历如图 3—1 所示的五个基本环节。

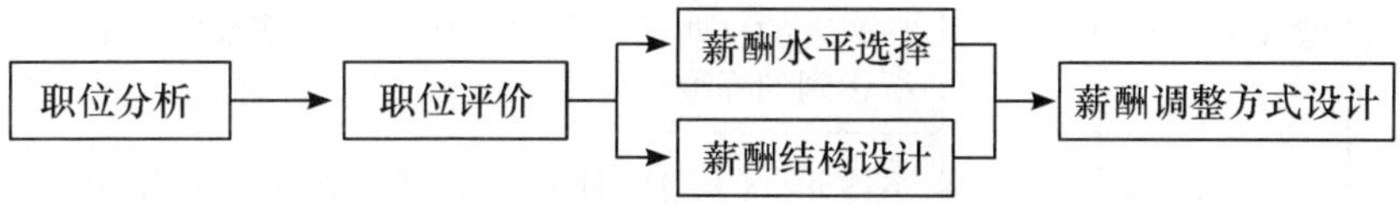

图 3—1　职位薪酬设计的五个基本环节

其中，职位分析作为人力资源管理的基础工作，完成对职位职责、工作环境以及人员任职资格的规范界定与描述，为职位评价奠定了有关职位的全面信息的基础。职位评价则是用来评定组织内职位之间相对价值的方法与过程，是设计职位薪酬的核心环节，评定得出的职位价值分布则成为薪酬等级分布的基础。接下来的薪酬水平选择则是要通过对劳动力市场职位价格信息的调查与参照，选择相应的薪酬水平策略。薪酬结构设计则是要将组织内部职位价值的结构化分布与外部市场的职位价格分布相对应，对职位薪酬的薪等（pay grade）、薪级（pay range）、交叉（overlap）等方面展开具体设计。最后，是在设定好的薪酬结构的基础上，对薪酬的调整方式进行规范和设计。

以上五个环节是设计一套完整的职位薪酬体系所必不可少的基本方面，职位薪酬设计的各种具体的应用技术也都包含在其中。下面将对这些关键环节进行更加详细的说明。

3.2　职位分析

3.2.1　职位分析概述

职位分析，又称工作分析（position analysis/job analysis），简单地说，就是对与职位相关的整体信息和关键信息进行系统整理和准确描述的过程。这个过程包含对职位信息进行收集、分析、界定和综合的一系列活动，进而明确规定职位所包含的任务及任职者成功完成工作所需的技能、知识、能力和责任，并最终形成规范化、标准化的书面描述文本，即职位说明书。

在进行职位分析时，所要研究的对象是职位自身的特征及其职责要求（而不是职位上的任职者的特征）。在收集的信息内容方面，美国劳工部的《职位分析手册》规定收集如下信息：工作内容、工作职责、有关工作的知识、精神方面的技能、灵巧正确的程度、经验、适应年龄、所需的受教育程度、技能的培养要求、学徒（见习）要求、与其他工作的关系、作业身体姿态、作业环境、作业对身体的影响、劳动强度、特殊心理品质要求等。

概括来说，职位分析所要回答的基本问题可以归纳为“6W1H”。6W，即做什么（what）、为什么做（why）、谁来做（who）、何时做（when）、在哪里做（where）、为谁做（for whom）；1H，即如何做（how），如表 3—2 所示。

表 3—2　　职位分析所要回答的基本问题

做什么（what）	指从事的工作活动，主要包括：任职者所要完成的工作活动内容；任职者的这些活动会产生什么样的结果或产品；任职者的工作结果所达到的标准。
为什么做（why）	指任职者的工作目的，即这项工作在整个组织中的作用。主要包括：做这项工作的目的；这项工作与组织中的其他工作有什么联系；对其他工作有什么影响。
谁来做（who）	指对从事该项工作人员的必备要求，包括：身体素质要求；知识与技能要求；教育与培训要求；经验要求；个性特征要求等。
何时做（when）	指在什么时间从事各项工作活动，主要包括：哪些工作活动是有固定时间的；在什么时候做；哪些工作活动是每天必做的；哪些工作活动是每周必做的；哪些工作活动是每月必做的。
在哪里做（where）	指从事工作活动的环境，主要包括：工作的自然环境，包括地点（室内或户外）、温度、光线、噪音、安全条件等；工作的社会环境，包括工作所处的文化环境、工作群体中的人数、完成工作所要求的人际交往的数量和程度、环境稳定性等。
为谁做（for whom）	指在工作中与其他职位发生的关系及相互之间的影响，主要包括：工作要向谁请示和汇报；向谁提供信息或工作结果；可以指挥和监控何人。
如何做（how）	指任职者怎样从事工作活动以获得预期的结果，主要包括：从事工作活动的一般程序或流程是怎样的；工作中要使用哪些工具，操作什么机器设备；工作中涉及的文件或记录分别有哪些；工作中应控制的关键环节是哪些。

职位分析的信息来源主要有四种渠道，即组织中原有的书面资料、任职者的报告、同事的报告、直接的观察。此外，职位分析的资料还可以来自该职位的下属、顾客和用户等。收集信息时要合理甄选可靠的信息来源，以免信息失真，同时要保证信息的完整性。

3.2.2　职位分析的方法

职位分析的方法多种多样，我们可以按照信息收集的渠道将其划分为上行法和下行法。其中，上行分析法（bottom-up approach），是指自下而上的分析方法，通过对现有组织和工作的分析来完成职位描述，适用于对现有职位进行规范的情形。下行分析法（top-down approach），是指自上而下的方法，从分析组织的使命、目标和经营目的入手，确定要实现计划目标必须完成哪些工作，需要设定哪些职位，以及最适合于公司业务转型或者公司组织设定职位描述的时间。此外，也可从定性或定量的角度进行分析（见表 3—3）。

表 3—3　　职位分析方法的分类

	上行法	下行法	定性法	定量法
具体方法	工作日记法、重要事件分析法、工作描述法等		访谈沟通法、观察法、职位分析问卷调查法、工作日志法、核对法	职位分析问卷（PAQ）、职能型职位分析法（FJA）、美国劳工部职位分析法等
适用范围	对现有职位进行规范的情形	公司业务转型或者公司组织设定职位描述的时间		

具体而言，职位分析的方法包括访谈沟通法、观察法、工作日志法、职位分析问卷调查法、美国劳工部职位分析法、职能型职位分析法、核对法、重要事件分析法、工作描述法等，但并没有一种所谓的“最佳方法”。选用何种职位分析方法，取决于职位分析的内容，而职位分析的内容取决于职位分析的目的与用途。因此，根据人力资源管理活动的实践需要，可以选用不同的职位分析方法。比如在考核面试中，可以更多地使用观察法。表 3—4 是部分职位分析方法与人力资源管理用途的关系说明。

表 3—4　　职位分析方法与人力资源管理用途的关系说明

	工作说明	考核	面试	工作评价	培训方案	绩效评价系统	职业生涯
工作实践法		√	√		√	√	
典型事例法	√	√	√		√		
观察法		√	√				
访谈沟通法	√	√	√		√		
职位分析问卷调查法	√	√	√	√	√	√	√

说明：“√”代表方法与目的相适应。

3.2.3　职位分析的结果：职位说明书

职位分析不仅涉及对工作内容的分析，也涉及对分析结果的报告。这些结果通常以职位说明书和工作规范的形式呈现出来。

职位说明书（job description）聚焦于按工作当前进行的情况来对它进行描述，它以书面的形式解释一项工作叫什么、要做什么、在哪里做和怎样做。

工作规范（job specification）聚焦于完成工作所需要的特性，它描述工作承担者为了完成工作所必须具有的能力、教育和经验方面的资格。工作规范可以做成一份独立的文件，或者更常见的情况是作为职位说明书的结尾部分。

一份完整的职位说明书包括以下方面：工作标识、工作概要、工作活动内容、工作任务、工作职责、工作权限、工作联系、工作设备信息、工作条件和工作环境、任职资格、绩效标准等。具体解释如表 3—5 所示。

表 3—5　　职位说明书的内容和结构

工作描述方面 1. 工作标识：是有关职位说明书的自然信息，包含工作名称、工作代码、编制日期、编制者、批准人、所在部门、直接主管职位名称、薪酬等级、薪酬水平、合同期限、所辖人数、定员人数等。在具体设计中，工作名称要尽量准确、美观、简练，借鉴国际通行的用法，与市场和国际接轨。工作代码要尽量统一、简洁，传递出有关工作的多重信息。 2. 工作概要：用简练的语言说明工作的主要功能、工作性质、中心任务和责任。 3. 工作活动内容：活动内容、所需时间百分比、权限、执行依据、其他。 4. 工作任务。 5. 工作职责。 6. 工作权限：决策权限、监督权限、经费预算权限、人事行政权限。 7. 工作联系：与组织内部和外部人员之间的关系。最重要的是报告关系、监督对象、工作合作对象、外部人员、晋升调换的路径。 8. 工作设备信息：设备、工具、信息资料。 9. 工作条件和工作环境： ● 工作场所：室内、室外、特殊场所。 ● 工作环境的危险性：受到伤害的可能性、频率、原因。 ● 职业病。 ● 工作时间特征：正常工作时间、加班时间。 ● 工作的均衡性：忙闲不均的程度和经常程度。 ● 工作环境的舒服程度：高温、潮湿、寒冷、粉尘、异味、噪声、震动。 工作规范方面 10. 任职资格（必备/理想）： ● 最低学历、理想学历、需要培训的时间和科目。 ● 从事本职工作和其他相关工作的年限和经验。 ● 一般能力：计划、协调、实施、组织、控制、领导、冲突管理、公共关系、信息管理。 ● 兴趣爱好：兴趣、爱好。 ● 个性特征：情绪稳定性、责任心、外向、内向、支配性、主动性等性向特点。 ● 职位需要的性别、年龄、体能要求：工作姿势（比重）、精神紧张程度（视觉、精力）、体力消耗大小。 11. 绩效标准：时间、标准、质量、数量、结果。

从表 3—5 可以看出，一份完整的职位说明书是从职位和任职者两方面来进行分析与描述的，反映的是某个职位的全面信息及与该职位匹配人员的任职资格条件信息，它是一项复杂且重要的工作。编写时，要遵守一些相应的准则，尽量体现出结构完整、表达准确、逻辑顺畅、讲求实用、划分清楚、规范易读、体例统一的原则。

3.3 职位评价

3.3.1 职位评价的含义

职位分析的结果为评价不同职位的差异性提供了充分的职位信息基础。职位评价（job evaluation）则是在职位分析所提供职位信息的基础上，对职位的价值进行评估，建立组织的职位价值序列。特别要强调的是，职位评价得出的是组织中各职位的相对价值（以保证相对的内部公平性），而非职位的绝对价值。

3.3.2　职位评价的用途

职位评价主要是用于设计工资结构，而不是用于评价任职员工的绩效。职位评价的一般思路是：首先，列举某一职位的要求及该职位对组织的贡献，然后，按职位的重要性对其进行分类。对不同职位之间的相对价值进行评估，是职位评价活动最基本的特征。当然，尽管职位评价的主要目的是确定职位的相对价值，但它还具有其他一些用途（见表 3—6）。

表 3—6　　职位评价的用途

1. 为更简单、更合理的工资结构提供基础。
2. 对新设或变更的职位进行分类提供一种统一的方法。
3. 为与其他组织的职位和工资率进行比较提供一种方法。
4. 为衡量员工绩效提供基础。
5. 为解决工资争议提供一种统一的标准方法。
6. 向为更高级别职位奋斗的员工提供激励。
7. 为工资谈判提供信息。
8. 提供职位关系数据，以进行内部和外部甄选、制定人力资源规划、开展职业管理以及执行其他人事职能。

职位评价为薪酬的内部均衡提供了调节的依据。通过职位评价，可以使员工与员工之间、管理者与员工之间对薪酬的看法趋于一致。职位评价在组织内部的职位之间建立起一种联系，这种联系构成企业整个薪酬支付系统。在这种系统中，劳动报酬能够比较准确地体现按劳分配的原则。通过职位评价，组织能有效实现“以事定岗，以岗定人，以职定责，以责定权、定酬的目标”。

3.3.3　职位评价的操作程序

职位评价的主要操作程序包括四个环节，如图 3—2 所示。

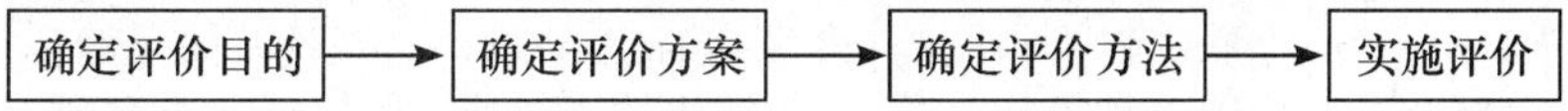

图 3—2　职位评价的主要操作程序

（1）确定评价目的：职位评价的目的在于为组织设计、维持公正和具有竞争力的薪酬；为每个职位等级（job grade）和薪酬支付提供统一的决策依据。通过职位评价过程，组织将每个职位所得的报酬与其对整个组织的贡献相比较，并对其中不合适的地方进行调整，从而支持整个工作流程；通过建立一个公平基础上的可行的薪酬结构来保证组织薪酬分配的合理性，减少员工的不满与抵触情绪。

（2）确定评价方案：首先要确定评价的范围，即组织要对哪些职位进行评价。一般情况下，组织不会对所有的职位进行评价，这样做不仅工作量大，而且实际操作的意义并不大，因为很多职位之间是没有可比性的。最常见的做法是先对部分标杆职位进行评价，然后再利用插值比较法将其他职位与标杆职位进行比较，建立整个组织的职位结构。

（3）确定评价方法：经过长期的实践，职位评价的方法有很多种，比较传统的有排序法、归类法、要素计点法和因素比较法，而目前在国际上应用比较多的是 IPE 职位评价系统和海氏职位评价系统。方法不同，其侧重点会有所不同，适用的范围也不尽相同。

（4）实施评价：在选定了职位评价方法后，下一步的工作就是进行职位评价了，最重要的是成立职位评价小组，确定小组成员。一般情况下，与最终结果利益相关的那些主管和员工都要参加评价结构的设计，最好有来自重要职能部门的代表加入。只有公平的过程才能产生公平的结果，这一点在职位评价过程中比较明显。

3.3.4 职位评价的主要方法

职位评价常用的方法有：排序法、归类法、因素比较法和要素计点法等，不同的方法有各自的特点，适用于不同的职位。组织在进行职位评价时，应根据实际情况来进行选择。表 3—7 对各种方法的基本特点进行了介绍。

表 3—7　　常用职位评价方法

常用方法	概念	优点	缺点	主要程序或技术
排序法	又称序列法，是评价者根据各种职位的相对价值和它们各自对组织的相对贡献由高到低地进行排列的方法。	简便易行；将全体职位作为一个整体来评价，避免了因对工作要素的分解而引起的矛盾和争论。	组织规模大、需要定级的职位数量多时找到对工作内容都比较熟悉的职位评价人员比较难；主观性比较强。	衍生出两种具体操作方法：交替排序法和配对比较法。
归类法	又称分类法，是指通过建立明确的职位等级标准，将各个职位划入相应等级的一种方法，其结果是将具有不同责任及技能要求的职位放到不同的等级中。	具有稳定的基础，尤其适用于目前中国的企业；强调以组织目标为基础，自上而下地进行职位梳理。实现了真正从组织战略目标出发来设计企业的评价系统。	对于职位等级的划分和界定存在一定的难度，有一定的主观性，如果职位级别划分不合理，将会影响对全部职位的评价；对职位的评价结果比较粗糙，不能量化。	收集与职位相关的资料→将职位分成不同的类别→确定分级的标准→划分职位等级。
因素比较法	是对评价因素进行量化打分的办法。	公平性和准确性。	实施复杂，周期长，所耗用的时间太多、费用太高。	职位分析等基础工作→挑选付酬因素→赋予点数→得分汇总→划分具体等级。

续前表

常用方法	概念	优点	缺点	主要程序或技术
要素计点法	又称薪点法，指选择和定义一组通用性的评价指标并详细定义其中的等级，作为衡量一般职位的标准，以这种标准来衡量职位的相对价值。	更强的公平性和客观性。	更复杂，更耗时。	确定职位评价的范围→进行职位分析→选取报酬要素→确定指标等级→确定每个指标的权重→标杆职位试测→方案修正→方案推广。

以下分别介绍排序法、归类法和薪点法的过程和应用。

一、排序法

排序法（ranking method）是指根据职位在组织中取得成就的相对价值以及贡献来对其进行排序的方法。通过这种顺序排列，我们可以清晰比较出不同职位相对价值的大小。

排序法操作简单，容易让人接受。但如果只是简单地把多个职位按价值高低依次排列，那么这个过程中职位之间的区分度不易掌握。所以，实际工作中一般采用两种更容易操作的排序方法，即交替排序法和配对比较法。

交替排序法，顾名思义就是按照职位相对价值大小交替进行排序。其操作程序是：先从多个职位中选出最有价值和最没有价值的职位，分别排在总体第一位和最后一位；然后再从剩下的职位中选出最有价值和最没有价值的职位，排在总体第二位和倒数第二位；依此类推，进行排序，直到所有职位都排在序列当中。

配对比较法是一种较为简单的互相比较的方法。它把所有需要评价的职位排列在一起，两两进行比较，最后按照出现频数的多少对其进行排序。对不同职位进行配对比较法如图3—3所示。

以上为两种常用的排序方法。这两种方法简单易行，但是排序法本身也存在局限性，主要表现在：

（1）排序法缺乏客观、具体和可量化的比较因素。无论是交替排序法还是配对比较法，都主要依靠评价者对职位整体价值和贡献的主观感觉进行排序，缺乏固定的排序标准，这就使得排序结果可能存在误差。

（2）排序法的应用范围有所限制。它只适用于规模较小、人员较少的组织或者部门，而在大型组织或者人员较多的部门，由于需要评价的职位众多，这种方法显然过于烦琐，缺乏信度。

（3）对于评价者要求比较高。评价者必须对所有职位都要有所了解才能做出相对价值判断。

针对排序法的以上问题，在使用这种方法时，我们建议：

（1）建立明确的职位说明书。一份好的职位说明书可以帮助我们全面认清职位，从而容易比较出不同职位对组织的重要性和贡献度。

（2）明确评价要素。例如，我们如果要以“对组织的贡献”来评价职位相对

	剪刀工	电工	机械工	焊接工	碾磨工	接待员
剪刀工		电工	剪刀工	焊接工	剪刀工	剪刀工
电工			电工	焊接工	电工	电工
机械工				焊接工	机械工	机械工
焊接工					焊接工	焊接工
碾磨工						碾磨工

职位名称	次数
剪刀工	3
电工	4
机械工	2
焊接工	5
碾磨工	1
接待员	0

最终结果
焊接工
电工
剪刀工
机械工
碾磨工
接待员

图 3—3　配对比较排序法

资料来源：George T. Milkovich，Jerry M. Newman，*Compensation*，Eleventh Edition，McGraw-Hill，2013，p. 142.

价值，就要向被评价者说明“贡献”包含哪些具体内容和评价标准，这样就使得评价有了客观的、可量化的依据。

（3）当按照不同的评价要素对职位进行多次评价时，可以按照每次的结果赋予职位相应的分数，然后把不同结果中每个职位的分数加总取平均值，最后按照平均分数为职位排序。这样的排序结果在一定程度上消除了按照单一因素比较引起的偏差，其结果更具客观性。

二、归类法

归类法（classification method），就是按照一定的评价标准和要求把需要评价的所有职位并入几类。

我们或许有过这样的经历：上小学时，自己的学年鉴定上往往写着“优”、“良”、“中”或“差”这样的评价，这四个等级是对学生综合素质的考查，其评价指标一般包括学习成绩、思想道德表现、课外活动参与次数等。综合考虑学生在四个方面的表现，可以将其并入相应的等级。那些各个方面都表现出众的学生，往往会得到“优”。在这里我们讲的职位分类法，就是把所有职位分成几个大的等级，而每个等级的“标准”就是等级说明书规定的内容。

等级说明书是进行职位分类的前提，它规定每个等级中的职位所要满足的具体标准和要求。这一过程中最关键的环节是要选择报酬要素。报酬要素通常涵盖了所有职位的共同特征。以美国联邦政府的职位分类体系为例，它的划分一般包括以下几个报酬要素：（1）工作的复杂度和灵活度；（2）接受和实施的监督；（3）所需的判断力；（4）要求的创造力；（5）人际关系的特点和目的；（6）责任；（7）经验；（8）要求的知识水平。[①] 通过对这些报酬要素的比较，联邦政府将其职位分成 18 个通用等级。一些等级定义如表 3—8 所示。

表 3—8　　美国联邦政府职位等级定义示例

等级	定义
GS-1	包括那些只需照章办事，处于直接监督之下，只需很少或几乎无须独立判断的职位： （A）办公室、商业、财务方面最简单的例行工作； （B）在专业、科研、技术等领域中几乎不具技术色彩的基础工作。
GS-2	包括具有以下特征的职位： （A）在直接监督之下，从事需要有限的独立判断能力的工作，如办公室、业务、财务等例行工作，在专业、科研、技术等领域中需要在有限范围内稍具技术特征的工作，要略做一些需经培训或需要经验的工作； （B）从事具有同等重要性、难度、责任以及要求相近资格的工作。
GS-3	包括具有以下特征的职位： （A）在直接或全面监督下，办公室、业务、财务方面有一定难度并要担负一定责任的工作或专业、科研、技术等领域类似的从属性技术工作，且符合以下任何一种条件： （1）受过一定训练或具备一定经验； （2）掌握了某种特定的专业知识； （3）要根据既定的政策、程序或者技术进行一定的独立思考。 （B）具有同等重要性、难度和责任，并有类似资格要求的职位。
GS-4	……

资料来源：加里・德斯勒：《人力资源管理》（第 6 版），422 页，北京，中国人民大学出版社，2001。

由以上例子可以看出，等级说明书的关键在于比较要素的选取。在选取要素、撰写等级说明书时，一般要注意：（1）所选取的要素一般都是所要对比职位的通用要素；（2）所选择的要素一般具有稳定性，通常不会随着外部因素的变化而轻易变化。

由此可以看出，与排序法相比，归类法有明确的等级说明书，其归类结果更具有客观性，而且评价者可以随时中断职位评价而不影响评价结果，这就使评价过程具有时间弹性。

与此同时，这种评价方法也存在一些问题，具体表现在：（1）等级说明书的撰写一般比较麻烦，制定者需要全方位地衡量和考虑；（2）与排序法相似，这种

---

① 参见加里・德斯勒：《人力资源管理》（第 12 版），437 页，北京，中国人民大学出版社，2012。

方法的前提是对职位本身的了解。

三、薪点法

薪点法（point method）又叫要素计点法，是通过计算出每个职位客观的点数值来比较不同职位价值大小的评价方法。与排序法和归类法相比，它是一种应用更为广泛、更为客观的量化方法。

薪点法包括三个主要特征：报酬要素的确定、可量化的等级划分以及每个要素的权数分配。在这里，报酬要素的选择是关键，它与企业战略、职位贡献及企业的核心竞争力密切相关。等级划分是把每个报酬要素具体量化为几个可以区分的等级指标。权数分配是根据报酬要素的重要性规定每个要素的百分比，并以点值的方式表示。

在用薪点法进行职位评价时，一般需要按以下几个步骤操作：

1. 职位分析

职位分析是职位评价的起点，是衡量职位价值的依据，也是选取报酬要素的资料来源。它描述了职位的责任、环境、任职资格等相关内容，由此我们可以判断职位中包含哪些有价值的信息和要素。其具体操作过程我们在前面已做介绍，这里不再赘述。

2. 选取报酬要素

报酬要素的选取是关键环节。报酬要素指的是在工作中受组织重视，有助于追求组织战略并实现其目标的特征。① 报酬要素一般与下列因素相关：

（1）报酬要素与组织战略休戚相关。组织战略指明了组织发展的方向、未来的状况以及组织最终实现的目标，报酬要素就是战略目标实现的关键决定因素。报酬要素的选取直接与企业战略相关。例如，如果某企业采取的是低成本战略，那么成本控制无疑将成为人们所要关注的报酬要素；而如果企业的长远目标是建成一个现代化、顾客导向的高科技企业，那么员工的知识和交际能力以及顾客服务意识将成为企业重点考虑的因素；而一个以引领科技前沿作为使命的创新型企业无疑将把员工创造力纳入报酬要素之中。所以，报酬要素与企业战略密不可分。

（2）报酬要素与职位的任务、责任和任职资格紧密相连。报酬要素来源于工作，服务于工作。不同职位对于人员的胜任能力有不同的要求。例如，咨询服务业与研发部门的人员素质要求大相径庭。咨询公司的人员一般要具备良好的专业知识、解决问题的能力和较强的人际沟通能力。相对而言，一些研究性工作则对员工的人际沟通技能没有太高的要求，取而代之的是认真的态度、严谨的作风等。所以，不同职位要求的报酬要素是不同的。

此外，报酬要素的个数不宜太多。一项研究表明，使用 21 个报酬要素的评估结果与使用 7 个报酬要素的评估结果是一致的。当然，报酬要素也不能太少，否则缺乏说服力，员工不易接受。现实工作中常用的报酬要素一般包括所需技

---

① George T. Milkovich，Jerry M. Newman，*Compensation*，Eleventh Edition，McGraw-Hill，2013，p. 145.

能、努力程度、责任和工作条件等。

3. 报酬要素的等级划分

因为不同职位对于同一要素的要求标准是不一样的，所以每一个报酬要素都要划分为不同的等级。我们以美国金属贸易协会为“知识”这一要素制定的量表作为例子，看看它是怎样为“知识”这一要素划分等级的（见表 3—9）。

表 3—9 美国金属贸易协会对“知识”的要素量表

知识	定义：执行某任务时所需的知识或相应的培训
等级 1	所有整数的读、写、加、减；遵循一定的指标；使用固定的规格标准，直接阅读；无须给出解释。
等级 2	对数字（包括小数和分数）的加、减、乘、除；简单使用公式、图表、绘图、规格说明、进度表和路线图；使用可以调节的测量仪器；对报告、表格、记录以及可比数据的检查；需要一定的解释。
等级 3	数学与复杂图表的结合运用；使用多种类型的精密测量仪器；在一个特殊或专业的领域有相当于 1～3 年的实际经验。
等级 4	高级贸易数学与复杂图表、绘图和手册上公式的结合运用；使用任何类型的精密测量仪器；在一个人们认可的行业内达到初级专业水平，或相当于受过 2 年技术院校教育的水平。
等级 5	……

在制定要素等级时需要注意，等级之间的差距应该是相同的，即等级 1 与等级 2 之间的差距和等级 3 与等级 4 之间的差距大致相同。同时，在定义报酬要素时，一般要使用容易理解的专业用语。

4. 权数的分配

报酬要素的总权数是 100%，我们要把总权数分配于不同的报酬要素之间，并以点数的形式表示。例如，假设某职位一共有“知识”、“技能”、“责任要求”和“工作条件”几个要素，就要把 100%的权重分配于这四个要素之中。我们可以根据需要把“知识”权数定为 20%，“技能”定为 25%，“责任”定为 40%，“工作条件”定为 15%，相对应的点数分别为 20，25，40 和 15。当然也可以根据组织和职位需要设定不同的权数值。

与报酬要素类似，权数的分配也与企业的战略、职位体系设置密切相关。例如，就知识要素而言，在高科技企业里的权数会大于以顾客为导向的服务企业；而就交际能力要素而言，技术职位的权数会低于管理职位的权数。

一般而言，权数的决定有一定的参考标杆，这个标杆就是市场上相应职位的要素权数。企业可以根据自身状况和发展需要制定大于或小于这个数的权数。权数也可以采用以前的经验值。

在确定了报酬要素和要素的权数以后，就可以确定要素的点值。计算点值有不同的方法。一种比较传统的方法就是把等级与比重所代表的权数相乘，如图 3—4 所示。

从图中可以看出，这种点数的计算是通过等级与比重所代表的权数相乘得到的。这是一种比较传统的做法。随着科学技术的发展，薪点法已经被制成了技术

职位：书店经理

请选择一个岗位：☑ 管理性
☐ 技术性

报酬要素	程度 1	2	3	4	5	× 权重	= 合计
技能：(40%)							
智力				V		20%	80
经验			V			20%	60
努力：(30%)							
身体方面		V				15%	30
精神方面				V		15%	60
责任：(20%)							
错误影响				V		10%	40
创造性			V			10%	30
工作条件：(10%)							
环境	V					5%	5
危险	V					5%	5

图 3—4　职位评价实例

资料来源：George T. Milkovich，Jerry M. Newman，*Compensation*，Eleventh Edition，McGraw-Hill，2013.

软件。在软件环境下，只要输入相应的数据，就可以直接得到要素的点数。

明确了职位的每个要素点数后，把各个要素点数相加，就得到了职位的总点数。在确定了职位点数以后，下面的工作就是制定职位评价手册、修正并推广方案、建立职位价值序列。

以上介绍的是三种主要的工作评价方法，除这三种方法之外，还有其他一些方法，如要素比较法等，这里不做详细介绍。

3.4　职位薪酬的水平、结构与调整

完成了职位分析、职位评价这些基础性工作之后，接下来就可进入薪酬水平的选择、薪酬结构的设计及职位薪酬的调整阶段。通过确定薪酬水平和设计薪酬结构来实现薪酬的外部竞争性和内部公平性，调整机制则有利于保证薪酬的灵活性和动态性。经过这三个方面的设计，一个相对完整的职位薪酬方案也就基本成型了。本节将就这三方面的设计要点进行介绍。

3.4.1　薪酬水平的选择

薪酬水平通常是指企业支付给不同职位的平均薪酬水平。一个企业所支付的薪酬水平的高低直接影响企业在劳动力市场上对人员的吸引能力，从而影响企业的外部竞争力。

市场经济条件下，不同企业支付给相同的工作或者技能的薪酬是不同的，不存在通行的薪酬水平。劳动力市场供求关系、产业环境、产品市场状况以及包括企业规模、企业经营战略等组织状态在内的诸多因素都会对企业的支付能力产生影响，进而影响实际薪酬水平的高低。

企业一般会根据薪酬调查获得的数据信息及市场薪酬线（market rate line，MRL）来描绘企业自身的薪酬政策线（pay policy line，PPL），选择自己的薪酬水平策略。[①] 通常来说，企业可选择的薪酬水平策略主要有四种：

（1）市场领先型策略。它常常用高于市场平均薪酬水平的 25 个百分点来界定，高成长企业、垄断型企业或极具竞争力的企业一般采用这种策略。

（2）市场匹配型策略。这是企业最常采用的策略，企业的薪酬水平与相关劳动力市场的平均薪酬水平相似。

（3）市场落后型策略。企业的薪酬水平落后于相关劳动力市场的平均薪酬水平，它常常以市场平均薪酬水平的 75％来界定。采用这种薪酬策略的组织一般实行成本领先战略。

（4）权变型策略。所谓的权变型主要是指薪酬水平是浮动和权变的，它可以根据组织的战略、环境、文化、发展时期等因素进行调整。这一策略主要针对规模较大的企业，针对不同的人才、部门等采用不同的薪酬策略。权变型策略具有较强的针对性和灵活性，使企业能吸引和保留所需的优秀人才，也有利于组织对人工成本的控制。

这四种策略选择可通过 MRL 与 PPL 两条曲线的相对位置来体现，如图 3—5 所示。

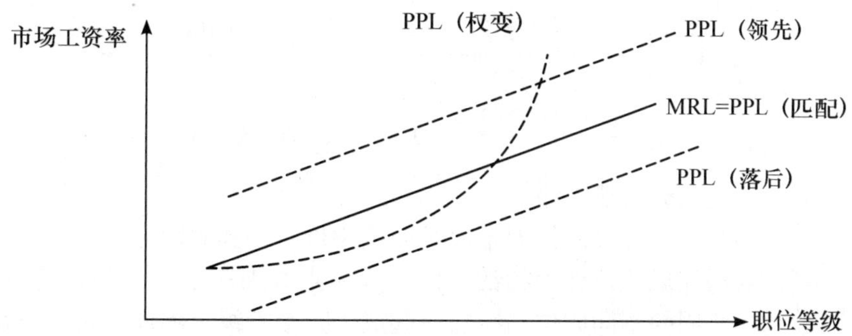

图 3—5　薪酬水平策略：MRL 与 PPL 的关系图

虽然薪酬水平设计主要有这几种类型，但是也应该看到，同一企业不同职位的薪酬水平也可有多种灵活的设计。对需要强化激励的核心职位可以采取领先型水平，对辅助性的职位可以采取匹配型或者落后型水平。我国国有企业一段时期内存在着一种不合理的现象，就薪酬水平而言，低端职位如司机、出纳等人员是领先的，而一些中高级管理职位或技术职位是落后的。

① 有关薪酬调查的内容将在本书第 5 章系统介绍。

3.4.2 薪酬结构的设计

薪酬结构（pay structure），是指在同一组织内部不同职位（或不同技能）薪酬水平的排列形式。它强调薪酬水平等级的数量，不同薪酬水平等级之间的差距（即级差），以及决定薪酬级差的标准。

基于职位的企业薪酬结构设计应包括以下三个基本方面：一是划分薪酬等级（pay grade），即回答“设定多少个薪酬等级”的问题；二是确定每一个薪酬等级内部的薪酬浮动范围（pay range），即回答“每个薪酬等级幅度多大”的问题，最高值、中间值以及最低值是三个关键的数值；三是确定相邻两个薪酬等级之间的交叉与重叠关系（overlap）（见图 3—6）。

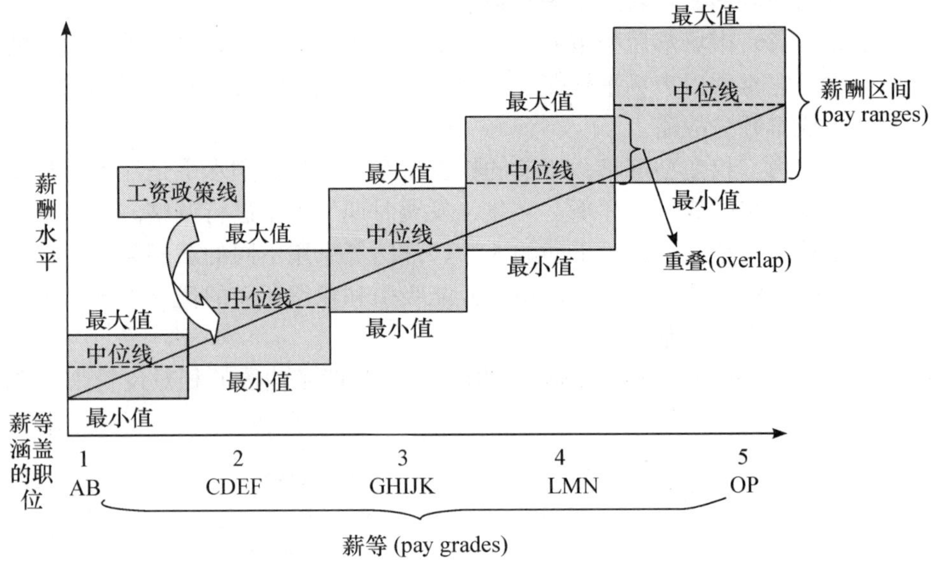

图 3—6 职位薪酬的结构

一、划分薪酬等级

划分薪酬等级的依据是通过职位评价所得到的职位的价值等级（如果使用要素计点法完成职位评价的话，则一般用点数来表示职位的价值等级）。把薪酬点数基本相同的不同职位归纳在一起成为一个等级，因此，每一个薪等应包括价值（点数）相同或相当的若干个职位。企业规模不同，薪酬等级的数量也不相同，大企业的薪酬等级数量比小企业的要多，如华信惠悦（Waston Wyatt）的全球职等系统（global grading system）以全球 500 强企业规模数据为基础，得出了最高为 25 等的职位等级。一般来说，企业的薪酬等级平均在 10～15 级之间。

确定薪酬等级的数目时，主要考虑薪酬管理上的便利和各种工作之间价值差异的大小。在组织价值最大的工作和价值最小的工作的职位评价点值差异既定的情况下，一方面，如果建立职位等级的点值范围太大，即薪酬等级数量较少，那些在工作任务、责任和工作环境等要素上差别很大的员工因被划到同一级别而支付相同的薪酬，这样就会损害薪酬的内部公平性；另一方面，薪酬等级的划分还必须充分考虑组织内部的管理层级因素，组织内同一管理层级的职位最好能够划分到同一职位等级中，这样既可以体现相同的管理层级对组织价值创造的同一性，又使薪酬管理更加便利。下面我们以某企业划分薪酬等级为例进行说明（见表 3—10 和表 3—11）。

表 3—10　　根据职位评价点数对职位进行的排序

顺序	职位名称	职位评价点数
1	秘书	160
2	信息与统计项目经理	210
3	出纳项目经理	235
4	薪酬绩效项目经理	255
5	投资管理高级项目经理	270
6	外事服务高级项目主管	300
7	薪酬绩效经理	360
8	投资管理经理	370
9	财务管理经理	375
10	人力资源部总经理助理	415
11	财务部总经理助理	425
12	人力资源部副总经理	480
13	财务部副总经理	485
14	人力资源部总经理	545
15	财务部总经理	555

表 3—11　　根据点数分布进行职位等级划分

职位等级	等级点值段	职位名称	职位评价点数
2	140～199	秘书	160
3	200～259	信息与统计项目经理	210
		出纳项目经理	235
		薪酬绩效项目经理	255
4	260～319	投资管理高级项目经理	270
		外事服务高级项目主管	300
5	320～379	薪酬绩效经理	360
		投资管理经理	370
		财务管理经理	375
6	380～439	人力资源部总经理助理	415
		财务部总经理助理	425
7	440～499	人力资源部副总经理	480
		财务部副总经理	485
8	500～559	人力资源部总经理	545
		财务部总经理	555

二、确定薪等的薪酬区间

薪酬区间，也就是薪等的幅度（往往也称作“薪级”），是指每一个薪酬等级内最低薪酬到最高薪酬的变动幅度，它是组织中处于相同职位等级内的不同员工获得的不同薪酬的范围。我们知道，同一薪酬等级内的工作具有相同的薪酬标准，但是在相同职位上工作的员工对组织贡献和价值的大小，除了受职位本身价值的影响，员工个人的能力、经验、努力程度、绩效水平等因素也对其有影响。因此，在建立薪酬等级之后，我们还应该为每个薪酬等级设计一个合理的薪酬区间，这个薪酬区间反映了企业针对某一特定职位，愿意支付给不同绩效或经验的员工的薪酬的合理差距。

确定薪酬浮动范围首先要确定薪酬区间的中间值。中间值通常是依据前面已经确定的每个职位等级的市场薪酬水平来确定。这个市场薪酬水平是由薪酬政策线得出的，薪酬政策线穿过每一职位等级上的这个点，就是该等级薪酬浮动幅度的中间值，薪酬区间的中间值反映了员工经过实践经验的积累或培训完全胜任职位时可得到的薪酬水平。图 3—7 中，该企业共有 15 个薪等，曲线代表着所有职位的中位值，随着薪等的增加，每一薪等的区间逐渐加大。

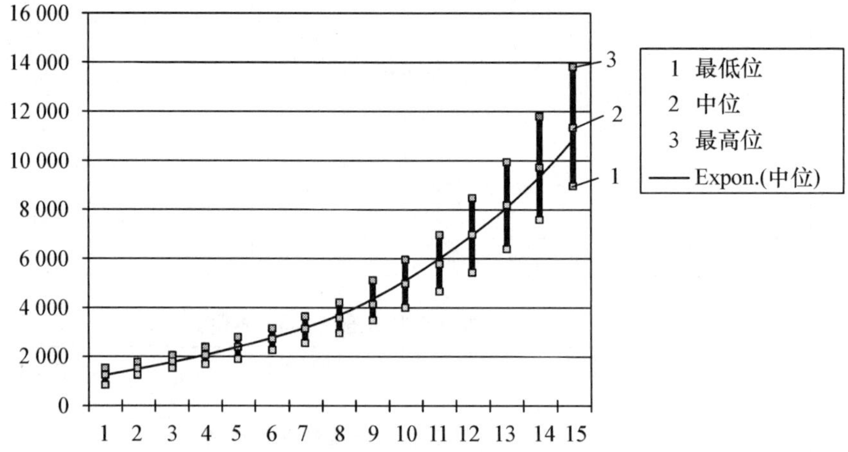

图 3—7　职位薪酬的薪等幅度

薪酬区间中间值确定以后，接下来就要确定区间的最高值和最低值。最高值和最低值代表了企业愿意支付给该职位等级的最高薪酬和最低薪酬。在设计薪酬浮动范围时，我们一般不直接确定薪酬的最高值和最低值，而是先确定等级的薪酬浮动幅度（即带宽），再根据中间值和浮动幅度确定薪等的最高薪酬和最低薪酬。带宽表示某个职位等级薪酬区间的最高值和最低值之间相差的比率，组织中不同职位等级的薪酬区间的带宽是不同的。一般来说，在一个组织中，职位价值越小，其对应的薪酬区间的带宽就越小；职位价值越大，其对应的薪酬区间的带宽就越大。另外，高等级的职位由于责任、能力、贡献的要求更高而晋升的空间更小，所以，薪等的浮动幅度会更大，带宽也更大。当然，带宽与企业文化也相关。越是鼓励拉开收入差距的企业文化，企业的薪酬浮动幅度就会设置得越大；平均主义倾向比较强的企业文化，其薪酬区间的幅度就会较小。

此外，在实务操作中，人们还经常对薪酬区间进行更加细致的划分，将区间内不同的薪酬水平与任职者的个人特征相联系，得到了一些经验性的指导原则，我们将其总结为表 3—12。

表 3—12　　薪酬区间与任职者特征匹配的经验性原则

一个薪酬区间	区间内的分区	各分区水平与任职者特征的对应
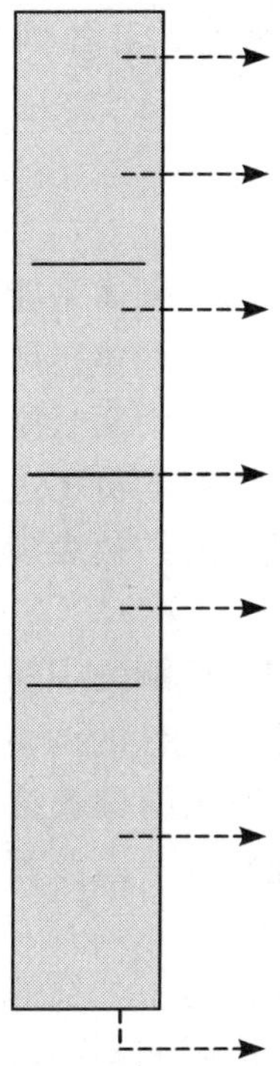	上限	这是在一个薪酬区间内员工可获得的最高薪酬水平，此类员工应是企业内部与业内具有最高绩效水平的员工，仅有极少数员工可获得。
	上 1/4 区	这是对一贯实现卓越绩效水平的员工的付薪水平。
	中上 1/4 区	这是对长期任职且一贯实现卓越与优秀绩效水平的员工的付薪水平。
	中间值	这是对现任在职员工通过相当一段时间的实践经验积累，完全胜任职位时的付薪水平。新员工起薪如高于中间值，需特别说明。
	中下 1/4 区	这是对能够熟练履行职位职责的现任在职员工的付薪水平，或者对来自类似背景、具有直接适用经验的新员工的付薪水平。
	下 1/4 区	这是对新招募员工或新晋升员工的付薪水平。这些员工一般具有最低任职资格所需的教育与技能水平，但通常需要经过一定的培训与发展期，才能完全胜任新职位。
	下限	这是对没有相关工作经验的员工的付薪水平。在一般情况下，这是对具有最低任职资格员工付薪的最低水平。

虽然所有员工的薪酬水平原则上都应限定在薪酬区间内，但是由于市场突变或为了维持企业内部平衡，一部分职位的薪酬可能需要突破此区间。在这种特殊情况下，可对一部分职位实行超过薪酬区间范围的临时水平，那些因特殊需要而设定在薪酬区间上限之上的职位通常称为“红圈职位”，用于认可那些的确需要高出上限的薪酬水平但无法获得职位晋升的任职者；相应地，设定在薪酬区间下限之下的职位通常叫做“绿圈职位”，它的功能正好与“红圈职位”相反，往往强调职位等级（而非薪酬水平）给任职者带来的激励效用。

三、确定相邻薪等间的交叉

从理论上讲，组织中相邻薪酬等级之间的薪酬区间可以设计成有交叉重叠的，也可以设计成没有交叉重叠的。然而，在实践中，大多数企业倾向于在薪酬结构中设计交叉重叠。相邻薪等之间存在适当的交叉重叠有着重要的功用，主要在于：职位等级越高，职位的数量越少，人们基于职位的晋升空间也越有限，时间也越长；相应地，基于职位等级晋升来增加薪酬的机会也就越小，时限也就越长，这显然会对薪酬的激励效果产生负面影响。这时，如果存在相邻薪等的交叉，那么在低薪等上的员工也有了获得相邻高薪等上较高水平薪酬的余地和机会，特别是在得不到职位晋升而需要给予较高薪酬激励的情况下，交叉就提供了有效的空间。但是对于具体的薪酬结构中应设计多大的交叉程度，往往没有通用的标准，主要取决于企业的具体实际情况。同时，交叉程度的大小也反映了企业的管理倾向：交叉程度越小，表示企业越鼓励低职位等级的员工通过职位的晋升来获取更高的薪酬，从而引导员工去寻求并接受晋升机会或所需的必要培训；相反，交叉程度大，表示企业不鼓励员工致力于职位的晋升，并控制员工晋升的速度。

3.4.3 职位薪酬的调整

薪酬管理是一个动态管理的过程，为了使相对静态的薪酬体系能适应组织外部环境和内部成长性的变化，需要对薪酬进行适度、适时的调整。因此，员工所获得的职位薪酬并不是一成不变的。职位薪酬的调整主要分为两个层次：一是企业整体性的调整，这是指按照统一的政策针对企业内部所有的员工进行的基本薪酬的调整；二是员工个体性的调整，即针对员工个体成长或绩效表现进行的基本薪酬的调整。

在进行企业整体性的薪酬调整时，往往关注当前职位薪酬的中间值是否能够客观反映各职位的市场薪酬水平，并对薪酬区间定期作制度性的调整。通常在每年年初（如每年的 1 月），人力资源部门基于相关市场数据的调查结果，同时考虑组织的盈利或费用预算情况，提出薪酬区间的调整建议，一旦该薪酬区间调整生效，通常保持一年不变。

在针对员工个体时，主要是将职位薪酬与员工在该职位上的绩效联系起来进行薪酬调整，即日常的考核调薪或年度的绩效调薪。[①] 绩效调薪一般遵循以下三个原则：第一，根据员工的绩效水平，处于薪酬区间不同位置的员工获得不同的绩效调薪幅度；第二，在薪酬区间处于相同位置的员工，绩效卓越的员工应获得最高的加薪幅度；第三，绩效水平为有待改进的员工将不能获得加薪，绩效水平为不及格的员工将被减薪。

此外，调薪一般不可使员工的薪酬超过上限，如果由于降职而导致员工薪酬高于上限，通常需将薪酬水平降至薪酬区间的上限。处于上 1/4 区与上限的员工若期望得到更大的薪酬增长空间，应鼓励其寻求晋升机会。

本章小结

职位薪酬是目前世界上大部分企业组织使用的一种技术相当成熟的薪酬管理制度，其最重要的基本特征即是以职位的（相对）价值作为薪酬支付的基础和依据，而非任职者自身的能力水平和已经实现的绩效成果。为了使职位与薪酬有机地联系起来，一系列的设计活动成为构建职位薪酬体系的必需环节，包括职位分析、职位评价、薪酬水平策略选择、薪酬结构确定以及薪酬调整方式建设等关键

① 有关绩效加薪及绩效薪酬的内容将在本书第 6 章具体介绍。

步骤。其中，职位分析是对职位的相关信息进行全面准确的分析与描述，并形成规范化的职位说明书，为职位评价提供有关职位的信息基础。职位评价的主要目的在于通过合理评估得出职位在组织内部的相对价值，划分出职位的“三六九等”，得到职位体系的价值分布等级。经过以上两个步骤，便在组织内部完成了对职位价值的结构化设定，接下来就需要进一步为这些内部设定的价值找到外部的价格参照标准，以保证职位价值在劳动力市场的可比性和竞争力，这便是薪酬调查所要完成的任务。薪酬调查得出的市场工资率曲线可以作为组织薪酬政策曲线的参照基准，组织可根据自身实际和需要，选择市场领先、匹配、落后及权变型薪酬水平策略。此时，将职位价值等级与薪酬市场价格进行对应，便可进行薪酬结构的整体设计。本章主要强调了薪酬结构中有关薪等、薪酬区间和交叉重叠三个关键方面的设计原则，并介绍了薪酬调整的基本方式。

本章除了对以上有关职位薪酬设计的基本原则与方法进行系统介绍，还特别在开篇强调了职位管理、职位薪酬对于中国人力资源管理和薪酬管理实践的重要意义。总之，结合中国的实际，我们认为：中国的现代企业不仅不能抛弃职位说明书，而且更要认真做好职位分析这一基础性工作，为人力资源管理的规范化提供支持。事实上，中国大多数组织，包括政府机关、国有企业、民营企业、非营利组织等，即便在传统职位分析的使用上，也还做得远远不够。逐步完善职位体系建设、夯实职位管理基础、规范推行职位薪酬体系，是中国人力资源管理实践必须经历的过程。

复习思考题

1. 职位薪酬设计的基本环节有哪些？
2. 职位分析的基础性功能是如何体现在人力资源管理中的？
3. 进行职位分析可采用哪些基本方法？它们的优缺点有哪些？
4. 什么是职位评价？其作用是什么？
5. 选择你感兴趣的一两种职位评价方法，比较一下它们的特点。
6. 薪酬水平策略包括哪几种基本形式？哪些因素会影响企业的薪酬水平选择？
7. 薪酬结构的设计要注意哪些关键点？其各自有哪些基本原则？

附录 1

海氏三要素评估法

海氏三要素评估法由美国工资设计专家海（Hay）于 1951 年开发，实际上是一种评分法，是目前国际上使用最广泛的一种岗位评估方法。据统计，世界 500 强企业中有 1/3 以上的企业在进行职位评估时都采用了海氏三要素评估法。海氏三要素是指任职诀窍（know-how）、问题解决（problem-solving）、责任性

(accountability)。

1. 任职诀窍

任职诀窍，是工作中所获得的完成工作所必需的各种技能的总称，由三个必需的维度构成：实际的程序、特殊的技术和科学的训练，以及综合并调和了各种功能的技能。它涉及运营、支持和行政管理领域的各种管理情形，包括组织、计划、执行、控制和考评等领域；行动、实践，以及在人际关系方面面对面交流的技巧。对任职诀窍的测量一般从广度（多样性）和深度（彻底性）两个维度进行。

2. 问题解决

问题解决是针对工作所要求的分析、评价、创造推理、总结等所进行的原始的、能动的思考。就思考标准所限制的程度及先例等所覆盖的程度来说，问题解决被缩小了，相应的重点放在了诀窍上。测量问题解决有两个维度：需要解决问题的思考环境和需解决的问题对思考所提出的挑战。在操作中，问题解决要素作为任职诀窍要素的一个百分比乘数来使用。

3. 责任性

责任性是对行动及结果的责任，有三个维度：(1) 行动自由度，个人或程序控制的程度以及在工作中所需要的指导程度；(2) 工作对结果的影响；(3) 数量级，对工作的重要性。

海氏评估法还涉及每个因素的评估标准和程序，以及评估结果的处理和形成一个公司职位等级体系的方法。

附录 2

IPE 职位评价系统

IPE (international position evaluation)，是由美世 (Mercer) 咨询公司开发的国际职位评估系统。该系统已经开发出第三版，共有 4 个因素、10 个维度、104 个级别，总分 1 225 分。评估的结果可以分成 48 个级别。

这套职位评估系统共有 4 个因素，分别是影响 (impact)、沟通 (communication)、创新 (innovation) 和知识 (knowledge)。

IPE 不但可以比较全球不同行业、不同规模的企业，还适用于大型集团企业中各个分（子）公司的职位比较。

附录 3

全球职位等级系统

全球职位等级系统 (GGS) 是华信惠悦公司专有的职位评估软件工具，该系统共分为 25 个等级，通过了解企业业务及规模确定企业整体最高职位等级，通过回答详细的问题进行职等归类；而后详细分析各职位的专业知识、业务专长、团队领导、影响性质、影响领域、人际关系技巧等多方面因素，进行全方位平衡比较，以电脑软件的形式实现评估。GGS 可与华信惠悦全球薪酬数据库快速连接，标杆亚洲、欧洲、中东、非洲、北美及南美等地企业的职等架构，同时，结合当地的人才市场行情，设计出一套符合公司需求且具有市场竞争力的薪酬制度。

第4章

能力与薪酬

在当前的劳动力市场，具备高技能、高学历的工人的工资在持续上升，而那些技能和学历水平较低的工人的实际工资则有所下降。

——海克曼：《提升人力资本投资的政策》

米尔科维奇教授在其编著的教材 *Compensation* 的第 1 章给我们提供了一个令人印象深刻的有关著名的音乐剧《猫》演员角色付酬的案例。[①] 该剧是英国的音乐剧作家安德鲁·劳埃德·韦伯的作品，在全球巡演都获得了极高的评价。该剧的排演对演员的要求很高，当然，一旦入选，演员们获得的报酬也是非常有激励性的。

该剧的演员有两类：一类是正式演员，他们必须参加每周定量的排练和演出，比如在百老汇每周必须演出 20 场，从而每周获得 2 000 美元的报酬。另一类是替身演员，他们是正式演员的替补，每场演出都在后台静坐待命。这类演员并不一定会上台表演，但是，他们却被要求学会该剧中 5 个不同角色的表演，一旦某位正式演员受伤不能演出，他们就换上该角色的服装来登台救场。在报酬上，他们每周无论是否登台演出 20 场，都可以得到 2 500 美元。他们是因为能够表演 5 个不同的角色而得到这笔薪水，与他们是否登台表演无关。

为什么会这样？看起来替身演员似乎能够更轻松地拿到更多的报酬。其实，能够扮演 5 个角色是一种很高的技能要求，剧组正是基于这种能力要求来为替身演员付酬。这是一种典型的基于人本身（的能力）来支付薪酬的方式，这也正是本章要讨论的“以人为中心”的能力薪酬。

---

① George T. Milkovich，Jerry M. Newman，*Compensation*，Eleventh Edition，McGraw-Hill，2013.

4.1 按能力付酬——以人为本的激励方式

4.1.1 为什么要按能力付酬

能力薪酬的起源据称可以追溯到公元6世纪的罗马军队，当时Sauris将军根据骑兵队中每位武士所学的武艺表现来分配薪资、粮食和决定升迁（Feuer，1987；Ledford，1993）。[①] 也有学者认为，能力工资的最初形式源于中世纪开始的学徒制（Barkman，2002）。一个学徒最初在工艺流程中掌握很少的技能或知识，当其获得更多、更高层级的技能时，他便朝熟练工的身份迈进，工资因而随着其技能和资质的提高而增长。在东方，中华民族的管理智慧从来不曾落后，《贞观政要》一书中就明确地记载了唐太宗针对能工巧匠（专业技术人才），建立独立于官位序列的俸禄制度的管理思想。现代意义上的能力薪酬计划则产生于现代公司的管理实践，20世纪60年代，美国宝洁公司生产工厂的直线经理，为了激励员工学习多项技能，以更好地掌握生产的各个环节，开发了被认为是现代企业组织中最早的技能工资计划。

从现代管理学（人力资源管理）意义上来说，能力薪酬的产生、应用和发展有如下几个方面的原因：

第一，随着社会分工的发展，人类劳动的专业化与职业化程度越来越高，这种专业化要求一方面落实为不同的职位和职业设计，另一方面则落实为对人们专业化技能和职业化素质的要求。为了鼓励人们不断提高专业化技能，为能力付酬就成为一种自然而然的选择（主要是鼓励技能的纵向提升）。同时，由于同种职业人员的工作性质和内容基本上是相似的，当通过工作、职位来区分其激励差别变得困难时，基于能力确定报酬等级就成为一种必要的方式。

第二，在分工走向细化带来效率的同时，每个人的能力发展也受到了一定的束缚。一些生产企业发现，其实流水线上的工人可以完成更多的工作，从而创造更高的效率；社会也越来越强调人的能力的复合性发展。特别是进入知识经济和知识社会以来，相对于体力来说，人的智能在工作中发挥了更加重要的作用。工作对人的心智水平要求的提高，突破了传统意义上基于一纸职位说明书"照章办事"的机械工作方式，组织需要促进人们通过更多的学习来灵活地完成工作；同时，工作内容的丰富化、工作关系的团队化和复杂化使得对职位进行分析和评价的难度更大。因此，对能力的关注和激励在理念上日趋流行，在技术上也变得越发必要。

第三，随着人们自我开发意识的增强，特别是知识性的专业工作者，他们再也不愿意成为仅仅按照说明书来运转的工作机器。强烈的自我实现动机，使他们更关注自身能力的提升和发展，他们需要基于能力的激励。

---

① 参见黄锦：《20世纪70年代以来技能工资理论研究的回顾》，中国人民大学劳动人事学院硕士论文，2003。

总之，人的能力的深度和宽度对于提高工作效率本身具有直接意义，这种意义在工作内容日趋丰富化、工作要求日趋智能化的今天日益突出，再加上组织和个人进行能力开发的意愿逐步增强，作为一种关注能力提升的激励方式，能力薪酬作为对职位薪酬的一种突破，获得了相应的应用和发展，并越来越受到重视。

4.1.2 能力薪酬的本质特征与内涵

基于以上对能力薪酬起源及其现代应用原因的追溯和说明，我们可以发现，相对于本书上一章所介绍的职位薪酬（position-based pay），能力薪酬最大的特点就在于它并不以职位的相对价值来评定任职者的报酬，而是以人本身所具有的知识、技能及素质水平作为薪酬支付的根本基础（person-based pay），即以人的能力要素作为薪酬支付的直接对象，而无须通过职位要素进行过渡和作为“中介”（Ledford & Lawler，1987；Musselwhite，1988；Fox，1989；Atlieson，1991；Schuster & Zingheim，1992；Bergel，1994）。图 4—1 对能力薪酬与其他薪酬方式的基本特征差别做出了说明。

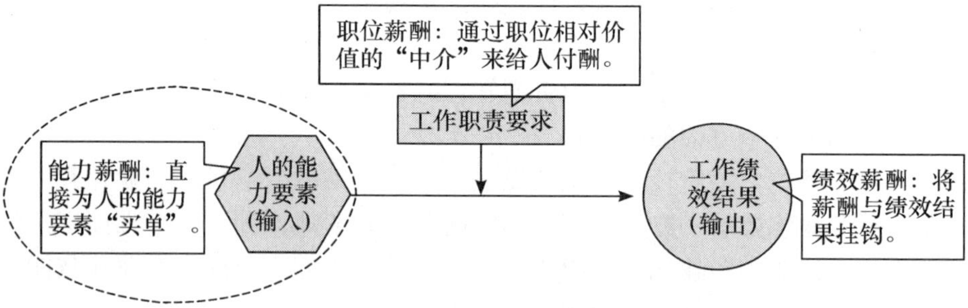

图 4—1 各种薪酬方式的基本特征差别

可见，相对于职位薪酬“在其位，取其酬”的基本逻辑和绩效薪酬“干多少，得多少”的结果导向，能力薪酬的本质则是一种从人出发的、直接以人为中心和基点的薪酬方式。能力薪酬为员工所提供的诱因主要就在于激励他们通过不断学习来提高任职技能和能力，而非鼓励他们去追求职位的提升；人们获得报酬的差异主要来自人本身能力水平的差异，而非职位等级的高下、职位价值的高低。正如米尔科维奇教授在其著作 *Compensation* 中所说，支持以人为基础的薪酬体系的逻辑是：最终的薪酬结构应该更具有灵活性，而且能够促使人们不断地学习；报酬的差异是基于人们在与所开展工作相关的技能或能力方面的差别。[①]其实，能力薪酬这种“直接的特点”背后蕴涵着这样的基本假设：为员工的能力开发买单，激励其提高能力，员工自然就会更好地完成工作职责，创造优良绩效。它关注对前端能力的输入进行把握和激励，并且相信“有好能力，就有好结果”。显然，相对于职位薪酬关注职位价值等级的死板和冰冷，绩效薪酬关注绩效结果变现的功利和苛刻，能力薪酬似乎蕴涵了更多的人性关怀，直指人自身能

① George T. Milkovich，Jerry M. Newman，*Compensation*，Eleventh Edition，McGraw-Hill，2013.

力的提高与发展，因而也被认为是一种充满温情的、以人为本的激励方式。

如果把能力薪酬的"关注能力"的内涵导向比作一个支点，基于它生成的设计思路、具体方法和具体工资计划等一系列薪酬激励方式就好比延伸而出的枝叶，其应用性的外延是非常丰富的。所以，我们通常所见到的能力薪酬计划，往往包含了技能工资（skill-based pay）、知识工资（knowledge-based pay）和胜任力工资（competency-based pay）等各种工资计划。这些工资计划对所需激励的"能力"进行了具体界定和把握，从而衍生出各自不同的适用对象及设计操作方法。以下我们就将基于对"能力"本身的分解和界定，导出能力薪酬范畴下几种最主要的工资计划。

4.1.3 什么是"能力"

一提起"能力"，可能我们马上就会想到这些相关的词汇，如 capability，ability，talent，skill，knowledge，competence，competency……这些能力的概念既各有侧重，又相互交错，即使从语义学的角度也较难一一区分。[①] 不过幸运的是，对任何一个抽象的概念，只要我们能够在一个特定的范畴内去界定和理解，它便有了相对明确的边界和相对具体的内涵。

在传统的"掌握具体的技术的能力"的意义上，技能（skill）是一个比较容易界定的范畴。问题在于，在现代人力资源管理的范畴中，国内引进了"胜任力"即"competency"的概念以后，我们该如何定义"能力"。通常所说的"胜任力"首先要求与职位相关，是指在该职位上能够驱动绩效实现的一系列技能、知识、行为、品质等个人素质特征的总和。目前，人们几乎一致公认这个概念是由哈佛大学的心理学家戴维·麦克莱兰（David McClelland）于 20 世纪 70 年代初期首先引入并进行管理操作的[②]，此后人们便多用"competency"（或 competence）来表示人的这种胜任能力。特别是在管理实务中，一些著名的管理咨询公司将胜任能力的概念逐步层次化、模型化和工具化。能力冰山模型是其中广受认同和应用的一个能力模型，如图 4—2 所示。

在冰山模型中，人的能力是分层次的，包括了"水面以上"显性的知识、技能和"水面以下"隐性的深层特质。其中，知识（knowledge）就是指一个人在

① 一般来说，capability，talent 及 ability 都是比较抽象的能力概念，用以说明人所具备的能力特征，且层次不尽相同；skill 则相对具体，多指由专业知识背景支撑的、可被评定的技能。比如，强调一个人心思敏捷的特征，这是 talent；体现出手指灵巧的特征，这是 capability；在操作上很会打字，这是 ability；每分钟能打 100 个字，这是 skill。competence 和 competency（两者可作为同义词）也是指人所具备的特征、资质、素质和权能，但侧重于强调这些素质对某种职业或某项工作的胜任程度。

② 20 世纪 60 年代，美国国务院感到以智力因素为基础选拔外交官的效果不理想，许多表面上很优秀的人才在实际工作中的表现却非常令人失望。在这种情况下，麦克莱兰博士应邀帮助美国国务院设计一种能够有效地预测实际工作业绩的人员选拔方法。在项目过程中，麦克莱兰博士应用了奠定胜任能力方法基础的一些关键的理论和技术。其于 1973 年在《美国心理学家》杂志上发表的文章"Testing for Competency Rather Than Intelligence"（《测评胜任能力而非智力》）成为推进胜任能力在管理研究和实践中运用的标志。斯宾塞（Spencer，1993）的著作 *Competence at Work: Models for Superior Performance*（《工作中的胜任特征：绩效优异者的胜任特征模型》）也是这方面研究的代表作。

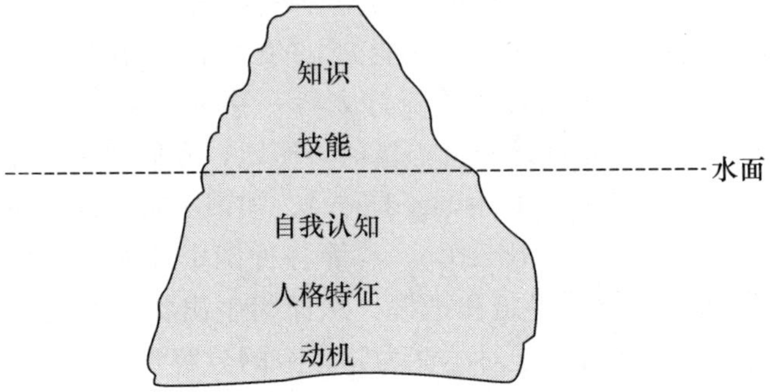

图 4—2 冰山模型

特定领域中所掌握的信息。技能（skills）是指通过学习形成的某种可表现出来的专业行为活动，一般来说，通过反复的学习和训练，这种专业行为活动（即“技能”）的熟练程度会得到提高。自我认知（self-concepts）是指人自己形成的对自身的一个“内在定位”，是对自己的身份、态度、价值观等的一种自我假设。人格特征（traits）即人在其行为过程中所具备的某种相对稳定的特征，这种特征会驱动特定的行为方式，从而产生相应的行为结果。最底层的是深层动机（motives），它是促使人们追求某种成就的内在动力。可见，冰山模型给出的其实也是一个广义的能力结构，包括了知识、技能及内在的个性特质。侧重于挖掘工作者内在特征与工作绩效关系的研究人员，在研究和构建“胜任力模型”（或“素质模型”）时，往往关注水面以下的部分；也有越来越多的咨询研究人员和实务工作者将“胜任力”的概念扩大化，将水面以上的“知识”和“技能”也都囊括其中。

总之，广义的“能力”是一个人的知识、技能及相关个性特质的总和，是一个有层次的结构，并且能够驱动人的行为，产生相应的绩效结果。相应地，我们所说的“能力薪酬”或“能力工资”也是一个广义的范畴，包含了针对技能、知识以及胜任力的各种激励计划。此外，特别需要明确的一点是，这些基于能力的薪酬计划，其激励的着眼点是人自身各层次的“能力”，而不是已经完成的绩效结果。关键在于，实行能力薪酬计划的组织相信，这些能力会驱使人们产生相应的绩效，激励这些“能力”，它们就会“变现”为组织想要的绩效结果。

4.1.4 能力薪酬的基本构成

基于以上所言，广义的“能力”是一个包含技能、知识和胜任力在内的有层次的结构，于是，针对不同的能力层次，能力薪酬（或称为广义的“能力工资”）也就有了相对宽泛的外延：它既要激励人们去学习可用的知识，提高可见的技能，也要引导人们在组织中正确定位，最有效地发挥个人特质，最有力地强化内在动机。因此，能力薪酬本身就是一个有层次的方案系统，包含了针对不同能力层次的各种相对具体的工资方案和方法。在各种研究和讨论能力薪酬的文献中，我们往往会看到各种具体的能力工资计划，如表 4—1 所示。

表 4—1　　　　权威文献中对能力工资基本构成的划分

研究者	能力薪酬
G. T. Milkovich & J. M. Newman	以人为基础的薪酬（person-based pay），主要包括技能工资（skill-based pay）和胜任力工资（competency-based pay）。
Joseph J. Martocchio	以胜任力为基础的工资（competency-based pay），包括知识工资（pay for knowledge）和技能工资（pay for skills）。
G. E. Ledford & R. L. Heneman	以技能、知识和胜任力为基础的工资，包括技能（skill）工资、知识（knowledge）工资和胜任力（competency/core competency）工资。

综合各种研究发现，在广义的“能力薪酬”（或“能力工资”）这个范畴下，包括了技能工资（pay for skills）、知识工资（pay for knowledge）和胜任力工资（pay for competency）这些主要的工资计划。这些工资计划也与前面我们提到的能力的各种层次相对应。我们得出广义的“能力薪酬”（或“能力工资”）的主要构成如图 4—3 所示。

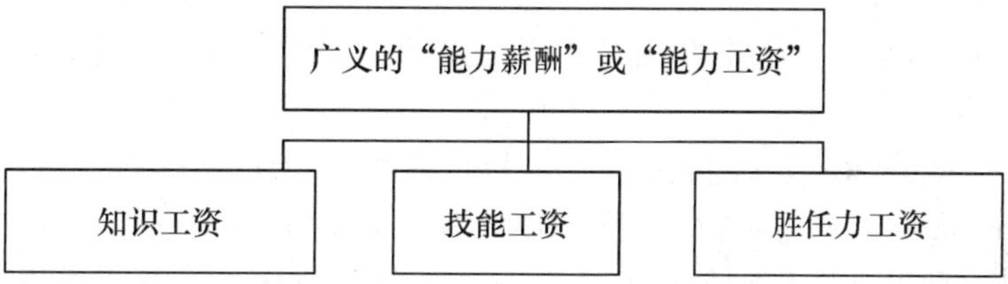

图 4—3　广义的能力工资的主要构成

由于各种能力工资计划所激励的能力层次不尽相同，因此，这些具体计划在支付对象和设计方法上也存在一定的差异。

技能工资一般来说主要用于从事专业技术劳动的员工，也就是我们通常所说的“蓝领”技术工人[①]；主要用于鼓励他们在技能的专业化上不断深化（加强技能的深度），成为专家，以及在技能的广泛性上不断拓展（扩展技能的广度），以具备更多的技能，而这些技能一般都要求与具体的工作内容密切联系。此后，技能工资的设计方法也逐步形成了基本的套路，特别是基于技能模块（skill blocks）来设计技能工资的方法已基本成熟。

知识工资通常和技能工资有着密切的联系，因为技能工资计划在鼓励员工学习多种技能时，一般都需要与相应的培训计划紧密挂钩，因此，知识工资和技能工资也往往被认为是同一种工资体系。[②] 然而纯粹的知识工资计划是直接基于培

---

① 在美国，技能工资计划往往应用于非豁免的技术性员工（nonexempt employees）。参见 Gerald E. Ledford, “Pay for Skills, Knowledge and Competencies”, *The Compensation Handbook*, Fourth Edition, McGraw-Hill, 2000。

② 由于基本原理相似，杰拉尔德·E·莱德福（Gerald E. Ledford）将知识工资和技能工资看做一回事。约瑟夫·J·马尔托奇奥（Joseph J. Martocchio）则在其《战略薪酬》一书中将知识工资单独列出，以强调其鼓励员工进行学习的导向和工资计划与培训计划的联系，同时在设计方法上，知识工资与技能工资也略有不同。因此，本书将两者分别列出。

训设置的课程模块（class blocks）来支付报酬的，也有的以结合技能等级和知识等级的任职资格（qualification system）系统作为报酬基础。后来，随着企业越来越强调组织学习和对人力资源的开发，培训的方式逐步多样化，培训的知识也逐步丰富起来（包含了与具体工作挂钩的专业知识和提升个人综合素质的基础知识），从而基于技能和知识（培训）而递增工资的计划的适用范围就不再仅限于蓝领技术工人了，它们被越来越广泛地用于对各种专业性的管理、服务和研究人员进行激励。现代企业的培训生计划、在职或脱产攻读学历的培养计划等，其学习结果都会与最终的报酬水平相联系，这些都是对知识工资方法的发展。

胜任力工资作为广义能力工资范畴下的一种工资计划，相对于以上两种工资计划来说是一种新的方案，伴随着人们对胜任力的关注而逐步得到开发和应用。如果说以上两种计划所关注的技能和知识还被要求与具体的工作内容密切联系的话，这里所关注的胜任力则相对抽象，且与具体的技术要求离得相对较远；相应地，它离整个组织的愿景、使命、价值观及战略目标对该职位所提出的要求则近很多。因此，它往往应用于企业中的中高级管理者、技术专家等层次相对较高的各种知识性、专业性人才，关注对他们深层素质、内在特质与动机的开发与引导。

此外，还要说明的是，以上的各种能力工资计划几乎都是应用于基本工资（basic salary）层面的，强调以技能、知识和胜任力作为基本工资的支付基础。在这种以人为基础的技术体系下，以上各种基本工资计划往往都只能作用于个人而非团体，用于激励能力和行为过程而难以控制绩效结果。因此，从一个整体性的薪酬方案来看，相应的团队激励计划（如收益分享计划、目标分享计划等）或特别设计的绩效奖励计划（一些将能力过程和绩效结果联系起来的可变薪酬计划）往往被用来对以上各种能力工资计划进行补充。

总之，能力薪酬作为一个支付系统，包含了侧重于不同能力层次的工资计划，这些计划之间有着相应的联系和差异，同时还需要一些团队性的、可变的激励计划作为补充。表 4—2 对此进行了介绍。

4.1.5 谁在使用这些能力薪酬计划

对于以上提到的几种主要的能力薪酬计划，特别是技能工资（或知识工资）计划，在管理实务中，近年来得到了越来越广泛的应用。各种各样的调查似乎都体现了这样的趋势。美国南加州大学的爱德华·E·劳勒（Edward E. Lawler）对《财富》杂志 1 000 强企业进行了有关薪酬实践的调查，有关使用技能工资[①]的调查结果[②]如图 4—4 所示。

---

① 该调查主要针对技能工资和知识工资。

② 摘自美国薪酬协会的网站：www. worldatwork. com，“Pay Practices in *Fortune* 1 000 Corporation”，by Edward E. Lawler，University of Southern California。此处选取其表格数据转换成图 4—4 和图 4—5。

表 4—2　　能力薪酬的基本构成及其基本特征

<table>
<tr><th colspan="2">能力薪酬的基本构成
（主要是基本工资层面）</th><th>侧重的能力层次</th><th>基本的联系面</th><th>主要应用对象</th><th>设计技术基础</th></tr>
<tr><td rowspan="3">以人为基础的报酬（能力薪酬或能力工资）</td><td>技能工资</td><td rowspan="3">关注相对具体的技能与知识
关注相对抽象的潜能与特质</td><td>与具体的工作要求密切联系（基于技能的深度和广度）</td><td>蓝领技术工人及专业技术人员</td><td>技能模块方法</td></tr>
<tr><td>知识工资</td><td>与具体的工作要求密切联系或与个人基本素质相联系（基于专用性培训与通用性培训）</td><td>技术工人及专业管理、服务和研究人员</td><td>课程模块方法及与各种培训开发计划相联系的工资设计方法</td></tr>
<tr><td>胜任力工资</td><td>与组织的使命、愿景、价值观、战略目标等密切联系，关注个人的胜任特质和深层动力</td><td>中高层职业经营管理者及技术专家等白领人员</td><td>胜任力模型</td></tr>
<tr><td colspan="2" rowspan="2">能力薪酬的补充激励计划</td><td colspan="4">关注能力过程和绩效结果的平衡：将能力水平与绩效结果相联系的专门奖励计划</td></tr>
<tr><td colspan="4">关注个人能力和团队绩效的平衡：收益分享、目标分享等团队激励计划</td></tr>
</table>

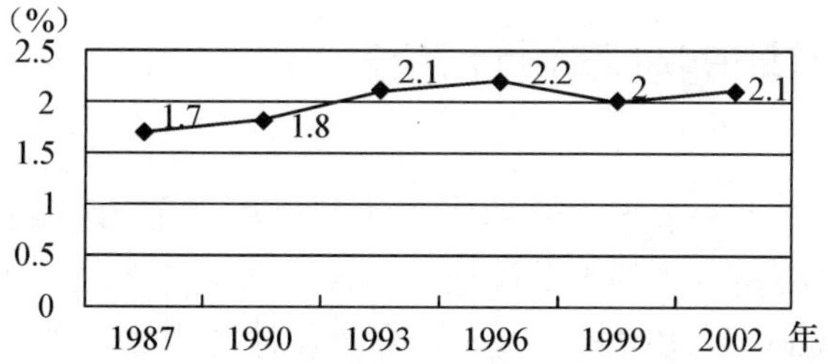

图 4—4　《财富》1 000 强企业技能工资员工覆盖率的平均水平

如图 4—4 所示，在 1987—2002 年的 15 年里，《财富》1 000 强企业中技能工资员工覆盖率的平均水平都保持在 2%左右，基本上是稳定的，有缓慢增加的趋势。我们进一步画出推行技能工资计划的企业比例，如图 4—5 所示。

如图 4—5 所示，在 1987—2002 年的 15 年里，《财富》1 000 强企业中使用技能工资计划的企业比例也基本呈上升的趋势。

技能工资计划不仅在应用对象人群数量、使用企业数量上呈现出增加的趋势，而且在有关其使用效果的调查中也得到了比较积极的结论。一些管理咨询公司的调查结论与以上来自高校或研究协会的调查结论也是基本一致的，如韬睿公司（Towers Perrin）1998 年进行的一项涉及 700 家美国企业及 300 家欧洲企业的调查发现，16%的美国企业使用了技能工资计划，并且有 78%的企业声称将考

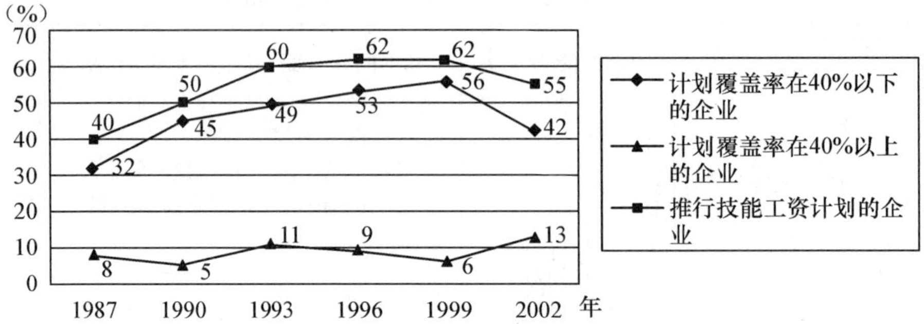

图 4—5　《财富》1 000 强企业中使用技能工资的企业比例

虑应用相关计划；在欧洲，这两个比例分别为 20%和 50%；同时，有 36%的美国公司能够清楚地列举出推进技能工资计划给企业带来的好处。

除了技能工资，包括胜任力工资在内的各种能力薪酬计划得到了越来越广泛的使用。许多人们耳熟能详的明星企业，如通用电气、摩托罗拉、本田、AT&T、宝洁、花旗银行、苏格兰银行、ABN Amro、麦肯锡、翰威特等，越来越重视对能力薪酬计划的使用。

总之，能力薪酬（及其范畴下的各种工资计划）已经在实践中得到了越来越广泛的应用，特别是作为一套基于能力进行激励的薪酬方法，其使用边界也将越来越宽泛。还是那句话：只要你想针对人们的能力进行激励，你就可以使用这样的方法。

4.2　按能力付酬的基本设计方法

我们在上一节里主要回答了为什么要按能力付酬（why）、能力薪酬是什么及其包含哪些主要的工资计划（what）等基本问题，本节则主要回答如何设计能力工资（how）的问题。首先，介绍设计能力薪酬的基本思路；其次，分别就几种典型能力工资计划的设计方法进行说明；最后，总结出促使能力薪酬成功的关键，同时指出能力薪酬可能面临的主要问题。

4.2.1　按能力付酬的基本设计思路

我们首先梳理能力薪酬的基本设计思路，给出一个具有一定通用性的能力薪酬设计框架。如图 4—6 所示，总的来看，设计一个能力薪酬方案需要经过以下基本步骤。

图 4—6 展示了一个完整的有关设计能力薪酬的基本范式。

图中左上角的方块是从能力出发设计工资计划的关键流程，包括明确能力的来源、明确所需激励的能力、给能力分类分级以及给能力定价四个基本步骤。其中在明确能力的来源的步骤中，主要是要把握能力的来源，比如，对于技能工资

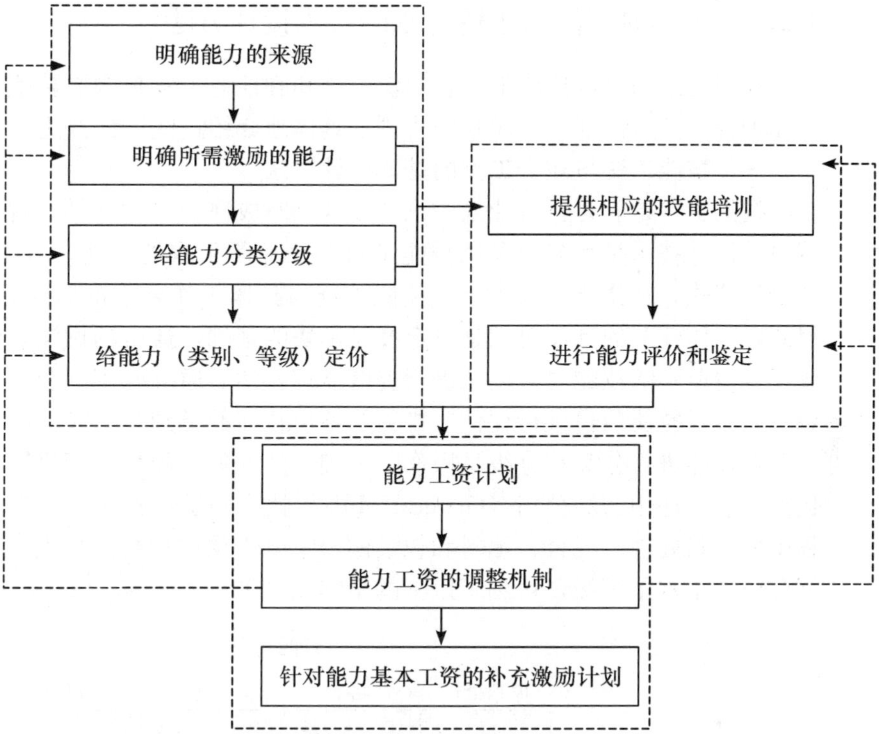

图 4—6 能力薪酬计划的基本设计范式

计划来说，技能与具体的工作要求的联系是非常密切的，因此，就可从详细的工作要求中去寻找对象所需要的技能；而对于胜任力工资计划来说，可能就需要更多地从企业的价值观和战略层面去挖掘对象所需要的胜任力。然后，对找到的能力进行明确的界定、分类和分级。最后，针对每类、每级能力进行定价。

图中右上角的方块是在推行能力薪酬的过程中，必须对实施对象本身推行的两个基本做法：一是提供相应的技能培训；二是进行能力评价和鉴定。各种能力薪酬计划都会与相应的培训计划密切联系，不提供学习技能知识的培训计划，也就失去了为能力付酬的前提。同样，对培训结果进行考评，或进行专门的有关能力的评价（assessment）与鉴定（appraisal），也是必要的步骤。

我们可以发现，左上方基于能力所展开的四个步骤，实际上是完成了对能力价值等级标准的设定，右上方基于人所推行的两个步骤，是为了明确具体的个人处在哪个能力水平上；两者相互对应，便可得出针对具体个人（或群体）的能力工资方案。

最后，正如前面已经提到的，为了弥补能力薪酬计划往往关注个人能力而忽略团队绩效、关注能力过程而非绩效结果的缺陷，我们可以设计相应的团队激励计划或与能力挂钩的绩效奖励计划，作为对能力基本工资的有益补充。总之，如图 4—6 下方的内容所示，一个完备的、整体性的能力薪酬方案，应包括基本的能力工资计划、能力工资的调整机制和针对能力基本工资的补充激励计划。

4.2.2 各种典型能力工资计划的基本设计方法

我们已经知道，技能工资、知识工资和胜任力工资是能力薪酬范畴下最主要的几种基本工资计划。下面我们将更加具体地介绍这些设计方法。

一、技能工资与知识工资的基本设计方法

技能工资是能力薪酬计划中设计技术相对成熟的一种计划，特别是基于技能模块的设计技术是大多数采用技能工资的企业所采取的方法。基于图 4—6 的基本设计范式，在技能的来源上，技能工资与具体工作要求的联系是非常紧密的，因此，工作任务的具体要求是设定技能模块的基础。通常的做法是将职位说明书或任务清单中的技能要求逐条进行提取梳理，然后通过专家（企业中的技术委员会）打分对技能项目进行评估，排列归整出技能的类别和等级。

对技能进行分类和分级是操作的关键，技能的“类型—等级”矩阵是一种简化的方法。通用磨坊公司（General Mills）就采用了这种方式，将其食品生产流程中的原料处理、混合、填料和包装四个主要步骤作为技能的大类，每类技能都划分出三个水平等级，得到了以下的矩阵图（见图 4—7）。

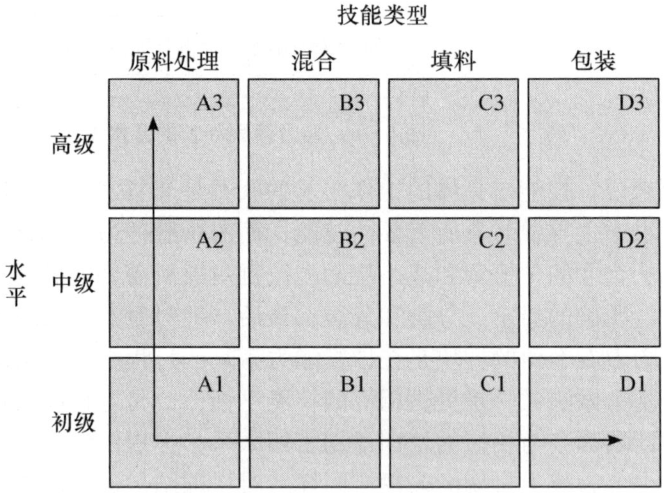

图 4—7 技能类型—等级矩阵

资料来源：Gerald E. Ledford，“Three Cases Studies of Skill-based Pay：An Overview”，*Compensation and Benefits Review*，March/April 1991.

矩阵中的每一个模块都应包含相应的培训计划和技能认证标准。一个进行原料处理的初级员工，当他完成 A1 模块中的所有培训计划并且达到了所规定的技能认证标准后，就可以向更高的等级晋升或向其他专业扩展技能（激励技能的深度和广度）。员工所处的技能等级越高、掌握的技能类型越多，累计的点数就越多，工资水平也就越高。

另一种在设计技能工资时常用的技能模块方法——阶梯模型（stair-step model），通过给具体的技能条目赋予点值，将技能与薪酬更加细致地联系起来。图 4—8 给出了一个相对细致完整的技能工资方案。

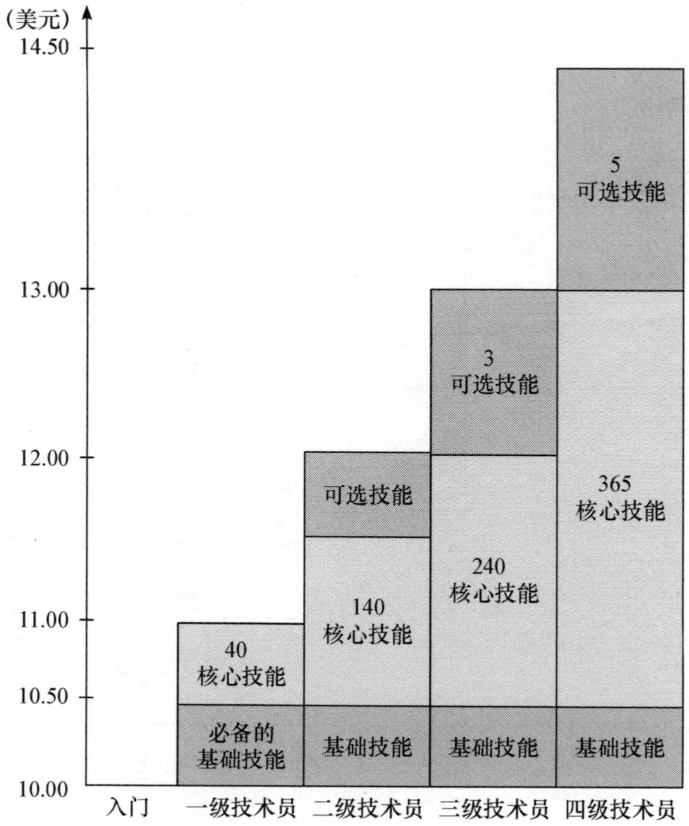

基础技能	核心技能		可选技能
质量课程	技能	点数	维护
商店地板管理	Longeron 捏造	10	后勤——JIT
材料处理	控制板捏造	15	公司安全
危险性材料录像	甲壳捏造	15	忍耐力
安全研习班	终端铸造焊接	20	计算机——Lotus
上岗培训研习班	润饰——油漆	20	计算机——dBASE Ⅲ
	润饰——Ablative/Autodave	20	计算机——文字处理
	润饰——表面准备	10	评价中心
	MK13 组装	15	舆论建设
	MK14 组装	15	达成一致意见
	完工检查	5	职业发展
	机器检查	20	全体决策
	焊接	15	公共关系
	漏洞检查/修补焊接	5	团队组织能力
	最终认可检验	10	培训
	焊接检查	15	共同解决问题
	火焰喷射	15	行政管理
	组装检查	5	
	手工组装安全度	15	
	使用机器 MK13	25	
	使用机器 MK14	25	
	工具安装	10	
	NCL 检查	30	
	零件去油污	10	
	组装	5	
	接受检查	5	

图 4—8　技能工资方案的阶梯模型

资料来源：George T. Milkovich，Jerry M. Newman，*Compensation*，Eighth Edition，McGraw-Hill，2005.

如图 4—8 的阶梯模型所示，使用该计划的公司将技能划分为基础技能、核心技能及可选技能三大类，将支付对象的技能等级分为五等。右边的表格显示了每一类技能中具体的培训计划和技能条目。新入门的员工被要求必须完成基础技能中的培训课程，培训后通过鉴定，具备了所有基础技能的人员可成为一级技术员，此时他可以享受 10.50 美元/小时的工资水平。如果他还想拿到二级技术员 11 美元/小时的工资，那么他必须在核心技能内选择总点数为 40 点的技能条目，一旦经鉴定获得了这些技能，他便成为二级技术员，可以拿到更高的工资。依此类推，为了获得更高的技能等级和工资水平，员工必须不断学习并掌握达到点数要求的核心技能及相应的可选技能。达到四级的人员则掌握了所有的核心技能（365 点）和五项可选技能，他便成为一个可以完成或参与任何一项任务的技术能手。显然，这种阶梯式的技能工资计划可以激励员工一步步地去掌握更多的技能本领。

同时我们可以发现，技能工资计划与相应的培训计划是密切联系的，具体技能项目的获得一般都要求通过各种方式的培训和鉴定来确认，因此，在实践中，也有企业直接将工资水平与培训计划的课程设置联系起来，这些被定价的课程等级，即所谓的“课程模块”，本质上就是技能模块的变形，将技能阶梯模型中的技能类别和条目转化为培训课程的类别和项目，如图 4—9 所示。可见，技能工资和知识工资计划的设计方法基本上是一致的，因此人们通常将两者作为同一种计划方案来使用。

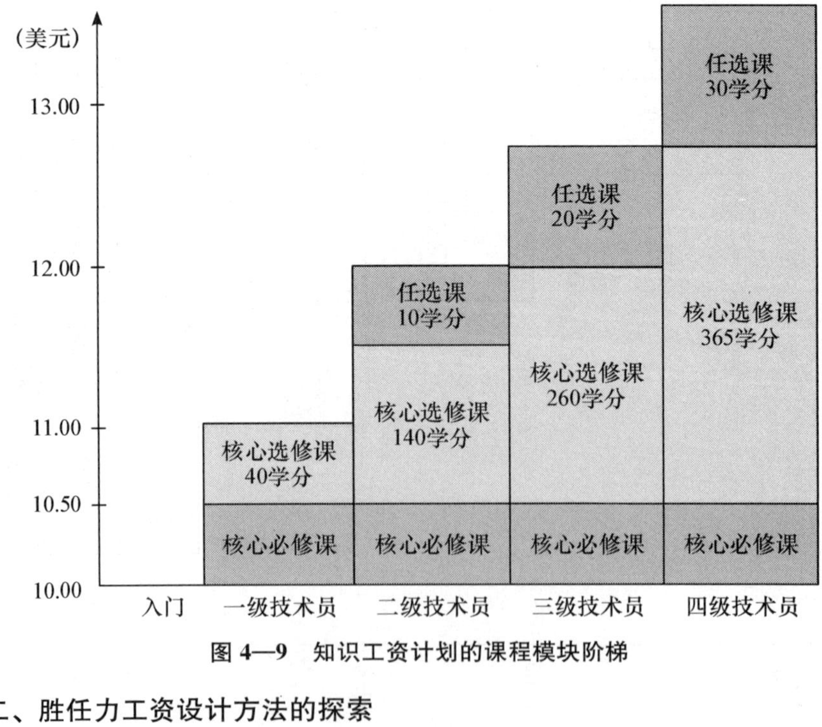

图 4—9　知识工资计划的课程模块阶梯

二、胜任力工资设计方法的探索

如果说技能工资和知识工资作为激励具体技能的方案，其技术路线已相对成型，那么对于关注人的抽象素质的胜任力工资来说，其设计方法尚未形成广泛认同的主流模式。两种工资计划的基本设计方法最重要的区别在于，这里所要激励的胜任力与组织的价值观和战略目标等层面的要求更加接近，其来源并非具体的工作内容和技术要求。

另一个重要的区别体现在具体的技术方法上。特别是 20 世纪七八十年代以来逐步得到运用的胜任力模型（也称素质模型）技术，作为挖掘绩效优异者特质和潜质的方法，为胜任力工资提供了一定的基础。素质模型的建立方法是一个复杂的程序，从操作的角度来说主要包括如表 4—3 所列的步骤。

表 4—3　　素质模型的基本建立步骤

准备阶段	1	战略方向	明确战略方向、建模目的及素质模型应用的范围等。
	2	资源配置	确定数据收集手段，并制定项目管理方案，成立项目小组和决策指导委员会。
	3	访谈者培训	由专业顾问机构培训足够数量的访谈人员，明确访谈质量控制标准。
	4	专家小组	确定素质标准，作为区分杰出者和胜任者的依据。
	5	选择样本	根据讨论通过的绩效标准，选出一定的杰出者和胜任者作为研究对象。
数据收集	6	行为事件访谈（BEI）	对访谈对象进行行为事件访谈，识别相关胜任力及其相关特征。
	7	访谈数据编码	整理访谈记录并编码，标识具体行为及其表现出来的素质和层级，同时，记录包括在素质模型雏形中的素质及其行为表现。
	8	数据输入	将访谈编码和其他相关数据输入数据库。
数据分析模型建立	9	数据分析	针对与下属沟通及其他相关数据进行分析，重点分析素质之间的关系和层次之间的区别。
	10	构建模型	根据经分析的数据辨别杰出者和胜任者的行为特征，将有用的数据整合在素质模型框架中，形成初步模型，通常包括素质模型构架和素质辞典。
	11	验证模型	采用各种手段验证模型的有效性（专家小组、决策指导委员会、问卷调查）。模型投入使用后要定期维护，随企业发展进行修订和完善。

资料来源：张俊伟、司徒敏：《如何建立资质模型》，载《经理人》，2002（4）。本表进行了调整。对素质模型感兴趣的读者可进一步参阅相关图书和文章，或可浏览相关咨询公司的网站，如 www.haygroup.com 和 www.mercer.com。

一个素质模型的构成一般包括针对某个人或某专业群体所应具备的素质条目、每个素质词条的界定，及其所对应的能力等级或行为等级描述。比如，1993 年，通用电气公司主管人力的高级副总裁威廉·J·科纳蒂（William J. Conaty）就针对公司的人力资源管理专业人员推行了如图 4—10 所示的素质模型，它包括四个方面的能力簇（competency clusters），每个能力簇中又包含了若干关键能力条目，针对每个能力条目又有具体的行为界定。

相应地，各种培训计划和工资方案都可与素质模型中的能力要项和行为等级等挂钩。与技能模块方法一样，人员所具备的能力要项越全面、行为等级标准越高，其获得的企业认同和激励水平也就越高。图 4—11 是一个将薪酬水平与素质模型匹配的例子。

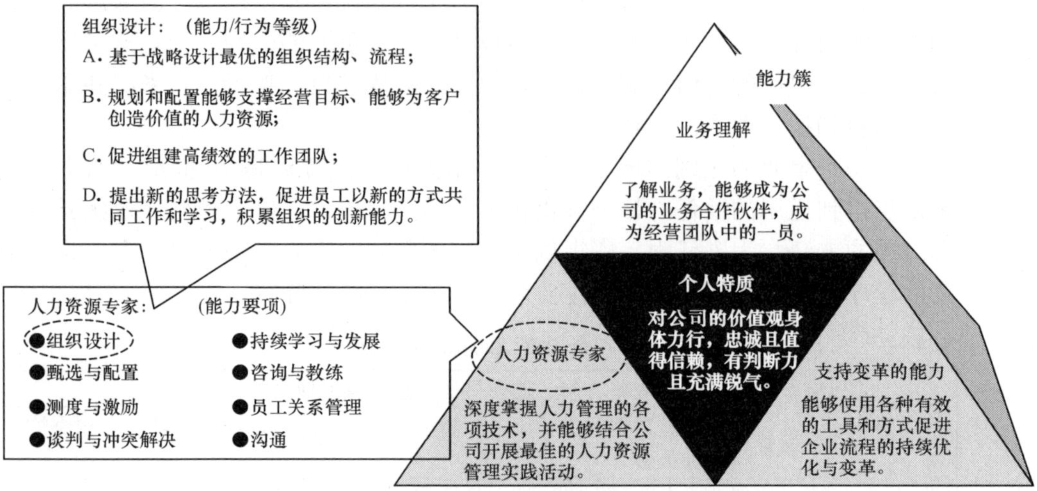

图 4—10　通用电气人力资源管理专业人员素质模型

胜任力等级 1	胜任力等级 2	胜任力等级 3	胜任力等级 4
顾客服务			
试着理解顾客的问题	负全责去解决问题	推断潜在的顾客需求	做一个令人信任的建议提供者
团队开发			
在传达团队绩效时担任领导角色	发展团队去解决自己每天面临的问题	让团队持续关注目标的达成	建立处理更复杂的操作问题的相关人才网
等级 1 水平参照	等级 2 水平参照	等级 3 水平参照	等级 4 水平参照
对应职务　薪酬水平	对应职务　薪酬水平	对应职务　薪酬水平	对应职务　薪酬水平
初级客服主管 $ 36 500	客服主管 $ 41 900	销售经理 $ 36 500	区域经理 $ 36 500
初级生产总管 $ 37 200	生产主管 $ 42 800	生产经理 $ 36 500	工厂经理 $ 36 500
宽　带			
带 1	带 2	带 3	带 4
$ 36 500　　$ 42 500	$ 53 125	$ 66 400	$ 83 000

图 4—11　薪酬水平与素质模型匹配图

资料来源：Hay Group 网站，www.haygroup.com。

根据公司战略目标的调整，素质模型的各个方面都需要进行调整。比如，每季度进行一次 360 度的能力分析与绩效反馈，如果是能力要求本身有问题（过高或过低），就对素质模型进行调整；如果是个人本身没有达到合理的能力要求，就为其提供相应的培训；如果个人超出模型要求发挥出了更高的能力水平和潜质，就可以通过薪酬计划进行及时的激励和强化。

此外，由于胜任力工资的适用对象主要是组织中的中高层经营管理者和技术专家，企业都会特别强调与这些核心人员建立长期、深入的承诺，因此，一些与职业生涯体系相联系的胜任力工资方法也被研究者提出且在实践中得到运用。如职业生涯阶段模型（model of life-cycle stages）假设人的整个职业发展过程可以划分为四个阶段，每个阶段具有各自的典型特征，因此在每个阶段，个人所应侧重的胜任力要求也各不相同（见表 4—4）。同时有关研究指出，组织中大致有 75％的人处在职业发展的第 1 和第 2 阶段，25％的人处在职业发展的第 3 和第 4 阶段。

表 4—4　　职业生涯阶段模型

职业发展阶段	阶段特征	能力要求
第 1 阶段——学习	学习如何工作并达到标准要求	技术能力与运营能力
第 2 阶段——应用	应用并进一步发展专业领域的技能，有可能达到较高的水平	
第 3 阶段——指导	在更广泛的领域应用专家技能，对他人进行开发与教练指导	人际交往能力与商业能力
第 4 阶段——塑造	提供战略性领导力，对整个组织发展作出贡献	理念形成能力与战略制定能力

资料来源：该模型由美国学者多尔顿（Dalton）、德赖弗（Driver）及博亚西斯（Boyatsis）等进行研究，美国药物公司进行了应用，取得了较好的效果。参见 Dubois，David，*Competency-based Performance Improvement：A Strategy for Organizational Change*，HRD Press，1993；Duncan Brown，"Relating Competency to Pay，" *The Compensation Handbook*，McGraw-Hill，2000。

相应地，从时间发展来看，组织应基于核心人员的不同职业阶段，对所对应的能力进行开发与激励；从当前的人力结构来看，组织应基于不同的人力类型，强调对不同能力的开发与激励。

总之，胜任力工资计划关注与战略层面相联系的人的深层特质和潜力，而非与具体工作相联系的技能，是为比较抽象的能力买单。素质模型方法为它提供了有关能力分析、提取、界定、分级和动态维护的方法。人们似乎更加关注"如何确定胜任力"，素质模型方法也似乎越来越流行，但是在将薪酬与素质模型相联系方面，尚未形成一套主流的、广泛认同的方法体系，它正处在发展与探索之中。

三、对能力层次的综合激励：基于任职资格的工资计划

以上分别介绍了侧重于技能、知识和胜任力的工资计划的设计方法，这里介绍一种将各种能力层级进行综合考虑的工资计划，即基于任职资格的工资计划（qualification-based pay）。任职资格体系其实是将有关任职者所需的知识、技能、经验、胜任力等各方面的能力要素进行整合、分类、分级的能力体系。

在一个组织（企业）内部，任职资格体系一般都基于职类、职种（职位簇）来进行分类梳理和设计，针对各类专业人员建立其任职资格序列等级（技术序列、销售序列、生产序列等），任职资格序列的每一等级都对应着具体的知识、技能、经验和胜任力等能力要求，这些能力要求的等级描述一般会作为进行职称评定的标准，通过评定的人员即获得相应的职称等级。基于任职资格的薪酬以任职资格等级作为薪酬支付的基础，薪酬水平等与职称（或内部任职资格等级）密切挂钩，如表4—5所示。

表4—5　　任职资格与薪酬对应表

任职资格等级					研发类		技术支持、客服类		市场销售类		专业类	
一	二	三	四	五	等级	工资额	等级	工资额	等级	工资额	等级	工资额
				D	R16	8.00	M16	6.00	S16	4.00		
				C	R15	7.20	M15	5.50	S15	3.75		
				B	R14	6.40	M14	5.00	S14	3.50		
			D	A	R13	5.60	M13	4.50	S13	3.25	A13	4.00
			C		R12	4.80	M12	4.00	S12	3.00	A12	3.60
			B		R11	4.00	M11	3.50	S11	2.80	A11	3.30
		D	A		R10	3.50	M10	3.00	S10	2.60	A10	3.00
		C			R09	3.00	M09	2.70	S09	2.40	A09	2.60
		B			R08	2.50	M08	2.40	S08	2.20	A08	2.30
	D	A			R07	2.10	M07	2.10	S07	2.00	A07	2.00
	C				R06	1.80	M06	1.80	S06	1.80	A06	1.80
	B				R05	1.60	M05	1.60	S05	1.60	A05	1.60
D	A				R04	1.40	M04	1.40	S04	1.40	A04	1.40
C					R03	1.20	M03	1.20	S03	1.20	A03	1.20
B					R02	1.00	M02	1.00	S02	1.00	A02	1.00
A					R01	0.80	M01	0.80	S01	0.80	A01	0.80

同时，任职资格体系作为与职位、职务等级相并列的序列系统，也往往成为员工职业生涯通道的重要基础。可见，任职资格等级作为一种综合了知识、技能、胜任力和职业生涯发展的能力标准等级，能够为薪酬提供较为丰富的支付基础，因此，相对于各种针对特定能力层次的工资计划来说，基于任职资格的工资计划在管理实务中得到了更多的应用。

4.2.3　能力薪酬成功的关键

以上我们既介绍了能力薪酬设计的基本范式，也介绍了几种主要的工资计划的设计方法。下面我们简要地总结其中的关键要点，它们无疑是保证能力薪酬成功的关键。

第一，能力的来源和前提一定要明确。无论是关注技能、知识还是胜任力，作为其基本前提的关键工作任务、组织流程、组织价值观及战略目标等都应该得到明确，从而保证能力薪酬所激励的能力的确是企业所需要的。

第二，要基于组织的实际要求对能力进行清晰的界定、分类和分级，建立自己的能力等级或序列系统。不要被流行的能力方法迷惑，直接借用其他组织的能力框架或直接采用通用能力框架的方法并不可取，组织应该根据自身情况，研究开发出适用于本组织的能力框架，以保证其有效性。即使所采用的能力条目本身具有通用性，对其内涵的具体界定和分级处理也一定要贴近企业及员工自身的特点。

第三，基于能力等级建立相应的能力鉴定和认证机制，是实行能力薪酬的重要保证。否则，那些花大力气设计出来的能力等级和能力条目，难以真正落实到员工个体身上，能力体系和鉴定机制本来就应该是一体的系统。有科学的鉴定和认证机制作基础，才能保证能力薪酬的公平性，否则，员工就会质疑凭什么说甲的能力就比乙的高。

第四，要认识到在一般情况下，能力薪酬并不适用于所有的员工和部门。在开发能力薪酬之前，最好明确具体的激励对象。那些专业性非常强的部门和人员，往往是推行能力薪酬的首要对象。

第五，能力薪酬必须与其他的人力资源管理职能相匹配。特别是培训计划，两者几乎不可分割。更好的状况是，如果其他人力资源管理功能模块的设计也包含或贯穿了能力线索的话，推行基于能力的薪酬计划也就是水到渠成的事了。

第六，要根据组织的发展状态，适时对开发出来的能力体系进行维护、评审和调整，保证能力薪酬的时效性及运行上的动态灵活性。牢记人的变化往往是最快的。

第七，在设计及推行能力薪酬方案的过程中，要保持与员工的充分沟通，创造强调参与、开放、学习及创新的企业文化氛围，这是很重要的过程保证。

第八，如前面已经提及的，基于能力的基本工资计划往往针对个人且关注能力过程，因此，需要开发针对团队的分享计划，以及其他关注绩效结果的奖励计划对其进行补充。也有企业采用了“绩效水平—能力等级”矩阵的方法。如表 4—6 所示，可以考虑将激励能力与关注绩效结果结合起来。

表 4—6　　绩效水平—能力等级矩阵表

小时工资率（美元） 技能等级	绩效水平		
	差	一般	好
1 级职员	5.25	5.75	6.25
2 级职员	5.50	6.00	6.75
3 级职员	5.70	6.30	7.25
4 级职员	5.95	6.60	7.45
5 级职员	6.20	6.85	8.25

资料来源：约瑟夫・J・马尔托奇奥：《战略薪酬》，142 页。这是美国麦道公司的例子。

第九，关于能力薪酬的外部水平参照问题。目前的薪酬调查几乎都是基于职位进行的，基于能力进行的调查却难以有效开展。美国有咨询顾问和机构提倡基于能力的数据调查，它们的做法是将对技能的描述转化为职位描述，然后去寻找外部数据；也有企业采取基准职位转换法，即寻找包含企业所需技能的职位作为基准职位，以这些职位的调查数据作为技能点数的基础。目前，我国在这方面的市场数据是非常有限的。在实际操作中，由于能力薪酬一般只针对组织中的一部分专业人员，因此，在薪酬水平的确定上往往采用内部对应比较的方式，比如，将某职称等级与相应的职位等级对应，相对应的职位等级的市场价值就可作为该职称等级工资水平的参照。

4.2.4 能力薪酬可能存在的问题

作为以人为中心的激励方案，能力薪酬在设计和应用中同样有其局限性和问题。

第一，针对能力本身进行界定、分级和定价是一个复杂的研究和设计过程，要使员工获得一致认同，需要做大量的工作。此外我们知道，职位工资的基本水平可以通过薪酬调查来获得参照，而给能力定价的参照系就没有这么明显和丰富了。

第二，能力薪酬计划一般都必须与培训计划密切联系，这就可能产生公平性问题。也许不是每个员工都能够得到同样的培训机会，那些没有机会接受培训而处于技能工资较低水平的员工，很可能会产生不公平感，他会想：我工资低的原因并不是我的能力不够，而是企业根本就没有给我提高技能的学习机会！

第三，成本问题是能力薪酬最大的一个弊端。一方面，能力一旦掌握便不会消失，在小时候学会骑自行车之后，你一辈子就都拥有这项技能了；另一方面，技能的变化方向是单一的，它会随着学习及经验的积累而不断增多，而不会像绩效结果那样可能时好时坏。这样，随着技能的增长，基本工资就要相应地递增，这就强化了工资递增的刚性。除了工资的增长成本，相应的培训成本、对能力体系的管理维护成本等，都使能力薪酬变得“昂贵”。特别是对于劳动和技能密集型企业而言，一定要慎用技能工资方案。

第四，能力薪酬的使用时限问题。技能工资计划与成本问题结合在一起，是摩托罗拉公司放弃该计划的主要原因，当公司发现三年之后技术人员几乎都达到了技能工资的最高水平时，接下来该怎么办？保持一个平均的增长量吗？显然对于技能密集型的摩托罗拉来说，这会大大增加公司的工资成本，从而降低企业的竞争优势。另一方面是由于技术体系本身的高速发展所带来的灵活性问题。现代技术更新换代的速度快得惊人，那么基于能力的薪酬方案就要“疲于奔命”地随着技术结构的变化而变化，再加之其开发过程复杂，可能在方案还未推出的时候，相应的技术体系和标准就已经开始全面变革了。

第五，关于能力薪酬专注于激励员工提升和扩展技能的基本理念，一直受到挑战和争议。因为个人掌握的技能数量增多并不一定就会产生更高的绩效，即使企业愿意为员工所掌握的“多余”的能力买单，这到底是否符合经济原则？这些局限性和问题，目前仍在争论并需要继续探讨。

4.3 我国能力薪酬的实践与趋势

前面我们系统介绍了能力薪酬的基本问题。在本节中，我们把视线聚焦于我国的薪酬管理实践，看看能力薪酬在我国的实践情况。特别是 20 世纪 90 年代到 21 世纪初这 10 年间，由国家（原劳动部）主导建议的岗位技能工资成为我国企业单位工资管理制度的主流，它是不是我们以上所介绍的现代意义上的能力薪酬，现代的能力薪酬方式对中国的薪酬管理还具有哪些实践意义这一系列中国化的问题，是我们想在本节中讨论和探索的。

4.3.1 此“技能工资”非彼“能力薪酬”

20 世纪 90 年代初，为了打破分配上的“大锅饭”和平均主义，强化按劳分配原则，特别是为了稳定生产一线，鼓励工人学习技能，原劳动部发布了《关于进行岗位技能工资制试点工作的通知》（劳薪字［1992］8 号）和《关于岗位技能工资制试点工作有关问题的意见》（劳薪字［1992］30 号），在报酬分配上向苦、脏、累、险岗位和技术要求高、责任重的岗位倾斜，使得岗位技能工资成为整个 90 年代中国企业单位的主流工资体系。

中国的岗位技能工资方案（见本章附录）是一套综合了岗位因素和能力因素的系统方案，它在打破平均主义、突破身份等级工资制、激励当时的一线工人在艰苦工作条件下进行工作等方面无疑具有历史性的积极意义。而同时，在实践中，这套方案的问题也逐步暴露出来。

在实际操作中，中国 20 世纪 90 年代推行的岗位技能工资构成里，其技能工资部分其实仅仅是对传统身份等级工资的一种新的表达，在其所谓的岗位劳动评价中，劳动责任、劳动强度和劳动条件三个要素都与技能本身缺乏直接的联系，基本上都是我们现在所理解的工作职责和工作条件的内容（劳动强度是工作职责和条件在人体功效上的反映，与技能并没有多大关系），其中劳动技能要素和职工劳效评价这部分内容包括了知识、经验和专业技术要求，但是由于当时对能力分析与评价的现代人力资源方法还不成熟，更重要的是，该技能等级评价的实际操作原则和方式沿袭了长期实行的八级工资等级，因此，这里的技能水平等级实质上并没有褪掉身份等级的含义，与员工实际的技术水平缺乏有效的联系。现代技术的缺失与传统方式的沿袭，使得真正的技能要素并没有在实际操作中得到充分体现。

另一方面，该方案工资构成中的岗位工资倒是人们呼声很高的部分，人们希望这部分工资能够更加具体、真实地与岗位职责密切联系起来（呼唤规范的职位工资），但由于当时企业单位中规范的岗位（职位）体系尚未建立，甚至连岗位的概念本身都还没有树立起来，品位、职务等带有行政等级色彩的“抬头”遮盖了真正的岗位或职位概念，从而在实际运作中这部分岗位工资比例低、标准低、级差小，与岗位要求联系得并不紧密。

总之，可以用“岗位基础尚未立足；品位导向仍占上风；技能只不过是身份的代表；各种问题日益突出”这四句话来概括对 90 年代中国岗位技能工资的评价。

2000 年，原劳动和社会保障部发布了《关于印发进一步深化企业内部分配制度改革指导意见的通知》（劳社部发［2000］21 号）。这一文件从官方认可的角度把岗位工资推到了中国工资制度历史舞台的前沿，同时也标志着岗位技能工资开始在官方的正式语境中淡出，结束了在岗位技能工资时代下，岗位工资和技能工资两者都不伦不类的尴尬。中国的工资制度进入了以岗位为基础的时代。

4.3.2 新的实践要求呼唤真正的能力薪酬

"中国的工资制度是为了在具体历史背景下解决具体历史问题而设计的"（曾湘泉，2005），每一种成为主流的工资制度都有其发生和应用的历史背景。当然，在制度变迁中，上一种制度影响的延续性和新制度建立的突破性必然同时存在，也正是在这样的"破"、"立"变迁中，制度得以不断发展和优化。因此，我们首先必须承认每一种工资制度都有其阶段性的合理性和有效性。从早期基于身份、行政等级的计划分配方式，到岗位技能工资制，再到当前渐成主流的岗位（职位）工资、绩效工资制，都是基于特定历史条件下的具体问题而产生的，也都起到了相应的积极效果，如表 4—7 所示。

表 4—7　　中国工资制度对应的特定历史背景与问题一览表

主流工资制度	历史背景特征及需解决的突出问题
基于行政等级的品位、身份、职务工资	● 革命经历需要高度认可，革命身份需要获得回报； ● 计划性的统一分配模式； ● 政府主导经济，一切向行政级别看齐。
岗位技能工资	● 人们都去追求行政级别，脏活累活谁来干？——工人阶级的生产工作需要获得认可，特别是一线苦、累、差的工作岗位，需要稳定和关照。
岗位工资、绩效工资	● 岗位技能工资中，技能工资和岗位工资两者都不伦不类，各种问题突出； ● 关注岗位基础建设，岗位概念亟须落实到管理实践中，岗位职责越发需要明确，需要建立科学的岗位体系； ● 以岗定薪的技术已比较成熟、有效； ● 与效益挂钩，符合市场经济的体制要求。
能力工资	● 新科技革命和知识经济的时代背景，使得政府、企事业单位、员工个体的能力开发与建设日益重要； ● 科技产业的发展与竞争、核心能力的形成与强化，越发需要高智能、高技能人才； ●"技工荒"、高技能人才短缺问题，导致没人愿意去学技术，因为拿不到认可技能的工资； ● 职业技能培训和鉴定已经发展起来，配套的激励机制呼之欲出； ●"官本位"的积习需要基于能力实现突破； ● 对从业人员职业化素质提升的要求越来越强烈（如职业经理人、医生、教师、体育及文艺工作者等各种职业人员）； ● ……

从回顾中国工资制度变迁的线索来看，现代意义上的"能力薪酬"在中国是缺失的，但是当前中国劳动力市场运行和人力资源管理的实践，已对能力薪酬产生了日益迫切的需求。

特别是2002年以来中国劳动力市场上出现的“技工荒”、高级技能人才短缺的问题等日趋突出。各种解决措施逐步出台，其中大力推进职业技能培训和鉴定的举措呼声最高，相应地，全国各地的职业技能培训学校、培训站、鉴定机构逐步发展起来，职业技能培训和鉴定的规模也逐步扩大。但是在培训和认证之后该怎么做？我们相信，开发、鉴定和激励三个方面只有形成相互联动的系统机制，才能够打通“能力培训——能力鉴定——能力激励”的完整链条。技术工人薪酬水平的长期停滞和抑制，在促成中国低劳动成本优势的同时，也大大挫伤了人们学习技术、从事技术工作的积极性，技能激励的缺失对“技工荒”的出现不可谓没有责任。因此，从激励机制的角度来看，技能工资必然会成为呼之欲出的正确选择。要想突破中国的低劳动成本优势，导出高劳动技能优势，在全面开展技能培训与鉴定的基础上，逐步提升和强化对技能的激励也是一个必要环节。

能力薪酬不仅有助于解决中国劳动力市场上的“技工荒”、高级技能人才短缺问题，而且从具体的管理层面来看，对于改革我国企事业单位长期的“官本位”积弊，建设技术、技能专业人才的激励体系和职业发展通道，强化专业人才、职业人员（如职业经理人、教师、医生、职业运动员、文艺工作者等）的职业化素养等各方面，都有其广阔的用武之地。

总之，在当前以岗位工资为主流工资机制的基础上，能力薪酬的应用和发展也已经成为现实之需。我们相信，现代意义上的能力薪酬必将作为重要的角色登上中国工资制度的舞台，与岗位工资、绩效工资一起，发挥不可或缺的现实功能。

本章小结

作为一种直接以任职者的能力为基础和支付依据的薪酬方式，能力薪酬往往被冠以“以人为本”的美誉，因为其最主要的激励目的就在于促进任职者通过不断的学习来提高自身的任职能力，而非仅仅追求职位等级的晋升。推行能力薪酬的组织往往相信，得到能力提升的员工自然会有效地完成工作并创造好的绩效——这显然是充满了善意和信心的假设，同时也是能力薪酬区别于其他薪酬方式的本质特征。

落实到具体的薪酬计划上，能力薪酬包含技能工资、知识工资和胜任力工资等多种主要的基本工资计划。其中，技能工资和知识工资主要关注员工胜任职位所必需的、与具体职责密切相关的技能和知识要求，诸如技能模块、知识模块和课程模块等方法在设计这些计划时往往被采用；胜任力工资计划则主要是为任职者所拥有的那些能够在职位上创造出高绩效的内在素质买单。相对于技能工资多用于技术工人或技能人才而言，胜任力工资计划则多用于组织中的高端人力资本（高管或核心专家）。尽管近年来胜任力模型技术越来越流行，但如何将薪酬与胜任力有效联系起来的成熟方法仍不多见，这也是值得进一步研究和实践的领域。

从中国人力资源管理实践和发展趋势来看，能力薪酬并未引起足够的重视。流行于中国 20 世纪 90 年代的岗位技能工资，作为针对当时中国现实劳动问题的解决方案，在实现薪酬分配向一线岗位倾斜的同时，并没有真正起到激励能力提升的作用。在解决中国当前劳动力市场上所出现的“技工荒”、高级技能人才短缺等现实问题的过程中，能力薪酬制度必将发挥重要的作用。

复习思考题

1. 与职位薪酬和绩效薪酬相比较，能力薪酬的本质特征和内涵是什么？

2. 谈谈你对能力薪酬中“能力”这一概念的理解。

3. 能力薪酬（或广义的能力工资）范畴下的基本工资计划包括哪些？它们各有哪些特点？

4. 基于能力薪酬设计的总体框架，比较几种典型的能力工资计划在设计方法上的异同。

5. 谈谈能力薪酬成功的要点及其弊端。

6. 在你看来，中国 20 世纪 90 年代实行的岗位技能工资制度是我们所谓的能力薪酬吗？为什么？

7. 你可以试着列举一下：当前中国哪些劳动力市场问题或人力资源管理问题可以从能力薪酬的角度寻找解决方案。

附　录

中国岗位技能工资方案的基本内容①

中国岗位技能工资方案的主要内容，如图 4—12 所示。

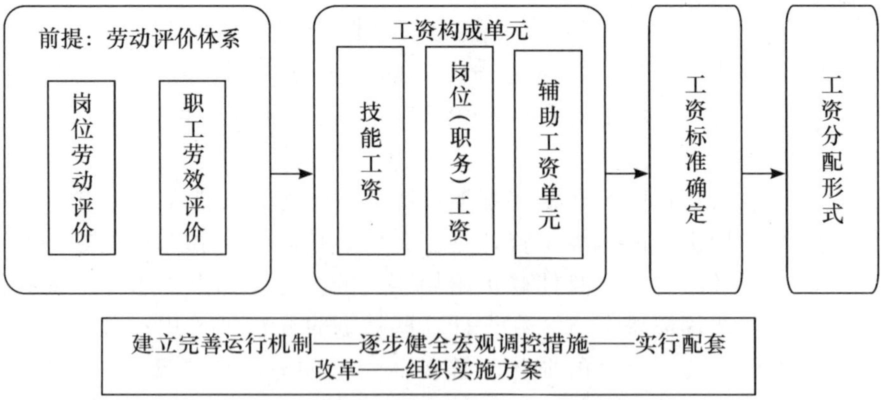

图 4—12　我国岗位技能工资方案的构架

① 该方案的内容根据网络搜索资料整理（登录 Google 网站，输入“岗位技能工资”搜索所得资料）。

劳动评价体系是整个工资方案的技术前提。这个评价体系又包括两大方面：一是岗位劳动评价；二是职工劳效评价，其评价内容和要素分别如表 4—8 和表 4—9 所示。

表 4—8　　岗位劳动评价

将各类岗位、职位劳动对职工的要求和影响综合归纳为劳动技能、劳动责任、劳动强度、劳动条件四项基本劳动要素，通过测试和评定不同岗位的基本劳动要素，科学评价不同岗位的规范劳动的差别，并以此作为确定工资标准的主要依据。
评价要素
1. 劳动技能——主要指不同岗位、职位、职务对职工所要求的 ● 受教育（培训）程度，指文化知识水平和专业技术水平； ● 实践经验，指工人、管理人员和专业技术人员的工作经历和从事专门工作的资历，工作经验和积累程度； ● 实际工作能力，指工人的实际操作能力、管理人员的组织管理能力和专业技术人员解决实际问题的能力及研究能力。
2. 劳动责任——主要指因岗位、职位、职务不同 ● 对产品（服务）质量、数量、成本和消耗所负的责任程度； ● 对设备、财产所负的责任程度； ● 对安全生产、劳动卫生、企业生产经营、管理所负的责任程度； ● 对精神文明建设所负的责任程度。
3. 劳动强度——主要指因岗位、职位、职务不同 ● 体力、脑力劳动的紧张程度； ● 疲劳程度； ● 劳动姿势； ● 工时利用率。
4. 劳动条件——主要指不同岗位、职位、职务的 ● 危险程度，包括矿山井下、隧道作业、高空、高速、潜水、海上作业，接触易燃易爆物等； ● 危害程度，包括接触高温、辐射、热、低温、粉尘、噪声，接触其他有毒有害因素等； ● 自然地理环境和不同工作班次对劳动者生理、心理的损害程度，包括高原、野外、海上、飞行等作业环境和长期夜班、倒班等。

表 4—9　　职工劳效评价

通过考试考核办法，对职工本人（包括工人和管理人员、专业技术人员）技术业务水平高低和实际付出劳动量（劳动质量和数量）大小进行科学、定量的评价，正确区分职工的劳动差别，并以此作为确定职工实得劳动报酬的依据。
评价方式
1. 上岗、任职资格考试 按照各类岗位、职务、职位的劳动规范或责任制要求进行考试，合格者方能上岗、任职。
2. 技能水平考试 分别对工人和管理人员、专业技术人员进行技能水平考试，以确认其实际达到的技能水平。

续前表

评价方式
3. 劳动实绩考核 分别对工人和管理人员、专业技术人员完成劳动任务等方面的实际情况进行考核，以确认其实际付出劳动量的大小。

该方案提出要将岗位劳动评价和职工劳效评价紧密结合起来，通过全面评价岗位和职工的劳动差别，为贯彻按劳分配原则奠定科学、定量分析的基础。该方案还明确提出了岗位技能工资的构成，如表4—10所示。

表4—10　　岗位技能工资的构成

1. 技能工资 根据不同岗位、职位、职务对劳动技能的要求，同时兼顾职工所具备的劳动技能水平而确定的工资。 ● 技术工人的技能工资可分为初级技工、中级技工、高级技工三大类工资标准，并相应设置若干档次，非技术工人（普通工、熟练工等）的技能工资视其岗位对劳动技能的要求程度原则上参照初级技工的技能工资档次确定。 ● 为鼓励普通工、熟练工钻研提高技能水平，其技能工资最高可延伸到中级技工的技能工资档次内，管理人员和专业技术人员的技能工资可分为初级管理（专业技术）人员、中级管理（专业技术）人员、高级管理（专业技术）人员三大类工资标准，并相应设置若干档次。 ● 根据培训、考核、使用、待遇相结合的原则，为使技能考试与技能工资相对应，并使各行业、各企业之间的技能考试具有可比性，技能工资各档次的设置应大体一致。
2. 岗位（职务）工资 根据职工所在岗位或所任职务，所在职位的劳动责任轻重、劳动强度大小和劳动条件好坏并兼顾劳动技能要求高低而确定的工资。 ● 工人的岗位工资可按照劳动评价中各岗位评价总分数的高低，并兼顾现行工资关系，划分为几类岗位工资标准，并相应设置若干档次。 ● 不同的行业、企业，其岗位工资类别的多少不一样，其岗位工资标准也应有所区别。 ● 岗位名称相同，但在不同行业、企业乃至同一企业的不同车间、班组，其劳动责任、劳动强度和劳动条件不尽相同，因此，其岗位工资也可以有所差别。 ● 管理人员和专业技术人员的职务工资按照所任职务、所在职位的劳动评价总分数的高低划分为三类，并相应设置若干档次。从低到高依次为初级管理（专业技术）职务、中级管理（专业技术）职务、高级管理（专业技术）职务工资标准。 ● 因企业规模、类型不同，同样职务的管理（专业技术）人员的责任、负荷也不尽相同。因此，大型联合企业、大型企业、中小企业乃至同一企业不同科室、车间，相同职务人员的工资也可以有所差别。
3. 辅助工资单元 企业根据需要和可能可以设置符合自己特点的辅助工资单元。

在工资标准的制定上，该方案说明：从行业、企业岗位劳动测评和资金利税率、人均利税率、劳动生产率高低等情况出发，兼顾国家和地方财政承受能力和大多数企业的经济承受能力，在国家拟定的全民所有制大中型企业职工基本工资（岗位技能工资）参考标准的范围内，合理确定各主要行业和不同地区的岗位技

能工资标准水平，如表4—11所示。

表4—11　岗位技能工资水平的确定原则

1. 合理确定基本工资的最低、最高标准。 基本工资最低、最高标准的确定，要综合考虑以下因素： ● 企业和机关事业单位职工现行工资水平，最低、最高工资的比例关系及近期预测的变化趋势； ● 企业职工现行工资结构情况及调整趋势； ● 城镇居民月平均生活水平及近期预测； ● 关于企业经营者收入的规定及个人收入调节税的起征点等。
2. 分行业合理确定岗位工资、技能工资单元的比重。 其原则是： ● 要从行业生产经营特点出发，技术要求较高、以劳动技能为主要劳动因素的行业、企业，其技能工资的比重可以适当大一些；反之，劳动强度大、劳动条件差的行业、企业，其岗位工资的比重可以大一些。 ● 要从有利于发挥工资的激励职能作用出发，调动职工提高技术、业务水平的积极性和到技术要求高、责任重以及苦、脏、累、险及有毒有害岗位工作的积极性。
3. 合理确定各类人员基本工资的区间及技能工资、岗位工资各档次的工资标准。 各类人员基本工资标准的确定，由各主要产业部门参照职工基本工资（岗位技能工资）参考标准比重，根据下列原则，结合实际情况拟定。其原则主要是： ● 要符合对劳动技能、劳动责任、劳动强度、劳动条件的测评结果； ● 要妥善安排不同类型、规模企业同类人员的工资关系； ● 要妥善安排企业内部主要岗位（职务）和其他岗位（职务）以及同岗位（职务）人员内部的工资关系； ● 要恰当处理相关人员的工资标准的衔接和交叉程度； ● 各地区参考产业部门拟定的行业岗位技能工资标准，结合本地区实际情况，分别拟定本地区各主要行业的岗位技能工资标准； ● 各部门、地区拟定的岗位技能工资标准要有一定的弹性，以适应本行业、本地区不同企业的实际需要。
4. 各产业部门和各地区拟定的岗位技能工资标准，要报劳动主管部门综合协调、平衡并审核批准。企业及其主管部门在执行本行业或本地区工资标准时，可以结合实际情况进一步具体化。

除了以上介绍的评价机制、工资构成和工资水平确定机制等关键内容，该方案还对工资发放形式、宏观调控机制、配套改革措施以及组织实施方式等各方面都做出了说明和建议。

第5章

市场与薪酬

职业经理人是商品，决定于价值，左右于供求。这其中薪酬不但是一个象征，而且也是莎翁笔下“to be or not to be”的问题。这句话被英若诚翻译为“生存还是死亡是个问题”，至少对职业经理人如此。

——《寻找你的高薪法则：让薪酬回归价值》

A公司是一家大型国有制造企业，尽管劳动力成本在总成本中的比重逐年上升，但企业的员工流失率，尤其是核心员工流失率却越来越高，对企业的人才竞争力造成了很大的影响。为此，A公司请咨询公司对它的薪酬体系进行了诊断。咨询公司将A公司的薪酬曲线与薪酬调研报告中相同职位等级的回归曲线进行比较，结果发现，在低端职位上，A公司的薪酬水平比市场的中值线要高，甚至接近中高水平线（75%线）。而职位越高，离市场的中位值水平就越远，到最高的几个职位，竟然比市场平均水平还低许多。这显然是公司无法留住核心员工的最直接原因。最后，它们还发现，尽管低端职位的人员在市场上供给大于需求，招聘、培训的替代成本也很低，对企业的贡献也有限，但由于低端职位上人数众多，浪费了过多的劳动力成本，导致总成本巨大。鉴于此，咨询公司建议该公司进行薪酬改革，即将低端职位定位在接近市场中值线的水平上，甚至可略低，高端职位则在市场中值线的水平以上，必要时甚至可以根据企业的付薪能力和薪酬市场定位策略而定得更高。

在上面的案例中，我们看到，市场薪酬水平对一个公司的薪酬，乃至最后对公司的人才吸纳、保留和激励将产生巨大的作用。它最终会影响到企业的外部竞争力。正因为如此，在设计薪酬制度时，及时获取市场薪酬信息，充分考虑外部市场对薪酬决定的影响，就显得十分重要。本章通过讨论外部市场对企业薪酬产生影响的原理和机制，介绍获取和应用市场薪酬信息的技术方法，帮助读者系统学习和掌握保持薪酬外部竞争性的薪酬制度设计的理论和方法。

5.1　薪酬的外部竞争性与市场

薪酬的外部竞争性从根本上受外部市场的影响，因为劳动力市场和产品市场会分别影响薪酬水平的下限和上限。具体来讲，由于面对不同的劳动力和产品市场，在行业、规模或战略等组织特征上，不同的企业需要选择不同的薪酬水平以保持外部竞争力。

5.1.1　薪酬外部竞争性的概念

无论是按职位定价还是按能力取酬，一个职位的薪酬水平高低在市场上是不同的。市场的薪酬水平是指类似职位或员工在不同组织之间所表现的薪酬关系，即类似职位或员工在不同组织相对竞争的条件下，所表现出来的薪酬水平的高低状况。而一个组织支付给某一竞争性职位或员工的薪酬水平高低，会直接影响到该组织在劳动力市场上获取劳动力的能力强弱，因此，所谓薪酬的外部竞争性，实际上是指一个组织中类似职位相对于竞争对手的薪酬水平高低，以及由此产生的该组织在劳动力市场上的竞争能力大小。通常来说，市场薪酬水平及其外部竞争性对企业的薪酬制度设计的重要性，主要表现在以下几个方面。

一、吸引、保留和激励优秀的员工

在组织信息欠缺时，薪酬水平往往是员工选择工作的首要考虑因素。较高的薪酬水平不仅可以吸引更多的优秀员工，为组织形成充分的候选人蓄水池，降低招募成本，而且可以提高原有员工的忠诚度，减少员工流失。格哈特和米尔科维奇在 1992 年所做的文献评述中认为，“有足够的证据表明，薪酬水平的提高可扩大工作申请人的规模，提高接受工作的可能性，以及优化工作申请人的质量”[①]。另有许多研究者利用实验研究或实证研究的方法证明了该观点，如威廉和德雷赫（Williams & Dreher）在考察了美国 352 家银行的薪酬实践后得出结论：薪酬水平与申请人的工作接受率存在正相关关系。[②] 同时，较高的薪酬水平有利于防止员工偷懒或消极怠工，因为薪酬水平高意味着失去工作的损失大，所以能够激励员工努力工作，降低组织的监督管理费用。此外，更高的薪酬水平具有公共关系方面的价值（Reynolds，1951），表明了组织人力资源的态度，避免了最低工资立法等规制的影响，能为企业创造良好的社会形象，增强政府与公众对组

① Gerhart，B.，Milkovich，G. T.，“Employee Compensation：Research and Practice”，In M. D. Dunnette & L. M. Hough（Eds），*Handbook of Industrial and Organizational Psychology*（2nd ed.），Palo Alto，CA，Consulting Psychology Press，1992，p. 231.

② Williams，M. L.，Dreher，G. F.，“Compensation System Attribute and Applicant Pool Characteristics”，*Academy of Management Journal*，35，1992，pp. 571-595.

织的信心。[1]

反之，如果支付的薪酬水平过低，组织将面临更高的招募成本和员工流失率。如果薪酬水平较低，则招募时人选的数量与质量都难以保证，造成甄选成本上升。不仅如此，过低的薪酬水平还有可能导致企业中原有的员工忠诚度下降，另谋他就的可能性上升。埃伦伯格和史密斯（Ehrenberg & Smith ）在他们的研究中认为，薪酬水平与员工的离职率之间存在显著的负相关关系，即薪酬水平越高，员工离职率就会越低。[2] 一些实证研究也支持了这种观点，如弗里曼和梅多夫（Freeman & Medoff）在分析了 7 个国家的样本数据之后估计，如果整个组织范围内工资水平上升 20%，员工流动率就会下降 10%。[3]

二、控制劳动力成本

尽管劳动力成本在不同行业、不同企业的经营成本中所占的比重不同，但对于任何一个企业而言，薪酬都是不容忽视的成本支出，尤其是在一些劳动密集型的行业。据美国劳工部 2001 年统计，薪酬成本占美国经济成本的 65%～70%。因此，有效地控制薪酬成本支出对于大多数企业的经营成功来说都具有重大意义。显然，在其他条件一定的情况下，薪酬水平越高，企业的劳动力成本就会越高；而相对于竞争对手的薪酬水平越高，则提供相同或类似产品、服务的相对成本也就越高。因此，通过劳动力市场了解劳动力的薪酬水平和劳动力成本信息，对于企业实施人工成本控制来说就显得非常重要。

5.1.2 劳动力市场对薪酬水平的影响

企业所在的劳动力市场和产品市场以及企业自身的状况会对企业的薪酬水平决策产生很大的影响。现在我们对影响企业薪酬水平决策的这几个因素进行较为深入的分析。

一、劳动力市场运行的基本原理

劳动力市场是组织面临的市场之一，组织在劳动力市场上对既定的具备技术和能力的劳动者所展开的竞争，是对组织的薪酬水平甚至薪酬的外部竞争力产生影响的一个非常重要的因素。劳动力市场是公司的外部人员储备地，从那里公司能够获得它需要的人员。劳动力市场是随时变化的，这就引起一个公司劳动力的变化。在这个过程中，公司内部每个人的变化都会影响到管理者处理其劳动力问题的方式。劳动力市场由劳动力的供求关系决定，这种供求关系影响到企业的雇佣量和薪酬水平，以及劳动力的流动。

劳动力市场理论的四个基本假设是：

（1）企业的目标是追求利润最大化；

---

① Reynolds, L. G., *The Structure of Labor Market: Wages and Labor Mobility in Theory and Practice*, Westport, CT: Greenwood, 1951, p. 232.

② Ehrenberg, R. G., Smith, R. S., *Modern Labor Economics*, Homewood, IL: Scott, Foresman, 1988, p. 368.

③ Freeman, R. B., Medoff, J. L., *What Do Union Do?* New York: Basic Books, 1984, p. 231.

（2）所有劳动力是同质的，因此是可替代的；

（3）薪酬水平反映了与雇佣有关的所有成本；

（4）雇主所面临的市场是具有竞争性的。

就某个特定的劳动力市场而言，市场工资率由劳动力的需求和供给决定。我们知道，劳动力的市场需求曲线反映的是某一特定工资率上市场需要的劳动力数量，而供给曲线反映的是某一特定工资率上愿意接受雇佣的劳动力数量。如图 5—1 所示，S 曲线为劳动力供给曲线，D 曲线为劳动力需求曲线，在较低的市场工资率 W_1 上，需求大而供给小，存在劳动力短缺，企业为了吸引更多的雇员，必然增加工资，其结果是，更多的劳动力被更高的工资水平吸引到劳动力市场中，从而推动该市场整体工资水平的上升。相反，在较高的市场工资率 W_2 上，雇主希望雇用的劳动力人数少于愿意提供劳动的劳动力人数，导致劳动力过剩，最终，提供 W_2 工资率的雇主会意识到，他们不必支付那么高的工资就可以雇用到员工，没有工作的劳动者也会意识到，如果他们愿意接受较低的工资，就能得到一份工作。随着时间的推移，真实工资会降到 W_0。在 W_0 处，需求和供给相等，这时的工资率是市场出清工资或市场均衡工资，尽管均衡工资水平不能立即达到，但市场总是朝这一方向调整。

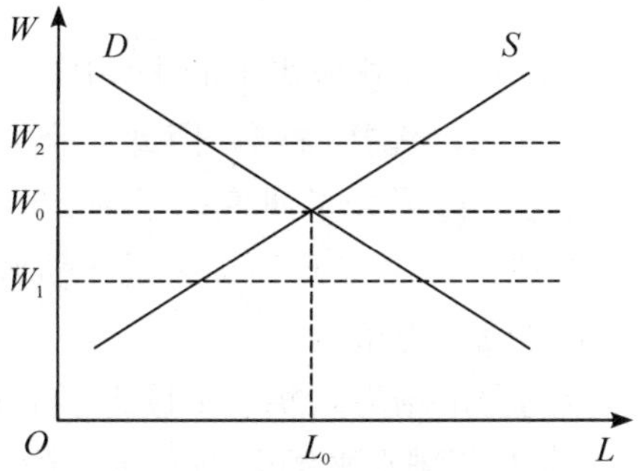

图 5—1　劳动力市场的运行

二、完全竞争市场下的工资

完全竞争市场是指企业所处的产品市场和劳动力市场都是完全竞争的。根据完全竞争市场的定义，产品市场和要素市场上供求双方的人数都很多，产品和产品之间、劳动力和劳动力之间没有任何差别，产品和劳动力的供求双方都拥有充分的信息，产品和劳动力都可以自由流动。

在完全竞争市场上，均衡工资率由市场决定并向每个市场参与者“公布”，也就是说，任何单个雇主或劳动力的规模与市场力量都没有大到足以影响整体的市场现行工资率，每个企业都是市场工资率的接受者，而不是决定者。对处于完全竞争市场的单个企业来说，在边际产品下降的情况下，只要劳动力的边际收益超过它的边际成本，厂商就应该继续增加它的劳动力使用量；相反，只要减少劳动力使用量所带来的成本节约大于它所带来的收入，厂商就应该继续减少它的劳动力使用量。所以，使用劳动要素的原则是利润最大化目标在劳动使用上的具体体现，即边际成本等于边际收益。在图 5—2 中，使用劳动的边际成本等于劳动的价格 W，而使用劳动的边际收益是边际产品价值 VMP。因此，完全竞争企业使用劳动要素的原则可以表示为：$VMP=W$。这时企业的均衡工资率为 W_0，劳动力使用量为 L_0。

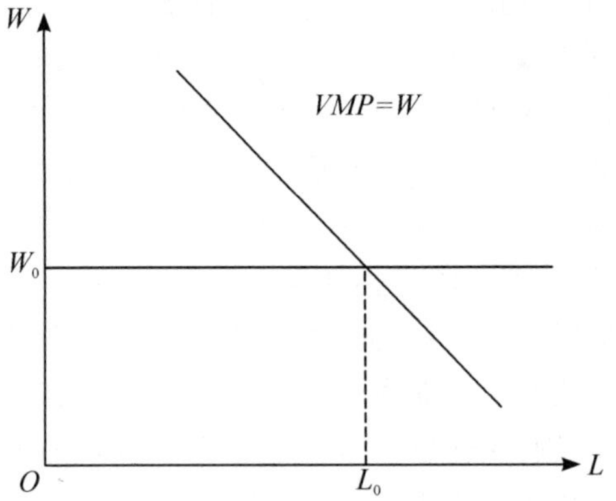

图 5—2　完全竞争市场工资决定

5.1.3　产品市场对薪酬水平的影响

劳动力供求是决定企业薪酬水平的主要因素，然而，任何企业都必须有足够的收入来支付各种费用，包括薪酬，因此，企业的薪酬水平要受产品市场的影响。国外学者对此也进行了大量研究。早在 20 世纪 50 年代，斯利克特（Slichter）就在研究中发现，在美国蓝领工人的工资设定过程中，更重要的考虑因素是产品市场，而不是劳动力市场。

一般来说，劳动力市场为薪酬水平设定了下限，而产品市场为薪酬水平设定了上限。[①] 产品市场对薪酬水平的影响与组织的支付能力有关，产品市场的产品需求和竞争程度是影响支付能力的两个关键因素。

一、产品需求

只有当市场上有对产品或服务的需求时，企业才需要劳动力，从这个意义上说，劳动力需求是产品需求的派生需求。假定特定组织可以利用的技术、资本和劳动力供给保持不变，如果产品市场对某种产品或服务的需求增加，那么无论价格如何，组织都能够售出更多的产品和服务。一方面，为了实现自身对利润最大化的追求，组织自然会相应提高自己的产量水平，在给定的薪酬水平下，规模效应将增加对劳动力的需求量，而这种影响将进一步带来员工薪酬水平的提高；另一方面，产品需求增加，企业销售水平提高，也保证了组织能够向员工支付更高的薪酬水平。

① Gerhart，B.，Milkovich，G. T.，"Organizational Difference in Managerial Compensation and Financial Performance"，*Academy of Management Journal*，33，1990，pp. 663-691.

二、竞争程度

产品市场的竞争程度对薪酬水平的影响是相当重要的。对于竞争对手较少的企业，一般意味着企业的产品或服务需求弹性较小，甚至无弹性，企业可以提高价格而不必担心消费者会减少对产品或服务的消费，所以，企业可以通过提高价格的方式将较高的薪酬成本转嫁给消费者，从而为企业在劳动力市场上的薪酬决策提供强有力的保障，保证企业向员工提供高出市场平均水平的薪酬。如果某企业面临十分激烈的市场竞争，提高价格将会降低产品销量，减少销售收入，且企业无法将高水平薪酬所产生的成本负担通过较高的价格转嫁给消费者，那么支付高薪的基础也就不存在了。所以，当企业处于完全竞争或类似完全竞争的环境中时，组织支付的薪酬水平往往和市场平均水平十分接近。

5.1.4　组织因素对薪酬水平的影响

通过对劳动力市场实际运作状况的分析，许多学者还发现，劳动力市场模型与产品市场状况并不能完全解释薪酬水平的差异。越来越多的资料证明，薪酬水平随多个组织特性的不同而变化，例如，组织的规模、所处的行业、经营战略以及所在的地理区域等，都会影响实际薪酬水平的高低。

一、行业因素

企业所处的行业对企业的薪酬决策有一定程度的影响。2012 年 8 月 3 日北京市人力资源和社会保障局发布的工资指导线表明，房地产开发经营业从业人员的平均劳动报酬较高，为 102 191 元；道路运输业、超市零售业从业人员平均劳动报酬较低，分别是 37 413 元和 36 888 元。[①] 同时，从表 5—1 中可以看出，美国不同行业之间的小时工资水平也有很大的差距，与制造业、零售业相比，信息业的薪酬水平较高。

表 5—1　　**美国不同行业的薪酬水平**（2013 年 3 月）　　单位：美元

行业	能源建筑业	交通运输业	产品制造业	服务业
小时平均工资	32.78	25.15	34.58	30.50

资料来源：美国劳工统计局网站，http：//www.bls.gov。

行业特征对薪酬水平的最主要影响因素是不同行业所具有的不同技术经济特点。一般情况下，在规模大、资本密集程度高的行业（如软件开发、生物医药等）中，人均薪酬水平比较高。越是资本密集的产业，对资本投资的要求就越高，这会限制新企业的进入，从而易于形成卖方垄断结构。同时，资本对劳动的比例较高意味着，劳动报酬在企业总成本中所占的比重相对较小，资本的利润较高，从而使企业有能力支付较高薪酬。相反，那些对资本投资的要求低、新企业易于进入、以竞争性市场结构为特征的行业，其人工成本占总成本的比例较高，所以一般属于低工资产业部门，如服装加工业、纺织业等。

---

① 《关于发布 2012 年北京市行业工资指导线的通知》，http：//www.bjld.gov.cn/xwzx/zxfbfg/201208/t20120803_27508.html。

对于劳动密集型行业，企业需要的劳动力较多，同时，劳动力成本在总成本中占的比重大，而劳动力的边际利润较小，因此，企业为追求利润最大化，在制定薪酬策略时会考虑这些因素，尽量控制劳动力成本，一般薪酬水平较低。相反，资本密集型或技术密集型的企业更倾向于高水平的薪酬政策，这类行业需要更大的资本投资与更高的技术水平，对新进入的企业有一定的限制，在产品市场容易形成卖方垄断的市场结构，而且资本对劳动的比例高，意味着劳动力成本在总成本中所占的比例相对较小，资本的边际利润为提供高水平的薪酬奠定了基础。

二、企业规模因素

大量资料与研究表明，在其他因素类似的情况下，规模大的组织比规模小的组织薪酬水平高。同样是会计或司机职位，大多数情况下，大企业的薪酬水平比小企业的薪酬水平更高。根据美国劳工统计局的调查，随着组织规模的扩大，组织的薪酬水平也不断上升，比如在制造行业，员工在500名以上的组织的小时工资水平比只有1～49名员工的组织高出65%（见表5—2）。

表5—2　　不同规模组织的薪酬水平（2013年3月）

行业	组织规模	小时工资水平（美元）
制造业	1～49名员工	28.01
	50～99名员工	32.61
	100～499名员工	33.58
	500名员工及以上	46.36
服务业	1～49名员工	22.27
	50～99名员工	25.70
	100～499名员工	28.76
	500名员工及以上	42.21

资料来源：美国劳工统计局网站，http：//www.bls.gov。

对于规模较大的组织比规模较小的组织薪酬水平高的原因，很多学者也进行了研究，目前有以下几种解释：其一，效率工资理论认为，较大的组织更有可能充分利用员工的能力。如与小型组织中的经理人相比，就职于大型组织中的高级经理人需要承担更大的责任，具有更大的价值（Henderson，Fredrickson，1996）[①]，相应的薪酬水平也较高。其二，企业规模越大，在监控员工方面遇到的困难就越多，特别需要激励员工在没有严密的监督下也能努力工作，这也是导致大企业对员工愿支付较高水平薪酬的重要原因。还有一种解释认为，大型组织所使用的生产技术需要更高素质的员工，根据人力资本投资理论，高人力资本投资也对收入产生了积极的影响。

---

① Henderson，A. D.，Fredrickson，J. W.，“Information Processing Demands as a Determinant of CEO Compensation”，*Academy of Management of Journal*，39，1996，pp. 575-606.

三、组织战略

企业战略对薪酬水平的影响无疑是非常直接的。成本领先战略的关键在于通过成本的领先获得竞争优势，如果企业选择低成本战略，那么它必然会尽一切可能去降低成本，其中也包括薪酬成本。这样的企业大多处于劳动密集行业，边际利润偏低，因而它们的薪酬水平比较低。相反，实施差异化战略的企业通过提供与众不同的产品或服务，满足目标顾客的特殊需求，从而获得竞争优势。很多实证研究表明，为了吸引有创造力、敢于冒风险的员工，厂商愿意支付相对较高的薪酬，他们更关注薪酬投入可能会给生产率带来的影响。如美国学者巴特（Batt）通过研究美国四个通信行业——移动电话、固定电话、有线电视与互联网服务提供商的样本数据得出结论，更关注差异化战略的厂商需要更能干、激励意愿更强的员工，并可能用高工资作为构建这类员工队伍的手段。①

5.2　市场薪酬调查

企业要提高自身薪酬的市场竞争力，首先需要通过市场薪酬调查获取相关的信息。市场薪酬调查大体上可分为非营利性调查和营利性调查两类，都需要遵循调查准备、调查实施和数据分析等模式化的技术规范。

5.2.1　薪酬调查的目的

薪酬调查是针对市场上不同企业所支付的详细薪资情况，通过专业方法及技术进行数据收集、整理、统计和分析，以客观反映市场薪酬水平的状况，为管理者提供薪酬决策参考和依据的过程。简言之，就是通过科学的方法让管理者、决策者了解薪酬的市场水平。

随着劳动力市场的逐步建立和不断完善，市场机制对劳动力资源的基础性作用日益明显，研究市场薪酬水平及其外部竞争性日趋重要。在企业的整个薪酬战略体系中，薪酬调查是一个接口。通过薪酬调查，企业可以将自己的薪酬数据与市场数据进行对比，由此可以检查出自己所支付的薪酬与预想的水平是否一致，或根据市场数据来确定为达到本企业的战略目标所应支付的薪酬水平。

一、完善薪酬策略的市场依据

企业在确定薪酬水平时，需要利用薪酬调查来评估竞争对手的薪酬和福利水平，以确定自己提供的薪酬组合是否足以吸引并留住组织所需要的劳动力。如果薪酬水平过低，组织就会面临员工士气低落或员工流失率上升的风险，而薪酬水平过高又会影响组织在产品市场上的竞争优势和盈利能力。在进行薪酬调整时，薪酬报告可明确组织在行业中所处的地位，达到既能合理控制人工成本，又能有

---

① Batt，R.，“Explaining Wage Inequality in Telecommunications Services：Customer Segmentation，Human Resource Practices，and Union Decline”，*Industrial and Labor Relation Review*，54，2001，pp. 425-449.

效激励骨干员工的管理目的，优化和提升企业内部薪酬管理的科学性。

二、明确薪酬管理实践

组织薪资体系的内容涉及薪资体系、薪资结构、福利和保险政策等，薪酬调查所要了解的并不仅仅限于基本薪酬水平这样一个简单的信息，通常还包括奖金、福利和长期激励以及各种加班等薪酬结构的信息，因此，组织可以借此了解薪酬管理实践的变化情况。薪资调查报告可以清楚地显示目前本地区不同性质的企业、不同行业的企业所执行的薪资政策。比如，薪资调查报告表明，薪资结构呈现多元化的趋势，有基本工资＋奖金＋福利，基本工资＋奖金＋福利＋业绩提成，基本工资＋奖金＋福利＋内部股权，等等。组织应根据自己的基本管理模式、行业经营特点以及企业发展需要，定性地确立最适合自己的薪资政策体系。

三、了解先进的人力资源理念

随着人力资源理论与技术的发展，一些先进的人力资源理念不断出现，如战略薪酬等。组织通过对薪酬调查结果的分析以及对自身薪酬制度的梳理，可以了解这些较为先进的管理思想。

5.2.2 薪酬调查的类型

现代市场经济国家可以获得各种各样的薪酬调查数据，如果现有的薪酬数据可以提供企业所要求的所有信息或者大部分信息，且企业能够合理利用已有的相关调查数据，就没有必要再进行新的薪酬调查了，这样企业就能够节省时间与精力，并降低调查成本。目前，已经开展的薪酬调查种类繁多，按照调查的主体来分，主要有以下两种。

一、政府部门的非营利性调查

政府部门的非营利性薪酬调查是由政府部门组织实施的、对全国范围内各行各业薪酬水平的调查，为社会提供薪酬水平、薪酬成本及有关薪酬的其他信息，主要目的是发挥政府的宏观指导作用，促进劳动力市场的合理配置。这类调查由政府部门组织大量人力物力进行，涉及的样本范围广、数量多，从统计样本代表性来看，数据的准确性和权威性较高。大多数调查结果类别十分细致，分类标准除了地区、行业和岗位，还包括企业的技术等级，行政级别，企业类型，所有制类型，劳动者的年龄、工龄、性别和学历等诸多细类。

由于各地政府部门均执行相对统一的指标体系，且各个分类标准的定义清晰，被调查者对调查内容的认识分歧很小，因此，所提供的数据具有很强的可比性。最终调查结果一般会以多种形式公布，组织与个人都可以无偿使用这些信息，使用成本相对较低。

尽管由政府实施的薪酬调查具有以上这些优点，但不足之处也显而易见。首先，此类调查涉及的范围广、行业多，调查耗时长，所提供的薪酬信息往往在公布时就已经过时了，在信息的有效性和及时性方面有所欠缺。对于使用者来说，关键在于明确收集调查资料的真正时间，对陈旧的数据进行更新。其次，由于覆盖面广，调查时只能选取行业中高度标准化的基准工作，不可能对每一个职位都详细调查，因此不能满足企业个性化的信息需求。最后，调查只是集中在工资上，未涉及其他形式的薪酬，因此很难描述各地区和各行业职工的实际收入水平。

1. 美国政府的薪酬调查

美国联邦政府进行的薪酬调查主要由美国劳工统计局实施，包括全国性的薪酬调查（National Compensation Survey，NCS）与行业工资调查以及专业人员、行政人员、技术人员调查。

NCS 最早开始于 20 世纪 50 年代，其目的是为使用者提供高质量、高相关度和及时的数据信息，同时能使数据使用者以最小的成本，最有效地利用这些资源，所以，统一设计、组织和实施调查是非常重要的。

关于样本的选择，NCS 是全国范围内的定点抽样调查，一般选取 154 个大城市和非大城市的地区来代表全美雇员的薪酬情况，地区的选择要满足九大地区和四大地域的分组，样本从样本地区失业保险目录中选取，这一目录包括了该地区在一定时期内所有雇佣人员的机构，包括除联邦政府、军队、农场以及家庭自我雇佣之外的所有私有企业和州及州以下地方政府，样本机构在这一范围内随机选择确定。关于职位的抽样办法，按美国标准职业分类标准对各职业进行分类，并按照一定的因素评价方法确定各职业的工作等级。这种因素评价方法被称为联邦政府因素评价体系，主要由 9 个要素组成：知识、接受的监督、指导性、复杂性、影响及范围、人际沟通、沟通目的、工作环境和体能要求。

在 NCS 中，工资是指直接的工作收入，不包括加班工资。统计项目包括计时工资、计件工资、佣金、风险收入和其他直接与工资有关的报酬项目。职位工资水平数据按照主要行业、公共部门与私营部门、是否参加工会、全职与兼职、机构规模等维度进行分组，分别在地区、地域和全国发布。同时，工作时间也被列入调查项目，如每月、每周工作时间等。而福利调查的内容包括雇主成本、雇员分担部分、参加福利计划的员工人数及详细的福利计划条款。列入调查范围的福利计划有：带薪假期、带薪病假、加班工资、津贴、健康保险、人寿保险、短期残疾保险、长期残疾保险、医疗费用、联邦失业保险、州失业保险、解雇金和补充失业福利计划等。除福利成本水平，NCS 还提供员工参与各种福利计划的水平、条件、人数以及以医疗健康和退休金计划为主的福利计划的主要条款和内容方面的信息。薪酬成本指标作为反映联邦经济状况的重要指标，每季度发布一次，数据分为工资成本、福利成本和薪酬成本，按照职业、行业、是否参加工会和地域分组。

NCS 的调查结果可以通过多种途径获得。美国劳工部发布相关的主要经济指标，劳工部的期刊《每月劳动评论》和《薪酬和工作状况》上发布一些详细的数据分析。大多数数据都可以从劳工统计局的网站 www. bls. gov/ncs/home. htm 获得。

此外，在美国，许多地方性及全国性的行业协会都对其成员进行工资与福利调查，为薪酬决策者提供工资和福利方面的资料。比如，美国工程师协会（American

Association of Engineering Societies）、美国薪酬协会都会在一定的范围内进行薪酬福利调查。这些薪酬信息对组织也是非常重要的，因为行业协会的调查针对性较强，数据丰富，能帮助组织了解本行业薪酬的现状及发展趋势。

2. 我国政府的劳动力市场工资调查

我国劳动和社会保障部门从20世纪90年代开始开展劳动力市场工资调查工作。国家劳动和社会保障部门会同各级地方劳动部门和统计部门，抽调专门人员开始从事全国或本地区、各行业、各企业职位薪酬水平情况的调查，为我国政府制定工资宏观调控政策和工资指导线、城镇居民最低生活保障线等提供了依据。这类薪酬调查最有代表性的是我国原劳动部于1997年在全国各省、自治区、直辖市开展的“企业人工成本抽样调查”及原劳动和社会保障部开展的“劳动力市场工资价位抽样调查”。此外，原国家人事部也不定期公布有关行业和职位的薪酬数据。这些报告大多通过行政手段收集数据，取样主要来自各种报表，并放在网上供用人单位免费查阅。

截至2012年底，开展劳动力市场工资价位抽样调查的城市已达124个，调查范围包括城市行政区域内的所有城镇企业。调查内容为上一年度企业中的有关职业（工种）在岗职工全年工资收入及有关情况。随着工资指导价位制度建设工作的推进，有条件的地区还对普通劳动力的小时工资率进行了调查。调查根据以下要求分别确定调查行业、调查企业、调查职业（工种）和调查职工。调查行业包括16个大行业，以农林牧渔业、采掘业、制造业、电力煤气及水的生产和供应业、建筑业、交通运输仓储及邮电通信业、批发和零售贸易餐饮业、金融保险业、房地产业、社会服务业10个行业为重点，根据本地区的产业结构进行选择，并根据实际需要对大行业进行细化。调查职业（工种）根据当地产业结构确定，特别注重选择通用的或市场上流动性较强的职业（工种）。职业的名称、代码要按照《中华人民共和国职业分类大典》与原劳动和社会保障部编制的《劳动力市场职业分类与代码》进行规范，以保证职业分类的统一化和标准化。调查企业按以下方法确定：在选定的行业中，将企业（应为生产经营正常的企业）按上年职工平均工资水平从高到低排列，采取等距抽样办法抽取企业。为保证调查结果具有代表性，调查应覆盖各类型企业，其中非国有企业应占较大比例，具体比例由各城市根据当地非国有经济的发展程度确定。若个别行业调查的企业经济类型有明显偏差，可适当调整。35个大中城市调查企业户数应不少于200户，其他城市不少于100户。根据当地产业结构确定调查企业在行业间的分布，具体是通过改变每一行业企业间的间距来调节各行业的调查企业户数。如对本地区的主导行业，通过缩小企业间的间距增加调查企业户数。调查企业确定后，年度间距相对固定。将同一职业（工种）的全部调查职工工资收入从高到低进行排列，分别确定本职业（工种）工资指导价位的高位数、中位数和低位数。[①] 表5—3列出了

① 参见北京市人力资源和社会保障局网站，http://www.bjld.gov.cn/gzcx/other/201010/t20101029_24088.html。

2012 年北京市劳动力市场工资指导价位及人工成本状况。

表 5—3　　2012 年北京市劳动力市场工资指导价位及人工成本状况　　单位：元

职业	低位数	中位数	高位数
律师	43 825	48 070	245 856
广告设计人员	45 306	58 301	102 925
文字记者	34 800	74 633	126 134
美术编辑	27 500	48 903	72 386

资料来源：《2012 年北京市劳动力市场指导价位与企业人工成本状况》。

二、各类机构开展的营利性调查

市场薪酬调查本身是一项有价值的工作，因此，随着市场经济的发展，这项工作在市场的层面也推动和发展起来，从事薪酬调查的管理咨询机构应运而生、蓬勃发展。

1. 管理咨询公司的营利性薪酬调查

翰威特、美世、华信惠悦等国际咨询机构是开展营利性薪酬调查的代表，国内的薪酬福利顾问公司，如北京的外企太和企业管理顾问有限公司（Taihe Consulting）等也开始开展薪酬福利调查。在调查的形式和规模上，它们一般采用国际通行的会员制，即与会员单位签订协议，会员单位按照咨询机构拟定的调查表提供本企业翔实的数据，同时有偿享用最终的全部或部分汇总、统计和分析结果。数据来源多为某个特定行业或地区的代表性企业，调查结论对于企业了解地区内和行业内平均薪酬状况有较大的参考价值。调查内容除工资水平，还包括其他薪酬形式，如股票期权、培训计划、退休及医疗待遇、住房方案、出差津贴等。多数调查报告都强调分析近期加薪的频度、幅度差异及其前景预测等。

与政府部门开展的薪酬调查相比，管理咨询机构的薪酬调查最大的优点是能为组织提供“量身定做”的调查。由于管理咨询机构与企业无任何利益关系，更容易从其他企业取得相关的薪酬信息，因而它们能够按照企业的要求在相关劳动力市场上进行职位薪酬调查，调查范围也比较集中，区域性较强。调查结论对于企业了解地区内和行业内平均薪酬状况有较大的参考价值，能为企业薪酬体系的设计提供合理化的建议。

但委托咨询机构进行薪酬调查或购买薪酬调查报告一般成本较高，而且调查指标定义不统一，调查结果的可比性不高。仅“年薪”这个指标，各个调查的定义就有很大差距，导致不同调查结果不能直接比较。

2. 网络媒体的营利性薪酬调查

随着网络技术的发展，网络薪酬调查也成为一个重要的渠道。在美国，每年 200 多所大学的薪酬调查就是通过网络的方式进行的。国内目前对薪酬调查比较热衷的媒体主要是与人力资源管理内容相关的网站。调查大多采用在线调查方式。参与调查者以不记名的方式提交自身薪资情况，同时分享其他参与调查者提供的信息的处理结果。个人需提交的资料包括：年龄、学历、工作经验、目前任职行业、在该行业总共任职时间、目前的税后年薪、外语水平、职业资格证书等详细内容。其调查内容专业性并不强，但比较贴近求职者，如各行业平均薪酬水平大排名、个人跳槽前后薪酬水平的比较等。加之网站会对调查结果给出一些评论和建议，也吸引了部分上网员工参与薪酬调查。

由于网络在线薪酬调查采取不记名的方式，且对被调查者缺乏直接的指导，因此容易导致对指标理解的不一致，最终造成数据的可信度下降。此外，这类调查随意性很强，参与调查的样本无法代表行业的平均薪酬水平。

5.2.3 薪酬调查的流程

一、薪酬调查的准备工作

1. 界定相关劳动力市场

在进行薪酬市场调查之前，必须对企业薪酬所面临的环境进行分析，以确定企业外部薪酬市场调查的对象。企业的外部环境包括行业状况、竞争状态、产品市场需求、劳动力状况等。企业的内部环境主要包括核心职能、现有薪酬、经济承受能力、成本结构等。通过对企业所处的内外环境进行分析，就可以界定企业市场薪酬调查的相关劳动力市场。相关劳动力市场的界定取决于薪酬调查的目的，要确定薪酬水平、薪酬结构或者评估对象的劳动成本，相关劳动力市场应界定为与本企业存在竞争关系的其他企业，主要包括：（1）与本企业竞争从事相同职业或具有相同技术员工的企业；（2）与本企业在某一地域范围内竞争员工的企业；（3）与本企业竞争同类产品或服务的企业。

职业技能水平与地理范围是界定相关劳动力市场的两个重要维度，一般来说，相关劳动力市场随着职位技能水平的不同而不同，所涵盖的企业可以是为同一职位或技能展开竞争的企业。对于技能水平要求较低的职位，比如文员、一般技术人员和半技术人员，调查的区域应该是与公司在地理位置上比较接近的地方。而另外一些高技术职位则是在全国劳动力市场上，甚至是国际劳动力市场上定价。同样，地方劳动力市场可用于调查文员、一般技术人员、不熟练员工等职位，因为具备这些职位所需要的技能的劳动力在较小的区域内就能满足。如果公司在北京，要了解秘书等职位的薪酬情况，最好就在北京进行调查，而不需要在上海、深圳等地进行调查。对于中高级职位，比如经理，所调查的区域应该更大。与之类似的还有大学毕业生，因为经理拥有相对稀缺的技能，而大学毕业生拥有各行业所需要的基本技能，这些技能在各行各业是可以转换的，因此，相关的劳动力市场可能是一个地区或者是全国。而技术水平要求较低的职位，通常在小范围的区域内调查就足够了。

此外，一个组织所在的行业是影响薪酬水平的一个重要因素，所以，调查所包括的行业也是应该考虑的一个问题，对于低层级的职位来说，行业之间的差别并不大；而对于中高级管理人员和技术人员来说，最好是选择可能与公司竞争人才的行业来开展调查。表 5—4 列出了相关劳动力市场范围。

表 5—4　　相关劳动力市场范围

	高层	专业人员	员工
规模	同等	无限定	无限定
行业	同业/非同业	同业	无限定
地域	无限定	本地/多地	本地

资料来源：根据太和公司有关人员提供的资料整理而成。

2. 确定调查企业

在明确相关劳动力市场的基础上，还要确定参与薪酬调查的企业类型与数量。调查时一般会选择行业内知名的具有代表性的公司，对于整个行业来说，由这些公司组成的市场薪酬状况不仅具有一定的代表性和竞争力，而且能体现行业发展趋势。同时，这些企业一般员工较多，内部职位划分明确，薪酬制度与福利计划完善，可以提供更加准确、丰富的薪酬数据。很多咨询机构按照行业内的企业排名名单选择薪酬调查的对象，这样可以保证被调查的企业在行业内具有一定的影响力。

从统计学的观点来看，样本的容量越大，越有可能消除各种影响因素，缩小误差，反映薪酬的真实水平，所以，如果调查结果要求的准确度高，样本的容量就要扩大。但更多的样本意味着更高的调查成本，在预算约束的条件下，能够调查的样本是有限的，要尽可能在既定的条件下，得到期望的结果。

3. 确定调查职位

确定标准职位是明确该行业薪酬福利调研的职位范围和职位信息的过程。通常情况下，这是一个明确本行业标准职位的过程，以保证薪酬福利调研报告能够充分体现该行业的特点。基准职位是那些内容众所周知、相对稳定，且得到从事该职位雇员广泛认可的职位，基本上能代表当前所研究的完整的职位结构。例如，在房地产行业薪酬福利的调研过程中，薪酬调查公司通过与客户的充分沟通，确定了包括前期市场调研、设计、工程概预算、工程建设、市场宣传、策划、销售、客户服务职位序列在内的一整套标准岗位列表，充分体现出房地产开发行业项目的基本运作过程，具有市场上独一无二的代表性。

同时，在进行基准职位薪酬调查时，必须对设置的基准岗位进行概括的职责描述，通过进一步明确每一个已确定岗位的工作内容、工作职责，为下一步的职位匹配打下基础，也为企业进行职位梳理提供一定的参考。

职位确定的内容与通常撰写的职位说明书的内容基本相同，包括每一职位的名称；职位目的，也就是该职位对公司的主要价值和贡献；核心职责，即该职位所从事的主要活动；任职者基本素质要求，即该职位对任职者的知识、学历、经验、能力等方面的要求等。同样的职位名称，可能其工作内容相差较大，或者其对任职者的基本素质要求有很大的差别，所以，职位确定和描述就显得相当重要，尤其是在国内的职位体系不太健全的情况下，这一问题显得相当重要。

二、薪酬调查的实施

1. 职位匹配

同一职位（如人力资源经理）的外部市场价值由于其所在企业的价值链、内部运作方式、企业规模和性质不同，或由于职位的实际责任不同，而存在很大的差异，此时，即便获得市场薪酬数据，也难以实际应用。鉴于此，通过对各行业中不同类型的标杆企业进行分析，并采用职位匹配的方法，将参调企业的职位纳入标准职位体系，从而实现职位薪酬的横向比较，使获得的市场薪酬数据切实可用。

职位内容匹配工作是通过对职位职责描述的比较，判断薪酬调查中某一职位的职责与组织哪些职位的职责相同或相似，只有职责相似的职位，薪酬调查的数据才有一定的参考性。比如，A公司的某个职位叫做行政经理，薪酬调查中有一个职位称为办公室主任。从表面上来看，这是两个截然不同的职位，但是通过对其职责描述的分析，发现他们都是负责公司的行政事务，保证办公环境的舒适、整洁；做好外来人员的接待工作；控制好公司物品的发放等工作，那么我们认为这就是两个工作内容匹配的职位，因此就可以将这两个岗位的信息放在一起比较。在使用和购买薪酬调查结果时，一定要注意该调查是否包括所调查职位的职位描述，有职位描述的薪酬调查所获得的结果比没有职位描述的薪酬调查结果更为准确、可靠。应将调查所提供的职位描述与公司相应的职位进行比较，只有当两者的重叠度达到70%以上时，才能根据所调查职位的结果来确定公司相应职位的薪酬水平。①

除了要考虑职位内容的匹配，还要考虑职位等级的匹配。以人力资源主管为例，虽然A公司与B公司的人力资源主管在工作内容上比较一致，但是A公司的员工人数超过500人，人力资源主管直接向主管副总汇报工作，部门人员超过10名，需要了解一定的人力资源管理知识等；而B公司员工总数不足100人，部门人员也比较少，且只需要了解本专业知识即可。很明显，这两个职位等级的价值是不一样的。一般来讲，可用于进行职位等级评估的因素包括组织的基本情况（员工人数、营业收入）、影响力（影响程度、影响范围）、知识水平与工作地点等。所以，在进行职位内容匹配后，还需要对职位按相关的工具进行职位评估，以便将职位纳入合适的职位等级，这样，薪酬调查的数据才更具有可比性。

最后，还可通过技能、责任和努力程度三个因素进行数据修正，重新衡量匹配程度，这种技巧称为调查数据修正（survey leveling）。如果所调查的职位在组织中承担的责任较小，分析人员可以对调查数据进行调整，比如乘以0.8，以使企业的职位具有可比性。反之，调查的数据也可以提高，如果所调查的职位在组织中承担的责任更大，也可将调查数据乘以110%。数据修正是薪酬调查中应用主观判断，对人们主观性的公平与公正提出了挑战。②

2. 确定薪酬调查的内容

同样的职位在不同的组织中获得的报酬方式也是不同的，因此，在选定调查对象以及调查的职位之后，调查者还必须明确应当将哪些信息纳入调查范围。通

---

① Jeremy Handel, Doug Grieser, "Salary Surveys Issue Statement", www.worldatwork.org, 2000.

② 参见米尔科维奇：《薪酬管理》（第九版），202页，北京，中国人民大学出版社，2008。

常情况下，薪酬调查涉及的内容包括：

（1）组织信息。组织的规模、结构与财务状况等对薪酬有很大的影响，在进行薪酬调查时，首先要了解关于所调查的组织的信息。其中，组织的规模通常可以用组织的资产总额、利润总额、员工总人数来衡量；财务状况可以采用净资产、营业额与税后净利润等指标；组织结构需要获得清晰的组织结构图，这可以帮助信息使用者了解组织形式及管理职位的重要程度，更准确地进行职位匹配。

（2）薪酬信息。了解薪酬信息是薪酬调查的主要任务。目前薪酬的含义越来越广泛，包括的形式也日益多样化，所以在进行薪酬调查时，从理论上讲，所有的薪酬形式都应包括在内。

基本薪酬是员工为企业工作所获得报酬的重要部分，调查时应询问调查对象在某一具体时期的基本薪酬水平，最好填写被调查职位的薪酬浮动范围，即薪酬跨度的最高值、最低值及中间值，这有助于确认被调查企业所提供的基本薪酬数据是否准确。目前我国的劳动力市场工资指导价位经过汇总、分析和修正后，各种职业（工种）的工资都有高、中、低三组数据。此外，薪酬调查还应包括企业的奖金或其他年度现金支付，填写的数据应该是年度的平均数值。除了传统的年终奖，越来越多的企业实行利润分享、收益分享以及一次性加薪等各种现金奖励支付方式，因此，在调查中，要确保将所有这些可能出现的年度现金支付形式都涵盖进来，否则，就会导致对一些企业某些职位的薪酬水平的低估。

随着股票市场的发展以及企业管理实践的变化，股票期权或股票增值权等长期激励手段在过去20年中得到了一定的发展，特别是在一些高科技企业的中高层管理人员和技术人员中，长期激励计划已经成为一种重要的报酬方式。此外，在某些企业中，还实行了员工持股计划，员工所持有的股份数量在很多时候也与员工的职位相关。即使对于一个普通职位，可能也需要询问被调查者是否实施了股票所有权计划。因此，在调查中也不能忽视这类报酬要素。

从国际上看，员工福利和额外补贴主要是在第二次世界大战以后发展起来的，最初数量不大，发展也比较缓慢，但是后来成为雇主的一个重要成本开支项目，而对员工来说则成为一种重要的价值来源：用于儿童看护、卫生保健、学费报销以及弹性支出账户的成本相当一部分是由企业承担的。这些福利支出对于员工来讲，尽管不是以现金形式表示的，但可以转化为具体的现金金额，也是一种收入形式。在国内，大型国有垄断企业和机关事业单位，在福利方面有明显的优势，而且单位之间相差很大。所以，收集福利开支方面的信息对于完整理解企业的薪酬水平也很重要。此外，如果调查的职位属于高级经营管理职位，那么诸如使用公车、乘头等舱旅行、享受公司支付的俱乐部会员资格等福利，也被看成是非常重要的福利和报酬，尽管其在总收入中所占的比重并不大。

（3）特别的薪酬激励政策方面的信息。除了各种短期激励、长期激励与福利计划，调查者还可以考虑收集一些关于企业特别的薪酬政策和管理实践方面的信息，包括公司的加班政策、试用期长短、新进毕业生的起薪以及兼职人员的薪酬水平等。

3. 确定调查方式，收集数据

薪酬的调查方式指的是企业进行薪酬调查的方法。通常来讲，薪酬调查方法包括书面问卷、电话访谈、个人面谈等。不同的调查方式或方法对企业来讲，其成本、效率和质量大不一样。使用哪种调查方式受到很多因素的影响，包括调查要求的期限、调查成本、数据要求的准确程度、参加调查的公司数量以及调查的职位数量等。

电话调查通常是最迅速、成本最低的薪酬信息收集方式，适合调查相近职位的简单信息，但调查结果的可靠性较低。个人面谈是成本最高、最耗时的调查方法，但却能获得最有效的薪酬信息。而企业自身常用的调查方法主要是书面问卷，这种方法具有调查面比较广、信息相对可靠和较为经济的特点。

设计一份合适的调查问卷是调查的关键。由于通过前面的工作已经对行业情况有了充分的把握，因此，调查问卷只需包括企业自身的一些信息。如企业规模、所在行业、销售额；各种薪酬构成方面的信息；职位范围方面的信息；任职者的一些信息等。

作为一种数据收集载体，薪酬调查问卷的设计应当尽量方便被调查者使用。在进行调查以前，应提供一封有关开展本次薪酬调查的简单信函，信函至少应包括以下内容：调查目的、希望回复的日期、调查的大致内容、保密保证、共享调查结果的承诺、对参与者的感谢等。为了确保所有的调查者都能够以相同的方式完成问卷，应当准备一份详细的问卷填写说明。薪酬调查问卷设计应当注意一些技巧，包括问卷易读、易回答；为回答者留出足够的书写空间；每一个问题只针对一个信息提问；语言尽可能准确，无歧义，未加注释，且无须上门讲解等。表 5—5 给出了薪酬调查问卷的一个例子。

表 5—5　　薪酬调查问卷示例

第一部分：组织基本情况	
企业性质：	所属行业：
注册时间：	
员工数量（指为组织服务的所有员工，含分支机构）：	
资产规模	
公司可控资产：	万元人民币
经营状况	
最近一个财务年度公司销售收入总额：	万元人民币
最近一个财务年度实现利润总额：	万元人民币
第二部分：薪酬政策	
薪资调整日：	
毕业生起薪点	
大专：	
学士：	
硕士：	
博士：	
职位薪酬	
职位名称：	职位等级：
基本月薪收入：	年度交通补贴：
年度膳食补贴：	年度职位津贴：

续前表

第三部分：福利计划 补充养老计划 　　提供方式：　　　　　　　　　　　计算基数： 　　公司投入比例：　　　　　　　　　员工投入比例： 补充医疗计划 　　提供方式：　　　　　　　　　　　报销比例： 车辆福利 　　提供方式：　　　　　　　　　　　车辆价格： 　　年费用：　　　　元/年
第四部分：长期激励计划 提供方式：　　　　　　　　　　　　授予额度： 行权年限：

三、薪酬调查数据的分析

薪酬调查数据的分析方法一般包括频数分析、居中趋势分析以及离散分析等。我们以产品开发工程师的薪酬调查数据为例，分别对频数、居中趋势与离散趋势进行分析。

1. 频数分析

所谓频数分析，就是将所得到的每一职位相对应的所有薪酬数据从低到高排列，然后看落入每一薪酬范围的公司数目。这是一种最简单也最直观的方法。假定财务经理职位的薪酬调查数据经频度分析之后，得到如表 5—6 所示的结果。从表中我们很容易看出，该职位的主要薪酬在 55 001～57 500 元之间浮动，这也是大部分企业支付的薪酬范围。

表 5—6　　财务经理薪酬频数分析

薪酬浮动范围（元）	企业数量
40 000～42 500	0
42 501～45 000	1
45 001～47 500	2
47 501～50 000	4
50 001～52 500	5
52 501～55 000	6
55 001～57 500	7
57 501～60 000	2
60 001～62 500	1
62 501～65 000	1

2. 确定市场薪酬中点——平均值或中位值

中点是用一个数字来表示该组数据的典型数据值，有两种数据指标与其相关——算术平均值和中位值。平均值就是将表中的数据相加，然后除以数据个数即可获得。表 5—7 中的数据总和为 602 000，这样计算的平均值为 60 200 元。企业可以利用这个简单的算术平均值，来判断产品开发工程师的薪酬水平是高于还是低于市场薪酬水平。由于在计算平均值时将每个数据都纳入其中，如数据变化异常，即某一个数据特别大或特别小，可能会使代表市场薪酬水平的平均值失去代表性，因此，通常更多的是采用中位值或中位数来确定中点，如表5—7所示。

表5—7　　产品开发工程师薪酬调查数据统计

公司	年总收入（元）
A	59 000
B	58 000
C	60 000
D	61 000
E	60 000
F	59 000
G	60 000
H	62 000
I	61 000
J	62 000

中位值是指把所有数据从小到大进行排列后，位于数据列中间的数值。如果所有数据的数目是奇数，那么中间的数据刚好就是中位值；如果所有数据的数目是偶数，就将处于中间的两个数据相加，求其平均值。表5—7中数据的数目是偶数——10个，因此，其中位值为（60 000+60 000）/2=60 000(元)。由于中位值不受每个数值大小的影响，因此，用中位值取代算术平均值将更有代表性。

3. 薪酬差异分析

薪酬差异分析主要是分析薪酬数据的离散程度，常用标准差、四分位数和百分位数进行分析。标准差是指每一个薪酬数据和平均数之间的差的平均数。运用标准差既可以表明企业员工的薪酬是高于还是低于市场薪酬水平，也可以表明大多数员工的薪酬范围——用平均值加减标准差来判断本企业的薪酬范围是否接近市场薪酬范围。

四分位数通过小于某一数值的百分比来说明薪酬差异。我们可以用四分位数把所有调查得到的数据分为四组，来说明数据的分布情况。依据表5—7中的数据，第一个四分位数是59 000元，表示从低到高25%处的薪酬数据；第二个四分位数是60 000元（中位值），即从低到高50%处的薪酬数据；第三个四分位数是61 000元，为从低到高75%处的薪酬数据。这时，25%线指有25%的组织的薪酬水平等于或低于59 000元这一点，而75%线指有75%的组织的薪酬水平等于或低于61 000元。

58 000
59 000
59 000——四分位数
60 000
60 000
——中位值

60 000
61 000
61 000——四分位数
62 000
62 000

4. 其他分析

包括对新员工起薪、带薪假期、病假、保险福利等的分析，企业可以比较行业竞争性企业在工资之外，还采用了哪些福利保障措施来支持和服务于其薪酬策略。

5.3　薪酬水平策略

企业要提高自身薪酬的市场竞争力，需要在薪酬调查之后根据相关信息确定市场薪酬水平线，进而结合自身情况选择合适的薪酬水平策略。

5.3.1　市场薪酬水平线

市场薪酬水平线可以清楚地反映组织薪酬的市场水平，对组织决定薪酬策略而言非常重要。如图 5—3 所示，市场薪酬水平线的 X 轴代表组织的职位结构，职位结构由 A 到 P 职位组成，职位 A，B，D，F，G，H，J，M 和 P 是能与调查中的职位匹配的基准职位，计算出所有基准职位的频率分布为自变量 x；Y 轴为调查的基准职位的市场薪酬，薪酬水平 y 为因变量。通过回归分析 $y=a+bx$，可以找出两个变量的最优拟合线，把这条拟合线作为市场工资线。

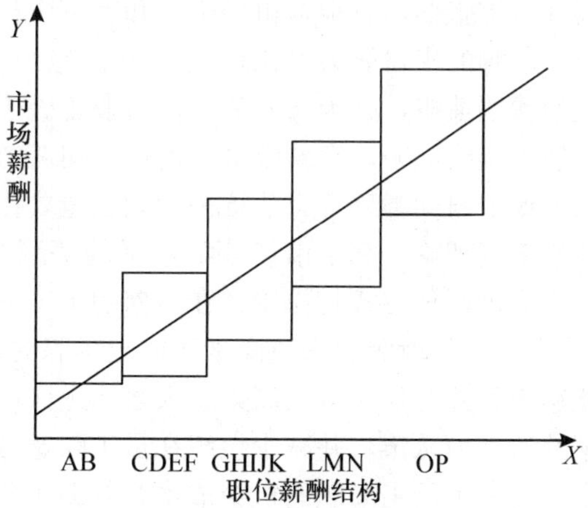

图 5—3　薪酬水平线

5.3.2　薪酬水平策略

虽然组织在确定薪酬水平时会受到来自外部劳动力市场和产品市场的双重压

力，但是它们仍然存在一些选择余地。这个选择余地的大小取决于组织所面临的特定的竞争环境：在存在较大选择余地的情况下，企业需要明确，到底要将薪酬水平定在高于市场平均薪酬水平之上，还是将其定在与市场薪酬恰好相等或稍低的水平上。这就需要企业提出自己的薪酬水平策略。通常来说，供企业选择的薪酬水平策略有如下四种。

一、市场领先型策略

市场领先型策略是指薪酬水平在同行业的竞争中处于领先地位。从组织因素看，采用这种薪酬策略的企业，通常具有规模较大、薪酬在企业经营成本中所占的比例较低以及产品市场上竞争对手少的特征。首先，大型企业之所以能够向员工提供较高薪酬，一方面在于它们的投资回报率更高，资金实力雄厚，支付能力更强；另一方面，较大规模的组织在支付较高薪酬水平的同时，可以通过激励效应减少组织的监督管理费用，同时，较大规模的组织需要更高素质的员工，员工需要承担更大的责任，这些因素都要求组织为员工提供更好的薪酬福利。其次，当薪酬成本在总成本中所占的比例较小时，薪酬支出的增加对组织总成本的影响并不明显。在这种情况下，组织很可能会十分乐意通过提供高水平的薪酬，达到更好的激励效果，为组织树立良好的形象。最后，产品市场上的竞争者少，一般意味着企业面临的产品或服务需求曲线是弹性较小或无弹性的，也就是说，企业可以提高产品价格，而不用担心消费者减少对自己的产品或者服务的消费，这样企业可以通过提高产品价格的方式将较高的薪酬成本转嫁给消费者。世界著名的思科公司的薪酬策略就是薪酬水平一直高于市场薪酬水平，它的整体薪酬水平一直处于业界领导地位，并且为了保持领导地位，一年至少做两次薪酬调查，并不断更新。①

从组织发展的周期看，处于高速成长期的组织更易采用市场领先策略。这些组织的市场处于扩张期，有很多市场机会和大量成长空间，对高素质人才的需求迫切；同时，薪酬的支付能力也比较强。20 世纪 90 年代初，深圳华为采用的就是市场领先的薪酬策略，因为当时的通信行业正处于高速成长期，同时华为也处于飞速发展期。实践证明，高薪政策帮助该公司获得了大量创造性人才，从而对公司在产品市场上与同类外资企业抗衡起到了重要作用。

根据效率工资理论，高于市场薪酬水平的薪酬有助于组织实现更高的效率。这一效应可能通过两种方式起作用：在目前的员工中激发出更高的努力水平（激励效应）；或者一开始就吸引来更高素质或更尽职的员工（筛选效应）。筛选效应使得组织能够吸引并留住一流的高素质人才，进而确保企业能够保有一支高效率和高生产率的劳动力队伍，并减少组织在员工甄选方面的支出；激励效应表明较高的薪酬水平提高了员工离职的机会成本，有助于改进员工的工作绩效，从而降低员工的离职率，并减少对员工的工作过程进行监督而产生的费用，因为员工不希望冒失去“工资溢价”的风险，且不大可能逃避责任。② 较高的薪酬水平使得

---

① http://www.chinahrd.net/zhi_sk/jt_page.asp?articleid=92465.

② Yellen, J. L., “Efficiency Wage Models of Unemployment”, *American Economic Review*, 74, 1984, pp. 200-205.

企业也不必跟随市场水平，经常为员工调整薪酬，从而节省了薪酬管理的成本，还有利于减少因为薪酬问题而引起的劳动纠纷。

但是，采用薪酬领先策略的企业也面临很大的压力，要求组织有良好的发展能力和盈利水平，否则难以支付高于市场的薪酬水平。如果组织不能将高投入转化为高回报，高薪给企业带来的就不是资本，而可能是一种负担，并且完全按市场付酬，薪酬的内部差距会加大，从而影响组织内部的公平性。

二、市场匹配型策略

所谓市场匹配型策略，实际上就是根据市场平均水平来确定本企业的薪酬定位的一种常用做法。

实施这种薪酬水平策略的组织，一方面希望自己能够吸引并留住一定的员工，并达到激励员工的目的，在劳动力市场的较量中保存实力；另一方面又不愿承担高薪酬水平带来的风险，以防止高薪成为组织的负担，影响产品市场的竞争能力。因为采取这种薪酬策略的组织风险可能是最小的，所以它既能够吸引足够数量的员工为其工作，人工成本的压力也不至于太大。

一般来说，在竞争性的劳动力市场上，实施市场匹配型策略的组织，在吸引那些非常优秀的求职者方面缺乏优势，所以需要投入更多的时间与甄选成本，通过广泛搜寻与精挑细选的方式来招募和雇用优秀的员工。此外，根据市场薪酬水平调整组织薪酬水平往往存在时滞，即组织不能及时了解市场薪酬水平的变化，从而出现员工流失率上升的现象或薪酬体系危机。所以当组织采用这种薪酬策略时，一定要注意随时根据外部市场的变化调整薪酬水平，努力确保本组织的水平与市场薪酬水平一致，这就需要组织坚持做好市场薪酬调查工作，以确切地掌握市场薪酬水平。

三、市场落后型策略

市场落后型策略也叫成本导向策略，即企业制定的薪酬水平低于市场薪酬水平，企业只考虑尽可能地节约企业生产、经营和管理的成本。采用这种薪酬策略的组织一般实行的是成本领先型战略，组织规模相对较小，大多处于竞争性的产品市场上，边际利润率较低，成本承受能力很弱，很多是中小企业。受产品市场上较低的利润率的限制，没有能力为员工提供高水平的薪酬，是企业实施市场落后型策略的一个主要原因。当然，有的市场落后型策略的实施者可能是将其作为一种薪酬结构的战略，如美国西北航空公司在20世纪80年代的做法即是如此。目前在我国，有些国有企业或事业单位实行市场落后型策略，是因为改革的难度太大，不得已而为之。

市场落后型策略虽然可以通过较低的薪酬水平节约组织经营成本，但组织在劳动力市场上的外部竞争力不够，很难吸引到高质量的员工，员工的流失率也比较高。即使组织可以招募到高素质的劳动力，也可能是由于较低的薪酬水平在短期内出于信息不对称等原因而不为员工知晓，或者是由于员工急需获取货币收入，临时性接受一些比市场水平低的薪酬。但是从长期来看，员工早晚会掌握这种信息，他们的需要也将变得不那么迫切，这时他们就会寻找获利更多的工作，从而影响到组织的人才竞争力。

尽管落后于竞争性水平的薪酬策略会削弱组织薪酬的外部竞争力，但如果这种落后型薪酬策略是以牺牲当前利益、提高未来收益作为补偿的，反而有助于提高员工对组织的承诺度，培养他们的团队意识，进而改善绩效。比如在信息或高科技企业中，一些企业支付给员工的基本薪酬可能低于市场水平，但是员工可以获得企业的股票或者股票期权，这种将市场落后型策略和未来的较高收入结合在一起的薪酬组合，不但不会影响企业员工的招募和保留能力，反而有助于增强员工的工作积极性和责任感。此外，这种薪酬策略还可以通过富有挑战性的工作、理想的工作地点与良好的同事关系等其他因素得到适当的弥补。微软公司就在组织内大范围实施了员工持股计划，70%的员工都或多或少拥有微软的股票或股票期权，虽然微软在薪酬方面与同类型企业相比并无优势，但这种持股计划仍然保证了企业高素质劳动力的供给。

四、权变型策略

所谓权变型策略，是指组织在确定薪酬水平时，是根据职位的类型或者员工的类型来分别制定不同的薪酬水平决策，而不是对所有职位和员工均采用相同的薪酬水平定位。比如，对核心职位簇采用市场领先型策略，而对其他职位簇则实行市场匹配型策略或落后型策略。通常的做法是，对组织的关键人才，如高级管理人员、核心技术人员，提供高于市场水平的薪酬；对一般员工实施市场匹配型策略；对那些在劳动力市场上随时可以找到替代者的员工，提供低于市场价格的薪酬。

权变型策略最大的优点就是其灵活性和针对性，既有利于公司保持在劳动力市场上的竞争力，又有利于合理控制企业的薪酬成本开支。

本章小结

无论是按职位定价还是按能力取酬，一个职位的薪酬水平高低在市场上是不同的。市场的薪酬水平是指类似职位或员工在不同组织之间所表现的薪酬关系，即类似职位或员工在不同组织相对竞争的条件下，所表现出来的薪酬水平高低状况。而一个组织支付给某一竞争性职位或员工的薪酬水平高低，会直接影响到该组织在劳动力市场上获取劳动力的能力强弱，因此，所谓薪酬的外部竞争性，实际上是指一个组织中类似职位相对于竞争对手的薪酬水平高低，以及由此产生的该组织在劳动力市场上的竞争能力大小。

薪酬外部竞争性在吸引、保留和激励员工，控制劳动力成本方面都有着重要的作用。薪酬水平的高低主要受劳动力市场的影响，劳动力供给与需求共同决定了市场工资水平。同时，产品市场中企业面临的竞争强度与对产品的需求以及组织特征，也会影响到组织的薪酬水平及外部竞争性。

了解市场薪酬信息是保持薪酬市场竞争性的前提。薪酬调查是针对市场上不同企业所支付的详细薪资情况，通过专业方法及技术进行数据收集、整理、统计和分析，以客观反映市场薪酬水平的状况，为管理者提供薪酬决策参考和依据的过程。薪酬调查的流程包括界定相关劳动力市场、选择数据来源、确定调查职位与内容、选择调查方式、进行职位匹配与调查数据统计分析等。

为了进行薪酬水平决策，可以利用回归分析的方法将市场薪酬率与内部职位结构进行整合分析，绘制市场薪酬线。薪酬策略分为市场领先型、市场匹配型、市场落后型和权变型。

复习思考题

1. 为什么薪酬的外部竞争性相对于内部一致性而言越来越重要？
2. 决定组织外部竞争性的因素有哪些？
3. 什么是相关劳动力市场？它对薪酬决策有什么影响？
4. 薪酬策略的选择取决于哪些环境？
5. 收集国内企业所使用的薪酬调查数据，并加以评述。

案　例

香港公务员的薪酬调查[①]

为了使公务员队伍的管理不断完善，与时俱进，并回应公众对现有公务员薪酬调查机制的意见，香港特别行政区政府于 2003 年 2 月决定，在现行机制的基础上，制定一套更完备的公务员薪酬调查机制，包括用以比较公务员薪酬水平与私营机构薪酬水平的定期薪酬调查，根据改良的调查方法按年进行的薪酬趋势调查，以及一个可以向上或向下调整公务员薪酬的有效方法。

一、比较公务员职位与私营机构的方法以及选取比较职位的方法

调查范围不包括在私营机构没有类似职位可作比较的公务员职系（如公安部门）、在私营机构没有类似职位的非首长类文职职系，以及属于首长薪酬水平的职系。此外，医疗部门、社会福利部门及教育部门也未纳入调查范围，因为在过去的 5 年里，与之对应的私营机构在确定其员工薪酬水平或调查薪酬时，都是以公务员薪酬或公务员薪酬调整作为主要考虑因素的。为了确保所选取的公务员比较职位与私营结构职位配对，并在公务员队伍中更具代表性，同时也考虑薪酬调查所涉及的政策与技术因素，选取的职位应符合以下要求：

（1）公务员调查职位在很多家私营机构都能找到可进行合理配对的职位，而这些职位在工作性质、技能和经验要求各方面大致相似。

（2）公务员调查职位在公务员队伍中具有代表性，每个公务员职系的职位不能少于 100 个。

① 海氏咨询公司：《香港公务员薪酬调查报告》，2004（11）。

（3）从整体上来说，选取的比较职位应能涵盖不同的公务员薪级表、不同的职业范畴、不同的职位级别及不同的政府部门。

（4）在各职位级别能够选取足够数量的比较职位，以确保调查结果的可靠性。

表 5—8 列出了香港公务员的职位属系划分。

表 5—8　香港公务员职位属系划分

职位属系 1：文书及秘书属系

这一属系包括从事文书工作的人员及从事秘书工作的职位。

职位属系 2：内部支援属系

这一属系的职位负责提供与机构的办公室运作、行政及其他与内部支援有关的支援服务，例如，政府律师、新闻主任、行政主任、程序设计师和会计等。

职位属系 3：公共服务体系

这一属系的职位直接向市民公众提供服务或其他有关专门职能，或在执行有关工作时需与公众接触，例如文化工作。

职位属系 4：工务属系

这一属系的职位负责公共设施及基建计划的规划、设计、建筑、安全监管以及与维修保养有关的专业服务（如工程师、建筑师）、技术支援和检查服务，部分职位负责与工务有关的全港性规划工作。

职位属系 5：操作支援属系

这一属系的职位负责为政府机构提供操作支援，例如非行政性质的服务，通常需要操作仪器或机器，从事体力劳动，在多处地点或户外工作。

公务员体系与私营机构在运作性质、工作要求以及薪酬安排方面在本质上存在差异。在公务员薪酬水平调查中，对特定职位的薪酬与私营机构配对职位的薪酬作非常精确的比较并不恰当，所以，在评价了职位配对法、职位属系法、工作因素比较法与资历基准法后，可以采用广义界定的职位属系法进行薪酬水平调查，因为这种方法较其他三种方法更能达到薪酬调查的目的。通过这种方法，可以选取一系列能广泛代表公务员的职位，同时能对在工作方面（如工作内容、工作性质、需承担责任的轻重及一般的资历和经验要求）相近的职位与私营机构职位做比较。每个职位属系的职位级别分为：操作人员、技术人员、中层行政人员和专业人员、经理和高级专业人员、高级经理和最高层专业人员（见表 5—9）。

表 5—9　职位配对示例

公务员职位级别	职位属系 2：内部支援属系	
	公务员职级	可配对的私营机构职位
5. 高级经理和最高层专业人员	总行政主任	高级人力资源经理 高级客户服务经理 高级会计经理
	高级系统经理	高级信息服务经理

续前表

<table>
<tr><td rowspan="2">公务员职位级别</td><td colspan="2">职位属系 2：内部支援属系</td></tr>
<tr><td>公务员职级</td><td>可配对的私营机构职位</td></tr>
<tr><td rowspan="2">4. 经理和高级
专业人员</td><td>高级行政主任</td><td>人力资源经理
客户服务经理
会计经理</td></tr>
<tr><td>系统经理</td><td>信息服务经理</td></tr>
<tr><td rowspan="2">3. 中层行政人员
和专业人员</td><td>一级行政主任</td><td>人力资源主任
客户服务主任
会计主任</td></tr>
<tr><td>一级程序分析/
系统编制主任</td><td>系统分析主任</td></tr>
</table>

二、选取私营机构纳入调查范围

选取私营机构纳入调查范围的原则是，这些机构能够合理代表香港市场普遍的薪酬水平，以便政府能制定一个具有竞争力且公平的公务员薪酬体系。具体原则如下：

（1）普遍认为是稳健、良好的雇主，在工资和薪金方面有一套完善、合理的管理方法；

（2）应在所属行业中被视为有代表性的雇主，通常雇用的雇员在 100 名以上；

（3）将适用于香港的因素，而不是适用于香港以外的因素作为制定薪酬的依据；

（4）若为某集团的下属公司，则是完全有权自行制定和调整薪酬的独立公司；

（5）并非将政府的薪酬调整幅度作为其制定薪酬的主要依据。

在进行薪酬趋势调查时，找出每年私营机构薪酬变动的趋势，此时并不考虑个别职位实际的薪酬水平。薪酬水平调查应以大致相近的职位类别作为比较基础，从而确定公务员薪酬与私营机构薪酬大致相近的程度。为了保证薪酬调查的结果具有公信力，在为薪酬水平调查选取私营机构时，必须保证参与调查的私营机构数量充足，包括可与公务员职位配对的职位。薪酬趋势调查要求所选取的机构能尽量反映香港从事经济活动的人口的整体分布状况。

三、香港公务员薪酬调查的内容

香港公务员薪酬水平调查着眼于薪酬方面的比较，一个基本问题是，哪些项目可被当作基本薪酬。目前，私营机构在安排其薪酬体系时倾向于以现金报酬总额为基础，因此，除底薪外，其他现金报酬项目，例如固定奖金、浮动薪酬与津贴都是比较重要的薪酬项目。与公务员的薪酬安排比较，私营机构的薪酬结构一般有较大的弹性，而不同的私营机构也有很大的差异。基于上述原因，在进行薪酬比较时，如果计算所有现金薪酬项目，将更能反映出私营机构的薪酬水平。另一方面，公务员的薪酬安排在结构组成上较为规范，主要包括按有关薪级表发放的底薪；一些按明确规定计划发放的现金津贴，例如房屋津贴；若干福利是以非现金的形式发放给有资格的人员的。由于私营机构与公务员在薪酬的组成结构方面存在差异，因此，为了全面比较私营机构和公务员的薪酬水平，调查在参照期间雇主向雇员发放的所有现金报酬与福利政策资料。收集的数据包括现金报酬项目（底薪、固定奖金、现金津贴、实际发放的浮动报酬）和福利政策资料（退休福利计划、子女教育福利、房屋福利、与旅游有关的福利、长期奖励与轿车）。

第6章

绩效与薪酬

一定要明确界定绩效，并且一定要让员工能够通过自己的工作行为影响绩效。

——亚当斯

当今，我们会听到越来越多的按绩效付薪之类的说法，而现实中，很多公司都采用了根据绩效支付薪酬（pay for performance）的理念和做法。正如劳勒（1971）所指出的，“大概所有组织理论都应当考虑的一个问题，就是工资与绩效的关系问题”①。

在本章中，我们将绩效薪酬分为三种类型：个人绩效薪酬、团体绩效薪酬、组织绩效薪酬，分别对应个人、团体、组织三种绩效任务。我们认为，以上三种绩效薪酬形式各有其优缺点，分别适用于不同的场合。个人绩效薪酬更加适用于那些可以明确衡量个人绩效的情境；团体绩效薪酬对应的是一个小组或者部门，其绩效衡量的依据是团体成员是否能完成整体的团体绩效目标；而组织绩效薪酬则是指和组织整体绩效相挂钩的一种薪酬形式，只要组织完成了绩效目标，组织所有员工就均能享受到。我们还分别从操作的角度，对在中国如何设计员工绩效薪酬提出了一些技术性的操作建议。

6.1 概　述

6.1.1 绩效的概念

绩效（performance），又译为表现、业绩，绩效管理（performance manage-

① 巴里·格哈特等：《薪酬管理——理论、证据与战略意义》，113页。

ment）也称为表现管理、业绩管理。绩效是一个极其复杂的概念，到目前为止，人们仍未达成一致意见。[①] 目前对绩效这个概念有三种不同的理解，分别认为绩效就是结果，绩效就是行为，绩效就是能力。

将绩效视为结果的观点认为，绩效实际上是指个体行为的结果。如伯纳丁（Bernardin）等人将绩效定义为："在特定的时间内，由特定的工作职能或活动产生的产出记录，工作绩效的总和相当于关键和必要工作职能中绩效的总和（或平均值）。"[②]

将绩效视为行为的观点认为，绩效是指个体在工作场所的行为。如墨菲（Murphy）将绩效的范围定义为："一套与组织或个体所工作的组织单位的目标相关的行为"，"业绩不是行动的后果或结果，它本身就是行动"。[③]

第三种观点是将工作行为与胜任特性相联系。包括两种观点：其一认为能力就是行为（如伍德拉夫（Woodruffe）认为能力"是一种明显的、能使个体胜任地完成某项工作的行为"[④]）；其二是以麦克伯咨询公司（McBer Consultancy）以及斯宾塞等人为代表的观点，他们认为，能力是个人的潜在特性。基于能力的评价是一种"向前看"的管理方式。

实际上，就目前的研究而言，绩效的概念仍然是模棱两可的。从更广泛的定义上讲，绩效的概念既包括结果，也包括行为和能力[⑤]；既包括任务绩效，也包括情境绩效；既可指短期绩效，又可指长期绩效；既可指财务绩效，又可指非财务绩效。在实际工作中，绩效包括工作结果以及与工作相联系的行为和能力，可以区分为两个维度：财务绩效和非财务绩效。财务绩效是指可以用财务指标加以衡量的绩效标准，如利润指标；非财务绩效是指不能用财务指标衡量的绩效标准，如管理类指标等。

6.1.2 绩效薪酬的概念

绩效薪酬并不是一个新生事物，早在泰勒（Frederick Taylor）时代，就已经出现了某种形式的绩效薪酬。不过，当时的绩效薪酬是以计件工资、计时工资、差别计件工资等形式出现的。在计件工资制中，工人的工资与其完成的工作数量挂钩，当工人完成的数量超过生产定额之后，将获得一定的奖励。而在计时工资制中，绩效薪酬是与工人的超额工作时间相联系的，当工作时间超过额定时间后，将获得一定的奖励。可以说，泰勒所倡导的科学管理运动第一次对绩效薪酬的评定进行了较为科学的界定。

从泰勒时代发展到今天，人们已经普遍接受了按绩效付酬的观念，即所谓的"pay for performance"。但是，正如米尔科维奇和纽曼（2003）所指出的，当人

---

① 参见理查德·S·威廉斯：《业绩管理》，130页，大连，东北财经大学出版社，2004。

② 蒋跃进、梁梁：《团队绩效管理研究述评》，载《经济管理》，2004（13）。

③ 同①，101～102页。

④ 同①，109页。

⑤ 同①，130页。

们谈论绩效工资计划时，关于其含义的回答往往让人觉得语意含糊，而且往往会听到诸如激励计划、可变工资计划、风险报酬、风险工资报酬、成功分享等不同的词汇。[①] 这表明，虽然人们已经认可了按绩效付薪的观念，但是对绩效薪酬的概念并没有一个明确的、普遍认可的界定。

通过对目前流行的术语进行收集和分析，我们发现，与绩效相关的薪酬概念包括以下几种：merit pay，merit bonus，incentive pay plan，variable pay，pay for performance。

米尔科维奇和纽曼认为，merit pay 是指根据员工的工作绩效，在原有基本工资的基础上增加的工资。国内有人将其译为业绩工资、绩效工资、绩效加薪，我们更倾向于将其译为绩效加薪。

根据美国薪酬协会的权威定义，merit bonus 实际上是指根据员工的工作绩效，以纯现金方式给予员工的与基本薪酬相分离的奖励。与 merit pay 相比，merit bonus 是一次性给予员工的，需要每年重新“挣得”，相当于我们平时所说的奖金。有人将其译为业绩红利，也有人将其译为业绩奖金，根据国内企业使用的习惯，我们倾向于采用后一种译法。

incentive pay plan 可译为激励薪酬计划，是指直接与某一特定业绩结果挂钩的薪酬，在绩效循环周期的开始，就应明确奖励和期望结果之间的联系。激励薪酬计划可以是个人的，也可以是团体的、全公司范围的或者是以上三者的结合。

variable pay 即变动薪酬，是指根据绩效或者结果而变动的薪酬，也可指风险报酬。实际上是指员工工资中可以变化的部分薪酬，可译为可变薪酬、浮动薪酬，是相对于全面薪酬中不可变化的部分而言的，是一种根据绩效完成情况所支付的薪酬。

pay for performance，即按绩效付薪，是指将薪酬（可以是基本薪酬和/或可变薪酬）整体或部分地与个人、团体、组织的绩效相联系。

以上几个概念的内涵是不同的。绩效加薪通常是指基本工资随着业绩的变化而增加，实际上是在对员工过去绩效认可的基础上所给予的奖励。同时，这种绩效加薪是永久性的，在以后的时间里，不管员工绩效如何变化，这部分已经增加的薪酬会一直给予员工。

业绩奖金通常是指根据员工工作绩效的完成情况所给予的一次性奖励，但业绩奖金也是通过衡量员工过去的工作绩效，并根据工作绩效给予一定的薪酬方面的奖励。

与绩效加薪、业绩奖金相比，激励性薪酬更加面向未来，着眼于提高员工未来的工作绩效。

变动薪酬既包括短期的绩效薪酬，如业绩工资、业绩红利（或称奖金），也包括为了长期激励员工而给予员工的激励，如利润分享、股票期权等。incentive pay 从字面意思来理解，是指具有激励性质的薪酬，是可变薪酬的重要类别之

---

① George T. Milkovich，Jerry M. Newman，*Compensation*，Eleventh Edition，McGraw-Hill，2013，p. 335.

一。而 pay for performance 则是笼统地谈绩效薪酬，并没有特指长期或短期的绩效。

从以上对不同概念的讨论中我们可以看出，绩效薪酬其实是一个非常宽泛的概念，既包括根据绩效给予的短期奖励，如业绩红利（奖金），也包括根据绩效完成情况给予的长期奖励，如利润分享、股票期权等。因此，绩效薪酬的定义可以表述为："是与工作绩效完成情况相联系的一种薪酬形式，包括短期奖励和长期奖励两种类别，其具体形式包括个人绩效薪酬、团体绩效薪酬、组织绩效薪酬三种类别。"其中，个人绩效薪酬是指与某个人绩效相联系的薪酬形式；团体绩效薪酬是指与某一团体绩效相联系的薪酬形式；组织绩效薪酬是指与组织整体绩效相联系的薪酬形式。

6.2 绩效薪酬

6.2.1 个人绩效与薪酬

一、个人绩效薪酬的种类

企业使用的个人绩效薪酬形式是多种多样的，简单地讲，它可以分为如下几类：生产工人的绩效薪酬、管理人员的绩效薪酬、销售人员的绩效薪酬、其他专业员工的绩效薪酬等。本节重点介绍生产工人和管理人员的绩效薪酬。

1. 计件工资制

计件工资制是以完成的工作数量或者产品件数为报酬计算标准的一种绩效薪酬形式。员工的工资随产品数量的增减而不同，员工自身掌握工作时间的长短。其理论计算公式是：

工资数额＝合格产品数量×计件单价

式中，合格产品数量就是员工绩效的表现，在实践中可以用产品的品质系数和产量系数来进行测量；计件单价是指完成某件产品或作业的单位产量的工资支付标准，如果员工的工作技能熟练程度不同或者工作条件不同，计件单价也会有所不同。计件工资制一般适用于下列情况：工作性质重复，产品便于采用件数计算；工作监督困难，不便采用计时工资；有必要鼓励员工提高生产速度，增加产品数量。

早期工厂阶段时期，在那些劳动密集型企业中，由于劳动力成本在总成本中占了很大的比例，劳动报酬与劳动者个人的表现紧密相连，因此，简单的计件工资制得到了一定的运用。直到 19 世纪末，泰勒提出差别计件工资制，才使其得到广泛的运用。其后，又有人发明了莫里克制、标准工时制和爱默生制，这些方法将员工的个人所得与其绩效相联系，起到了刺激员工做出企业期望的行为的作用。

目前，计件工资制主要有两种形式：直接计件工资制和有保障工资的计件工资制。直接计件工资制是指工资直接由员工的产量决定；有保障工资的计件工资制也称为超额计件工资制，其特点是实现保障员工的最低工资收入。使用这些计件工资制要考虑到企业生产的特点和员工的工作性质，以达到提高员工工作积极性、改善产品品质、提高企业效益的目的。例如，为了突出计件工资制的激励效果，可以对超过定额的部分，按照较高的固定工资率来计算工资。

2. 计时工资制

准确地说，绩效薪酬中的计时工资制不同于我们以往所说的计时工资制，以往的计时工资制是根据员工的实际工作时间和工资标准的乘积来支付工资报酬，而绩效薪酬中的计时工资制更多的是在一定的工作标准基础上，以员工节省的工作时间数量或者单位时间内提高的工作效率为考察对象来计算报酬。以标准工时制为代表的计时工资制还结合了计件工资制的特点，衍生出很多形式，例如，Bedeaux 计划、Haisey 计划、Rowan 计划和 Gantt 计划等。

标准工时制依据员工的生产效率高于标准水平的比例支付给员工同等比例的报酬。这里的生产效率也就是效率系数，是生产单位产品所需的标准时间和实际投入的工作时间之比。假设某位员工每天工作 8 小时，其基本工资是 40 元。按照该员工所处的职位要求，他的标准产量应该是每小时生产 10 单位的产品，即生产每单位产品需要 6 分钟。如果他工作 1 天生产了 160 单位的产品，那么生产每单位产品实际花费了 3 分钟。该员工的生产效率系数为 2，其当天的收入就应该为 40×2＝80（元）。

3. 短期奖励

短期奖励是指奖励短期经营成果的现金。“短期”是指 1 年或者更短的时间段。短期奖励一般用来奖励完成了特定财务绩效目标的员工个人，它一般用于企业的管理人员，但是现在这种短期奖励的计划有向企业的普通员工扩展的趋势。以企业为管理人员提供的短期奖励为例，它需要考虑下列因素：

（1）短期奖励参与者的资格条件。这种资格条件由参与者的薪酬水平或者工作岗位决定。也就是说，参与者的工资水平必须达到某种界限（例如，中点工资水平），或者是他们处于关键岗位上，这需要岗位评价确定出对企业利益影响较大的岗位。除此之外，公司的薪酬策略可能会影响资格的确定。例如，追求有风险的高薪酬支付标准的公司愿意对更多的员工使用短期激励，而偏重固定薪酬支付的公司却不愿意这样做。

（2）绩效考核标准。显然只有在公司绩效达到一定标准以后，经理人员才可能得到短期激励。基于绩效的短期奖励基金建立的方法有两种：一是以公司自身的某种绩效指标作为衡量标准。当用自身的绩效指标进行衡量的时候，可以与单一的绩效指标挂钩，如净收入、销售回报率等，也可以和多种指标挂钩，甚至可以是非财务指标。同时，也可以与上一年的绩效指标进行对比，例如，可以明确规定只有当年的收益或者净收入超过上一年的 5％或 10％时，才能进行短期奖励。二是与标杆企业的绩效情况进行对比，即把企业的绩效与行业平均绩效或者所选出的标杆企业集合的绩效进行对比。例如，当企业的绩效处于参照企业集合前 30％的时候，可以进行短期奖励。

（3）奖金的分配。奖金的分配是一个难题。经理人员的奖金可能来自企业或者团队整体的业绩和该经理人员的个人业绩，在经理人员的个人绩效比较平庸，而企业或者团队的整体绩效比较突出的时候，该经理人员仍旧能获得较高的奖金激励，这就造成了不公平现象，因此，应该根据经理自身责任的大小和对公司整体绩效的影响力，确定团体和个人的相对权重。例如，企业总经理的短期奖励可能完全取决于企业的绩效，而小组负责人的短期奖励同等地取决于小组绩效（50%）和个人绩效（50%）。

（4）适用于组织中各类员工和管理者的绩效加薪制度。绩效加薪工资是依据员工个人的绩效而增发的奖励性工资，具有一定的个人激励性质。尽管理论上它适合所有的员工，但是在实际的运用过程中，它更多地被用于白领、行政人员、文秘人员以及特殊的专业人员。绩效加薪工资与绩效工资计划和其他激励工资形式有很大的不同，在实施绩效加薪工资时，与员工绩效联系在一起的是员工的基本工资，具有累加性。

现在流行的很多激励员工个人的绩效工资形式，一般都采取一次性奖金的形式，员工在每年年终都依据自己的绩效得到相应的奖金，这部分加薪不计入基本工资，员工不论得到多少工资总额和加薪，每年都必须继续努力并取得相应的绩效才能够得到加薪。因此，员工不能指望基本工资每年都会增加。从长期而言，这种具有一次性奖金性质的绩效工资形式，比绩效加薪工资给企业带来的成本增加影响要小些（Milkovich & Newman，2002）。关于绩效加薪 6.3 节还将详细论述。

需要指出的是，要注意短期激励和利润分享计划的区别。前者是根据参与者真正的个人绩效确定所获金额的大小；而后者的实质是，不管个人的实际绩效水平如何，每个员工都可以根据公司的经营状况获得红利。

4. 长期奖励

长期奖励是指绩效衡量周期在 1 年以上的对实现既定绩效目标给予奖励的计划，因为企业的很多重要战略目标在 1 年之内无法完成，所以长期奖励计划的周期一般为 3～5 年。传统的长期奖励计划多运用于企业的高层管理人员。目前国外企业经理人员的薪酬一般由三个部分构成：一是基本工资；二是年度津贴或奖金；三是经理股票期权等。前两种形式用现金发放，起短期奖励的作用，第三种形式是长期奖励。在美国的一些大公司中，经营者的收入主要由激励性工资构成，基本工资所占的比例几乎可以忽略不计，例如，根据 Hay Group 与《华尔街日报》的调查，2010 年 350 家美国大型公司 CEO 的平均收入为 930 万美元，其中 66.7%来自股票收益，只有 12.3%来自基本收入。①

长期奖励的益处在于能使企业的高级经理人员关注企业的长期发展，并分享企业长期发展的成功（通过企业的股票积累财富），吸纳、保留企业的人才。很多长期奖励计划可以享受税收优惠，同时，股东的利益也能得到最大限度的保

① 参见 Hay Group 网站，http：//www.haygroup.com/ww/press/details.aspx?id=30084。

证。高级经理人员的长期激励主要有股票增值权、虚拟股票、业绩股票、股票期权以及绩效计划支付等。

绩效计划支付是一种包含更多风险的长期激励方式，因为期权方式可能存在这样的问题：给经理人带来的风险甚少，因为经理人员通常只需付出很少的金钱或者无须付出金钱就可以购买股票，然后迅速转手，获得股票差价收益，所以很多企业开始实施绩效计划，即企业根据长期绩效目标的实现情况以现金或者股票的形式向员工支付奖励报酬，员工获得的报酬机会的大小与目标绩效的完成程度挂钩。在开始阶段，企业要设立一些目标，以衡量奖励期内的成功程度，这些目标既可以是财务或者业务经营方面的，也可以采用一个或者多个。同时，每个参与者在期初都得到一定数量的"单位"（"单位"价值可任意给定）或者份额（每份价值由授予股票份额日的股票公平市场价格决定），绩效的好坏将决定这些"单位"或者份额的期末价值。典型的绩效奖励周期为 3～5 年。例如，参与者可以获得 4 000 个 1 美元的单位，第一个 1/4 的部分在第 4 年末支付，其余的部分依次在第 5 年、第 6 年、第 7 年末支付。在第 4 年末，参与者可以把所有单位的第一个 1/4 部分变现，如果现在每个单位的价值是 2 美元，那么每单位增加 1 美元，该参与者就可以得到 1 000 美元的现金报酬。

二、个人绩效薪酬的优点和不足

毫无疑问，由于绩效与薪酬之间具有相关性和一致性，因此，实施以员工个人绩效为基础的薪酬制度会极大地增强员工的工作积极性，减少企业的监督成本，使员工把精力集中在企业认为重要的一些目标上，进而提高企业的整体业绩，有助于企业完成战略目标。由于大多数绩效薪酬形式属于可变薪酬的范围，因此，它们的实施有助于企业减轻在固定成本方面的压力，有利于企业根据自身的经营状况灵活调整自己的支付水平，同时还可以强化员工对企业的归属感。

过于偏重个人绩效薪酬制度，又会产生一些问题。首先，它会导致员工重视自身的利益，而忽视企业或者团队的整体利益。例如，奖金使得经理人员偏向短期经营行为而忽视企业长期发展潜力的培养，使得他们操纵股价或者其他考核指标，这样，绩效薪酬就难以达到真正的激励目的。生产工人只对产出数量给予最大的关注，但是这与企业对产品的质量要求以及客户服务水平的关注相矛盾。其次，它使得企业内部员工之间的收入差距拉大，如果不能很好地加以控制，就会在企业内部引发恶性竞争，这可能对实现企业的整体利益不利。再次，要注意使用有效的绩效评估方法，因为它可以尽量确保绩效评估的公平性与科学性，如果做不到这一点，即使再好的绩效薪酬方案也会流于形式。管理学家爱德华·戴明曾对绩效工资制度提出异议，他认为，对员工个人进行绩效评价是不公平的，因为"人与人之间所存在的绩效差异基本上都是由他们所处的工作系统本身造成的，而不是由于其个人原因"。工作系统所包含的各种要素如工作环境、上级的管理水平、同事的工作状况、客户等在很大程度上超出了员工个人所能控制的范围。最后，在实施的过程中，它可能会增加管理层和员工的摩擦次数，因为在很多绩效薪酬制度中存在讨价还价的问题，例如，一旦员工超额完成绩效指标导致收入增加过快，企业就会制定更严格的标准，员工就会对企业产生不信任感，可能会破坏企业绩效目标的完成。同时，有些绩效薪酬方案不易理解，从而影响了执行的效力。

6.2.2 团体绩效与薪酬

一、团体绩效薪酬的种类

向团体成员支付薪酬时，必须考虑到整个团体的工作业绩。因为如果只是根据个人的绩效来支付团体成员的薪酬，这些个人就可能把自己看成该团体内某个独立工作的人员，而不会把自己与整个团体联系在一起；如果将团体成员的薪酬与整个团体的工作联系在一起，就有利于完成团体的目标。当团体成员在一起工作的时候，团体的工作流程也是影响团体薪酬的因素。比如，在连续性作业过程中，团队成员只有通过必要的帮助才能完成团体的目标。这时，采用团体绩效的方式来奖励全体成员是合适的。由于企业任务的多样性，要求的专业技术不同，同时，工作流程也会发生相应的变化，因此，可能组成的团体也不一样，支付的绩效薪酬形式也就不一样。

根据团体成员间关系的紧密程度等指标，可以将团体分为团队和部门，团体绩效薪酬也就可以从团队绩效薪酬（即某个团队的成员在完成一个特殊的目标后，将分享一笔奖金）和部门绩效薪酬（某个部门的成员获得生产效率提高的收益）两个方面来考虑，具体的团体绩效薪酬类别包括：班组或小团队奖励计划（team-based incentives）、斯坎隆计划（Scanlon plan）、所得分享计划（gain sharing）等。它们更能发挥基于员工个人绩效的绩效薪酬制度和基于组织绩效的绩效薪酬制度的优点，在企业中得到了广泛的运用。

1. 班组或小团队奖励计划

班组奖励计划是前面计件工资制和标准工时制的变化形式，用于衡量团队业绩的指标既可以是产量系数，也可以是效率系数。它更多地强调评价工作班组在实物产出上的绩效指标，可分为下面三种形式。

（1）第一种形式是最简化的班组奖励计划。在该种形式中无须确定团体或员工的工作标准，只是根据某个团队能够控制的绩效指标的变化情况确定团体能够共同获得的绩效奖金。

（2）第二种形式是根据团体的整体产出水平确定产量标准，然后所有成员根据团体从事工作既定的计件工资率获得相同的报酬。团体奖励既可以使用计件工资制，也可以用标准工时制作为依据，但后者更普遍。

（3）第三种形式的情况较为复杂，它要求首先确定团体成员的工作标准和实际产出水平，然后依据下面三种方法计算每个员工应该得到的绩效收入：1）按照团体的平均绩效水平确定每个员工的绩效收入；2）按照产量或者效率最高的员工的绩效水平确定每个员工的绩效收入；3）按照产量或者效率最低的员工的绩效水平确定每个员工的绩效收入。

小团队奖励计划不仅适用于生产工人，还适合其他类型的团队（销售、研发等)。此外,它可能包括更多其他的绩效指标,如成本节约情况、团队销售业绩、项目完成进度情况等。在小团队奖励计划中,个人之间的竞争可能会被团队之间的竞争取代。

2. 斯坎隆计划

该计划由美国联合钢铁公司的工会主席斯坎隆(Scanlon)于 1937 年首次提出,它强调员工的参与,对员工支付生产效率提高的奖励。其计算的主要依据是企业的实际销售率或者生产额。其基本的思路是:在每个行业中,企业的销售额或者生产额中都包括一个平均劳动力成本,用这个平均劳动力成本比率乘以该企业的销售额或者生产额,得到应该支付的工资总额,然后再用这个工资总额减去实际的工资总额,就得到奖金总额,其中,工资成本占销售额或者生产额的百分比也称为斯坎隆比率,计算公式为:

奖金总额=销售额或者生产额×平均劳动成本率-实际工资总额

例如,某公司 2005 年度预计实现的销售额为 5 000 万元,工资率为 15%,该年度实际支付的工资总额是 400 万元,那么 2005 年该公司可以支付的奖金金额是 5 000×15%-400=350(万元)。根据斯坎隆计划的实践经验,其成功需要具备以下几个条件:通常适合人数较少的企业(少于 1 000 人);更适合产量和成本稳定的企业,因为劳动力成本与销售额保持稳定的比例非常重要;需要良好的监督和健康的劳动关系。

3. 所得分享计划

所得分享计划是指企业与员工分享由于绩效提高(可以是生产率提高、成本节约和质量提高等)而带来的"所得"(gains)的奖励形式,也译为收益分享计划。斯坎隆计划的实质就是今天广泛运用的所得分享计划的早期形式。经过数十年的发展,现在所得分享计划已经有了一些改进,其典型代表是拉克(Rucker)计划和效益增进分享计划(improshare)。

(1)拉克计划。拉克计划的实质就是以企业的净产值为基础来给员工发放绩效奖金。拉克通过对 1914—1947 年美国制造业的研究发现,美国制造业的人事费总额占生产价值(生产额扣除原材料价值后的剩余部分,即附加值或者净产值)的比例一般都在 39.395%。因此,他认为生产价值与 39.395%的乘积就是人事费总额。已发的人事费低于按照这一比例提取的人事费总额的部分,应该以奖金的形式发给劳动者。相应的计算公式为:

奖金总额=附加价值×标准劳动分配率-实际支付工资总额

(2)效益增进分享计划。效益增进分享计划由米切尔·费恩于 1973 年首次提出,该计划从实物方面衡量生产效率的提高,其目的是使用更少的劳动时间来生产更多的产品。奖金以劳动时间比率为基础。通过分析历史会计数据,估计完成一件产品所需的劳动时间并制定一项标准,然后用标准劳动时间与实际劳动时间的比率来衡量生产效率。它与标准工时制有相似之处,只不过这里将它用于团体绩效的评价。

所得分享计划与利润分享计划存在很大的不同,首先,前者评价的绩效是某个群体或者某个部门的绩效，例如生产率、质量的提高等绩效指标，它们更容易被员工控制、容易接近，且与员工的联系更紧密。而后者评价的绩效是整个组织层次上的绩效指标，与员工的联系比较疏远，不易被他们控制。按照这个逻辑来推理，所得分享计划的激励效果可能比利润分享计划的激励效果更强。其次，所得分享计划比利润分享计划的支付周期更短，它可能每月或者每季度就支付一次，而利润分享计划至少要半年或者一年才支付一次。这就使得所得分享计划对员工的激励相对比较及时。

二、团体绩效薪酬的优点和不足

市场环境的变化对企业提出了挑战，在企业内部，以团队作为基本工作单元的做法日益流行，企业使用团体薪酬制度不仅是必要的，而且还会带来一些益处。首先，从工作的角度来看，工作产出是团体合作的结果，衡量团体的贡献比衡量个人在其中的贡献更容易。从企业管理方面来看，团体薪酬有利于企业建立良好的绩效文化和团队合作文化。当初，斯坎隆计划一个最基本的哲学基础就是强调管理人员和生产工人之间的合作，提高他们对整个团体利益的关注。企业在制定明确的目标并能够就绩效标准与员工进行良好的沟通时，会增加员工对决策过程的参与，结果，员工不仅会信任这种奖励计划，而且会有信心去实现它。当然，它也有不足之处，表现在会引发“搭便车”的问题。在监管不严的情况下，有些团队成员就会出工不出力。在同一团队工作的员工因技能、知识和经验不同，其生产率也可能有差别，对团体所作的贡献就有高低之分，但是出工不出力的员工和低效率的员工却领取与高效率员工一样的团体薪酬。这会挫伤贡献率高的员工的积极性，增加其流动性。另外，由于收入的稳定性较低，薪酬的风险加大，因此会促使员工追求基本工资比例高的工作。

6.2.3 组织绩效与薪酬

一、利润分享计划

利润分享计划（profit sharing plan）是一种古老的绩效薪酬形式，早在工业革命时期就已开始实行。为了发挥工资的激励作用，当时的管理学家巴比奇提出的利润分享计划包括两个方面：工人的部分工资要视工厂的利润而定；工人如果能够提出任何改进建议，就应该获得额外的好处，即建议奖金。尽管它曾遭到某些专家的质疑，例如，泰勒就不赞同实行利润分享计划，因为员工不论贡献大小，都可以参加利润的分享，而且离“获奖的日子太遥远”，以致对员工日常的激励作用都不会太明显，但是，它仍然被广泛地使用。

利润分享计划是根据利润或者回报的某种衡量标准来确定工资的计划，这种衡量标准包括完全会计利润、投资回报、资本收益、销售收入、附加值率或者工资成本产出率以及其他可能的回报，员工按照一个事先确定的百分比，根据企业整体的业绩获得年终奖、股票、现金或者延期支付的奖金。在西方国家中，最常见的是现金现付制形式，即每隔一定的时期，把一定比例（通常是15%～20%）的利润额作为利润分享额。利润分享制适用于劳资关系比较好的企业、小型企业或者行政管理人员。它能够促使员工更多地考虑如何提高组织的绩效，提高员工的合作精神，而且由于不涉及员工的基本工资，因此当企业出现经营困难时，企业就不需要实行利润分享计划，也无须通过大量解雇员工来渡过难关。

二、员工持股计划

员工持股计划（ESOP）的基本形式是：企业把一部分股票（或者可以购买同样数量的股票）交给一个信托委员会，其数额依据员工年报酬总额的一定比例确定，信托委员会把股票存入员工的个人账户，在员工退休或者不再工作的时候再发给他们。员工持股计划起源于美国，体现了当时“民主资本主义”的思想。1956 年，美国前参议员路易斯·凯尔索认为，人类社会需要一种既能鼓励社会公平，又能促进经济增长的制度，它使得所有人都能够获得劳动收入和资本收入这两种收入，否则，社会将因社会贫富不均而崩溃。对于美国而言，让普通劳动者享有资本，将对美国经济产生重要的影响。为此，凯尔索等人还设计了员工持股计划，这一做法使得员工可以通过提供自己的劳动来享有企业股权。

现在，员工持股计划越来越普及，在美国，实行全员持股计划的公司有 17 000 多家，其中至少有 1 000 家企业的大股东是全体员工。日本在 20 世纪 60 年代末开始实行员工持股计划，目前 91%的日本上市公司都向本公司员工提供员工持股计划。从世界范围来看，欧、亚、拉美和非洲已经有 50 多个国家推行了该计划。随着我国市场经济体制改革的深入，20 世纪 90 年代末以来，员工持股计划在我国也得到了一定的发展。

关于员工持股计划的详细内容，请参见本书后面的介绍。

6.3　绩效薪酬设计

在 6.1 节中我们曾经指出，绩效薪酬实际上是与员工绩效完成情况密切相关的一种薪酬支付方式。在设计绩效薪酬的过程中，绩效评价的过程显得非常重要。通过绩效评价，组织可以获得某一特定周期内员工工作任务完成情况的各种资料，并据此作出奖惩以及培训等人力资源决策。

在根据员工绩效评价决定绩效薪酬的过程中，组织一般会采用三个层次的绩效评价结果来设计绩效薪酬。其一是对个人绩效进行评价并且根据评价结果支付绩效薪酬，这可以称为以个人绩效为基础的绩效薪酬。其二是对团体的绩效进行评价并根据团体绩效完成情况支付绩效薪酬，这可以称为以团体为基础的绩效薪酬。以团体绩效评价为基础的团体绩效薪酬又分为两种类型：以团队如项目团队、工作团队等的绩效为基础的绩效薪酬和以部门为基础的团体绩效薪酬。其三是以整个组织绩效为基础的组织绩效薪酬。因此，本节主要从个人、团体、组织三个角度出发，就绩效薪酬的管理等内容进行介绍。

6.3.1　个人绩效薪酬设计

在薪酬设计中，根据对个人绩效的评价结果来为个人支付薪酬的方式，叫做个人绩效薪酬。根据前面提到的绩效薪酬的理论基础，个人绩效薪酬为我们提供了一个将雇员个人的绩效与其薪酬联系起来的直接方式，至少从理论上讲，由于雇员能够看到自己的绩效与薪酬方面的直接联系，这会使他们更加努力地完成个人的工作目标。

以个人绩效为基础支付薪酬时，必须满足以下条件：

（1）雇员必须有明确的工作。也就是说，组织必须有能力对每个雇员的工作职责进行明确界定。只有这样，才可能在日常管理中落实每个人的责任，为进行个人绩效评价做好准备。

（2）组织必须设计一套合理的个人绩效评价系统，并且这个评价系统必须足够客观和可信，能从制度的角度保证每个雇员受到公平对待。

（3）个人的工作和其他人的工作是相对独立的，这样才能对每个人的工作完成情况进行评价，并区分不同员工之间的工作责任。

（4）雇员有能力控制自己的工作效果，即通过个人自身的努力能够达成一定的绩效水平。如果个人无法通过自身的努力来完成绩效，就无法实行以个人绩效为基础的薪酬制度。

如前所述，基于个人的绩效薪酬包括很多种类：其一是计件工资制和计时工资制，适用于工厂等生产类企业；其二是根据业绩完成情况而给予的绩效加薪；其三是一次性奖金的支付。

由于计件工资、计时工资大多应用于制造企业中，而且在6.2节中我们已经对计件工资做了较为详尽的描述，因此，下面的讨论将主要集中于绩效加薪和一次性奖金这两种类型的个人绩效薪酬设计。

在实际操作中，组织往往会根据雇员个人业绩完成情况，来确定其应得的绩效加薪数额或者一次性奖金金额。给予绩效加薪意味着组织会根据员工业绩完成情况增加员工的基本工资，增加的部分称为绩效加薪（merit pay）。在以后的年度里，无论员工业绩如何，其基本工资都会比以前有所增长。

要想使绩效加薪有效地激励个人，必须周密考虑绩效衡量方法、绩效加薪幅度、加薪时间等问题。

首先，组织必须充分考虑如何制定一个能准确反映个人贡献的业绩评价系统，以便对雇员个人的工作绩效进行公平、公正和客观的评价。这不仅对管理者本人提出了较高的要求，也对组织提出了较高的要求。从历史情况来看，设计一个客观、公正和合理的绩效评价系统永远是一个难点。

其次，在组织能够合理评价个人绩效后，要决定绩效加薪幅度的大小。绩效加薪幅度是指根据业绩增加的基本工资的一定百分比。很多组织在实际操作时都会问到这个问题，但是对此问题却根本没有定论。[①] 有的专家建议，在实践中最

① 参见爱德华·E·劳勒三世：《卓越的价值：基于绩效的薪酬方案设计》，45页，北京，电子工业出版社，2004。

好首先考虑某人的薪酬水平及奖金在薪酬中所占的比例，然后再决定绩效加薪幅度，这种绩效加薪必须能够对员工个人产生激励作用。所谓“最低限度有意义的加薪”，实际上是指员工认为对薪酬改变有意义的最低加薪金额。[①] 米尔格罗姆和罗伯茨（Milgrom & Roberts，1992）的研究引入了一个奖励强度定理：“最优的奖励强度取决于四项因素：由额外投入带来的累计利润；决策活动能在多大程度上精确度量；代理人的风险容忍程度；代理人对奖励的敏感程度。”[②] 其中，代理人对奖励的敏感程度实际上是指绩效加薪能在多大程度上对员工产生激励作用。

一般来讲，组织会根据两个因素来确定员工绩效工资增加的幅度：员工绩效评价结果和员工在工资范围内所处的位置。一个典型的绩效加薪矩阵如表 6—1 所示。

表 6—1　　绩效加薪矩阵（%）

工资等级 \ 绩效评价	令人不满意	需要改善	基本胜任	值得表扬	表现优异
第四等级	0	0	4	5	6
第三等级	0	0	5	6	7
第二等级	0	0	6	7	8
第一等级	0	2	7	8	9
最低工资等级以下	0	3	8	9	10

资料来源：George T. Milkovich，Jerry M. Newman，*Compensation*，Eleventh Edition，McGraw-Hill，2013，pp. 397-398.

最后，组织实行绩效加薪时，还应考虑加薪时机。国外很多公司都设有固定的加薪日，叫做例行加薪日（common review date）或例行加薪期（common review period）。有的公司还在员工加入公司的周年纪念日（employee anniversary date）考核员工的绩效并实行绩效加薪，但是这种方法会占用管理者较多的精力，增加管理上的负担。

国内一些公司一般在一个财务年度结束后，根据绩效考核结果对员工实行绩效加薪。对于那些工作时间不满一年的员工，则根据过去的这个财务年度中，该员工在组织工作的时间长短（如工作月数）来确定其绩效加薪额。

绩效加薪本质上是根据员工个人绩效的完成情况对基本工资给予一定的增加幅度，但这种加薪不是一次性的，而是永久性的。在以后的年度里，将以增加后的工资额作为员工的基本工资，在新的基本工资的基础上再给予其他的绩效薪酬，长此以往，实际上会增加组织的负担。我们通过表 6—2 予以说明。

① 参见约瑟夫·J·马尔托奇奥：《战略薪酬》，231 页。
② 巴里·格哈特等：《薪酬管理——理论、证据与战略意义》，171 页。

表 6—2　　绩效加薪和一次性奖金的相对成本比较表　　单位：美元

	绩效加薪	一次性奖金
基本工资	50 000	50 000
第一年支出（上涨 5%）	2 500	2 500
新的基本工资	52 500	50 000
成本增加额总计	2 500	2 500
第二年支出（上涨 5%）	2 625（0.05×52 500）	2 500（0.05×5 000）
新的基本工资	55 125（52 500+2 625）	50 000
成本增加额总计	5 125	5 000
5 年之后		
第 5 年支出	3 039	2 500
新的基本工资	63 814	50 000

资料来源：George T. Milkovich，Jerry M. Newman，*Compensation*，Eleventh Edition，McGraw-Hill，2013，p. 339.

因此，今天，越来越多的企业开始放弃传统的绩效加薪制度，虽然仍然根据员工个人绩效的完成情况实行业绩奖励，但是将永久性的绩效加薪转换为一次性业绩奖金，也可称为非重复性绩效加薪（nonrecurring merit increases）。这时，绩效加薪（merit pay）就变成了业绩奖金（merit bonus）。它是一次性支付给员工的，至于在下一个考核周期员工的绩效薪酬如何计算，则与本次业绩考核无关，绩效薪酬的起点又回到了最初的基本工资水平。采用这种方法，既达到了按个人绩效付酬的目的，又适度节省了组织的成本。

6.3.2　团体绩效薪酬设计

由于团体可以分为团队和部门，而不同团体的绩效评价技术也各不相同，因而对绩效薪酬的影响也会有所不同。我们可以采用图 6—1 所示的框架对团体进行分析，并采取不同的团体奖励计划。

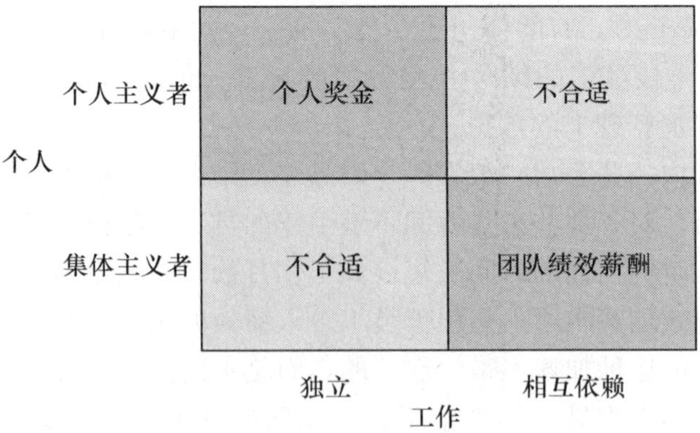

图 6—1　团体奖励方法

资料来源：爱德华·E·劳勒三世：《卓越的价值：基于绩效的薪酬方案设计》，155 页。

从图 6—1 可以看出，当工作比较独立时，应该对团体中具有个人主义倾向的人实施以个人绩效为基础的绩效薪酬，这种绩效薪酬适用于部门。当工作不易区分时，应对团队工作的整体效果进行衡量，并采取团队绩效薪酬的方法来激励团队成员。

图 6—1 只是一个比较极端的例子。在实际操作中，我们常常会遇到下面这个一直困扰着人力资源工作者的问题：如何在团队成员中分配绩效薪酬？比如，在某科技攻关团队或者研发团队中，很难区分团队的某一成员在团队目标达成的过程中所付出的努力，因为一个高科技研发项目的完成，也许仅仅依赖于某一天团队成员进行头脑风暴时产生的火花，而最初的火花也许必须经过其他人的完善才能对研发项目的最终成功产生作用。有的企业在实践中就采用了团体成员平均分配绩效薪酬的做法。例如，花旗银行采用基于团体的激励性薪酬制度，规定当其个人客户群体完成了年度销售目标以后，将会获得相当于基本薪酬 6%的奖励，但具体分配给每个人时，却采用了平均分配的做法。

实际上，一些研究也表明了团队绩效薪酬遇到的困难。比如在施乐公司，团队在开始时实行报酬平均分配制度，但最终会发展成为依据绩效进行分配。[①] 有的学者认为，如果在同一团队的各成员之间存在较大差异，团队凝聚力、个人公平感以及团队绩效就都会受到不同程度的影响。[②]

我们认为，对于此类团队来说，只能由组织根据团队整体的绩效完成情况给予团体绩效薪酬，然后由团队负责人在团队内部进行分配。分配的方式有两种：一种是主观的分配，由团队负责人进行分配。这种分配可能是主观的，也可能会适度地根据团队成员在完成团队共同任务中的表现。在长期存在的团队中，团队负责人一般会比较客观地将团队薪酬分配给团队成员，因为如果团队成员觉得没有受到公正待遇，将会减少自己以后在团队工作中的付出，而团队负责人就可能承担难以完成团队任务的风险。在仅仅为一次特殊任务而组织起来的团队中（如某个临时组织起来的项目团队），团队负责人对团队成员的绩效薪酬分配可能会比较主观，因为特定任务完成后，该团队将被解散，而团队负责人不会继续成为团队带头人。这时，只能从绩效薪酬的分配程序上加以控制。比如，可以要求团队负责人将绩效薪酬分配情况上报给其在组织中的上一级领导和人力资源部门。另外，还可以设计一个反馈与投诉渠道，团队成员如果对绩效薪酬的分配情况产生了不公平感，可以向上一级负责人或人力资源部门申诉，这样也能在某种程度上保证团队绩效薪酬分配的客观性。

另一种分配团队绩效薪酬的形式是根据团队成员的能力来分配绩效薪酬，可以称之为基于能力的团队绩效薪酬，其假定前提是具有较强能力的团队成员在完成团队绩效任务的过程中的贡献较大，因而也应得到较多的绩效薪酬。关于如何采用能力薪酬的讨论可见本书第 4 章的相关内容。

团体绩效薪酬的种类在 6.2 节中已有详细描述，组织可以根据实际情况从中

---

① George T. Milkovich，Jerry M. Newman，*Compensation*，Eleventh Edition，McGraw-Hill，2013，p. 346.

② 巴里·格哈特：《薪酬管理——理论、证据与战略意义》，175 页。

选取不同的绩效薪酬种类。应牢记的一点是，只有在团体中的每个成员都完成了个人绩效目标，并且团体也完成了整体绩效目标的情况下，才能给团体成员分配相应的绩效薪酬。

6.3.3 组织绩效薪酬设计

组织绩效薪酬的类别包括收益共享、目标共享、利润共享、股票期权、员工持股等形式。

在实践中，基于组织绩效的薪酬可以分为两种类型：其一是短期发放的组织绩效薪酬，是根据组织在某一绩效考核周期内的业绩完成情况，提取一定比例的利润作为全公司的绩效薪酬，然后在各部门进行分配，分配的原则前面已经做了介绍，再由各部门或团体在部门内部或团队内部进行分配。典型的短期组织绩效薪酬包括前面提到的斯坎隆计划、拉克计划、利润分享计划。

另一种典型的基于组织绩效的薪酬是长期才能兑现的组织绩效薪酬，典型的长期组织绩效薪酬包括股票期权计划（stock option plan，SOP）、员工持股计划(ESOP)。前者一般不是大范围适用的组织绩效薪酬方案，大多适用于组织的高层管理人员和骨干员工；后者则往往适用于大部分员工或全体员工。如今，基于股票的奖励制度已经逐渐成熟，很多企业都采用了这种奖励方案。如在2003年，美国《财富》杂志1 000强公司当中，90%以上推出了股票期权。

在薪酬管理实践中，经常碰到的情况是，如何在组织内不同团体之间分配绩效薪酬。这又分为两种情况：一种情况是在组织内不同团体间的工作任务能明确区分的情况下，如何分配组织的绩效薪酬；另一种情况是在组织内团体间无法明确区分团体工作任务，或者不同团体间的相互依赖程度很高的情况下，如何分配组织的绩效薪酬。

对于前者来说，由于组织内各团体之间的工作能够明确区分，因此可在对不同部门之间的绩效进行衡量的基础上分配组织绩效薪酬。但与此相关的另一个问题是，如何确定不同部门之间可分配的绩效薪酬数额，也就是说，每个部门的绩效薪酬增加幅度应该都相同，还是有所区别？或者根据每个部门的绩效来分配增加的工资，以使生产率较高的单位和直接为组织创造价值的单位得到较多的绩效工资。从理论上看，似乎更应该根据后一种方法分配绩效薪酬，只有这样才更加合理，也更符合我们最初进行部门绩效衡量的意义。

但一个相应的问题是，如果采取后者，我们如何确定不同部门之间绩效薪酬的分配比率。在那些容易以生产率衡量的部门之间，只要按照生产率提高的程度就可以分配绩效薪酬。但是在职能部门如行政后勤部门、人力资源部门、财务部门之间，如何确定哪个部门的生产率更高？另外，在职能部门和业务部门之间应该按照何种比率来分配绩效薪酬？

对于以上问题，研究者们并没有给出明确的答案。实践中通用的做法是：

（1）在部门设置、岗位分析、薪酬设计过程中，对各个部门的相对价值进行评价，然后按照一定的比例来确定不同部门员工的薪酬标准。在绩效薪酬的分配过程中，也可采用这个方法。

（2）根据各部门在价值创造中对最终结果做出贡献的直接或间接程度来确定部门绩效薪酬分配系数。此方法的假定前提是，那些处于价值链最前端的部门的价值最大。根据这种方法分配绩效薪酬的结果是，一些职能部门（如财务、人力资源部门）的绩效薪酬分配系数低于业务部门（如营销、销售部门）。

（3）采用第二种方法时，为了平衡那些在某个绩效周期内肩负特别责任的部门，组织可考虑用特殊项目薪酬的方式予以弥补。如组织在某个绩效周期内，要求人力资源部门在全组织范围内推行绩效管理系统，当人力资源部门实现目标时，可以给予一定的特殊项目奖励。又如为了在全组织范围内形成全面质量管理观念而推行 ISO 9000 系列认证，实现目标后，可以给予质量部门一定的特殊项目奖励。

对于后一种情形而言，由于组织内不同团体间的工作无法明确区分或者相互之间的依赖程度很高，因此只能按照组织的主观判断在不同团体间分配组织绩效薪酬，或者规定各团体（如部门）绩效薪酬增加的比例相同，如平均增加的百分点相同，然后由各团体（如部门）在内部员工之间进行分配，分配时可参考上述提到的分配方法。

6.3.4　非营利组织绩效薪酬设计

正如《21 世纪非营利组织管理》的作者詹姆斯・P・格拉特（James P. Gelatt）所说，非营利组织（non-for-profit organization）的范围非常广泛，如宗教组织、环保团体、大学、不以营利为目的的医疗机构。但是非营利组织中的管理问题也越来越突出，不但影响非营利组织的效率，也影响它们的形象。非营利组织通常难以吸引和留住更多的优秀人才，员工经常筋疲力尽。[①] 这是许多非营利组织面临的严重问题。因此，格拉特认为，应解决这些问题，保持非营利组织员工高昂的士气。

非营利组织要想解决上述问题，必须了解如何才能激励志愿者，这就需要从绩效管理入手，懂得如何去激励他们。

格拉特认为，非营利组织中的绩效管理应该遵循五个基本原则：（1）绩效管理应该在一种正面的、具有启发性的、成熟的氛围中实施；（2）不要将绩效管理视为一年一次或一年两次的活动；（3）让目标显而易见；（4）双方都必须明确自己的责任；（5）绩效管理要求公平。格拉特特别强调公平的原则，指出在设定目标之初就应坚持该原则。[②]

尽管非常缺乏对非营利组织的衡量指标，但通常也可以用一系列问题来衡量其目标。赫茨琳杰认为可以从四个方面建立针对非营利组织的衡量目标，如表 6—3 所示。

---

① 参见詹姆斯・P・格拉特：《21 世纪非营利组织管理》，6 页，北京，中国人民大学出版社，2003。

② 同上书，142 页。

表 6—3　　建立针对非营利组织的衡量目标

问题	目标与财务资源承受力的一致性	代际公平	可供使用资金与实际使用资金的匹配	可持续性
指标	资产周转率 资产变现能力 用户的社会人口统计特征 支出结构	扣除通货膨胀因素的资产负债表	资金来源与资金用途的可控性分析	财务与战略目标综合计划 离差指标

资料来源：里贾纳·E·赫茨琳杰：《有效的监督：给非营利组织理事们的建议》，见《非营利组织管理》（《哈佛商业评论》精粹译丛，第二辑），26 页，北京，中国人民大学出版社，2000。

在薪酬问题上，詹能（Jenen）认为，只有确定了机构目标，才能决定采取何种薪酬战略。虽然公共机构和私立机构在薪酬问题上有很多差异，但它们面临的挑战是相似的。在非营利组织中，也可以选择采用绩效薪酬的方式，采用绩效加薪矩阵来支付薪酬。典型的非营利组织的绩效加薪矩阵和企业等营利性组织的绩效加薪矩阵类似（详见 6.3 节绩效加薪矩阵表）。在员工实现工作目标后，根据员工本人在工资范围中的位置选择不同的加薪比例。但是，在应用绩效加薪矩阵的同时，组织还应注意以下几点：

（1）并非所有工作都能识别出绩效的好坏。比如，试图在同样从事大量日常事务性工作的员工中区分出最优绩效者就比较困难且得不偿失。

（2）绩效加薪要求管理者受到良好的训练，能够做出准确的判断，并且和下属进行良好的沟通。

（3）要能够将目标明确地分配给下级并帮助他们很好地理解目标。

6.3.5　绩效薪酬的管理

一、既定预算下的绩效加薪

前面所说的绩效薪酬确定，是指一次性奖金的确定过程，仅仅和员工个人年度绩效考核、部门绩效考核、公司绩效考核相挂钩，并没有考虑到员工个人在工资范围中的位置，也没有对员工基本工资进行调整。前面曾经指出，绩效加薪实际上是对员工个人基本工资进行调整。在预算既定的情况下确定绩效加薪时，一般会考虑到以下两个因素：个人绩效水平和个人在工资范围中的位置，公司可以根据绩效加薪预算对以上推荐的绩效加薪比例进行调整，以符合公司实际需要。关于其详细论述，可参见本书第 9 章“预算与薪酬”中的有关内容。在该章 9.2 节“薪酬预算的编制方法”中，专门讨论了绩效与薪酬增长幅度的确定的有关问题。

二、绩效薪酬的确定

在实践中，通常采用不止一种绩效薪酬制度。一个组织所采用的绩效薪酬制度，往往是将个人绩效薪酬制度、团体绩效薪酬制度、组织绩效薪酬制度三者结合起来，针对不同类型的员工或团体采用不同的绩效薪酬组合。另外，针对不同层级的员工，企业所选择的短期绩效薪酬和长期绩效薪酬的种类也会有所不同。

在我国，很多企业实行的绩效薪酬制度一般是以个人绩效薪酬为主，同时兼顾部门绩效薪酬，最后与全公司绩效薪酬相联系，以确定某位员工的绩效薪酬，大致可以用以下公式来描述：

$$\text{个人绩效薪酬总量}=\left(\text{个人绩效薪酬系数}\times\text{部门绩效薪酬系数}\times\text{公司绩效薪酬系数}\right)\times\text{个人浮动工资标准额}$$

式中，个人绩效薪酬系数根据对个人绩效完成情况的评价分数以及个人在部门中的岗位相对重要性确定；部门绩效薪酬系数根据对部门绩效完成情况的评价分数以及部门在公司中的相对重要性确定；公司绩效薪酬系数由公司根据年度经营状况确定。

对于组织中不同层级和不同部门的员工来说，以上三种绩效薪酬的比例也有所不同。一般来说，职级越高的人，其绩效薪酬就越多地与公司绩效相联系；与创造经营收入的联系越直接的部门，其员工的绩效薪酬占总薪酬的比例也越高。

具体操作中，可以遵循以下步骤：

（1）根据公司年度经营目标考核结果，确定公司年度绩效薪酬系数。比如，某公司董事会根据年度经营目标完成情况确定公司年度绩效薪酬系数为 1.2。

（2）确定部门年度绩效薪酬系数。根据部门工作绩效完成情况，由公司组织对各部门进行考核，并根据部门考核结果确定部门绩效薪酬系数。部门绩效考核结果与部门绩效薪酬系数对照表的例子如表 6—4 所示。

表 6—4

部门绩效考核结果	A（优异）	B（良好）	C（合格）	D（较差）
部门绩效薪酬系数	1.5	1.2	1	0.6

（3）确定个人年度绩效薪酬系数。根据个人工作绩效完成情况，由各部门根据公司考核的要求对员工进行评价，经公司审核后根据个人考核结果确定个人绩效薪酬系数。个人绩效考核结果与个人绩效薪酬系数对照表的例子如表 6—5 所示。

表 6—5

个人绩效考核结果	A（优异）	B（良好）	C（合格）	D（较差）
个人绩效薪酬系数	1.5	1.2	1	0.6

（4）确定个人年度绩效薪酬实际发放额。根据上述公式，确定个人绩效薪酬的实际发放额。

三、既定预算下的绩效薪酬确定

有的公司会事先确定年度绩效薪酬预算，然后再根据该预算来计算员工的绩效薪酬，其步骤为：

（1）根据公司年度经营目标考核结果，确定公司年度绩效薪酬的提取比例（占净利润的一定比例）及公司年度绩效薪酬总额。比如，某公司根据对年度经营状况的考核，确定年度绩效薪酬提取比例为 8%。将年度绩效薪酬提取比例乘以净利润，即可得出年度绩效薪酬总额。用公式表示为：

$$公司年度绩效薪酬总额=公司年度绩效薪酬计提比例\times年度净利润$$

（2）确定部门年度绩效薪酬总额。公司根据各部门年度绩效目标的完成情况进行部门考核，并根据部门考核结果确定部门年度绩效薪酬系数。按照各部门考核结果和年度绩效薪酬系数将公司的绩效薪酬总额分配至各部门，用公式表示为：

$$\begin{matrix}部门年度绩效\\薪酬总额\end{matrix}=\begin{matrix}部门年度绩效\\薪酬系数\end{matrix}\times\begin{matrix}部门年度平均\\绩效薪酬额\end{matrix}$$

（3）确定员工绩效薪酬额。由各部门根据年度部门绩效薪酬总额，结合员工绩效考核结果对应的个人年度绩效薪酬系数，确定每位员工的年度绩效薪酬额。员工年度绩效薪酬额可用公式表示为：

$$\begin{matrix}个人年度\\绩效薪酬额\end{matrix}=\begin{matrix}个人年度绩效\\薪酬系数\end{matrix}\times\begin{matrix}个人年度平均\\绩效薪酬额\end{matrix}$$

本章小结

绩效薪酬，也就是人们常说的按绩效支付薪酬，是全面薪酬体系的一个非常重要的组成部分。绩效薪酬实际上是根据员工的工作绩效支付薪酬的一种形式，与固定薪酬相比，它属于薪酬中的可变部分或浮动部分，因此也可称为浮动薪酬或可变薪酬。绩效薪酬包含我们平常所说的绩效加薪、绩效奖金以及长期激励性薪酬（如股票期权、员工持股计划）等内容。

绩效薪酬可以从个人、团体、组织三个角度进行分类，包括计件工资制、计时工资制等个人绩效薪酬，班组或小团体奖励计划、斯坎隆计划、所得分享计划等团体绩效薪酬，以及利润分享计划、员工持股计划等组织绩效薪酬。

最后，从个人、团体、组织的角度，介绍了绩效薪酬设计。组织中特殊的群体如高层管理者、销售人员、研发人员的绩效薪酬有着不同的特点。

复习思考题

1. 什么是绩效薪酬？它在薪酬管理中有何重要作用？
2. 个人绩效薪酬有哪些种类？其优缺点有哪些？
3. 团体绩效薪酬有哪些种类？其优缺点有哪些？
4. 组织绩效薪酬有哪些种类？其优缺点有哪些？
5. 与个人绩效薪酬不同，团体绩效薪酬和组织绩效薪酬是根据团体的绩效完成情况对个人进行奖励。但是，在这种制度下，当员工个人绩效完成情况不好时，该员工也会由于团体和组织绩效达标而得到一定的绩效薪酬。你认为这样的做法合理吗？如何改进？
6. 销售人员的绩效薪酬包括纯佣金制、“底薪＋佣金”制等不同方式，如果你是人力资源经理，你如何决定采用不同的销售人员绩效薪酬制度？为什么？

案　例

安利营业代表的报酬及奖励制度①

安利于 1998 年 7 月率先获得有关部门的批准，在中国采用自设店铺并雇用推销人员的方式经营。安利在全国主要城市设立店铺，产品明码标价，直接服务消费者，亦设有营销队伍帮助推广产品、服务顾客、开拓市场。

一、安利营业代表的报酬计算方法

安利营业代表的工作主要是通过产品示范和说明，帮助公司推广产品，促成顾客与公司交易。营业代表无须向公司购入任何存货，只需依照公司制定的统一顾客价，按顾客要求，提供订货、供货服务；凭借良好的售前、售后服务，帮助公司建立稳固的顾客群。

营业代表每售出一件产品，可获得该产品定价的 20%（税前）作为为顾客服务的报酬，按月由公司支付至指定的银行账户。此外，安利会从每月净营业总额中统拨 21%作为市场开拓经费，营业代表无论是以产品定价或以八折优惠价销售产品，每月均可按个人销售的净营业额获得公司发放的最高达 21%的销售佣金（见表 6—6）。

表 6—6　　劳动生产率与工资的变化关系

净营业额（元）	1 400	4 200	8 400	16 800	28 000	49 000	70 000
佣金率（%）	3	6	9	12	15	18	21

净营业额反映了安利营业代表实际的销售业绩，是以产品标价减除顾客服务报酬或折扣优惠乘以净营业额换算比率计算出来的。

为循序渐进地提升营销人员的生产力，在 2001—2002 安利财务年度，3%～21%的销售佣金的相对营业额将回复至中国市场开业时的 1 600～80 000 元的水平。

在随后的财务年度，安利会根据市场情况，就销售佣金的相对净营业额，逐年做出调整，以平衡通货膨胀的影响，保障营销人员的收入水平。由于市场竞争激烈，安利产品价格的升幅不一定能赶得上通货膨胀的幅度，因此，营销人员必须不断提升生产力，方可维持相同购买力的收入水平。

二、安利的奖励制度

当安利营业代表有良好的工作表现时，公司会邀请他们成为见习营业主任，协助公司发展业务，支援营业代表的销售工作。营业代表可按业绩获得以下晋升机会：见习营业主任（9%～21%）、营业主任（银章、金章）、高级营业主任（直系、红宝石、明珠、蓝宝石）、营业经理（翡翠）、高级营业经理（钻石）。

经验有价，劳动有价。辅导、带动新人开展工作，将心得和经验与其分享

① 《商界》杂志社主编：《商界——中国营销模式经典》，北京，世界图书出版公司，2000。

当属有偿劳务。而在从事产品推广与培训的过程中，会产生各项直接和间接费用，包括交通费、电话费、交际费、差旅费、办公用品费等（以上费用简称业务推广费），所以公司会根据提供的劳务和所获的效益，给予合理的劳务奖金，并在一定条件下，承担业务推广费。安利会把向营业代表支付个人销售佣金（在21%的市场开拓经费中扣除）后的余额发放给营业主任及经理作为劳务奖金。

通过不断的努力，部门的总业绩可以达到最高佣金率21%。此时，安利会从净营业额中另拨6%作为各项目月度及年度奖金，以奖励营业主任及经理在开拓市场、培训、支援营业代表工作上的成绩。对于通过稳健实干、守规经营取得指定业绩的营销人员，安利还会颁发一系列奖章并提供旅游奖励，以奖励绩优部门领导多方面的贡献。

三、奖衔表扬

通过颁发奖衔来肯定勤奋向上的人们的成就是不少商业机构及学术、体育、文教组织的普遍做法。为了表扬安利营销人员在不同阶段所取得的成就，安利设有银章、金章、直系、红宝石、明珠、蓝宝石、翡翠、钻石等奖章，颁发给营业主任及营业经理。当然，员工在争取各项奖章时必须注意打好基础，并付出持续努力，否则，所得的荣誉可能只是昙花一现。

四、奖金奖励

安利的各项报酬、奖金全部以基于需求的产品销售业绩为计算基础，与加入时间先后或奖衔高低无绝对关系。各营销人员取得奖金的机会均等，奖金来自公司的市场开拓经费，是公司正常营运开支的一部分。安利颁发给营销人员的奖衔及奖金花红包括以下各项：

(1) 领导奖金：营业主任（银章），将获得4%的领导奖金；连续12个月内有3个月取得银章业绩，可获金章奖励；连续12个月内有6个月取得银章业绩，可获直系奖章并晋升高级营业主任；以上均有相应的领导奖金。

(2) 红宝石奖金：领导所在部门在一个月内取得净营业额14万元以上业绩，可获得公司另拨净营业额的2%作为红宝石奖，高级营业主任可获红宝石奖章。

(3) 明珠奖金：同一个月内通过培训或带领，有3个部门达到21%的最高佣金，可获1%的明珠奖金。

(4) 翡翠花红：负责培训、带领的3个部门能够在同一财务年度内有6个月保持21%的业绩，将可晋升为营业经理并获得翡翠奖章，享受0.25%的翡翠花红。

(5) 钻石花红：负责培训、带领的6个部门能够在同一财务年度内有6个月保持21%的业绩，将可晋升为高级营业经理并获得钻石奖章，享受0.25%的钻石花红。

(6) 行政钻石花红：负责培训、带领的7个部门能够在同一财务年度内有

6 个月保持 21%的业绩，将可享受 0.25%的行政钻石花红。

五、旅游奖励

安利每年都会举办各类旅游研讨会，邀请符合业绩标准并严格遵守《安利营销人员营业守则》等有关规章制度的安利营销人员免费出席，使来自各地的绩优人员集聚一堂，交流业务心得与经验，并直接与安利高层管理人员沟通，为员工更好地做好未来的销售工作加油打气。安利（中国）自开业以来，曾在曼谷、芭堤雅、中国香港、罗马及美国奥兰多举行过旅游研讨会。

第7章

长期激励

有恒产者有恒心。

——《孟子·滕文公上》

20世纪90年代，伴随着美国股票市场的牛市局面，在员工激励和薪酬制度设计方面，令人印象深刻的莫过于股票期权制度了。正如米尔科维奇在《从工资到薪酬——变化的一百年》一文中所指出的，“与费塞尔1952年提出范围更大的期权相比，微软公司大力推广全员股票选择权，这使得比尔·盖茨成为20世纪80年代的领头羊。而这一制度的价值则远远超过了基本薪资、奖金和各种福利”。对企业的发展而言，员工的短期激励固然重要，但长期激励制度的设计，无论从理论还是实践的角度来看，都是十分重要的研究课题。

本章将系统介绍员工持股、股票期权、虚拟股份、管理层收购等基本知识和操作程序，通过案例描述和总结，加深人们对长期激励分配制度的实际感受和理解。

7.1 员工持股计划

员工持股计划最早试行于20世纪50年代的美国，在随后的半个世纪中，被世界上大多数国家和地区广泛采用。在长期激励制度的设计中，它是一项十分重要的内容。

7.1.1 员工持股计划的基本知识

一、什么是员工持股计划

员工持股计划是指由企业内部员工出资认购本企业的股权，委托给员工持股会作为社团法人进行托管运作，从而达到企业员工参与企业管理、分享红利目的的新型股权形式。

二、员工持股的基本术语

认股权——公司授予雇员在一定时间内以约定价格购买约定数量公司股票的权利。

实施股票转让——雇员使用认股权购买股票。

公平市场价格——在指定日期，证券交易最高价与最低价的平均数。

三、实施效果及评价

在西方国家，员工持股计划的设计和实施主体是企业，主要追求经激励而产生的更高的劳动生产率。从效果上看，大多数计划都比较理想。比如，美国西北大学的梅伦（Mehran）教授针对 382 家实施员工持股计划的企业所做的研究显示：4 年内，与没有实施员工持股计划的同类企业相比，这 382 家企业平均每年的资产收益率高出 2.7%，股东收益率高出 6.9%；4 年后，382 家公司中有 303 家公司继续存在，与行业平均水平相比，其资产收益率高出 14%，股东收益率高出 12%。[①] 其他一些相关研究也得出了类似的结论。[②]

但是，实际情况要复杂得多。员工持股计划属于一种长期激励方式，由于从购买到有权处置股票（往往是退休时）这个时间跨度对个人来讲过于漫长，因此造成了员工对今日努力工作与很多年后公司股票价格大幅度上升是否相关，或相关度多大产生怀疑。另外，公司股价不只是由公司业绩决定的，经济周期的变动、关键人物的更迭、行业的景气程度、国家政策的调整、股票市场的规范与否（尤其是在不规范的证券市场上，资金操纵使股票市场价格往往不能反映公司的真实业绩）等诸多因素，都会对股价产生非常重要的影响，这些影响又具有突发性和难以预料性。

7.1.2　员工持股的分类

一、全员持股

全员持股是最常见的一种员工持股形式，凡是在实行该类计划的企业中连续工作年限符合本企业规定的员工，都可以获得一定额度的认股权。员工的资历、技能、职级等均有可能影响其获得认股权的数额。

二、技术人员持股

技术人员持股大规模地出现在 20 世纪 90 年代的北美。知识经济的到来和新技术的广泛应用，使得技术人员对企业的重要性和不可替代性达到了前所未有的高度。技术人员获得大量的认股权有助于防止优秀人才和核心技术流失。

三、管理人员持股

目前，美国基本上所有的大公司对管理者都采取短期激励和长期激励相结合

---

① Godfrey, J. E.,“Does Employee Ownership Really Makes a Difference”, *CPA Journal*, 2000 (1), p. 13.

② Chilton,“Lincoln Electric's Incentive System”; Howard Rudnitsky,“You must Have to Trust the Workforce”, *Academy of Management Journal*, 23, 1980, pp. 78-100.

的激励方式，管理者持股即属于所谓“金手铐”的重要组成部分。同时，认股权的多少与管理者的工作绩效紧密挂钩，为了获得行权时的高收益，管理者必须把自己的利益与公司的整体发展联系起来。

7.1.3 实施流程、方式和应注意的问题

一、实施流程

（1）确定实施员工持股计划所需股份的来源。公司可以采取发行新股的方式，也可以由所有者出让股份。

（2）成立评估小组或外聘专业公司对实施员工持股计划进行可行性分析，包括整体成本及公司财务状况、公司大股东的意见、市场可能出现的波动、员工士气等。

（3）对公司价值和实施计划所需股份进行价值评估。上市公司可以计算市值，未上市公司要聘请专门的会计师事务所等机构进行独立评估。

（4）设计实施方案。

（5）确定资金来源。资金可通过公司赠与、贷款、利润分享等渠道筹集。

（6）成立员工持股计划基金会，选择合适的信托机构实施计划。

二、实施方式①

1. 通过发行新股筹集股票的实施方式

主要步骤如下：

（1）成立基金会，作为购买和运作股票的主体。

（2）由基金会向银行或其他出资人筹资。

（3）由基金会以市场公平价格购买股票。

（4）基金会控制股票，公司保证偿还贷款，基金会以手中的股票作为抵押。

（5）公司向基金会提供足以偿还贷款本息的资金。

（6）基金会偿还贷款。

2. 通过市场方式筹集股票的实施方式

主要步骤如下：

（1）成立基金会，作为购买和运作股票的主体。

（2）由基金会以计划购买的股票作为抵押担保，向出资人借款。

（3）由基金会用借款以市场公平价格购买股票。

（4）由基金会用所获利润偿还贷款。

三、实施中应注意的问题

（1）要保证基金会是独立的、合法的实体，不受公司控制。只有在基金会不受公司控制的前提下，才能保持整个过程的公正性，监督公司真正履行义务，及时、足额交割所需股票；同时，也能防止持股的员工违约。

（2）要严格评估参与计划的员工资格。作为激励手段，只有保证激励对象正

---

① 参见李素君、张曙光：《企业员工持股计划及其应用》，载《现代管理科学》，2005（5）。

确，才能充分发挥激励的功效。

（3）要注意员工的持股比例。持股比例过小，会降低激励作用，也会减弱员工代表在董事会上的发言权，不利于公司治理；持股比例过大，将影响市场对资本的配置。

（4）要避免强迫员工参与员工持股计划。

7.2　股票期权

1973 年 4 月，美国芝加哥期权交易所（Chicago Board Options Exchange）的成立，标志着有组织的标准化期权市场开始出现。此后，在美国的证券市场上，期权交易有了前所未有的扩大。[①]

7.2.1　股票期权的基本知识

一、什么是股票期权

股票期权是指上市公司授予公司人员，如高管和核心技术人员在未来一段时间内，以事先商定的价格和条件认购本公司一定数量股票的权利。股票期权是公司所有者赋予公司人员的一种特权，这种权利不能转让，期权的价值只有经过公司人员的若干年努力，公司得到发展，每股净资产提高，股票市价上涨后，才能真正体现出来。当这些所购的股票在市场上出售时，公司人员即可以获得当日股票市场价格与事先商定的价格之间的差价。股票期权是一种未来概念，如果股票期权到期日之前，管理人员离开公司，或经营者无法达到约定的业绩目标，这种权利就会被放弃。

二、股票期权的基本术语

标的股票——根据股权激励计划，激励对象有权获授或购买的上市公司股票。

权益——激励对象根据股权激励计划获得的上市公司股票期权。

授权日——上市公司向激励对象授予股票期权的日期。授权日必须为交易日。

行权——激励对象根据股票期权激励计划，在规定的期间内以预先确定的价格和条件购买上市公司股份的行为。

行权价格——上市公司向激励对象授予股票期权时所确定的激励对象购买上市公司股份的价格。

可行权日——激励对象可以开始行权的日期。可行权日必须为交易日。

看涨期权——购买股票获益的权利。

---

① John C. Cox，Stephen A. Ross，Mark Rubinstein，"Option Pricing：A Simplified Approach"，*Journal of Financial Economics*，7，1979，p. 229.

到期日——期权有效期的最后截止期限。

看跌期权——卖出股票获益的权利。

欧式期权——只有在合约到期日才允许行权的期权。

美式期权——在合约到期日以前的任何时间都可以行权的期权。

7.2.2 实施股票期权计划的方法步骤

一、股票期权的赠与

1. 股票期权的赠与对象

具体人员由董事会选择，被赠与人员主要是公司的高级管理人员和科技开发人员，一些公司面向全职员工赠与期权。一般规定，当某高级管理人员拥有该公司10%以上的投票权时，未经股东大会批准，不能参加股票期权计划。大多数公司的外部董事按照公司规定都不能参与普通股票期权计划。参与制定期权计划的人不能享受股票期权。

2. 股票期权的赠与计划的审批

该赠与计划必须是一个成文的计划，且计划的制定与实施必须经过股东大会批准。

3. 股票期权的赠与程序

董事会决定向雇员赠与期权时，须以信函形式通知被赠与人，被赠与人自赠与之日起在若干天内确定是否接受期权赠与，如果超过可以考虑是否接受的时间接受，或在期权赠与计划终止之后接受，则不予受理。被赠与人是否接纳以其在通知单上的签字为证。被赠与人可以在期权允许的限额内自行决定被赠与数量。

4. 股票期权赠与所需股票来源

股票一般来源于四个方面：库存股票；增发新股；从二级市场回购；大股东转让。公司将这部分股票放入库存股票账户，不在外流通。当期权持有人发出行权指令时，公司将利用库存股票行权。公司承担所有的库存股票成本费用。

5. 股票期权的不可转让性

经理人员购买股票期权后，成为公司的人力资本股东，其目标与股东目标一致，从而可以有效地防范道德风险问题。假如经理人员通过行权将股票期权处理或卖掉，激励作用将不复存在。为了避免这种情况发生，必须对代理人的转让行为进行限制。一般做法是不允许经理人员出售其拥有的股票期权，除非通过遗嘱转让给继承人，不得以交换、记账、抵押、偿还债务或利息支付等形式将期权给予有关或无关的第三方，其配偶在某些特定情况下对其股票期权享有夫妻共同财产权，同时规定股票期权的保留期和保留率。如果违反这些限制性条款和规定，将受到处罚。

二、股票期权的时间管理和行权价格的确定①

股票期权授权日与获授股票期权首次可以行权日之间的间隔不得少于1年。

① 参见《上市公司股权激励管理办法（试行）》，2005-12-31。

股票期权的有效期从授权日算起，不得超过 10 年。在股票期权的有效期内，上市公司应当规定激励对象分期行权。股票期权有效期过后，已授出但尚未行权的股票期权不得行权。

上市公司在下列期间内不得向激励对象授予股票期权：一是定期报告公布前 30 日；二是重大交易或重大事项决定过程中至该事项公告后 2 个交易日；三是其他可能影响股价的重大事件发生之日起至公告后 2 个交易日。

激励对象应当在上市公司定期报告公布后第 2 个交易日，至下一次定期报告公布前 10 个交易日内行权，但不得在下列期间内行权：一是重大交易或重大事项决定过程中至该事项公告后 2 个交易日；二是其他可能影响股价的重大事件发生之日起至公告后 2 个交易日。

上市公司在授予激励对象股票期权时，应当确定行权价格或行权价格的确定方法。行权价格不应低于下列价格中的较高者：一是《股权激励计划草案摘要》公布前 1 个交易日公司标的股票的收盘价；二是《股权激励计划草案摘要》公布前 30 个交易日内公司标的股票的平均收盘价。

三、股票期权的权利调整①

上市公司因标的股票除权、除息或其他原因需要调整行权价格或股票期权数量的，可以按照股票期权计划规定的原则和方式进行调整。上市公司依据前款调整行权价格或股票期权数量的，应当由董事会做出决议并经股东大会审议批准，或者由股东大会授权董事会决定。律师应当就上述调整是否符合《上市公司股权激励管理办法（试行）》、公司章程和股票期权计划的规定向董事会出具专业意见。

7.2.3　股票期权的税务问题

财政部、国家税务总局《关于个人股票期权所得征收个人所得税问题的通知》规定：一是员工接受实施股票期权计划企业授予的股票期权时，除另有规定外，一般不作为应税所得征税。二是员工行权时，其从企业取得股票的实际购买价（施权价）低于购买日公平市场价（指该股票当日的收盘价）的差额，是因员工在企业的表现和业绩情况而取得的与任职、受雇有关的所得，应按工资、薪金所得适用的规定计算缴纳个人所得税；对因特殊情况，员工在行权日之前将股票期权转让的，以股票期权的转让净收入作为工资、薪金所得征收个人所得税。三是员工将行权后的股票再转让时获得的高于购买日公平市场价的差额，是因个人在证券二级市场上转让股票等有价证券而获得的所得，应按照财产转让所得适用的征免规定计算缴纳个人所得税。四是员工因拥有股权而参与企业税后利润分配取得的所得，应按照利息、股息、红利所得适用的规定计算缴纳个人所得税。

目前按照个人所得税计算缴纳的税收是较高的。假定某公司于 2002 年 1 月 1 日授予某高管人员 5 万股股票期权，行使期限为 10 年，约定价格为当年 1 元/

---

① 参见《上市公司股权激励管理办法（试行）》，2005-12-31。

股。如果到了 2005 年 1 月 1 日，公司上市或股票价格上涨到 10 元/股，该高管人员可以按 1 元/股购进，再按 10 元/股卖出，获利 45 万元。按照个人所得税税率表，适用 45%的税率，应纳个人所得税为 450 000×45%－15 375＝187 125（元）。[①]

7.2.4 股票期权计划的实施和监督

一、股票期权计划的实施

公司通过董事会来管理实施股票期权计划，董事会有权决定每年的股票期权赠与额度、赠与时间表以及在发生突发性事件时对股票期权计划进行解释并做出重新安排。当因股票期权计划而增发股票、修改股票期权计划受益人范围以及修改股票期权赠与数量的上限时，需在年度股东大会上获得股东批准方可实行。当税法变更或者股票期权计划的规模过大时，董事会有权在未征得股东同意的情况下变更股票期权计划中的部分或全部条款，甚至中止该计划。董事会有权终止股票期权计划或者终止薪酬委员会对股票期权计划的管理权限。即使股票期权计划已经中止，经理人持有的可行权的股票期权仍然可以执行。公司可依据股东大会或董事会的决议在任意时间终止股票期权方案的实施，一旦终止，将不再赠与期权，但方案的其他条款将继续有效。

二、建立比较规范的监督制度

对期权计划设立与行使人的权利、获授人条件、赠与条件和数量、期权变更和丧失等条款做出明确规定，力求计划合理和公正。为避免经理人操纵信息披露和制造概念，增大不正当的期权获利空间，在行权时间上必须做出严格规定。比如在重大信息披露前后 10 个交易日不得行权。

7.3 虚拟股份

股票期权制度实施的前提是存在上市公司，且该公司具有或能获得公开发行的股票。而在我国，大量公司并未公开上市，即使上市，目前法律也不允许预留股份或在市场上买卖自己的股票，换言之，实施股票期权的股票来源产生了困难。正因为此，一种被称为“虚拟股份”的长期激励制度便产生了。

7.3.1 虚拟股份的基本要点

一、什么是虚拟股份

对虚拟股份目前存在着几种不同的解释。

定义 1：虚拟股份并非真正的公司股份，而是在公司内部虚构出一部分股票，

① 参见齐雁冰、力争：《财政部国税总局下发通知　股票期权下半年征个税》，载《北京青年报》，http：//finance.sina.com.cn，2005-04-19。

仅在账面上反映，采用内部结算的办法，在公司奖励资金中单独列出虚拟股分红专项资金。以虚拟股授予时和行使时股份的差价乘以持有的股数，计算应得的收益。这样做既产生了激励作用，又解决了股票的来源问题。由于未来收益和未来业绩紧密挂钩，因此更容易为高级经理人所接受。①

定义 2：虚拟股份制与购股期权制的设想是：政府给国企管理者虚拟股份，拥有虚拟股份的人只拥有按股份分红的权利，不拥有实际股份资产。虚拟股份以风险金的形式购买，管理者按分配的虚拟股份缴纳风险金后，就可以在公司盈利的情况下按分配的股份参与分红，在公司亏损的情况下按分配的股份比例扣减风险金。政府也可以在制度允许的情况下给予有决策权的主要管理者购股期权，使管理者利益与公司利益能够高度一致。②

定义 3：虚拟股份是指按照在册在岗职工人数，根据职工个人的工龄长短、贡献大小、专业技术职务高低等，将公司拥有的全部资产折算为职工个人股份。这种股份，职工个人只有经营权而没有所有权，不能分割后变为个人财产，不能作为遗产继承，而且只在本公司有效，经营好坏与职工的切身利益包括养老退休金相联系，职工终身受用。③

定义 4：虚拟股份是指公司授予激励对象一种"虚拟"的股票，受益人可据此享受一定数量的分红权和股价升值收益，此时的收入即未来股价与当前股价的差价，但这部分虚拟股票没有所有权，没有表决权，不能转让和出售，在离开公司时自动失效。

我们认为，虚拟股份首先是"虚拟的"，即不是真正意义上持有的"股份"，或者说，持股人不是真正意义上的股东。其次，它是借助于"股份"计算的给予激励对象的一种长期收益权。这种收益有两种形态：一种是借助上市公司的股价变动计算的收益，国外通常将这种计划称为"股票增值权计划"；另外一种是借助非上市公司的股权收益（如分红）所计算的奖励性基金收益。

二、虚拟股份的基本术语④

虚拟持股的收益——名义收益是认购和结算期间的二级市场价差，或者公司的股权收益，但实际收益则源于公司为此设立的奖励性基金。

虚拟股份的发行——按一定比例分成两种：固定性虚拟股份和激励性虚拟股份。为了使风险和收益对称，固定性股份每股须缴纳一定数额的定金；激励性虚拟股份用于奖励当年有突出劳动贡献和重要岗位的人员，无须缴纳定金。

收益资金来源——结算时的收益资金源于每年的奖励性基金预算。而预算总规模与公司经营状况相联系。这就使职工持股的收益与二级市场股价及公司经营

---

① 参见《东方通信股权激励的新尝试》，中国改制网，2001-11-29。

② 参见鲁醒：《国企出路在于建立利益共享分配机制》，http：//www.daixie.com/Article/lunwenzs/zqgl/200608/787.html，2006-08-23。

③ 参见卢恒武：《用虚拟股份形式统一权责利》，载《中国船舶报》，2002-05-10。

④ 参见《东方通信股权激励的新尝试》，中国改制网，2001-11-29；高波、崔苏玲：《年薪虚股制：非上市公司的激励设计》，中华财会网，2004-01-08。

业绩相挂钩，从而达到股权激励的作用。

虚拟股份的标的物——可选择某一关键的财务指标作为虚拟股份的标的物，一般可选用净资产收益率，也可根据公司的实际情况选用其他的财务指标或者若干个财务指标的加权综合。所选用的财务指标必须是一个相对量指标，以保持不同年份的可比性。为消除财务指标的异常波动和人为操纵的影响，可将平均值作为激励的结算依据。

虚拟股份的保证金——保证金比率的制定具有极其重要的意义，因为它直接决定着激励程度的大小。保证金比率过小，未来所能带来的收益较小，同样，可能带来的损失也就较小，则激励程度较小；保证金比率过大，未来所能带来的收益较大，同样，可能带来的损失也就较大，则激励程度较大。保证金比率可在保持一定激励程度的前提下，由经理人员自己决定。在决定了保证金比率后，用股份价值乘以该比率，就可以得出每份股份所应缴纳的保证金。初始保证金从当期利润奖金中扣除，它等于当期利润奖金中扣除现金收入后的剩余部分。

虚拟股份的购买价——以当前的财务指标数值或前几个会计年度财务指标的加权平均值，作为高级管理人员买入虚拟股份的依据，也可以高于这一数值，但不能低于它。

虚拟股份的变现——变现期限可规定为三年左右，不宜太短。根据虚拟股份购入期限的不同，到期后分批变现。

投机行为的预防——由于虚股激励中杠杆效应的存在，个别高层管理人员可能会专门投机于虚股激励方案，人为操纵各种财务会计指标，以获取暴利，而不把精力放在经营管理上。因此，要在激励方案的设计上尽可能做到详细完备，同时，要制定有关处罚规定，对这种投机行为进行严惩。

三、对虚拟股份计划的简要评述①

（1）实行虚拟股份后，股东大会将代替职工代表大会的职能。股东代表通过股东大会选举董事会、监事会，决定公司的重大方针政策，行使当家做主的权利。职工所持股份在公司内可以通过契约的形式在一定的期限内向所信赖的人聚集，由小股变成大股，大股东是众多小股东的代表，把大股东推入董事会，由董事会聘任经理等管理人员。如果对大股东失去信任，可在一定的时限内按一定程序收回个人股份，重新进行组合。

（2）虚拟股份的杠杆效应可以激励员工关心公司，开源节流。将员工的未来和公司股票的市场表现捆绑在一起，能极大地激发员工的工作意愿、责任心、成本意识和主人翁精神。员工所持股份不仅是一张凭证，它还是领取工资、获得福利、年终分红和缴纳社会养老保险金的凭证，其价值每个经营年度调整公布一次。这种股份还具有一定风险，一旦公司亏损或破产，员工所持股份自然贬值消失，直到失去依托而失业。

---

① 参见卢恒武：《用虚拟股份形式统一权责利》，载《中国船舶报》，2002-05-10；《东方通信股权激励的新尝试》，中国改制网，2001-11-29。

（3）虚拟股份有助于完善分配制度，强化激励与约束机制。员工虚拟持股制度在按劳分配原则的基础上，引入股权分配制度，将虚拟股本和贡献一并纳入分配体系，进一步体现了分配的公平性和科学性。虚拟股份不仅具有收益性，而且具有风险性，一旦公司经营状况不佳，员工持有的虚拟股份将会相应地贬值。这可以使员工加强自我约束，追求公司财富最大化和长期稳定的发展。

（4）虚拟股份有利于强化监督机制。虚拟股份使员工具有"员工"和"准股东"的双重身份。作为"准股东"，员工会对公司的各种经营行为进行监督。

（5）实行虚拟股份制后，公司仍可接受外来投资入股，也可以对外联营或投资设立合资公司。已经离退休的员工继续按已有的办法过渡到完全与公司脱钩。公司依法经营，照章纳税，承担必要的社会义务。公司的目标是利润的最大化。公司的运作可基本按照《中华人民共和国公司法》的规定相对规范化，成为新型的公司制企业，现代公司制度也就随之建立起来了。

但是虚拟持股制度与国际上通行的员工持股计划及期权激励相比，仍有一些缺陷。其一，虚拟股份并非真实的股份。持有虚拟股份的员工不能像真实股东那样行使股东投票权，对公司经营产生重大影响。其二，虚拟股份与二级市场的联系并不十分紧密，虚拟股份的收益虽然来自二级市场价差，但实际收益受奖励性基金预算规模的限制，员工并不能从二级市场的抛售中获取收益。对于公司而言，虚拟股份的分配收益只能从公司经营费用中支出，而不能从利润中分配，对公司而言是一个较大的负担。

7.3.2　实施虚拟股份计划的方法步骤[①]

一、确定公司每年发放虚拟股票的总股数

确定虚拟股的总股数是虚拟股份制的第一个要点，必须为以后各年虚拟股的增加留出空间。如果今后随着虚拟股的增加，每股利润分红减少得太多，就容易引发高级经理人员的不满，但是，如果虚拟股设置过少，激励力度不足，也不会起到预期的激励效果。因此，需要充分考虑公司的支付能力和对经理的激励力度的平衡。同时，虚拟股总股数的确定要充分考虑公司未来可以实现的经济收益，在实际执行中主要考虑高级经理的奖励基金以及老板的虚拟股票赠送。

二、确定虚拟股票的内部市场价格

公司虚拟股票的内部市场价格并不等同于同类公司实际股票的二级市场价格，但是应参考后者的股价水平，以留出充分的虚拟股升值空间，但今后将根据相关公司的股价进行调整。具体调整办法为：在受益人离开公司要求兑现虚拟股时，如果同行业股价的升幅高于本公司虚拟股价的升幅，则予以适当的股价补偿。

三、确定公司虚拟股票计划的受益人

通常，第一批受益人主要是高级项目经理及其他管理人员，由人力资源部确

① 参见张一：《天津某民营公司：虚拟股份制》，载《中国商业评论》，2005-06-14；高波、崔苏玲：《年薪虚股制：非上市公司的激励设计》，中华财会网，2004-01-08。

定并对外公布。中层管理成员则首先考虑工作年限和工作岗位的重要性（例如，一线的市场部就更重要一些），在此范围之内，再根据当年的业绩考核数据，选择绩效考核前20%的成员作为受益人。

四、确定各计划受益人当年所获虚拟股票奖励的数量

根据公司每年确定的总股数和各计划受益人的分配比例，按各人相应的分配比例确定其当年所获的虚拟股票的数量。分配虚拟股权时，公司运用了“二八法则”，即在获得虚拟股票的人员中，占总数20%的核心项目经理获得总额度的80%，其余人员则获得剩余的20%。虚拟股票每年发放一次，形成一个滚动发展的格局。这样，公司的虚拟股总量每年都会有所增加。

五、虚拟股票的兑现

公司虚拟股票的获得者可以在持有虚拟股票一定时间后逐步将其兑现（这需要在持有股份合同中加以明确规定），在不能兑现期间只有分红权，没有决策权。兑现期限一般设为4年。持股人获得兑现权后可以自由选择是否兑现。根据公司目前的实际情况，虚拟股票收入在经理收入中所占的比重控制在20%～50%之间。

7.4 管理层收购

自20世纪60年代起，全球范围内的通货膨胀加速，公司市价持续下跌。而英国在70年代仍然追求大而全的多样化的大公司，其结果是公司机构臃肿、效率低下、官僚作风盛行。现实迫使这些大公司求变，于是公司剥离成了它们甩掉包袱最常用的方法，亦即用分拆的方法使业绩不佳的子公司及辅助业务脱离母公司，以达到母公司在市场竞争中无羁绊的效果。而剥离的方法通常是将这些子公司出售，但在大环境不景气的情况下，这些经营业绩不佳的子公司很少有人问津。然而，这些子公司的管理层则熟知其经营业务、发展前景以及不为外人所知的潜力，管理层收购便由此发生了。因此，我们说在很大程度上，起源于英国的管理层收购制度是公司分拆的结果。管理层收购在我国是近些年出现的新生事物，目前已有宇通客车、粤美的、深圳方大、佛塑股份等上市公司试行了管理层收购方案。

7.4.1 管理层收购的基本知识

一、什么是管理层收购

管理层收购（management buy-outs，MBO）是杠杆收购（leveraged buy-outs）的一种特殊情形，是指目标公司的管理层通过借贷融资购买本公司的股权或资产，从而改变本公司的所有者结构、控制权结构和资产结构，使管理层以所有者和经营者的身份控制目标公司，并获得预期收益的并购行为。

在实践中，管理层收购不仅顺利地剥离了母公司业绩不佳的子公司和辅助业务，而且实施了管理层收购的子公司并没有因此退出市场的舞台，反而在竞争中展示出生机勃勃的活力。1980 年，英国经济学家迈克·怀特（Mike Wright）率先提出了管理层收购的概念，并在理论上给予新的发展。怀特认为，MBO 应该包括两种：一是 MBO（management buy-out），是指由在职管理层收购所任职的企业、公司的股权；二是 MBI（management buy-in），是指由外部人员实施收购，随后在所收购公司、企业内部担任高层管理人员。显然，怀特提出建立 MBO 制度的最初目的是，认识到 MBO 制度中的管理人员也就是公司的所有人，这会使公司的代理成本大大降低，所以他并不认为 MBO 的收购者必须是目标公司的管理者，而是允许外部人员收购，只要收购以后成为被收购公司的高层管理人员即可。而目前我国的一些学者却对 MBO 的概念有不同的见解。[①]

二、管理层收购的基本内容

1. MBO 的主要特征

（1）MBO 的主要投资者是目标公司的管理层以及掌握某种核心技术的具有不可替代作用的员工，他们通过 MBO 以所有者和经营者合一的身份控制目标公司。

（2）MBO 主要是通过借贷融资来完成的，目标公司的管理人员要有较强的组织运作资本的能力，融资方案必须满足贷款人关于风险—收益的要求，也必须为权益持有人带来预期的价值和收益。

（3）MBO 的目标公司要有巨大的资金潜力（指成长良好的现金流量），或存在潜在的管理效率空间（指提高效率、降低代理成本，或可出售部分业务、部门）。

（4）收购成功后，管理层要通过重新调整资产、剥离低盈利性资产、降低运营成本、革新技术、改变市场策略、提高销量来增大现金流；同时，也可以通过资本运作的方式，使公司重新上市，或者将股权出售套利。

（5）MBO 多发生在成熟行业。成熟行业产生的现金流量较为稳定，这将提高企业的负债能力，从而有助于 MBO 中的债务融资。此外，稳定的现金流量同时也是管理人员进行人力投资所得回报的表现形式。

2. MBO 的方式

（1）收购资产。是指管理层收购目标公司的大部分或全部资产，实现对目标公司的所有权和经营权的实际控制。

（2）收购股票。是指管理层从目标公司的股东那里直接购买股票，以实现对目标公司的所有权和经营权的实际控制。

（3）综合证券收购。是指收购主体对目标公司提出收购要约时，其出价是现金、股票、公司债券、认股权证、可转换债券等多种形式的组合。综合来看，采

---

① 郎咸平认为，国际上讲的 MBO 不是指管理者购买自己所在企业的产权，这里的 BO 是指 buy out，是购买外边的股票，像中国这种“自购自”应当叫做 MBI，即购买内部股（buy in）。但是国内也有学者认为，无论是西方、转轨国家还是第三世界国家提到的 MBO，都是指经理购买本企业，BO 意思是 buy out，就是“完全买下”、“买断”之义，而不是“买外边的”意思。

用综合证券收购，既可避免支付太多的现金，又可以防止控股权的转移。

三、对管理层收购的简要评述

1. 管理层收购的优点

管理层收购集产权改革和股权激励优势为一体，制度适用面广，能够在较大程度上实现所有者利益与经营者利益的一致性。具体来说，实施管理层收购有以下优点：

（1）有利于企业明晰产权。由于历史的局限性和外部因素的干扰，我国绝大多数集体所有制企业都存在产权界定不清、名义产权界定和事实利益分配不一致等问题。MBO 可以帮助这些企业理顺现有的产权关系，以规范化制度重新确认企业产权的归属关系，解决它们的燃眉之急。

（2）有利于降低代理成本，解决委托—代理关系中激励不足、约束乏力的问题。MBO 在很大程度上实现了公司所有权和经营权的结合，经营者利益与所有者利益趋于一致，大大降低了交易成本，有利于提高公司的经营绩效和市场价值。

（3）有利于实现管理者的自我激励与自我约束。MBO 可以将经营者的风险责任和经营绩效挂钩，极大地调动经营者的积极性，提高经营管理效率；同时，所有权和经营权合一，使经营者获得了自我约束的动力，因为经营失败意味着管理层不仅会损失全部自有资本，还可能为此承担巨大的偿债压力。

（4）有利于国有资产的剥离和重组。通过 MBO，国有企业可以调整现有资产结构，剥离非核心业务，将有限资源集中配置在具有竞争优势的核心业务上；而选择向管理层和员工出售股权是最稳妥、快捷的方式，不仅可以保持经营者队伍的稳定性，提高资产经营效率，而且可以通过与原母公司（或集团）达成合作协议，使被剥离的资产继续为其提供服务。

2. 我国 MBO 实施过程中存在的一些问题

（1）我国现行法律制度滞后于管理层收购发展的需要。MBO 的运作必须在现有法律框架允许的范围内完成。《中华人民共和国证券法》和《中华人民共和国公司法》的有关规定是 MBO 操作中无法回避的问题。在具体操作过程中，由于我国尚无针对管理层收购的明确政策规定，所沿用的法律依据主要是来自涉及国有及集体资产转让的有关规定，以及证监会颁布的《上市公司收购管理办法》和《上市公司股东持股变动信息披露管理办法》中有关管理层收购的方法、信息披露及监管等内容。现行政策法规中存在诸多限制，阻碍了 MBO 的发展。另外，各地区的规定不尽相同，不具备统一适用性和立法权威，这也在一定程度上制约了管理层收购制度的顺利推行。

（2）金融市场发展滞后，阻碍了管理层收购的顺利实施。管理层收购标的金额巨大，远远超出管理层个人支付能力，整个收购过程需要金融资本的大力支持。目前我国资本市场尚不健全，员工入股或持股方式以个人出资或职工集资为主，银行只允许向证券公司提供股票抵押贷款，尚不允许向企业或个人提供股权贷款，我国《银行贷款通则》中“不得用于股本效益性投资”的规定制约了银行向 MBO 提供融资的行为；证券公司和保险公司也不允许介入这种融资业务，股票市场和债券市场发展滞后，信托公司与 MBO 基金才刚刚起步；银行即使向 MBO 提供变通融资，往往也会因为“收购方不能以被收购公司的资产作抵押”的规定而受到限制。

（3）股权定价缺乏公允性，成为市场争执的焦点。在 MBO 实施的过程中，最关键、最敏感的问题在于收购价格的确定。我国目前 MBO 的转让定价不透明，流通股股东不能同等享有低价受让非流通股的权利，MBO 在现阶段的实施存在国有资产流失的嫌疑。如果没有明确的法规来约束和规范 MBO 的操作过程，将极可能导致管理层收购行为发生扭曲，并存在脱离原有轨道的危险。

（4）缺乏相应的专业中介机构作为管理层的配套因素。我国中介机构总体发展水平不高，缺乏高素质的投融资、金融理财、资产重组和企业管理方面的专家团队，专业素质参差不齐，其业务经营还受到一定的政策限制，这已成为部分完成 MBO 的公司未能实现资产重组和价值提升预期目标的重要原因之一。

（5）缺乏真正的企业家和完善的企业家市场。我国目前的企业领导人还不具备独立发展企业的应有条件，仍有相当数量的国有企业领导人是通过党政干部标准任命产生的。由于缺乏完善的职业经理人市场，经营管理人员的流动缺乏必要的管理规范手段，企业家价值很难通过市场竞争得到公正体现，从而增加了实施 MBO 的过程中管理层持股比例确定标准的难度。由于缺乏经理人市场，MBO 的实施有可能变国有股的“一股独大”为管理股的“一股独大”，管理层可能利用其相对控股地位，通过损害其他股东的利益来谋取自身利益最大化，并最终断送企业的发展前景。

（6）市场退出机制尚不完善。目前我国资本市场相对落后，所能提供的风险投资退出方式相当有限，企业资产并购市场的发育还不健全，寻求主板上市成为资本的主要退出方式，这在无形中增加了风险资本退出的难度。在我国目前实施 MBO 的上市公司中，其股份均源于国有股和法人股的转让，其不可上市流通性大大降低了风险资本寻求上市退出的积极性，影响了 MBO 在中国的推广实践。

7.4.2 实施管理层收购的方法步骤

一、实施程序

1. 方案策划设计阶段

由于各个企业的情况千差万别，各地对国有或集体资产的管理归属等问题又有各种不同的规定，同时，有效运用当地政策法规可极大地促进 MBO 的运作成功，因此，成功的 MBO 首先取决于良好的方案，主要包括组建收购主体，协调参与各方的工作进度，选择战略投资者，收购融资安排等。

2. 收购操作阶段

这一阶段是 MBO 实施方案确认后的实际收购操作阶段，主要工作环节为：评估、定价、谈判、签约、履行。实施的焦点主要是收购价格的确定及其他附加条款的确定。操作阶段涉及许多 MBO 的实施技巧，纯熟的资本运作将减少从方案到落实的成本。

3. 后续整合阶段

该阶段最重要的工作是对企业进行重新设计和改造，包括未来发展规划的制定，对公司业务和资产的重整，资产结构的改善，等等。通过本阶段的工作，解决 MBO 过程中形成的债务，同时实现 MBO 操作的各种终极目标。

二、实施技术

1. MBO 的融资渠道

管理层收购涉及的标的金额较大，通常远远超过管理层个人的支付能力，因此，MBO 的成功实施必然伴随着融资活动，现阶段主要的融资渠道有以下四种：

融资渠道一：银行借贷资金。通过股权质押的方式向银行借贷，这种方式成本相对较低，可以通过逐年转贷的方式减轻还款压力，这是目前大多数企业实施 MBO 最主要的融资渠道，但是其资金使用的合法性受到较多质疑。

融资渠道二：信托资金。《中华人民共和国信托法》为 MBO 带来了可操作的融资工具，也为信托投资公司拓展了一个崭新的业务品种。在 MBO 的实施过程中，创造性地运用信托这一法律关系，可以解决 MBO 过程中收购资金的来源和安全性等方面存在的难题，使向信托公司融资的渠道变得十分畅通。例如，安徽丰原集团第二大股东银河生物实际控制人、第一大股东李荣杰借助新华信托的 1.8 亿元杠杆资金，以不到 5 000 万元的实际代价完成 MBO。

融资渠道三：风险投资和战略投资者资金。通过设计合理的融资方案，保证上述机构的资金安全和收益，并对退出渠道作出合理的安排。

融资渠道四：由股东单位提供融资。

2. MBO 的还款资金来源

我国企业实施 MBO 主要的还款资金来源是：经营分红、部分资产变现、部分股权转让、引入战略投资者等。

3. 如何进行资产的处置和定价

如何进行定价是 MBO 实施的重点和难点之一。由于当前大多数企业（尤其是上市公司）都是以评估后的净资产作为定价的依据，这就基本保证了国有资产的保值增值，但是由于大多数国有企业的资产盈利能力较差，很多国企还存在着大量的非经营性资产，因此，在评估之前，资产的处置是很有必要的，即在收购之前压缩目标公司的资产泡沫并在合理的范围内处理坏账，剥离非经营性资产（或以一定的折扣打包出售），以提高资产质量，降低收购成本与收购后的经营压力。另外，在评估方法选择方面，建议将成本法与收益法有机地结合起来，这样评估出来的结果更贴近资产的真实价值。在对资产定价时，应在职工补偿安置的基础上，充分考虑到管理层和员工的贡献，同时兼顾国有出资者的利益，最终匡算出一个双方都能接受的价格。

4. 如何设计合适的收购主体

在 MBO 的实施过程中，构建合适的收购主体是重要的一环，改制后的公司可以是有限责任公司，也可以是股份有限公司，应在收购前对收购的相关法律主体进行预先布局，防止出现违反规定的事项发生。收购主体可以是管理层以自然人的身份持股，也可以由经营管理层组成管理层控股公司持股，非上市公司还可以由员工以职工持股会的名义持股。收购主体的设计是否合适对企业 MBO 的成败影响较大，丽珠医药集团股份有限公司的管理层收购就是由于收购主体的设计存在问题而最终“流产”。

5. 如何进行股权结构安排

在安排股权结构时，管理层和员工共同成为新公司的股东，其中，管理层应在新公司实现控股；同时，一般都考虑引入战略投资者或者基金共同持股。为了解决将来新进骨干的持股问题，建议保留一定量的内部法人股。

三、实施中应注意的问题

由于企业实施 MBO 改制涉及企业产权体制上的重大变革，因而必须高度重视，加强领导，有效组织和协调整个改制工作。

聘请在 MBO 改制方面有成功案例和丰富经验的专家担任改制顾问，保证改制顺利进行。

在员工中进行无记名调查，以掌握持股者的心态，无论是劳方还是资方，无论是大股东还是小股东，了解他们每个人的真实想法，寻找他们都能认同和接受的临界点和平衡点，作为持股方案的立足点。

应考虑方案中涉及的其他问题。除上述内容外，作为完整的 MBO 改制，如何做好改制的宣传工作及未来的战略发展规划，如何兼顾改制各相关主体的利益等，都是在实施 MBO 时必须认真考虑并加以妥善解决的问题，否则，改制将很难获得圆满成功，即使草草做完了，也可能蕴藏着极大的法律风险和经营风险。

本章小结

目前，长期激励的主要形式包括：员工持股、虚拟股份、股票期权、管理层收购等。

员工持股计划最早试行于 20 世纪 50 年代的美国，在随后的半个世纪中，在世界大多数国家和地区广泛采用。在长期激励制度的设计中，它是一项十分重要的内容。在实践层面，它包括全员持股、技术人员持股和管理人员持股等多种方式。

股票期权计划是 90 年代以来最流行的一项长期激励计划。它是指上市公司授予公司人员，如高管和核心技术人员在未来一段时间内，以事先商定的价格和条件认购本公司一定数量股票的权利。股票期权是公司所有者赋予公司人员的一种特权，这种权利不能转让，期权的价值只有经过公司人员的若干年努力，公司得到发展，每股净资产提高，股票市价上涨后，才能真正体现出来。

虚拟股份是针对国内实施股票期权计划的限制而产生的一种长期激励制度。虚拟股份是“虚拟的”，即不是真正意义上持有的“股份”，它是借助于“股份”

计算的给予激励对象的一种长期收益权。

管理层收购即 MBO，是指目标公司的管理层通过借贷融资购买本公司的股权或资产，从而改变本公司的所有者结构、控制权结构和资产结构，使管理层以所有者和经营者的身份控制目标公司，并获得预期收益的并购行为。MBO 的初始动力是降低企业的代理成本。在我国，一些公司已开始实施这种制度。完善我国现行的法律制度、发展金融市场、公平确定股权、建立专业化的中介机构和推动企业家市场的形成，都是有效实施这种长期激励制度的重要条件和内容。

复习思考题

1. 论述员工持股计划的主要经济学思想。
2. 试述期权激励的一般操作规程。
3. 论述管理层收购在国有企业及国有控股企业实施的可行性。

案　例

天津某民营公司：虚拟股份制①

公司成立于 1987 年，系国家一级建筑施工企业，天津市重点骨干企业。公司 2004 年营业额 8 亿元，利润 5 000 万元。2003 年以来，随着房地产市场的升温，建筑安装市场的竞争也日趋激烈，公司的高级项目经理出现了流失现象。公司不得不对其产权制度进行改革。公司是家族企业，主要股份控制在夫妇两人手中，由于创业艰难，两人都不愿意实质性地出让股权，思来想去，他们精心选择了一种虚拟股份制，既可以对高级经理进行激励和约束，又没有动摇家族持股的根基。大多数家族企业老板的创业历程都充满了酸甜苦辣，因此，对股权和控制权相当敏感，不愿意实质性地出让股权。但随着企业的发展壮大，管理层会自然而然地产生对股权的要求。既要激励管理者，又要保持对企业的绝对控制，防止高管的尾大不掉，一个看似并不矛盾的问题正在成为家族企业老板普遍面临的“二律背反”难题。天津某大型民营企业的虚拟股份制，为我们实现家族企业老板与管理层的股权制衡提供了一个典型的模板。

公司设计的虚拟股权方案实施步骤如下：

第一步，确定公司每年发放虚拟股票的总股数。该公司的方案设置了 1 000 万股，每股 1 元，之所以最终确定设置 1 000 万股，是考虑到新增虚拟股也有分红权，也要参加以后各年的利润分红，因此将其控制在第一年占全部分红权的 10%左右，而后老板又从自己的利润分红中拿出 500 万股，作为对高级管理人员的虚拟股赠送。因此，实际虚拟总股本为 1 500 万股。

① 张一：《天津某民营公司：虚拟股份制》，载《中国商业评论》，2005-06-14。

控制点：高管出走往往会使民企遭受极大损失。因此，民企老板在激励高管时，往往是既想激励又怕激励。

虚拟股份的分配方式则巧妙地解决了这一矛盾。用奖金变相购买＋赠与，一方面可以体现老板对高管的激励，同时，由于用自己的奖金购买了部分股份，高管在心理上也容易产生一种依赖心理，其离职会受到企业的限制，不容易采用无法控制的出走方式。

第二步，确定虚拟股票的内部市场价格。在第一年定价的基础上，未来公司股票价格的计算方式为：重点考虑税后利润和净资产收益率的变化，两个因素所占的比重分别是60%和40%，另外，还要考虑同行业目标公司股价的变化。例如，按照这种方式，假定第二年公司的利润增加了20%，净资产收益率增加了10%，那么公司的虚拟股价格将上升20%×60%＋10%×40%＝16%。但是，如果同行业公司的利润平均增加了30%，净资产收益率平均增加了15%，那么，公司的盈利上升可能是行业市场中较好的，这是由市场决定的，公司管理人员的努力在其中的作用可能并不大，因此可以从公司的股价上升中扣除这一市场因素。按照公司给出的数字，公司与行业平均水平的差距为50%（这是一个简单的数字，如果与行业平均水平的利润和净资产收益率都不同，也是按上述比重计算复合差距），那么，虚拟价格的上升比例也要扣除50%，最终股价为提升8%。差距越大，扣除就越多。如果公司的盈利水平高于同行业水平，也会有一个相应的虚拟股价格的二次调整，例如，如果公司的盈利水平高于同行业水平50%，股价就会在现有基础上再提升50%，即提升24%。在确定了第二年虚拟股价的基础上，进行第二年虚拟股的设置工作（假定新股价是1.8元，如果增加1 000万股，则需要1 800万元）。

此种做法虽然表面上损失一些利益，但会对当前在职者产生一个稳定的预期，使其安心工作，与上市公司的员工相比，达到一种利益平衡。

第三步，确定公司虚拟股票计划的受益人。第一批受益人主要是高级项目经理及其他管理人员，由人力资源部确定并对外公布。中层管理成员则首先考虑工作年限和工作岗位的重要性（例如，一线的市场部就更重要一些），在此范围之内，再根据当年的业绩考核数据，选择绩效考核前20%的成员作为受益人。

控制点：对受益人进行考核评价，并据此确定虚拟股票的分配比例系数，是方案的关键控制点之一。因此，一定要确定科学的考核标准。目前，公司所使用的考核方法是关键业绩指标法。

第四步，确定各计划受益人当年所获虚拟股票奖励的数量。在分配虚拟股权时，公司运用了“二八法则”，即在获得虚拟股票的人员中，占总数20%的核心项目经理获得总额度的80%，其余人员则获得剩余的20%。考虑到公司的现状，公司主要管理人员所获虚拟股份额以15%为上限。虚拟股份每年发放一次，形成一个滚动发展的格局。这样，公司的虚拟股总量每年都会有所增加。

第五步，虚拟股票的兑现。公司虚拟股票的获得者可以在持有虚拟股票一定时间后逐步将其兑现（要在持有股份合同中加以明确规定），在不能兑现期间只有分红权，没有决策权。兑现期限一般设为4年。持股人获得兑现权后将可以自由选择是否兑现。根据公司目前的实际情况，虚拟股票收入在经理收入中所占的比重控制在20%～50%之间。

在初期，经理不必出钱购买股权（只是从其年度奖金中扣除一部分购买虚拟股）；在工作满一定年限之后，可套现所有股权；若中途离职，则根据实际工作月份按比例套现其股权。

控制点：虚拟股在不能兑现期间只有分红权，没有决策权。套现有前提条件，当前的规定是在公司中工作满4年。

第8章

福利与薪酬

在关心员工福利主张的基础上，建立起一个有关员工关系的思想体系，这将改善工作条件，而且有希望提高生产率。

——丹尼尔·A·雷恩：《管理思想的演变》

在现代企业的薪酬体系中，员工福利（employee benefits）扮演着非常重要的角色，是企业总薪酬中不可或缺的一个重要组成部分，是雇主为员工支付的货币性薪酬的补偿和延续。完善的福利体系对于吸引和保留员工都非常重要，也是公司人力资源管理系统是否健全的一个重要标志。

福利反映了组织对员工的长期承诺，正是由于福利的这一独特作用，许多追求长期发展的员工，更认同福利待遇而不仅仅是高薪。从世界范围看，在薪酬管理实践中，福利在整个报酬体系中的比重越来越大，成为组织的一项庞大支出。据统计，目前在西方国家，福利和保险费与工资的比例几乎接近1∶1，并有超过工资的趋势。

8.1 福利概述

8.1.1 福利的概念及其发展历史

一、福利概念的界定

对于福利的概念，不同国家的不同学者有着不同的界定。

米尔科维奇在 *Compensation* 一书中将员工福利界定为“总报酬的一部分，它不是按工作时间给付的，是支付给全体或一部分员工的报酬（如寿险、养老金、工伤补偿、休假）”[1]。

在我国，有的学者认为，员工福利是各企事业单位、国家机关等通过建立集体生活设施和服务设施以及补贴制度等方式贴补本单位（或本系统）员工在物质文化生活方面的集体消费以及共同性需要或特殊生活困难而举办的公益性事业。[2]也有学者认为，员工福利是企业基于雇佣关系，依据国家的强制性法令及相关规定，以企业自身的支付能力为依托，向员工提供的用以改善其本人和家庭生活质量的各种以非货币工资和延期支付形式为主的补充性报酬与服务。[3]

尽管对于员工福利的定义有所不同，但总体来看其含义基本相似，都是指企业依据国家的相关法律、法规以及企业自身情况为员工提供的各种非货币报酬与服务，包括各种社会保险项目、企业补充保险项目以及其他补贴制度，增加集体福利设施和举办文体活动等，从而为员工提供生活方便，减轻员工生活负担，丰富员工的文化生活。它是企业支付给员工的工资之外的报酬，对维持劳动力再生产，满足员工对物质和文化生活多层次的需要，实现企业留住、吸引和激励人才的组织目标，起着十分重要的作用。

二、福利的发展历史

员工福利是伴随着工业化的发展和产业工人的增加逐渐兴起的，它的发展历史可以追溯到19世纪初甚至更早的时期。当时，欧洲和北美一些国家的政府通过雇佣标准和事故赔偿立法等劳动力市场的规制措施，要求雇主为员工的福利承担更多的责任。19世纪80年代，德国政府相继颁布了一系列社会保险法令：1883年《工人疾病保险法》，1884年《工伤事故保险法》，1889年《老年和残障保险法》，标志着世界上第一个社会保险体系的建立。英国政府于1906年颁布了《工人补偿法》，1911年制定了全面、综合的《国民保险法》。在美国，劳工保护发展历史上的一个重要事件是：1938年颁布了《公平劳动标准法》（又称《工资工时法》）。其主要条款包括：每周40小时工时，每小时最低工资40美分；禁止使用16岁以下童工，在危险性行业中，禁止使用18岁以下工人；雇主安排雇员加班，必须按工资标准的150%向雇员支付加班费，等等。

20世纪40年代，员工福利在工业化国家得到迅速发展。第二次世界大战和朝鲜战争时期，美国联邦政府采取工资物价稳定政策，严格限制工资的增长，即使如此，对公司福利部分的开支也未加限制。由于战争状态的不稳定性，为了招募和保留人才，许多公司甚至增加了养老金、人寿保险和医疗保障计划这类福利措施。

20世纪中叶以来，随着企业员工福利项目的增加和水平的提高，企业员工的福利支出不断增加。以美国为例，其员工福利除了法定的养老保险、失业保险、工伤保险等，还有很多补充福利，如搬家费、利润分享、住房补贴、企业年金等。

---

① George T. Milkovich，Jerry M. Newman，*Compensation*，Eleventh Edition，McGraw-Hill，2013，p. 429.

② 参见李怀康等：《社会保险和职工福利概论》，188～189页，北京，北京经济学院出版社，1990。

③ 参见仇雨临：《员工福利管理》（第二版），149页，上海，复旦大学出版社，2010。

三、我国员工福利的发展

1949 年以来，我国员工福利的发展受计划经济与市场经济体制改革的影响，人们将其划分为统包阶段、过渡阶段和创新阶段。①

第一，统包阶段。1951 年我国政府颁布了《中华人民共和国劳动保险条例》，为企事业单位员工和国家机关工作人员建立了正规的退休计划。1954 年以后，伴随着国有企业“大锅饭”分配制度的形成，统包式员工福利也逐渐发展起来，其计划内容囊括了衣食住行、生老病死等各方面。福利形式以物质为主，包括福利分房、公费医疗、免费教育等，费用完全由国家或企业承担。在这种体制下，企业对职工的生活，诸如住房、医疗、养老、子女入托、上学等要一包到底，对职工的生、老、病、死、残要承担无限责任，即企业办社会。而这些责任最终又都通过层层行政程序转为国家的“兜底”责任。当时认为，这体现了党和政府的关怀，是社会主义制度的优越性，是工人阶级当家做主的体现。

第二，过渡阶段。改革开放以后，在计划经济向市场经济体制转轨的过渡时期，“货币”形式的福利增多，包括奖金、津贴、补贴和救济金等。1979 年，国务院发布《关于国营企业实行利润留成的规定》，实行职工福利基金从企业利润留成中提取的办法，1983 年改为先按工资总额的一定比例在成本中提取，不足部分再在税后利润留成中列支的办法；实行利改税后，亦坚持了上述政策，职工福利从此不仅有了经费保障，而且可以随着经济的增长不断改善。当然，这种变革也拉大了不同单位职工福利的差距。在这一阶段，从企业到员工福利意识明显增强，但传统体制的惯性仍在延续，新型福利体系尚未建立，经营效益较好的企业逐步增加福利中的“货币”支付。

第三，创新阶段。自 20 世纪 90 年代中期以来，随着社会主义市场经济的目标定位和国有企业改革的逐步深入，员工福利和退休制度建设开始进入体制和制度创新阶段。在社会保障制度改革的过程中，新型的社会保障制度框架基本确立，“社会统筹和个人账户相结合”的社会养老、医疗保险制度的覆盖面扩大，补充养老保险和医疗保险计划日益发展，企业办社会的功能逐步分离，社会福利和企业福利正在进入协调发展时期。随着收入水平的提高，货币收入的边际效用递减，人们更注重生命健康，注重风险保障。同时，随着现代企业制度的建立，现代人力资源管理的概念逐步引入企业管理，人们开始将福利计划纳入企业的薪酬管理之中，不断探索和建立符合本企业特点的福利计划，合理地确定其“货币”与“服务”部分的构成，针对员工的特点建立弹性福利计划。

8.1.2　福利的作用

一、福利对雇主的作用

1. 员工福利可以为企业合理避税

《中华人民共和国企业所得税法实施条例》规定，企业发生的职工福利费支

① 参见肇越、杨燕绥、于小东：《员工福利与退休计划》，21～22 页，北京，中信出版社，2004。

出，不超过工资薪金总额14%的部分，准予扣除。也就是说，企业为员工支付的一部分福利项目可以在税前列支，这就使企业减少了纳税基数，合理地规避了一部分税收。

2. 员工福利可以为企业减少成本支出

由于基本社会保险费中，雇主缴费部分是以工资为基数进行缴纳的，因此，增加员工的货币工资，会间接地增加雇主的社会保险缴费额，而通过增加福利，则可以使得员工在获得同等收入水平的情况下，为企业减少一部分成本开支。

3. 员工福利成为雇主吸引和保留人才的有效工具

根据经典的需要层次理论，员工的需要是多层次的，货币工资更多的是起到满足成就动机的作用，而有些福利项目则能够满足人们的情感需要。现在，大量企业开始为员工举办集体生日晚会，定期提供情侣免费电影票以及各种家庭照顾计划等，这些都是从人的情感出发来考虑的。这些福利项目的支持成本并不高，但是可以塑造和谐的组织文化，达到吸引和留住人才的效果。

4. 员工福利可以起到提高雇员工作效率的作用

雇主为员工提供诸如体检、保健等项目，可以预防员工患病；为员工提供各种休闲或者休假的福利，可以使员工保持良好的精神状态，能够全身心地投入到工作中去。因此，有效的员工福利项目，既可以减少雇主的开支，又能够达到保障员工权益、提高工作效率的目的。

5. 福利设计可以起到激励雇员的作用

企业在设计福利制度的时候，可以适当地考虑差别因素。在设计时，可以将员工享受的福利水平与职位评价、绩效考核结合起来，对不同职位和不同绩效表现的员工提供有差异的福利。这样，福利就可以在一定程度上起到激励的作用，从而有利于企业实现人力资源管理的战略目标。

二、福利对雇员的作用

1. 适当的福利项目可以增加雇员的收入

雇主可以通过福利来达到避税的目的，同样，福利也可以为员工带来更多的收益，增加员工的收入。雇员向各类基本社会保险以及符合政府规定的补充性保障计划所缴纳的费用都属于税前列支项目，免交个人所得税。尽管部分项目在领取最终收益额时仍需纳税，如企业年金以及在退休后领取退休金时，需缴纳个人所得税，但是由于退休后的收入低于在职时的收入，个人所得税属于累进制，且有免征额，因此在很大程度上，这类福利仍然起到了避税或减轻税负的作用。这对于高收入的员工来讲，尤其具有吸引力。而实物类福利因为本身的实物性特点，根本就无须纳税，所以，这类福利对雇员而言具有同样的吸引力。

2. 有些福利项目可以解除员工的后顾之忧

除了国家的社会保险项目，企业年金和企业补充医疗保险等都可以起到这样的作用。企业通过自身的努力，可以为员工建立未来消费基金，保障雇员在退休后能够获得足够的收入保障。

3. 合理的福利项目可以保障员工的身心健康和家庭和睦

企业为员工提供的各种医疗保健项目，可以及时反映员工的健康状况，达到及时预防的作用；有针对性地提供一些家庭福利计划，比如为绩效优秀的员工提供夫妻共同旅行计划，可以保障员工的家庭和睦。

8.2　福利的分类

福利自身包含的项目较多，从不同的角度可以对福利进行多种分类。

通常依据福利项目的提供是否具有法律强制力，可以分为法定福利和企业补充福利。法定福利主要包括基本养老保险、基本医疗保险、工伤保险、失业保险、生育保险和住房公积金。企业补充福利是在国家强制之外由企业提供的福利项目，种类繁多，包括补充养老和医疗保险、住房福利、带薪休假以及其他各种服务项目。

依据福利选择的灵活性，可以分为固定福利和弹性福利。固定福利设定后，员工没有选择的余地；而在弹性福利计划下，员工可以根据自己的偏好在一定范围内灵活选择。

根据福利的表现形式，可以分为经济性福利和非经济性福利。前者包括企业支付的各种保险项目、住房补贴等；后者主要表现为培训、职业生涯设计、良好的工作环境等。

总之，依据不同的标准可以将福利划分为不同的类别，但最基本的划分是上面介绍的第一种分类方式，即划分为法定福利和企业补充福利。

8.2.1　法定福利

所谓法定福利，是由国家相关法律和法规规定的福利内容。国家法定福利具有强制性，任何企业都必须执行。《中华人民共和国劳动法》第七十六条明确规定："用人单位应当创造条件，改善集体福利，提高劳动者的福利待遇。"我国目前的法定福利主要包括社会保险和法定休假。

一、社会保险项目

1. 基本养老保险

养老保险是国家和社会根据一定的法律和法规，为劳动者或全体社会成员建立的老年收入保障制度，是在劳动者达到国家规定的解除劳动义务的劳动年龄，或因年老丧失劳动能力退出劳动岗位后，为解决其基本生活保障问题所做的一项强制性的制度安排。经过多年的改革与实践，我国终于建立了新型社会养老保险制度。1997 年国务院颁布了《国务院关于建立统一的企业职工基本养老保险制度的决定》(以下简称《决定》),《决定》的出台标志着我国新型社会养老保险体系的正式确立。

《决定》按照社会统筹与个人账户相结合的原则，从三个方面统一了企业职工基本养老保险制度。一是统一企业和职工个人的缴费比例。企业缴费比例一般不得超过企业工资总额的 20%，具体比例由各省、自治区、直辖市人民政府确定；个人缴费比例1997年不低于本人缴费工资的4%，以后每两年提高1个百分点，最终达到8%。二是统一个人账户的规模。按本人缴费工资的11%为每个职工建立基本养老保险个人账户，个人缴费全部计入个人账户，其余部分从企业缴费中划入。随着个人缴费比例的提高，企业划入的部分应降至3%。三是统一基本养老金的计发办法。基本养老金包括基础养老金和个人账户养老金两部分，基础养老金月标准为省、自治区、直辖市或地（市）上年度职工月平均工资的20%，个人账户养老金月标准为本人账户储存额除以120。

在《决定》实施的过程中，对于跨地区流动就业的劳动者，尤其是流动性较强的农民工来说，在不同地区参保，缴费年限不能累计计算，基本养老保险关系无法顺畅地转移接续，使他们在进入养老阶段时利益受损甚至无法得到保障，降低了这些劳动者参保缴费的积极性。为了切实保障参加城镇企业职工基本养老保险人员的合法权益，各省（区、市）陆续出台了养老保险省级统筹办法，城镇职工和农民工在本省内城市间流动就业，基本可以实现养老保险关系转移接续。

为了保证参保人员跨省流动并在城镇就业时基本养老保险关系的顺畅转移接续，2009年12月，国务院召开会议通过了人力资源和社会保障部、财政部关于《城镇企业职工基本养老保险关系转移接续暂行办法》（以下简称《暂行办法》），并于2010年1月1日起实施。《暂行办法》规定，包括农民工在内的参加城镇企业职工基本养老保险的所有人员，其基本养老保险关系可在跨省就业时随同转移；在转移个人账户储存额的同时，还转移部分单位缴费；参保人员在各地的缴费年限合并计算，个人账户储存额累计计算，对农民工一视同仁。为了避免参保人员因办理转续关系而在两地往返奔波，《暂行办法》规定了统一的办理流程，参保人员离开就业地，由社保经办机构发给参保缴费凭证；在新就业地参保，只需提出转续关系的书面申请，转入和转出地社保经办机构为其协调办理审核、确认和跨地区转续手续。国家将建立全国统一的社保机构信息库和基本养老保险参保缴费信息查询服务系统，发行全国通用的社会保障卡。

2. 基本医疗保险

医疗保险是指由国家立法规定并强制实施的、为了分担疾病风险带来的经济损失而设立的一项社会保险制度，由国家、用人单位和个人集资（缴保险费）建立医疗保险基金，在人们生病或受到伤害后，由社会医疗保险机构给予一定的物质帮助。1998年，国务院颁布的《关于建立城镇职工基本医疗保险制度的决定》，奠定了新时期职工医疗保险制度的框架。

新的医疗保险制度的内容主要包括：基本医疗保险费实行职工和企业共同负担的原则；基本医疗保险基金实行社会统筹与个人账户相结合；用人单位缴费率为职工工资总额的6%左右，职工缴费率为本人工资收入的2%。职工个人缴纳的保险费全部计入个人账户；用人单位缴纳的保险费一部分用于建立统筹基金，一部分划入个人账户；划定统筹基金和个人账户各自的支付范围，确定统筹基金的起付标准和最高支付限额，起付标准原则上控制在当地职工年平均工资的10%

左右，最高支付限额原则上控制在当地职工年平均工资的4倍左右。起付标准以下的医疗费用，从个人账户中支付或由个人自付。起付标准以上、最高支付限额以下的医疗费用，主要从统筹基金中支付，个人也要负担一定的比例。

为了进一步做好农民工的医疗保障工作，人力资源和社会保障部于2006年颁发了《关于开展农民工参加医疗保险专项扩面行动的通知》，以省会城市和大中城市为重点，以农民工比较集中的加工制造业、建筑业、采掘业和服务业等行业为重点，以与城镇用人单位建立劳动关系的农民工为重点，以解决农民工大病医疗保障为重点，积极将农民工纳入医疗保险制度范围。

3. 失业保险

失业保险是指国家通过立法强制实行，集中建立失业保险基金，对因失业而暂时中断生活来源的劳动者提供物质帮助，维持基本生活的社会保障制度。1999年，国务院颁布了《失业保险条例》，这是我国目前执行的失业保险制度的法律依据。

《失业保险条例》的主要内容包括：第一，失业保险的覆盖范围是所有城镇企业、事业单位的失业职工，即包括国有企业、城镇集体企业、外商投资企业、城镇私营企业以及其他城镇企业的职工。第二，失业保险基金由单位和职工共同缴纳。单位按照本单位工资总额的2%缴纳失业保险费，职工按照本人工资的1%缴纳失业保险费。第三，失业保险基金的支出范围包括：失业保险金，领取失业保险金期间的医疗补助金，丧葬补助金和抚恤金，接受职业培训和职业介绍的补贴等。第四，享受失业保险待遇的条件为：参加失业保险，单位和本人已按规定缴费满1年的；非自愿性失业的；已办理失业登记，并有求职要求的。第五，领取失业保险金的期限：根据缴费时间的长短来确定，最长为24个月，最短为12个月。第六，失业保险金的标准：按照低于当地最低工资标准、高于城市居民最低生活保障标准的水平，由省、自治区、直辖市人民政府规定。第七，由各地劳动保障行政部门负责失业保险的管理工作。

4. 工伤保险

工伤保险是国家依法建立的，对在生产、工作等经济活动中遭受事故伤害和从事有损健康的工作从而患职业性疾病的劳动者及其家属提供医疗救治、生活保障、经济补偿、医疗和职业康复等物质帮助的一种社会保障制度。我国现行的工伤保险制度是按照劳动部1996年颁发的《企业职工工伤保险试行办法》实施的。国务院于2003年4月16日颁布了《工伤保险条例》（以下简称《条例》），自2004年1月1日起施行。这说明工伤保险已经从部委规章上升到国务院法规的高度，工伤保险正式被纳入法律体系。

《条例》的主要内容包括：第一，工伤保险基金由用人单位缴纳的工伤保险费、工伤保险基金的利息和依法纳入工伤保险基金的其他资金构成。用人单位应当按时缴纳工伤保险费。职工个人不缴纳工伤保险费。第二，规定了认定工伤的七种情形，其中既包括在工作时间、工作场所内因工作原因遭受事故伤害的情形，也包括患职业病，职工因工外出遭受伤害，以及职工上下班途中遭受机动车事故伤害的情形等。除此之外，还规定了三种视同工伤的情形，规定视同工伤的职工享受同等的工伤保险待遇。为了防止工伤认定的扩大化，损害广大职工的利益，《条例》规定了不得认定为工伤和不得视同工伤的三种情形。第三，进行工伤认定的机构是劳动保障行政部门。第四，职工发生工伤，经治疗伤情相对稳定后存在残疾、影响劳动能力的，应当进行劳动能力鉴定。劳动能力鉴定是指劳动功能障碍程度和生活自理障碍程度的等级鉴定，劳动能力障碍分为十级，生活自理障碍分为三级。劳动能力鉴定标准由国务院劳动保障行政部门会同国务院卫生行政部门等制定。第五，《条例》对工伤保险待遇做出了具体的规定：对于受一般工伤的职工，可从工伤保险基金中支付治疗费用，享受医疗费、康复治疗费、辅助工具费用、停工留薪、护理费等费用的核销；对于工伤致残者，规定享受伤残待遇，分为不同伤残等级，分别享受不同的伤残津贴和待遇；对于职工因工死亡，享受丧葬补助费、供养亲属抚恤金、一次性工亡补助金等待遇；职工因工外出期间发生事故或者在抢险救灾中下落不明的，从事故发生当月起 3 个月内照发工资，从第 4 个月起停发工资，由工伤保险基金向其供养亲属按月支付供养亲属抚恤金，生活有困难的，可以预支一次性工亡补助金的 50%。

根据 2010 年 12 月 20 日《国务院关于修改〈工伤保险条例〉的决定》，国务院颁布了新修订的《工伤保险条例》，于 2011 年 1 月 1 日起正式实施。主要变动有：(1) 适用范围由各类企业、有雇工的个体工商户及其职工扩大至企业、事业单位、社会团体、民办非企业单位、基金会、律师事务所、会计师事务所等组织和有雇工的个体工商户及其职工。(2) 变更了负责工伤保险费率的行业差别费率及行业内费率档次的制定及调整单位。(3) 增加规定了对难以按照工资总额缴纳工伤保险费的行业，其缴纳工伤保险费的具体方式，由国务院社会保险行政部门规定。(4) 将工伤保险统筹范围由直辖市和设区的市实行全市统筹，其他地区的统筹层次由省、自治区人民政府确定扩大至“逐步实行省级统筹”。(5) 扩大了工伤保险基金的用途范围，增加工伤预防的宣传、培训等费用亦从工伤保险基金支出的规定。(6) 其他具体执行层面规定的变动。

5. 生育保险

生育保险是国家通过立法筹集保险基金，对怀孕、分娩、生育子女期间暂时丧失劳动能力的女职工给予一定的经济补偿、医疗服务和生育休假福利的一项社会保险制度。其宗旨在于帮助她们恢复劳动能力，重返工作岗位。1994 年，原劳动部颁布《企业职工生育保险试行办法》（以下简称《办法》），这是与我国经济体制转型相适应的一部生育保险规章。

《办法》规定：第一，生育保险的实施范围是所有城镇企业及其职工。第二，生育保险实行社会统筹。参加统筹的企业按照规定的比例缴纳生育保险费，职工个人不缴纳。具体缴费比例由地方政府确定，但最高不超过企业职工工资总额的 1%。第三，参保职工享受生育津贴和生育医疗服务。生育津贴按照本企业上年度职工月平均工资计发，以《女职工劳动保护规定》订立的产假时间为期限。生育医疗待遇包括妊娠、分娩全过程。女职工生育期间的检查费、接生费、手术费、住院费和药费均由生育保险基金支付。

在人社部、国务院法制办 2012 年 11 月 21 日公布的《生育保险办法（征求意见稿）》中规定，中华人民共和国境内的国家机关、企业、事业单位、有雇工的个体经济组织以及其他社会组织及其职工或者雇工，应当参加生育保险。用人单位缴纳生育保险费，职工不缴纳生育保险费。该办法明确生育保险将实现各类职工人群的全覆盖。

二、法定休假

1. 公休假日和法定假日

目前我国实行每周休息两天的公休日制度。

2007 年 12 月公布了《国务院关于修改〈全国年节及纪念日放假办法〉的决定》，并于 2008 年 1 月 1 日起施行。修订后的全体公民放假的节日为：新年，放假 1 天（1 月 1 日）；春节，放假 3 天（农历除夕、正月初一、初二）；清明节，放假 1 天（农历清明当日）；劳动节，放假 1 天（5 月 1 日）；端午节，放假 1 天（农历端午当日）；中秋节，放假 1 天（农历中秋当日）；国庆节，放假 3 天（10 月 1 日、2 日、3 日）。

在公休日和法定假日加班的员工，应享受相当于基本工资双倍和三倍的津贴补助。

2. 带薪休假

带薪休假是指员工工作满一定的时期后，可以带薪休假一定的时间。《中华人民共和国劳动法》第四十五条规定："国家实行带薪年休假制度。劳动者连续工作一年以上的，享受带薪年休假。"

3. 病假

员工因为身体疾病不能正常工作时，应当享有病假。通常情况下，员工请病假要出示医院的诊断证明。大多数企业的病假政策是：员工在规定的病假期内能够享受正常的薪资待遇。

三、住房公积金

针对计划经济时代的住房制度弊端，国务院于 1980 年 6 月宣布实行住房商品化。经过住房制度改革，取消福利分房后，购买商品房成为城镇居民解决住房问题的重要途径。在住房商品化与市场化改革过程中，为了保证职工具有购买住房的支付能力，国家通过立法规定强制企业实施住房公积金制度。1999 年 4 月，国务院颁布的《住房公积金管理条例》（以下简称《条例》）对公积金的建立、运作、管理、使用与实施均作出了详细的规定。根据《条例》的执行情况，国务院于 2002 年 3 月 4 日进行了进一步的修订。

《条例》指出，住房公积金，是指国家机关、国有企业、城镇集体企业、外商投资企业、城镇私营企业及其他城镇企业、事业单位、民办非企业单位、社会团体（以下统称单位）及其在职职工缴存的长期住房储金。住房公积金采取职工和单位共同缴款，分别缴存比例均不得低于职工上一年度月平均工资的 5%；有条件的城市，可以适当提高缴存比例。直辖市和省、自治区人民政府所在地的市以及其他设区的市，应当成立住房委员会，作为住房公积金管理的决策机构。直辖市和省、自治区人民政府所在地的市以及其他设区的市，应设立住房公积金管理中心，负责住房公积金的管理运作。《条例》规定了住房公积金专项用途，应当用于职工购买、建造、翻建、大修自住住房，任何单位和个人不得挪作他用。职工有下列情形之一的，可以提取职工住房公积金账户内的储存余额：第一，购买、建造、翻建、大修自住住房的；第二，离休、退休的；第三，完全丧失劳动能力，并与单位终止劳动关系的；第四，户口迁出所在的市、县或者出境定居的；第五，偿还购房贷款本息的；第六，房租超出家庭工资收入的规定比例的。单位除在住房公积金缴费上承担强制性义务，还需要为员工在住房公积金管理中心办理缴存和支取手续，为员工代扣代缴费用。

住房公积金制度是依据国家的政策法令建立起来的，由国家承办、由单位与个人共同缴费的强制性住房储蓄计划。住房公积金计划在税收、存贷款利率上享受政策优惠：单位和个人分别在不超过职工本人上一年度月平均工资12%的幅度内缴存住房公积金，单位缴纳的住房公积金可在成本中列支，个人缴纳部分免交个人所得税；住房公积金存款能享受较高的利率；建立住房公积金的职工，在购买、建造、翻建、大修自住住房时，可申请住房公积金贷款，贷款利率通常低于市场贷款利率。

8.2.2 企业补充福利

企业补充福利是指企业按照自身的需要和实际情况，依据员工的需要建立的福利项目。企业福利计划种类较多，设计上也更加灵活，主要包括收入保障计划、健康保障计划、员工服务计划和其他福利计划。

一、收入保障计划

收入保障计划目前在我国企业中主要有企业年金和团体人寿保险两种类型。

1. 企业年金

企业年金也叫企业补充养老保险、私人养老金、职业年金计划等，是企业及其职工在依法参加国家基本养老保险的基础上，在国家的相关法律法规框架内，根据本企业特点自愿建立的补充养老保险计划，是员工福利制度的重要组成部分。企业年金作为老年收入（主要是社会养老保险金）的一个补充来源，已经成为养老保险体系中的一个重要支柱。而对于企业来说，它已经成为人力资源管理战略的福利体系的一个重要组成部分，是延期支付的工资收入。大多数发达国家都建立了企业年金制度，有些国家甚至通过立法，把企业年金变成了国家强制性的养老金制度。

（1）企业年金的分类。依据不同的标准，企业年金可以划分为不同的类型。根据创立主体不同，可分为由单个企业创立的企业年金计划与由多个企业创立的企业年金计划；根据供款主体不同，可分为个人单方缴费年金计划、企业（又称雇主）单方缴费年金计划、个人与企业联合缴费年金计划；根据筹资方式不同，可分为现收现付制、积累制及部分积累制；根据缴费和受益关系的不同，可分为待遇确定型、缴费确定型及混合型年金计划。[①]

（2）我国企业年金计划的框架。企业年金计划包括如下内容：参加人员范围；资金筹集方式；职工企业年金个人账户管理方式；基金管理方式；计发办法和支付方式；支付企业年金待遇的条件；组织管理和监督方式；中止缴费的条件；双方约定的其他事项。

根据 2004 年 5 月原劳动和社会保障部相继颁发的《企业年金试行办法》与《企业年金基金管理试行办法》的规定，建立年金计划的企业必须具备相应的资格条件：第一，依法参加基本养老保险并履行缴费义务；第二，具有相应的经济负担能力；第三，已建立集体协商机制，企业年金计划应覆盖企业试用期满的职工，在坚持"效率优先、兼顾公平"的同时，防止方案歧视，企业年金计划要通过职工大会或职工代表大会讨论，并报劳动保障行政部门备案才生效。

2011 年 1 月 11 日人力资源和社会保障部第 58 次部务会审议通过了《企业年金基金管理办法》，新办法规定：建立企业年金计划的企业，应当通过职工大会或者职工代表大会讨论确定，选择法人受托机构作为受托人，或者成立企业年金理事会作为受托人。企业年金理事会由企业代表和职工代表等人员组成，也可以聘请企业以外的专业人员参加，其中职工代表不少于 1/3。

我国企业年金计划属于缴费确定型，实行完全积累，采用个人账户方式进行管理，职工达到退休年龄后，才能一次性或按月领取年金。为了体现国家的鼓励政策，在东北三省完善社会保障体系试点地区和进行文化体制改革试点的地区和单位，企业缴费不超过工资总额 4％的部分，可以列入成本，给予税收优惠。企业缴费、企业与职工缴费有上限约束，规定了企业缴费每年不超过本企业上年度职工工资总额的 1/12，企业和职工个人缴费合计一般不超过本企业上年度职工工资总额的 1/6，以防止国家利润额减少与职工当期缴费不足。

我国企业年金采用信托模式管理，管理的治理结构主要是确定两种法律关系：一是委托人与受托人之间建立的信托关系，企业及其职工作为委托人，将基金财产委托给受托人管理。委托之后企业和职工拥有基金管理的决策权和知情权，受托人承担基金财产的实际管理职责。二是受托人与账户管理人、托管人和投资管理人等专业机构之间建立的委托合同关系，各管理机构按合同和受托人要求提供账户管理、基金托管或投资管理服务。

2. 团体人寿保险

团体人寿保险是由雇主为雇员提供的集体保险福利项目，是市场经济国家比较常见的一种企业福利形式。团体人寿保险的特点是：

（1）要求投保团体必须是依法成立的组织，要有自身的专业活动。

（2）投保团体中参加保险的人数必须达到规定的标准。

---

① 待遇确定型企业年金计划是承诺按事前确定的待遇水平给付受益人的企业年金计划。待遇水平通常取决于雇员退休前的收入水平和参加计划的年限。缴费确定型企业年金计划，即预先规定缴费比例，退休时的收入水平取决于其个人账户的积累额，积累额受缴费年限、投资收益等不确定性因素影响，难以预知其实际待遇水平。

（3）团体寿险的被保险人不能自由选择投保金额，这样做是为了防止体质差、危险大的人选择较高的保险金额。

（4）由于参加的人数多，相对于个人来讲，可以以较低的价格购买到相同的保险产品。

（5）保障范围比较广泛。

二、健康保障计划

目前我国企业为员工建立的健康保障计划主要有补充医疗保险和定期健康检查等福利计划。

1. 补充医疗保险计划

由于国家的基本医疗保险只能满足参保人的基本医疗需求，超过基本医疗保险范围的医疗需求可以通过其他形式的医疗保险予以满足。补充医疗保险是我国建立多层次医疗保障的重要组成部分。与基本医疗保险不同，补充医疗保险不是通过国家立法强制实施的，而是由用人单位和个人自愿参加的。

（1）补充医疗保险的意义。

第一，补充基本医疗保险的不足，负担封顶线以上的医疗费用开支。基本医疗保险只保证基本医疗，统筹基金不支付封顶线（社会平均工资的 4 倍）以上的费用，无法防范高额大病风险，客观上为企业建立补充医疗保险留下了空间。

第二，保证企业职工队伍稳定，增强企业的凝聚力和竞争力。补充医疗保险能够提高员工的医疗保险待遇，减轻个人的经济负担，消除员工医药费用负担过重的后顾之忧，提高员工对企业的满意度。

第三，适应不同群体的需求，建立多层次医疗保障制度。补充医疗保险可以为不同收入水平、不同需求的员工提供不同的医疗服务，给予一定的社会保障，为建立健全员工多层次、多形式的医疗保障服务体系提供支持。

（2）我国补充医疗保险的模式。目前我国的补充医疗保险主要有三种模式：社会保险机构经办的职工补充医疗保险、商业保险公司经办的职工补充医疗保险以及工会组织开展的职工补充医疗保险。①

1）社会保险机构经办的职工补充医疗保险。2007 年 10 月 17 日，苏州市人民政府公布了《苏州市社会基本医疗保险管理办法》（以下简称《办法》），意味着苏州市成为全国第一个出台完整的社会医疗保险管理办法的城市。

《办法》规定：社会医疗保险由政府负责组织与实施，建立以基本医疗保险为基础，补充医疗保险和社会医疗救助相结合的多层次社会医疗保险制度。职工医疗保险基金包括基本医疗保险基金、地方补充医疗保险统筹基金和大额医疗费用社会共济基金。大额医疗费用社会共济基金来源为参保职工每人每月 5 元，由在职职工和退休人员个人缴纳。参保职工在结算年度内符合规定的住院和门诊特定项目医疗费用，累计超过 10 万元以上的部分，由大额医疗费用社会共济基金

① 参见《〈苏州市社会基本医疗保险管理办法〉出台答记者问》，名城新闻网苏州新闻门户，http://news.2500sz.com。

结付95%，个人自付5%。

《办法》还规定：企业在按规定参加本统筹地区基本医疗保险的基础上，可以建立企业补充医疗保险，用于本单位参保人员个人负担过重部分的补助。企业补充医疗保险费在工资总额3%以内的部分，可以从成本中列支。[①]

2）商业保险公司经办的职工补充医疗保险。2009年8月，江西省为建立健全全省城镇居民大病补充医疗保险制度，印发了《江西省城镇居民大病补充医疗保险暂行办法》(以下简称《办法》)。

《办法》规定：居民补充医保可由统筹地区人力资源和社会保障行政部门采取招投标方式，委托中标的商业保险公司承办。由统筹地区医疗保险经办机构作为参加居民补充医保的团体投保人，向商业保险公司投保，并签订协议，明确双方的权利、义务、责任和委托时限。居民补充医保费按照以收定支、收支平衡、略有节余的原则，由家庭或个人缴费，居民补充医保的缴费标准（不分成年人和未成年人）为每人每年不低于20元。参保居民发生的超过城镇居民基本医疗保险统筹基金年度最高支付限额的，符合城镇居民基本医疗保险支付范围的医疗费用，根据医疗机构的级别，按照不同的标准给予支付。在参保年度内，居民补充医保年度内累计最高支付限额为每人每年不低于城镇居民可支配收入6倍以上(含基本医疗保险费用)。[②]

3）工会组织开展的职工补充医疗保险。中国职工保险互助会是全国总工会主办的以从事职工互助合作保险为主要内容的全国性社团组织，其业务范围是在职工自筹资金、自愿参加的基础上开展与职工生、老、病、死、伤、残或发生意外灾害、伤害等特殊困难有关的保险活动。职工互助保险现已开办的险种有：在职职工住院医疗互助保障计划、在职职工重大疾病互助保障计划、在职职工子女意外伤害互助保障计划、在职职工意外伤害互助保障计划和在职女职工特殊疾病互助保障计划。凡工会会员，都可通过所在单位工会，以团体的形式加入中国职工保险互助会。

各地均对在职职工住院医疗互助保障计划作出了规定。在北京市，凡中国职工保险互助会会员，参加北京市基本医疗保险的企业、机关、事业单位、社会团体、民办非企业单位（包括中央及外省市在京单位），均可以为职工投保。应由单位工会组织以投保人身份统一办理投保手续，投保人数不少于该单位在职职工总数的70%（参保职工少于30人的单位必须100%投保）。参保人每年缴纳互助费50元，保险期满后，无论是否发生约定保险事件，保险费不再返还。

医疗互助保障的保险责任包括：基本医疗保险统筹基金支付范围内（指起付标准以上至最高支付限额以内），由被保险人个人自付部分的费用，按照该费用的一定比例给付住院治疗，急诊抢救留观，恶性肿瘤放射治疗和化学治疗，肾透

① 参见《苏州市社会基本医疗保险管理办法》，中国苏州网，http：//www.suzhou.gov.cn。

② 参见《江西省城镇居民大病补充医疗保险暂行办法》，中国养老金网，http：//www.cnpension.net/index_lm/2010-04-13/1114027.html。

析、肾移植后服抗排异药的门诊治疗费用；最高支付限额以上由大额医疗费用互助基金支付范围之内，由被保险人个人自付部分的费用（不含起付标准以下及个人负担部分），也按照一定的比例给付医疗互助金。[①]

从严格意义上说，上述补充医疗保险模式还不属于企业的健康保障计划，因为它们不是企业自主建立的，而是由其他机构建立或者经办的。但是，这些以政府、社会团体、商业保险机构行为为基础的对补充医疗保险模式的不断探索，为企业积极参与其中奠定了良好的基础。

2. 定期健康检查计划

企业通常会为员工提供定期健康检查计划，首先，体现企业对员工健康的关心，有利于增强员工的归属感和工作热情，从而提高工作效率；其次，通过健康干预，降低员工发病率，减少因病假和健康问题对工作产生的影响，从而降低病假和事假工时；最后，可以做到有病早治疗，防止带病上岗造成更大的隐患，降低企业和员工个人总医疗费用的开支。

三、员工服务计划

除了以货币形式提供的福利，企业还为员工或员工家庭提供旨在帮助员工克服生活困难和支持员工事业发展的直接服务的福利形式。服务计划主要包括为员工提供心理咨询、家庭援助等福利安排。员工服务计划的目的是保证员工能够全身心投入工作，避免由于家庭等因素带来的干扰。

四、其他福利计划

企业通常根据自己的情况，自主决定向员工提供一些其他的福利项目，由于不具有强制性，因而没有统一的标准。常见的其他福利项目包括：员工个人发展福利、住房补助福利等。

员工个人发展福利，主要包括培训、继续教育或深造等。培训作为现代企业管理的重要内容和手段，已越来越受企业重视。很多企业对员工提供教育方面的资助，为员工支付部分或全部与专业发展相关的培训教育费用，实行内部轮训、选送参加专业知识培训或出国培训。通过培训，一方面，可以增强员工自身的素质和能力，帮助他们增长知识、提高技能，激发他们的创造力和潜能，使企业直接受益；另一方面，可以改变员工的工作态度，让员工体会到企业对他们的重视。从公司未来发展的角度看，教育和培训跟上了，人才就具有了连续性，凝聚力也会大大增强。

住房补助福利，企业可以通过向员工提供免费单身宿舍、夜班宿舍、廉价公房出租、购房低息贷款、购房补贴等，解决员工的住房困难，让员工真正实现安居乐业。

此外，企业有组织的集体文体活动、交通费补贴、午餐补贴等都是比较常见的企业福利项目，同时，随着社会的发展，有些企业还为员工提供事件福利、

---

① 参见《在职职工住院医疗互助保障计划》，中国职工保险互助会北京办事处网站，http：//www.bjzghzbx.com。

Hop Day（发泄日）等比较有特色的福利项目。

8.3 福利的设计

8.3.1 福利设置的影响因素

企业为员工提供多少福利项目，受到企业外部因素和内部因素的共同制约和影响。国家关于福利方面的相关法律法规和政策、市场工资水平、相关税收制度、劳动力供求状况以及工会的力量等共同构成了影响企业福利设置的外部因素。企业的经营效益、薪酬战略、员工的构成、工作特征等共同构造了影响企业员工福利设置的内部环境。企业在设置自己的福利项目和福利水平时，必须考虑以上因素，寻找最适合自身发展需要的福利管理制度，争取做到能够与企业所处的内外部环境相适应，达到理想的匹配效果，最终作出员工福利的合理选择和定位。

一、外部环境

1. 国家相关法律法规和政策对福利设置的影响

通常来讲，与员工福利最密切相关的法律政策文件，是宪法和劳动法系列中对员工福利的规定以及社会保障法律的相关规定。1982 年的《中华人民共和国宪法》明确规定：实行各尽所能、按劳分配，在发展生产的基础上，提高劳动报酬和福利待遇；劳动者享有休息和劳动保护的权利；劳动者有获得物质帮助的权利。这是我国关于福利问题的最高法律规定。《中华人民共和国劳动法》中明确规定的员工福利包括社会保险、工作时间、休息时间、职业培训、劳动卫生、女职工及未成年工的保护等内容。此外，国家的一些行政法规也规定了相关员工福利的内容，包括基本养老保险、基本医疗保险、失业保险、工伤保险和生育保险在内的社会保险方面的法规对员工的相关福利做了明确规定。国家出台的工时制度、特殊劳动保护制度等都是行政法规方面的福利规定。

2. 市场工资水平对福利设置的影响

市场工资水平是影响企业薪酬制定的重要因素，同时也对福利设置产生影响。企业要吸引优秀人才，必然要提供具有吸引力的薪酬，这就需要企业考虑当前市场薪酬的整体水平，对此做出判断和反应，进而调整自己的薪酬结构和福利水平，设计具有吸引力的福利待遇来吸引和留住人才。

3. 相关税收制度对福利设置的影响

国家对很多企业福利项目实行税收减免的优惠政策，这是企业愿意提供补充福利的一个重要的动力。比如，为了调动企业和个人参加企业年金（过去一直称为“企业补充养老保险”）的积极性，国务院于 2000 年下发了第 42 号文件，明确规定试点地区的企业建立企业年金制，企业缴费在工资总额 4%以内的部分，可以从成本中列支，享受税收优惠政策。国家的所得税制度是企业考虑如何通过福利设置改变薪酬结构，进而达到合理避税的一个因素。我国个人工资薪金所得税采用的是七级分段累进税率。2011 年 6 月 30 日，第十一届全国人民代表大会常务委员会第二十一次会议表决通过了《全国人民代表大会常务委员会关于修改〈中华人民共和国个人所得税法〉的决定》，从 2011 年 9 月 1 日起，将《中华人民共和国个人所得税法》规定的工资、薪金所得减除费用标准（俗称“起征点”）提高到 3 500 元/月，全月应纳税所得额不超过 1 500 元的，按照 3%的税率征税；1 500～4 000 元的部分，按照 10%的标准征税。如果在设计薪酬结构时考虑避税问题，企业就可以设计一些国家具有优惠政策的福利项目，在薪酬总额一定时，增加员工的效用。

4. 劳动力供求状况对福利设置的影响

劳动力供求状况对福利的影响是较为明显的。当劳动力供大于求时，企业提供的福利无论从数量上还是水平上都会下降。当然，法定的福利项目不会减少，但是由于工资总额降低，福利水平自然会随之下降。当劳动力供不应求时，企业会设法提高福利待遇水平，吸引人才为其服务。

5. 工会力量对福利设置的影响

工会是影响员工福利的一个不可忽视的因素，工会在发达资本主义国家的影响力非常大，通过集体谈判为工会会员争取更多的福利待遇。虽然目前我国工会还没有完全适应市场经济的需要得到发展，但是随着非公经济的发展，工会的力量会越来越多地体现出来。

二、内部环境

1. 企业经营效益对福利设置的影响

企业经营效益的好坏是影响企业提供福利水平的决定性因素。企业经营效益好，就有能力为员工提供优厚的福利待遇；企业经营效益差，也就自然会影响到企业提供福利的水平。企业在提供福利的同时也要考虑其成本与收益之间的关系。企业在设计自己的福利制度时，一方面考虑成本的支出，包括福利项目成本和福利管理成本等；另一方面也考虑福利为企业带来的收益，包括提高员工满意度、提高工作效率、降低流动率等，从而把握成本与收益的平衡关系。因此，福利设置既受企业经营效益的影响，反过来也影响企业的经营效益。

2. 企业薪酬策略对福利设置的影响

薪酬策略一般可以分为市场领先型、市场匹配型、市场落后型和权变型策略，通常，薪酬策略的选择与企业盈利能力和所处的发展阶段相关。一般而言，经济效益好的企业有能力选择领先型薪酬策略，反之就要在市场匹配型和市场落后型中做抉择。在快速发展阶段，企业更愿意采用市场领先型薪酬策略，包括提供优厚的福利待遇。在成熟期，企业更多地采取市场匹配型薪酬策略。此外，企业一般要根据自身特点选择不同的薪酬结构，有的企业选择高弹性薪酬模式，实施低工资、高奖励、低福利组合；有的企业则选择高稳定薪酬模式，采用高工资、少奖金、高福利组合；也有低工资、高福利的实践。因此，企业的薪酬策略对员工福利的水平有重要影响。

3. 员工构成对福利设置的影响

员工的年龄和文化程度不同，对福利水平和福利项目的需求存在明显的差异。年轻员工一般倾向于高工资、低福利的薪酬结构，而年龄较大的员工对福利的接受程度较高。此外，年轻人更偏好休闲娱乐性的福利项目，而有孩子的员工需要更多的服务，如孩子的照料和子女的学费。这也是近年来弹性福利发展较快的主要原因。在一个企业内部，福利制度要尽量满足不同类型员工的需求，在设计上要合理安排，照顾到多方面、多层次的需要，尽量考虑员工的经济与生活需要、社交与休闲需要、健康与安全需要以及职业发展的需要。

4. 工作特征对福利设置的影响

福利的设置也要考虑到不同的工作特征这一要素。当前随着知识经济和信息经济的到来，工作方式发生了很大变化，弹性工作时间和工作地点等新的福利方式随之产生，同时，由于工作绩效更多地来自有创造力的知识员工，利润分享方案、员工持股计划等福利方案被越来越多地运用。随着当前社会发展步伐的加快，工作压力越来越大，紧张程度越来越高，员工更需要生活服务，更需要方便自己，更关注生活质量，更希望释放压力，对这方面的福利需求也就越来越强烈。有些企业通过建立员工俱乐部、运动健身设施、文化娱乐设施和组织旅游等形式，让员工在紧张的工作之余放松身心、缓解疲劳。有的企业建立了倾听员工诉说的制度，企业领导人定期与员工面对面交流，直接倾听员工诉说心中的烦恼，或聘请专家对员工进行心理指导，帮助缓解压力。这对高强度、满负荷工作的员工无疑是很大的安慰和激励。

8.3.2　福利计划的设计模式

员工福利计划的设计是保证福利制度发挥作用的重要环节，由于福利支出在企业中已成为一项重要的开支，而且员工福利的激励作用也逐渐受到重视，因此，任何企业都不可能，也不应该盲目实施员工福利，而应当根据企业的情况和员工的特点向员工提供福利，这样才能保证福利制度的持续性和有效性。企业设计员工福利时重点要考虑提供员工福利的目的、提供的水平、提供的项目内容以及企业福利制度的管理。在福利计划的制定中，要考虑企业的外部环境和内部环境，要根据国家法律法规的要求以及市场环境的变化制定和调整福利计划，同时要考虑企业自身的特点，依据企业的实际情况来制定符合实际需要的福利计划。

由于员工福利计划在设计时受到诸多因素的影响，因此在计划模式的分类上也有多种角度，通常可以从福利提供的水平、福利项目的内容以及福利提供的灵活性这几个角度来进行分类。

一、依据员工福利提供的水平进行划分

按照企业所提供的员工福利的水平不同，可以将员工福利计划划分为市场领先型、市场匹配型和市场落后型三种模式。

1. 市场领先型模式

市场领先型模式是指企业向员工提供的福利在整体水平上高于本地区或者本行业大多数企业的水平，也就是说，企业的整体福利是高于市场平均水平的。较高的福利水平意味着员工能够从企业那里获得较多的经济收入，这就可以为企业人力资源管理活动的实施提供有力的支持。这种模式的缺点在于会给企业的经营带来一定的压力，尤其是在那些人工成本占企业总体成本比例较高的企业，这种压力会更加明显。如果企业无法获得足够的收入和利润，那么较高的福利水平就会成为企业的一种负担，甚至会影响到企业正常的运转。

2. 市场匹配型模式

市场匹配型模式是指按照市场的平均水平来确定本企业的福利水平，也就是说，企业向员工提供的福利在整体水平上与本地区或者本行业大多数企业的水平大致相当。这是最常见的一种福利计划模式，在实践中，大多数企业采取了这种模式。与市场领先型模式相比，市场匹配型模式由于是按照市场平均水平来提供福利的，在福利水平上并不像前者那样具有较强的外部竞争性，因此在吸引优秀人才、保持员工队伍稳定等方面也不像前者那样具有明显的优势。而且，由于要按照市场平均水平来提供福利，因此企业需要随时监控外部市场的福利状况，根据市场水平的变化及时调整自身的福利水平，这就相应地增加了福利的管理成本。但是，这种模式的实施可以使企业福利水平的决策变得相对简单，市场平均水平是多少，企业的福利水平就确定为多少，这就降低了决策的难度。此外，与市场领先型模式相比，市场匹配型模式可以减少企业的福利支出，从而减轻了企业经营的压力。

3. 市场落后型模式

市场落后型模式是指企业以低于市场平均水平的标准来确定本企业的福利水平，也就是说，企业向员工提供的福利在整体水平上低于本地区或者本行业大多数企业的水平。虽然从成本支出的角度来看，采取市场落后型的福利计划模式可以明显地降低企业的福利支出，从而减少企业的人工成本开支，但这种模式的问题也是显而易见的，由于福利水平低于其他企业，因此员工从企业获得的经济收入相对就会减少，这样企业在吸引优秀人才方面就会处于劣势。此外，较低的福利水平也不利于稳定现有的员工队伍，往往会导致较高的员工流失率。

二、依据福利项目的内容进行划分

按照企业提供项目的内容可以将企业的福利划分为经济型福利模式和非经济型福利模式。

1. 经济型福利模式

经济型福利模式是指企业主要以直接发放实物的形式或者以货币或准货币的形式来向员工提供福利。由于企业采用团购方式以实物形式发放福利，在采购价格上有一定的优势，这样在同样的成本支出条件下，员工就可以享受到更多的福利待遇。这种方式的弊端在于，实物的发放不能很好地满足员工的不同需要，同时，由于需要配备人员进行采购和发放，因此也提高了实物发放的成本。相比较而言，以货币形式发放福利具有一些优势。首先，由于不需要企业再来直接发放物品或者提供服务，这样就大大降低了福利管理的复杂程度，减轻了企业的管理负担，节约了管理成本。其次，在这种模式中，福利是以货币形式提供给员工的，这样他们就可以根据自身的实际情况来购买自己最需要的物品和服务，从而能够更好地满足员工不同的需求。最后，以货币的形式向员工提供福利，除了可以满足员工较低层次的需求，还可以满足他们较高层次的需求。例如，员工可以用这些资金参加各种活动，从而满足自己的社交需求。

2. 非经济型福利模式

非经济型福利模式是指企业通过培训、职业生涯设计、精神激励和创造良好的工作环境等方式向员工提供福利。非经济型福利的优点在于成本低，有利于培养员工的责任感和主人翁意识，但它也有自身的局限性，需要配合经济型福利来共同发挥作用。

三、依据福利提供的灵活性进行划分

依据福利提供的灵活性，可以将企业福利划分为固定模式和弹性模式。

1. 固定模式

固定模式下，员工所享受的福利待遇是一致的，没有选择的余地。这种福利模式的好处在于设计比较简单，管理成本较低。但是这种模式由于没有考虑到不同员工的需求，因此会导致员工对福利制度的满意度较低。

2. 弹性模式

弹性模式是指企业在福利的总额控制下，员工可以根据自己的喜好选择不同的福利项目组合。这种模式的优点在于，可以在一定程度上满足员工的不同需要，提高员工的满意度。其缺点在于，设计相对复杂，管理成本相对较高。由于弹性福利计划越来越得到企业的认同，使用的企业越来越多，因此在下一部分做专门介绍，这里不再展开论述。

8.3.3　弹性福利计划模式

弹性福利制又称为自助餐式的福利，员工可以从公司所提供的各种福利项目的菜单中自由选择自己需要的福利，就像吃自助餐一样。弹性福利制是指组织提供一份福利菜单，由每一位员工参与福利菜单的内容选择，在一定的金额限制内，员工依照自己的需求和偏好进行自由选择、组合，福利菜单包含现金及指定福利在内的两项或两项以上的福利项目。弹性福利制是由公司根据每个员工的薪水层次设立相应金额的福利账户，每一时期拨入一定金额，列出各种可能的福利选项供员工选择，直至福利金额用完为止。

一、弹性福利计划的类型

1. 套餐式员工福利

这是一种比较简单和容易操作的模式，其目的是保证员工具有更多的选择权和满足员工不同的偏好。企业为员工提供不同的福利组合项目，员工可以根据自己的需要挑选适合自己的组合。

2. 附加型弹性福利

附加型弹性福利计划是指企业在原有的福利计划之外，增加一些员工可以自由选择的福利项目。企业可以根据当前员工的薪酬水平，在原有福利的基础上，为每位员工增加一部分福利认购限额，在这部分限额内，员工可以选择适合自己的福利项目，甚至可以折现。

3. 核心加选择型弹性福利

这种福利计划由核心福利项目和选择型福利项目组成，其中核心福利项目是所有员工都享有的基本福利，不能随意选择；选择型福利项目包括所有可以自由选择的项目，并附有购买价格，每个员工都有一个福利限额，如果总值超过了所拥有的限额，差额就要折成现金由员工支付。

弹性福利计划的类型多种多样，以上介绍的是比较普遍的模式，在实践中，各个企业的弹性福利计划都有其各自的特点，但最根本的一点是，企业在设计福利时，更多地考虑到了员工需求的差异性，从而试图从制度设计上能够更好地满足员工的需求，提高福利的效用。

二、弹性福利计划的设计原则

1. 设计要符合企业的支付能力

弹性福利计划在设计的初始阶段，要通盘考虑企业的整体支付能力，弹性福利在增加员工的选择权的同时，也增加了企业对福利成本的控制难度。因此，实施弹性福利计划要根据企业的实际情况，确定弹性福利的方案，保障计划的顺利运转。

2. 做好充分的需求调查，调动员工参与的积极性

弹性福利设计的出发点是满足员工的多样化需求，因此在福利项目组合的设计上，要最大限度地征求员工的意见，根据员工的需求变化不断调整和更新福利内容，形成一种良性的互动，提高员工对福利设计的关注度，最大限度地发挥福利的作用。

3. 清晰界定不同项目之间的关系

例如，要弄清楚一笔奖金和一天的额外休假或者一定量的实物之间的换算关系，而且这种估算要当作企业的管理成本来计算，所以在估值的时候要客观反映福利项目的价值，否则，很多福利项目就会无人选择，造成设计上的浪费。

弹性福利制度是一个比较新的观念，在美国实施的企业越来越多，可证明这是一个既被资方喜爱亦受劳方欢迎的制度。希望塑造更好的企业文化的雇主，必须考虑将福利放在与报酬和工作环境同等重要的位置。企业组织必须正视福利制度的问题，顺应时代潮流，从一个全新的角度思考员工福利问题。

本章小结

在现代企业的薪酬体系中，员工福利扮演着非常重要的角色，它是企业总薪酬中不可或缺的一个重要组成部分。完善的福利体系对吸引和保留员工都非常重要，它也是公司人力资源管理系统是否健全的一个重要标志。

对企业来说，员工福利具有避税、吸引和保留人才及提高雇员工作效率的作用。对员工来说，适当的福利项目可以增加收入、消除后顾之忧，甚至具有保障身心健康和家庭和睦的功能。

可以从不同角度对福利进行多种分类。通常依据福利项目的提供是否具有法律强制力，分为法定福利和企业补充福利。法定福利主要包括基本养老保险、基本医疗保险、工伤保险、失业保险、生育保险和住房公积金。企业补充福利是在国家强制以外，由企业提供的福利项目，包括补充养老和医疗保险、住房福利、带薪休假以及其他各种服务项目等。

企业员工福利的设计受到来自企业外部因素和内部因素的共同制约和影响。国家关于福利方面的相关法律法规和政策、市场工资水平、相关税收制度、劳动力供求状况以及工会的力量等共同构成了影响企业福利设置的外部因素。企业的经营效益、薪酬策略、员工的构成、工作特征等共同构成了影响企业员工福利设置的内部环境。企业在设置自己的福利项目和福利水平时，必须考虑以上因素，寻找最适合自身发展需要的福利管理制度。

复习思考题

1. 如何从人力资源管理的角度认识员工福利的功能和作用？
2. 员工福利包括哪些类型？
3. 简述福利设置的影响因素和福利计划的设计模式。
4. 简述弹性福利计划的特点。

案　例

广州宝洁公司知识型员工的福利激励①

福利是除薪资以外企业支付给员工的其他报酬和津贴，是对薪资的补充。较高的薪资是短期内人才资源市场供求关系的体现，而福利则反映了企业对员工的长期承诺。随着经济的发展、企业间竞争的加剧，企业的福利待遇比薪资能更有效地激励员工。尤其是对企业中的知识型员工，他们普遍拥有较高的薪资，增加薪资给他们带来的效用在递减，而教育、健康、休假、个人发展、灵活的工作安排等个性化的福利对他们的激励作用却在不断增强。

（1）灵活的工作安排。自 2007 年 9 月 1 日起，宝洁中国有了一项新的福利，办公室员工在每周五个工作日当中可以任意选择一天在家上班。这种灵活、弹性的工作安排节约了员工因交通拥堵而浪费的时间，使员工兼顾了工作和家庭。更重要的是，借助现代信息技术，自由度高的工作安排使素质较高、具有专业技能的企业员工的责任感和创新意识进一步增强，实现了员工工作和生活的平衡，达到了提高工作效率和保留优秀人才的效果。

（2）轻松的工作环境。在宝洁中国公司的大楼里，不仅设有水果商店、运

① 王丹、王锐：《广州宝洁公司知识型员工的福利激励》，载《企业改革与管理》，2008 (5)。

动健身房，还有两间配备专业按摩师的按摩室，员工在工作时如果觉得累了随时可以来按摩，费用相当低。宽松的工作环境和多样的选择，极大地激发了员工的潜能，及时缓解了他们紧张的情绪，使他们始终保持着高效的工作状态。

(3) 全员持股计划。一般企业往往推行骨干员工持股计划，与之不同，2008年，宝洁中国在全公司推行了“员工长期储蓄计划”，该计划意味着宝洁中国每一位员工都可以购买和拥有宝洁公司境外股票，真正成为宝洁全球公司的主人。宝洁将持股范围推广到了全体员工，提高了全体员工对公司的忠诚度，提高了其工作积极性和创造性，更有效地提升了企业的经营绩效和竞争力。

(4) 教育福利。知识型员工更加关注职业发展空间，他们较之普通员工更渴望自身理想和价值的实现。宝洁公司针对知识型员工的特殊发展要求，在公司设立了一流的培训体系，并通过为每一个员工提供独具特色的培训计划和个人发展计划，使他们的潜力得到最大限度的发挥。宝洁中国的员工除了在本地公司的发展，还可以获得到诸如日本、美国等很多地方工作的机会，以丰富工作体验。同时，宝洁是当今为数不多的严格执行内部晋升制的企业，公司有80%的员工是从校园招聘来的，“本地人才培养计划”重点培养表现好的员工，使他们以后能够承担更多的责任，增强本地人才的全球竞争力。一系列的方案设计和演练系统，帮助员工在个人优势上塑造自我，使他们工作更加努力、充满热情。

(5) 专业咨询。宝洁聘请专业的咨询公司，免费为员工提供心理咨询、投资、法律、婚姻和家庭等方面的指导，员工拨打电话即可获得心理健康、理财、婚育、购房、交友等方面的服务，有助于迅速解决生活难题。专业的指导为员工消除了家庭生活的后顾之忧，提升了员工的生活品质，使他们可以全身心地投入工作。

虽然如此优厚的福利激励需要付出较高的成本，但与高福利激励相对应的是宝洁中国连续多年的快速增长。宝洁公司的成功实践昭示我们，对于企业尤其是一些以知识型员工为主体的大型现代企业的管理者来说，应根据企业自身特点灵活设计一些新型福利项目，进一步协调员工工作和生活之间的关系，让员工感受到企业的关怀，从而增强员工的归属感和认同感，提升企业的整体绩效水平，这对于构建和谐稳定的劳资关系将起到至关重要的作用。

第9章

预算与薪酬

凡是无法衡量的，就无法管理。

——德鲁克

预算是什么？预算是一种财务计划。薪酬作为企业人工成本的重要组成部分，直接影响着企业的盈利水平。本章所讨论的预算与薪酬的内容既涉及成本会计，又涉及薪酬管理——两个完全不同而又密切相关的研究领域。

按照美国薪酬学会的权威解释，薪酬预算是公司在一定时期内，为员工提供直接或间接薪酬所安排的货币分配的财务计划（WAW，2004）。[①] 因此，从预算的角度看，薪酬对财务计划的最大影响就体现在企业的人工成本上。换句话说，如何通过财务计划这一手段，将薪酬这个影响人工成本最重要的部分控制在合理的范围之内，或者说，如何使薪酬管理所涉及的水平变动和结构调整符合企业财务计划的要求和安排，是薪酬管理人员必须正视的现实问题。当然，既然是薪酬管理，就需要思考财务计划安排如何更有利于体现人力资源管理战略的要求，即通过有效的财务安排，最大限度地满足人力资源管理战略所提出的吸纳、保留和激励优秀员工的发展目标和要求。正因为如此，预算与薪酬的关系一直是发达市场经济国家薪酬管理高度关注的问题。美国薪酬协会从20世纪70年代开始进行薪酬预算调查，至今已有40多年的历史。

本章首先讨论薪酬预算编制的基本框架、应考虑的影响因素，然后讨论预算编制的方法，最后将针对薪酬预算的监控、使用与评估问题展开讨论。

① 参见 http：//www.worldatwork.org/。

9.1 薪酬预算概述

9.1.1 薪酬预算的目标

企业之所以关注薪酬预算的编制，其主要原因是好的薪酬预算能够实现以下目标：

（1）薪酬预算可以作为下一年度薪酬和财务分配的基础。

（2）薪酬预算能够预测由于绩效增长、晋升增加所带来的实际年度费用以及下一财务年度每一部门每一雇员的总薪酬，提供年度薪酬信息的对比数据。

（3）为管理者提供从一个年度至另一年度的员工薪酬分配信息，有助于管理者制定下一预算年度新老雇员平均薪酬成本的详细计划。

9.1.2 薪酬预算的两大特征

一、薪酬预算的人力资源管理特征

薪酬预算是一项较为复杂的工程，它通过成本—收益分析控制企业成本支出，同时为企业评估提供基础。薪酬预算的难点不在于预算的编制，而在于预算实践所反映出的组织结构和薪酬设计的困难程度。薪酬预算影响着组织权力的分配，是人力资源部门与财务部门、运营部门职能的结合。薪酬预算作为一种沟通工具，提供了调和组织内各部门之间冲突的手段。薪酬预算传递着组织的管理风格和权威，有助于形成特定的组织气质。

因此，薪酬预算不仅是财务管理的工具，更是完善人力资源管理技术的工具，应该鼓励所有的管理者检验预算过程的相关问题。如果薪酬预算过程不能清晰地表明必要的管理行为路径，而只是强调薪酬预算的量化尺度，那么薪酬预算对于企业管理的价值将大大缩减。薪酬预算通过对未来的预测，帮助企业构建更广范围的组织决策要素。管理者必须清楚地认识到，薪酬预算不是一个简单的财务行为，而是企业管理的一部分，每一位管理者都必须了解薪酬预算程序，这样他们才能够完全参与到薪酬预算的构建和随后的使用过程中。

二、薪酬预算的灵活性特征

由于当今经济环境下不确定性的增加，在企业中进行准确的测量是不可能的，如何保证预算的灵活性，成为薪酬预算的难点。薪酬预算必须灵活反映环境的变化，预算控制程序应该能够满足管理者的决策需要。与静止预算相比，灵活预算更能适应企业的实际需要。灵活预算强调准确区分固定成本和可变成本的重要性。从图 9—1 中可以看出，对固定成本的低估会导致预算的低效运营。薪酬成本通常被视为可变成本，但是在很多情况下由于管理或其他方面的原因，薪酬成本的相当部分是固定的。

对应于薪酬预算的灵活性，企业薪酬预算应该做到：通过组织、部门和职位将薪酬预算与预算实施联系起来；将雇员绩效与薪酬增长指导线联系起来；存储

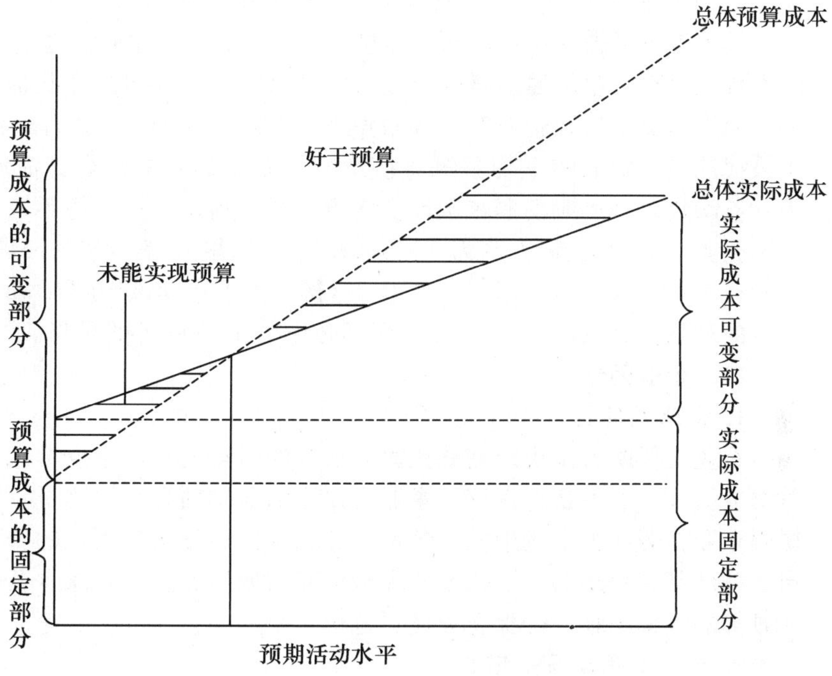

图 9—1　固定成本导致的预算偏差

资料来源：Angela M. Bowey，Tom Lupton，*Handbook of Salary and Wage Systems*，Gower Publishing Company Limited，1975，p. 419.

薪酬调查数据，将其与公司职位联系起来；制定可变薪酬计划和奖励计划。

9.1.3　薪酬预算的三维技术框架

薪酬预算必须建立在对员工、企业及其环境三方面因素详细了解的基础之上，这些因素构成了薪酬预算的三维技术框架，薪酬预算的准确程度依赖于三维技术框架的精细程度。三维技术框架是预算编制的基础，然而，不同的预算方法其侧重点是不同的，自下而上的预算方法重点考虑员工因素，而自上而下的预算方法则重点考虑企业因素。

一、员工因素

1. 明确员工平均薪酬水平状况

一般情况下，企业进行薪酬水平的调整，要么是因为比率（compa-ratio）分析显示平均水平低于预算水平，要么是因为市场水平（market rate）分析显示实际薪酬曲线（salary practice curve）偏离了薪酬政策线（salary policy curve）。

2. 考察员工薪酬增加的可能性

一般而言，薪酬增加主要通过绩效加薪和晋升加薪两种形式体现出来。具体需要考虑以下几个问题：第一，员工的绩效状况如何？是否存在着改进绩效的可能性？第二，员工薪酬与绩效水平是否一致？第三，员工的晋升情况和分级情况如何？在这些基础上，考察比率，考察薪酬水平调整的幅度，预计薪酬预算的增减幅度。

3. 考察员工流动状况，明确员工数量的增减情况

具体需要考虑：第一，预算年度可能的休假及有谁计划退休？第二，新雇用的人数显著吗？单位雇员减少的数量明显吗？员工流动会降低企业的平均薪酬水平，因为当员工离开企业时（通过解雇、辞职或退休），会有较低薪酬水平的员工替代他们，较低的平均薪酬直接影响了企业的薪酬预算。流动效果可被计量为：流动效果＝年流动率×预计平均增长率。例如，一个每年人工成本为 100 万元的企业，劳动力流动率为 15%，预计平均增长率为 6%，那么流动效果是 0.9%(＝15%×6%)，即 9 000 元。这样，为了达到该年度 6%的薪酬增长目标，企业的薪酬预算只需 51 000 元，而不必作出 60 000 元的预算。

二、企业因素

1. 企业支付能力

企业支付能力是决定薪酬预算最重要的因素之一，主要考虑营业收入、利润等财务指标。财务状况良好的企业可以增加薪酬预算，提高员工薪酬水平，从而增强企业在劳动力市场中的竞争地位。相反，财务状况不良的企业则可能采取裁员、降低基础薪酬的上涨幅度或缩减可变薪酬的做法，来减少薪酬预算或避免薪酬预算的大幅增长，确保企业渡过危机。

2. 企业本年度薪酬增长

将本年度薪酬增长作为下一年度薪酬预算的参照，有利于保证企业不同年度薪酬政策的一致性和连贯性。这种做法对保持组织结构的稳定性、为员工提供心理上的安全保障、实现稳健经营都是十分必要的。年度薪酬增长用公式表示为：

$$\text{薪酬水平年增长率}=\frac{\text{年末人均薪酬}-\text{年初人均薪酬}}{\text{年初人均薪酬}}\times 100\%$$

3. 企业薪酬策略

根据企业薪酬水平在劳动力市场中的地位，企业薪酬策略可以分为市场领先型、市场匹配型和市场落后型等。薪酬策略是对企业劳动力市场竞争力的反映，不同的策略类型反映不同的预算趋势。在同行业中采取市场领先型策略的企业，其薪酬预算比其他企业都要高，特别是当劳动力市场薪酬水平上涨时，企业薪酬预算会呈现较大幅度的增加。

4. 企业就业需求

企业就业需求与企业发展密切相关，在对预算年度企业就业需求进行预测时，需要区分可能的雇佣替代和新增雇佣需求两部分，这两部分导致的薪酬预算的增加程度是不同的。

5. 企业组织设计

人力资源问题是薪酬决定的基础，薪酬预算应该考虑到组织设计的合理性，工作结构是否最佳？如果改变工作内容，企业整体绩效是否会提高？如果存在这种情况，那么薪酬预算应该相应做出一定的调整。

三、环境因素

1. 社会生活成本变动

社会生活成本变动要求薪酬水平做出相应的变动，因此企业在进行薪酬预算

时，需要适度考虑生活成本的变动情况。生活成本与员工的消费模式、婚姻状况、赡养人数、年龄和个人偏好等相关。测量生活成本比较困难，不同的员工有不同的生活成本，不可能对每个雇员的个人开支进行逐一测量。一种较为简便的办法是将消费者价格指数（CPI）作为衡量生活成本的指标。然而，CPI 忽视了个人消费模式中的替代效应，而且 CPI 的消费结构也存在不合理的部分，它只能代表部分人口的消费习惯，因此企业利用 CPI 衡量生活成本的变动，是一种比较粗略的做法。

2. 劳动力供求状况

企业薪酬预算受劳动力供求状况的影响。当劳动力市场需求大于供给时，企业为了稳定地获得劳动力，会提高薪酬水平，这将直接导致企业的薪酬预算增加；反之，企业的薪酬预算将减少。

9.2　薪酬预算的编制方法

9.2.1　薪酬预算的编制原则

一、薪酬预算的编制时间

薪酬预算通常是企业财务预算的一个组成部分，它通常在企业支出预算时进行。薪酬预算至少包括两个年度：当前财务年度和下一财务年度。如果试图编制第三年或更长时间的薪酬预算，企业就必须意识到，这样的薪酬预算应该是富有弹性的，最好拥有能够预测重大变化的早期预警系统。

实施两阶段薪酬预算，能够保证薪酬预算的有效实施。假如财务年度预算实施开始于 1 月 1 日，那么初期预算应该在当前年度的 5 月和 6 月开始准备，最终预算则在当前年度的 11 月和 12 月着手进行。薪酬预算属于财务预算的一部分，薪酬预算的时间应该与财务时间保持一致，以便薪酬预算能够自动纳入财务预算系统。

初期预算需要的文件包括当前年度的实际薪酬预算。如果当前财务年度后半年的预算有所改变，那么应该在 5 月和 6 月确定，初期预算应该对这些改变予以考虑。11 月和 12 月的最终预算是管理者对下一财务年度的运营状况的最佳预期和最终决定。预算计划周期如图 9—2 所示。

<table>
<tr><th colspan="2">本财务年度</th><th colspan="2">下一财务年度</th></tr>
<tr><td>1 月</td><td>5—6 月
确定本年度下半年的预算
准备下一财务年度的初期预算</td><td>11—12 月
最终确定下一财务年度的预算</td><td>1 月</td></tr>
</table>

图 9—2　预算计划周期

资料来源：兰斯·A·伯杰等：《薪酬手册》（第 4 版），132 页，北京，中国人民大学出版社，2006。

二、薪酬预算的重点

虽然薪酬预算也关注绩效和晋升方面的信息，但其重点是整体基础薪酬。在一些公司，薪酬预算报告倾向于将重点放在监督和控制绩效增长方面，这种做法有很大的局限性。例如，在高流动导致高薪雇员的企业以及高速增长的企业，新雇用员工和晋升人数的增长可能比绩效增长带来的薪酬费用增长更为明显。因此，在进行薪酬预算时，应该在警惕绩效和晋升的同时，重点关注薪酬费用的整体状况。

9.2.2 薪酬预算的编制方法

一、自下而上法

自下而上法是首先由管理者预测下属每一个员工下一年度的薪酬水平，然后将这些个体数据进行汇总，得到整个企业薪酬预算的一种方法。

1. 自下而上法的实施步骤

薪酬预算编制需要经理设计每一位员工的薪酬，它将薪酬管理的责任分配给经理，薪酬经理则作为直线经理的顾问。自下而上法在具体实施过程中应该包括以下步骤：

（1）告知经理薪酬政策和技术。对经理进行正确的绩效工资概念，诸如使用工资增加指导线和预算等薪酬技术方面的培训，同时，向经理传递工资范围和市场数据的有关信息。

（2）分发预测说明书和表格。为经理提供表格和使用说明书。

（3）给经理提供咨询。应要求为经理提供建议和工资信息方面的服务。

（4）核查数据和编辑报告。审计预报的增加额，以确保它们没有超过工资指导线和合理的范围。然后用这些数据来反馈工资预测和预算的结果。

（5）分析预测。检查每一位经理所做的预测，对所观察到的不同经理之间的差异，建议其进行修正。

（6）与管理层共同回顾并修改预测与预算。向做分析和建议修改的经理咨询，获得高层对预测的许可。

（7）为管理者提供反馈。对部门预测的数据进行统计分析、总结并设定部门目标。

（8）监控预算和实际的增加。通过追踪和向管理层报告周期状况，来控制预计的增加与实际的增加。

预测循环的结果是形成每个组织下一年度的预算，同时形成每个员工的薪酬水平。预算并不是限制管理层对员工的薪酬进行调整；相反，它仅仅代表了一个计划。因未能预见的改变，如绩效改进、未预见的晋升等而导致发生偏离是很正常的。

图 9—3 列出了自下而上薪酬预算编制法的步骤。

2. 薪酬预算报告

薪酬预算的编制过程就是薪酬预算报告的形成过程。

（1）薪酬预算初期报告。薪酬预算初期报告由以下三部分组成：

第一，当前雇员数据。包括姓名、编号、身份地位（全职或兼职）、职位名

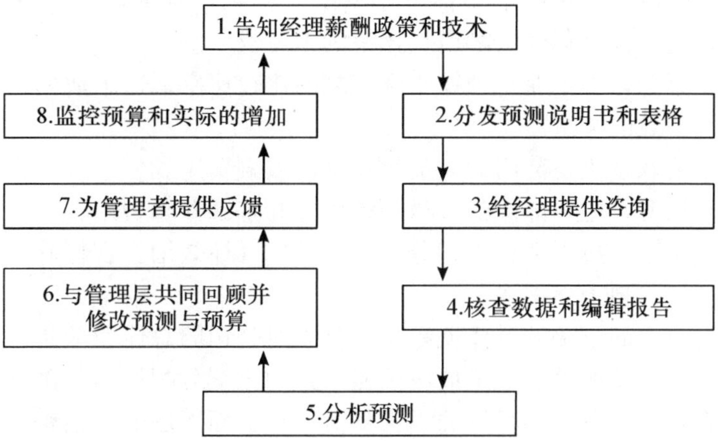

图 9—3　自下而上的薪酬预算

资料来源：George T. Milkovich，Jerry M. Newman，*Compensation*，Eleventh Edition，McGraw-Hill，2013，p. 652.

称、工作等级、薪酬等级（包括这一级的最低、中等和最高薪酬）、当前的基础薪酬、上次增长的时间、上次增长的幅度、增长类型（绩效或晋升）和比较比率等。

第二，当前年度计划。包括当前年度预计加薪日期和新的年度基础薪酬（在计划增长后）两部分内容。

第三，下一财务年度的薪酬计划。包括计划增长百分比、到下一次增长的月份数和增长类型（绩效、晋升）等。

（2）薪酬预算最终报告。薪酬预算最终报告是对本年度薪酬预算实施情况和下一年度薪酬预算概况的总结，它使管理者了解企业薪酬预算的整体状况，以及本年度实际薪酬预算的实施状况，可以作为管理者编制下一年度薪酬预算的参照。一份完善的薪酬预算最终报告对于预算的成功非常重要，一般包括如下信息：

第一，本年度的整体基础薪酬。这个数据是下一年度薪酬预算的基础。

第二，预算年度的整体基础薪酬。这个数据是预算年度对基础薪酬水平的预计。

第三，预算年度的薪酬增长。这个数据通过“预算年度的整体基础薪酬”减去“本年度的整体基础薪酬”得到。

第四，预算年度的薪酬百分比增长。这个数据由“预算年度的薪酬增长”除以“本年度的整体基础薪酬”得到，为管理者提供了一个检验其部门薪酬增长率的良好尺度。

第五，本年度的实际薪酬增长。这个数据是一个实际值，等于本年度薪酬增长耗费的成本。

第六，本年度的实际薪酬增长百分比。这个数据由“本年度的实际薪酬增长”除以“本年度的整体基础薪酬”得到，使管理者了解薪酬增长的实际百分比，它是预算年度薪酬增长比率的参考值。

第七，本年度与预算年度薪酬的比较比率。这个数据告诉管理者实际薪酬与等级中点的关系。

第八，主要部门的人员数和基础薪酬费用。

第九，主要部门的人员预计变化和基础薪酬费用。

第十，按人事行为划分的基础薪酬（绩效增长、晋升、重新定级）。

二、自上而下法

自上而下法的具体流程是，首先对公司的总体业绩指标作出预测，然后确定企业新的薪酬总额，最后再按照一定的比例分配给各个部门的管理者，由管理者负责进一步分配到具体的员工身上。自上而下法的复杂程度与组织结构的繁简程度成正比。

1. 薪酬总额的确定

（1）薪酬比率推算法。即根据薪酬比率推算合理的薪酬费用总额。在企业采取的各种薪酬预算方法中，这是最简单、最基本的分析方法之一。对于经营业绩稳定且适度的企业来说，可使用其过去的经营业绩，推导出适合本企业的薪酬比率，以此对未来合理的薪酬总额做出预算；若企业经营水平不佳，则应参考行业的一般水平，确定合理的薪酬比率，并由此推断合理的薪酬总额。薪酬比率的计算公式如下：

$$\text{薪酬比率}=\frac{\text{薪酬总额}}{\text{销售额}}=\frac{\text{薪酬总额}/\text{员工人数}}{\text{销售额}/\text{员工人数}}=\frac{\text{薪酬水平}}{\text{人均销售额}}$$

由上式可以看出，要维持一个合理的薪酬比率，同时使薪酬总额有所上升，必须增加销售额，即薪酬水平的提高必须在员工平均销售额的上升范围之内。根据一般经验，薪酬总额与销售额的比例大致为14%，其具体情况又因企业的规模和行业而异。

（2）盈亏平衡点推算法。这里我们需要明确三个概念：一是盈亏平衡点，是指在该点处企业销售商品和服务所获得的收益，恰好能够弥补其总成本（含固定成本和可变成本），而没有额外的盈利，也就是说，企业处于不盈不亏尚可维持的状态。二是边际盈利点，是指销售商品和服务带来的收益，不仅能够弥补全部成本支出，而且还可以付给股东适当的股息。三是安全盈利点，是指销售商品和服务带来的收益，在确保股息之外还能为企业应对未来可能发生的风险或危机积存一定的盈余。显然，这三点与企业的销售额密切相关，盈亏平衡点、边际盈利点和安全盈利点所要求的销售额的计算公式分别是：

$$\text{盈亏平衡点销售额}=\frac{\text{固定成本}}{1-\text{变动成本比率}}$$

$$\text{边际盈利点销售额}=\frac{\text{固定成本}+\text{股息分配}}{1-\text{变动成本比率}}$$

$$\text{安全盈利点销售额}=\frac{\text{固定成本}+\text{股息分配}+\text{企业盈利保留}}{1-\text{变动成本比率}}$$

根据上面三个公式，我们可以推断出企业支付薪酬成本的各种比率：

$$薪酬支付的最高比率(最高薪酬比率)=\frac{薪酬总额}{盈亏平衡点销售额}\times100\%$$

$$薪酬支付的可能限度(可能薪酬比率)=\frac{薪酬总额}{边际盈利点销售额}\times100\%$$

$$薪酬支付的安全限度(安全薪酬比率)=\frac{薪酬总额}{安全盈利点销售额}\times100\%$$

举例来说，现在假定某企业的固定成本为 2 000 万元（含薪酬成本 1 200 万元），变动成本比率为 60%，则在实现盈亏平衡经营时：

$$盈亏平衡点销售额=\frac{2\,000}{1-60\%}=5\,000\text{（万元）}$$

$$最高薪酬比率=\frac{1\,200}{5\,000}\times100\%=24\%$$

在实现边际盈利时，假设公司欲实现 600 万元的微小盈利，则

$$边际盈利点销售额=\frac{2\,000+600}{1-60\%}=6\,500\text{（万元）}$$

$$可能薪酬比率=\frac{1\,200}{6\,500}\times100\%=18.5\%$$

假设企业除了有适当盈余分配 600 万元，还打算为企业的发展保留 1 000 万元的盈余，则

$$安全盈利点销售额=\frac{2\,000+600+1\,000}{1-60\%}=9\,000\text{（万元）}$$

$$安全薪酬比率=\frac{1\,200}{9\,000}\times100\%=13.3\%$$

该企业比较恰当的薪酬比率应当是 13.3%。如果企业的薪酬比率为 18.5% 或者 24%，则该企业的经营已超越常规限度，该企业可能已经处于比较危险的状态。盈亏平衡点推算法有助于企业将薪酬比率较为准确地限定在安全薪酬比率和最高薪酬比率之间，但是具体的薪酬比率还需企业根据经营状况自行确定。在确定了薪酬比率后，结合薪酬比率推算法可最终推算出企业薪酬总额。总体来说，盈亏平衡点推算法非常实用，它为企业划定了安全的薪酬成本的底线，在薪酬成本控制中经常采用该方法，以此作为确定薪酬总额的一个重要参数。

(3) 劳动分配率推算法。劳动分配率推算法是根据目标劳动分配率，推算出可能支出的薪酬总额及其增长幅度。企业劳动分配率可以从借贷平衡表中进行推算，也就是首先计算出增加值中资本分配的部分，然后得出劳动分配率。其计算公式为：

$$劳动分配率=1-资本分配率$$

下面我们举例说明如何利用劳动分配率推算出薪酬总额。

[例] 假定某公司上年度薪酬总额为 1 225 万元，增加值为 2 988 万元，本年度第一季度薪酬总额为 423 万元，增加值为 986 万元；按照惯例，企业拟从 4 月份起调整薪酬，预计接下来三个月的月平均增加值可达 364 万

元，则合理的薪酬总额及其调整幅度计算如下：

$$上年度劳动分配率=\frac{1\,225}{2\,988}\times100\%=\frac{102.1（月平均）}{249（月平均）}\times100\%=41\%$$

$$\begin{array}{c}本年度第一季度\\劳动分配率\end{array}=\frac{423}{986}\times100\%=\frac{141（月平均）}{329（月平均）}\times100\%=43\%$$

可见，本年度第一季度劳动分配率与上年度相差不大。经营者在综合考虑各种因素之后，决定本年度第二季度劳动分配率与第一季度相同，仍为43%，则

第二季度月平均目标薪酬总额＝364×43%＝156.5（万元）

而公司4月份平均薪酬可调升幅度为：156.5－141＝15.5（万元）

调升比率为：15.5/141×100%＝11%

经济发达国家的调查资料显示，在企业增加值中，大企业的劳动分配部分约占40.9%，而小企业则为54.5%。[①] 从绝对数的角度来看，大企业的劳动量是资本量的0.9倍，而中小企业则为0.5倍。假定纯利为零，增加值仅包括薪酬费用（人工费用）与资本费用，即处于成本结构的最低限度，则

$$大企业劳动分配率的最大限度=\frac{1.0}{1+0.9}\times100\%=52.6\%$$

$$中小企业劳动分配率的最大限度=\frac{1.0}{1+0.5}\times100\%=66.7\%$$

但这是最低限度利润为零的情形。实际上，如果大企业的劳动分配率达到48%左右，中小企业的劳动分配率达到61%左右，企业就要有所警觉，检查本企业的经营状况。比较理想的状况是，劳动分配率大致保持不变，而分子中的薪酬总额与分母中的增加值同时提高。

劳动分配率推算法的实质是，确定净产值在资本和人力资源之间分配的比率。采用该方法的优点在于，薪酬成本（人工成本）控制与企业的净产值挂钩，充分考虑了企业的支付能力和盈利能力，保证了企业发展的后劲。但是劳动分配率推算法的确定是依照历史数据，而不是根据企业对人力资源的价值认定，带有一定的盲目性，忽视了激励效用。

上述三种方法都是在封闭的系统中进行的，只考虑了企业的支付能力，即仅仅从财务和成本控制的角度来确定薪酬总额，没有顾及市场环境及竞争对手的影响，同时，未来人工成本的确定是历史数据的延伸，薪酬的激励效应滞后。

(4) 人工成本比重基准法。人工成本比重基准法是以人工成本比重为基准，根据目标企业总成本，推算出合理的企业人工成本总额。由于各行业要素密集程度不同，可分为资本密集型、技术密集型、劳动密集型，因此，不同行业人工成本占总成本的比重这一指标可能差异很大。

---

① 参见华婷、郭海华：《企业薪金总额确定的指标分析法》，载《上海统计》，2003（11）。

2. 薪酬增长幅度的确定

（1）平均及最大/最小原则。即规定平均加薪水平，比如平均5%的加薪，同时规定最低和最高增长幅度（例如，最低3%，最高10%）。如果没有完善的绩效评价系统，比如对于那些初创的小企业来说，这将是最简单实用的指导原则。

（2）绩效—回报原则。这种形式的加薪办法将绩效与加薪相联系，应当与绩效评价原则结合起来使用，如表9—1所示。

表9—1　　加薪比例分布表（一）

考核结果	加薪比例（%）
A：杰出	10
B：优秀	6～8
C：良好	5
D：合格	3或0
E：不合格	0

资料来源：Michael Armstrong，Helen Murlis，*Reward Management*：*A Handbook of Salary Administration*，Kogan Page Ltd. in association with the Institute of Personnel Management，1988，p. 378.

这种加薪原则依赖于正式的评价系统，比平均及最大/最小原则更加有指导意义。它将绩效水平与加薪幅度相对应，能够较好地体现绩效与薪酬的一致性，但它不能控制加薪幅度的分布，这是它的缺点。

（3）强制分布原则。顾名思义，这一原则通过规定绩效评价中分布在某一绩效水平上的员工比例，进而规定了获得相应加薪幅度的员工比例，如表9—2所示。

表9—2　　加薪比例分布表（二）

考核结果	分布比例（%）	加薪比例（%）
A：杰出	5	10
B：优秀	10	6～8
C：良好	35	5
D：合格	30	3或0
E：不合格	20	0

表9—2中的分布将给出5%左右的总加薪幅度，如果要提高或者降低这一比例，也可以很方便地进行调整。比如，有的企业认为自己的员工素质很高，那么可以适当减少分布在“不合格”一栏中的比例，从而增加其他栏中的比例。这种方法提供了相对来说最严格的加薪原则，因此也最容易控制，能在各个部门之间保持最大限度的一致性。但这种严格的规定削减了部门经理的权力，而且它所依赖的前提——整个组织内各部门的素质分布基本一致——也是值得怀疑的。同时，它也很难应用在较小的部门里，员工人数越少，越难执行。

3. 预算的分配

这里以绩效加薪预算为例，说明如何进行预算的分配。首先讨论业绩工资表的设计原理。仔细考虑预算问题是非常重要的，预算限制了每个单元格业绩工资增加的百分比。绩效加薪预算（merit pay increase budget）表述为员工当前基本工资的百分比。例如，假设一个公司的首席财务官和薪酬专业人员批准了5%的业绩工资加薪预算，并且假设所有员工当前基本工资的总额为1 000万美元。前面曾经提到，员工个人增加的业绩工资是根据其绩效水平及在工资范围内的位置来决定的。但个人工资增加的平均水平不能超过业绩工资加薪预算，在该例中是5%。

薪酬专业人员通常通过下列四个步骤来确保业绩工资的增加不超过预算金额。

（1）薪酬专业人员请经理和主管算出绩效类别的员工百分比。表9—3列出了五个绩效类别。为了说明问题，我们假设员工的绩效分布为：优秀，10%；良好，20%；合格，40%；较差，25%；不合格，5%。

表9—3　　员工百分比计算

	优秀	良好	合格	较差	不合格
第四个四分位数	10%×20% =2%	20%×20% =4%	40%×20% =8%	25%×20% =5%	5%×20% =1%
第三个四分位数	10%×25% =2.5%	20%×25% =5%	40%×25% =10%	25%×25% =6.25%	5%×25% =1.25%
第二个四分位数	10%×40% =4%	20%×40% =8%	40%×40% =16%	25%×40% =10%	5%×40% =2%
第一个四分位数	10%×15% =1.5%	20%×15% =3%	40%×15% =6%	25%×15% =3.75%	5%×15% =0.75%

资料来源：约瑟夫·J·马尔托奇奥：《战略薪酬》，236页。

（2）薪酬专业人员需要明确工资分布在各个四分位数范围内的员工百分比，以此决定员工在工资范围内的位置。比如，假设每个四分位数内员工的分布为：第四个四分位数，20%；第三个四分位数，25%；第二个四分位数，40%；第一个四分位数，15%。

（3）薪酬专业人员根据以上两组信息计算每个绩效单元格中员工的百分比。如果绩效水平为优秀，那么基本工资在第四个四分位数范围内的员工有2%（=10%×20%）。所有单元格的百分数的总和为100%。

（4）薪酬专业人员推荐每个单元格绩效工资增加的百分比，然后把这一百分比和前面算出的每个单元格里员工人数的百分比相结合，以此确定每一单元格的业绩工资增加量占总业绩工资加薪预算金额的百分比。假定将绩效良好且在第一个四分位数范围内的员工工资统一提高10%，用10%乘以这一单元格的员工人数百分比3%（=20%×15%），等于0.3%。换句话说，在原基本工资5%的总业绩工资增加预算中，有0.3%将奖励给绩效良好、工资在第一个四分位数范围内的员工。在这个例子中，业绩工资加薪预算金额是50万美元。0.3%×50万美元=1 500美元。在业绩工资表的设计结束之前，薪酬专业人员可以根据他们希望业绩工资增加可能造成的影响，来确定每个单元格不同的工资增加百分比。

三、两种方法的比较

自下而上法的最大优点在于它对员工的绩效水平进行了翔实的考察，其不足之处则是工作复杂、不准确、周期长，管理者的决策通常是短期的，不能将组织的长期发展和短期利益有效地结合起来，不易于控制总体薪酬成本和人工成本。薪酬预算与企业战略的不一致，会影响或破坏公司达到预期目标的能力。

自上而下法的突出特点是与企业战略紧密相连，服从企业发展。自上而下法虽然能够控制总体的薪酬水平，但却使薪酬预算缺乏灵活性，而且确定薪酬总额的主观因素过多，降低了预算的准确性，不利于调动员工的积极性。

自上而下法与自下而上法可以做到一定程度的优势互补，企业可以考虑将二者结合起来。企业高层进行总体财务预测，管理者参考总体预算薪酬变动幅度，为其下属每一位员工编制薪酬预算。薪酬预算是一个反复的过程，在这一过程中，每一级管理者完成预算提议，然后由组织上层逐级汇总，每一层级都应在本级目标下，结合对其他部门的影响对下级的薪酬预算进行重新检验。最后，将统一的全年和部门预算分发给预算编制者，对改动的地方进行重点检讨，如有不同意见，仍然存在进行最后调整的机会。

9.3　薪酬预算的监控、使用与评估

9.3.1　薪酬预算的监控

企业通过薪酬预算，已经对薪酬方面的具体标准和衡量指标有了比较清晰的认识，薪酬预算监控的主要作用就在于确保这些预算标准的顺利实现。薪酬预算和预算监控是一个不可分割的整体，企业的薪酬预算需要通过薪酬监控来实现，薪酬预算监控过程中对薪酬预算的修改，意味着新一轮薪酬预算的开始。薪酬预算和预算监控贯穿于薪酬管理的整个过程，在任何情况下都不能将它们简单地视作企业一年一度的例行公事。预算监控是预算管理的关键环节，预算监控的目的在于：使预算的最终结果与既定的预算目标相符合（结果控制）；随时提供信息，便于及时修正作业错误（过程监控）。

一、预算监控的目标

通常来说，预算监控有以下四个目标：

（1）通过总结整体实际/预算基础薪酬费用数据，为管理者提供薪酬管理绩效方面的直接反馈。

（2）告知管理者实际薪酬费用与预算薪酬费用之间的差距，为管理者提供控制的工具。如果有必要，管理者能够在剩余的年度时间内，对薪酬预算进行修订或寻求例外的薪酬预算。

（3）为管理者提供实际薪酬费用与预算薪酬费用的直接反馈，使管理者关注导致整体基础薪酬预算变化的特殊因素。

(4) 通过对年终薪酬费用的估计，使管理者预见对实际薪酬费用的财务影响。

在薪酬预算监控中，对以上数据的回顾，有助于管理者时刻了解薪酬预算的执行情况，保持实际费用与原始预算的一致。

二、预算监控报告

薪酬预算监控报告包括三个互相关联的报告。

1. 薪酬预算概要

这一报告是薪酬预算实施报告的核心。薪酬预算概要包括三方面的数据：整体基础薪酬费用、绩效增长费用、晋升增长费用。薪酬预算实施报告的焦点是公司每一部门的整体基础薪酬费用数据，同时监控绩效增长和晋升增长，在大多数情况下，它们是导致整体基础薪酬变化的主要原因。这个报告使管理者对薪酬预算和薪酬实际支付行为有一个总体的了解。

报告包括四部分：第一部分，人均基础薪酬：逐年比较；第二部分，人均基础薪酬：预算与实际比较；第三部分，主要部门整体薪酬增长数据：预算与实际比较；第四部分，绩效增长和晋升增长数据：预算与实际比较。

这个报告为管理者提供了一个明确、完整的关于实际状况和预算支付行为的概况。通过每一部分的数据变化和对比，管理者能立即知道实际支付与预算是否相符。如果不符，管理者也拥有足够的信息来分辨究竟是实际支付的哪些方面偏离了预算，而且可以有针对性地了解薪酬预算实施报告中的第二部分内容——员工详细报告。

2. 员工详细报告

这份报告包括部门经理对员工个体实施的薪酬管理行为。员工详细报告是薪酬预算概要的基础支持信息，它揭示变化的产生原因。员工详细报告是一份月度报告，记载一个部门从年初到某一日为止计划的薪酬和人事行为与实际发生的薪酬和人事行为（如新雇佣、调动、雇佣关系终止）。员工详细报告是直接管理者概述报告的补充，同时可以作为部门人事变化的参考工具。

3. 员工报告

这份报告为管理者提供每一部门的人员数量信息，包括详细的每一等级序列的人数、全日制员工和非全日制员工的数量、薪酬分类的员工数。这一报告包括三个时期的人数：上一年度末的实际人数、计划年度预算人数、计划年度当前人数。员工报告是一份月度报告，通过该报告，管理者可以对部门实际员工与计划员工数量进行比较分析，在企业出现重大变化时对计划员工数量的合理性进行分析。

三、报告信息的传递

薪酬预算监控报告应该以月度形式送达管理者，使他们获得实际薪酬的持续反馈，准确把握薪酬预算实施中出现的变化，不至于因发现太晚而无法补救。每季度应该将部门薪酬预算监控报告汇总，形成季度薪酬预算总结报告并送达高层管理者，使他们了解企业不同层级的薪酬管理情况。

9.3.2 薪酬预算的使用

以往人们关注的重点都集中在预算控制程序设计的不同方法上，对于如何使用预算报告却少有人问津。实际上，考虑预算报告的不同使用方式是相当重要的，霍普伍德（Hopwood，1973）通过研究预算信息在管理绩效评价中的应用价值已经证实了这一点。[①] 薪酬预算的使用通常分为三类。

一、预算限制型（budget-constrained style）

预算信息往往被作为绩效评价的指标，尽管还存在这样或那样的问题，但在评价管理者的绩效时，首先还是看他能不能在短期内持续地将薪酬成本控制在预算范围之内。对这一绩效目标的强调，是以其他有价值且重要的目标为代价的。例如，在不考虑其他指标的情况下，如果本部门的薪酬成本超出了预算，部门经理将在考核时得到较差的评价结果。因此，经理们往往在重视预算控制的同时，忽视了其他绩效目标。

二、利润导向型（profit-conscious style）

评价管理者的绩效时，主要看他能否在保证部门目标与组织战略一致的同时，提高部门运行的整体效率。例如，从企业整体来讲，如果某部门的短期成本位于中位水平，无法对经理的绩效做出好或差的评价，这时就要看他是否关注降低长期运营成本。但是，对长期绩效的评价始终不如短期评价那么直接和明确，因此，对于预算信息的灵活使用应该格外谨慎。

三、不考虑型（non-accounting style）

在上级对管理者的绩效进行评价时，预算信息所起的作用并不重要，是否将薪酬成本控制在预算之内也未受到关注。

经验证据表明，与对预算信息不做任何考虑的模式相比，预算限制型和利润导向型都更多地与薪酬成本相关联。然而，只有利润导向型能在保持与薪酬成本相关的同时，不带来经理们对本部门更大的感情保护和防卫行为，这些感情保护和防卫行为对组织的健康发展都是不利的。预算限制的方式会让人觉得评价是不公正的，会引起（经理们）普遍的紧张和对失去工作的担心。尤其令人不可思议的是，这种片面关注成本的方式最终可能导致经理人员对会计报告的操纵，他们甚至会做出对组织不利的决策，从组织整体来看将产生更大的总运营成本。经理和预算控制主管的关系可能不断恶化，部门之间的工作任务本质上是相互联系、相互依赖的，而对于短期预算结果的过分强调，会导致经理直接关注眼前利益，这种功利性的关注将慢慢改变同事之间的关系。当经理们被问及部门预算的变化，而自己很少或几乎没有能力控制的时候，他们所能做的将只是不断要求增加本部门的预算。对整个组织来讲，这种影响是十分有害的。而这种相继发生的竞赛行为通常会妨碍（部门之间的）合作，最终使得经理们相互依赖的管理行为失去控制。

---

① Hopwood, A. G., *An Accounting System and Managerial Behavior*, Gower, 1973.

相反，利润导向的方式基本不会导致任何紧张，上级主管也较为满意，同事之间的合作也很愉快，这些都与不做考虑的情况相似。同时，很少发生预算报告作假的行为。然而，要想让这种方式被接受，甚至被尊重，确实也要费一番力气。

预算报告是一个传递手段，通过它，经理们可以很容易地表达出他们对待工作的一般方式和态度。① 以哪种方式使用预算报告，实际上是一个反映公司各个部门管理风格的极好指标。比如，解决管理问题的办法有很多，而利润导向型只是其中的一个方面；一些复杂的管理行为之间通常是高度依赖的，而预算限制型却试图对它们做出简单化的测量，因此，这两种类型是截然不同的。当以预算限制的方式使用预算报告时，绩效考核变得尤为重要，它会影响到管理者行为的各个方面。这样一来，人们就不会认为考核是管理过程中持续进行的部分并与工作的其他方面相互关联；相反，它被当作一项直接的、决定性的活动，是影响和控制的主要手段，使得管理过程的其他关键因素都显得不那么重要了。预算不仅没有为管理带来帮助，反而可能成为对管理的束缚。

总之，那种认为以哪种方式使用预算信息都无所谓的想法是极其错误的。就像薪酬系统本身一样，预算过程被予以极大的关注。但它要和其他管理过程一起，承担管理中的不公正和不精确。预算系统并不完美但却很有价值，如何对其进行有效利用是当前国内外企业面临的挑战。在国内企业推行全面预算管理的大背景下，这一问题也刚刚被认识到。

9.3.3 薪酬预算的评估

薪酬预算评估的重要作用在于通过考察预算的作用与效果，为薪酬政策的调整和新预算的制定提供决策依据，提高薪酬预算的科学性。根据评估内容，薪酬预算评估主要可分为以下两种：一是执行性评估，通过预算与实际支出情况的对比，分析引起预算偏差的原因；二是影响性评估，通过企业薪酬水平与市场薪酬水平的对比，以及预算执行前后员工行为的对比，分析预算对员工流动率和生产率的影响。

一、预算执行性评估

薪酬预算的执行性评估即我们通常所进行的薪酬预算考评过程。预算考评对象是企业内各部门，依据是预算，因此，预算考评是一种基于预算的考核和激励。它在对当期业绩进行评价时，是以预算而非上年同期业绩为基础；其奖惩计算依据不仅考虑实际业绩的好坏，而且考核预算的差异方向及大小，以激励组织成员尽可能准确地规划未来。在此基础上，通过分析预算方案设计与执行的偏差，为工作改进提供依据。

1. 执行性评估原则——可控性

预算考评的基本目标是评估预算与实际支出之间的差异，进而实现预算的激

① Angela M. Bowey, Tom Lupton, *Handbook of Salary and Wage Systems*, Gower Publishing Company Limited, 1975.

励与约束作用，为此，预算考评应该遵循可控性原则。这一要求的集中体现就是各责任主体以其责权范围为限，仅应对其可以控制的预算差异负责。通常情况下，部门主管是本部门薪酬预算控制的责任主体，对依照企业的薪酬政策进行预算控制负主要责任。

2. 执行性评估过程——以绩效评价过程为例

薪酬预算评估的任务，是对薪酬预算方案设计和预算执行结果进行比较，找出差异并分析其产生的原因，其核心部分是总差异分析。

总差异分析表示实际薪酬发生额与薪酬预算额之间的差异，其计算公式为：

总差异＝实际薪酬－薪酬预算

总差异分析的目的，是比较成本工资与实际薪酬的差异，找出差距发生的环节与产生的原因。在大多数组织中，薪酬增长往往与绩效评价结果相联系，因此，预算评估的过程也与绩效评价相联系。

为了评估薪酬预算的执行情况，企业通常定期评估管理者推荐的工资增长率与其绩效评价等级的关系。如果发现差异，人力资源部门会要求管理者进行调整，要么修改工资增长率以适应绩效评价，要么修改绩效评价以适应工资增长率。如果管理者拒绝调整，则必须向上级汇报原因。最终由企业高层来决定两者之间的差异。

3. 执行性评估主体——预算监督主管部门

预算监督主管部门要对预算执行情况按季度、年度分别进行评估，对当期实际发生数与预算数的差异，无论是有利的还是不利的，都要认真分析其原因，写明拟采取的改进措施等。预算评估的重点是形成差异的原因及应采取的措施。通过分析差异的原因，找出管理中的强项和弱项，总结经验教训，加强管理。

在薪酬预算的实施过程中，作为薪酬发放依据的绩效信息，薪酬支付的数量、方式与结果，特别是薪酬支付中出现的问题，要由人力资源部门来牵头解决。人力资源部门要及时了解薪酬预算的执行情况，将这些情况与人力资源管理的其他方面联系起来，把握薪酬预算管理的效果，从而不断加以改进。在此过程中，还要通过管理沟通，贯彻宣传薪酬预算的政策含义，在企业中创造公平和高效的工作氛围。

二、预算影响性评估

薪酬体系是为影响个人的行为而设计的。事实上，薪酬能影响工作绩效和离职行为，进而影响生产力和效率，因此，生产力和效率是组织保证薪酬得到公平支付与有效管理的基本标准。①

1. 评估薪酬与员工流动的关系

对离职的监控可以通过分析离职效应的相关指标和与离职员工直接面谈来实现。

---

① 参见托马斯·J·伯格曼、维达·古尔比纳斯·斯卡佩罗：《薪酬决策》，431 页，北京，中信出版社，2004。

常用的流动指标是流动效应指标（turnover effect，TE）。流动效应反映某一群体内员工的增减、晋升以及薪酬水平的变动，既可以为正值，也可以为负值，但经常为负值。流动效应用来分析报告期内，平均薪酬水平的增长百分比与薪酬调整费用的总增长百分比之间的差异。薪酬调整费用的总增长已经包含所有类型的增长，即业绩、公平、常规调整、晋升调整等。

如果没有流动效应，平均水平增长比例与薪酬总额增长比例就是相同的。对这一指标的观测，依赖于组织拥有完善的薪酬数据平台并保存相关的历史数据，以观察薪酬计划中不同等级的流动效应。

当然，各类组织也可以根据自身的需要设计其他指标，以研究薪酬预算与流动之间的各种关系，如：（1）薪酬水平与流动的关系；（2）报告期内相对比率与流动的关系；（3）绩效评价与不同绩效水平的员工的流动行为的关系；（4）薪酬与工作的关系，离职者与在职者的任期对比；（5）薪酬结构对在职者与离职者职业生涯的影响。

2. 评估薪酬与绩效之间的关系

对公平理论的研究表明，绩效对薪酬过低的反应有两种：产品数量的下降和产品质量的降低。[①]

为了确保员工感受到待遇的公平性，组织需要在薪酬调整政策中纳入数量和质量标准。例如，如果薪酬调整以工作团队的激励计划为基础，则这些计划就应该清楚说明获得不同水平激励工资的产品数量和质量标准。如果工资调整以管理者的绩效评价为基础，这些标准就应该直接来自员工的工作描述，并且包含在员工的绩效评价表中。把工资调整的质量与数量标准纳入评估当中的行为体现了组织的绩效期望。若这一点得到贯彻执行，就会有助于得到期望的绩效水平。

3. 评估薪酬与员工组织行为的关系

公平理论表明，当员工感受到薪酬的不平等时，会表现出各种反映其组织身份意识弱化的行为，以试图平衡薪酬的不平等。这些行为包括：（1）减少工时，缺勤次数增加；（2）破坏和偷窃企业财物；（3）拒绝接受晋升机会，因为这些机会被认为是员工的责任增大，而工资却没有相应增加。

因为这些弱化的身份意识行为反映了员工对薪酬体系的感受，所以，组织应当考虑这些消极行为与薪酬体系之间的关系，作出相应的调整，在某些时候甚至可以推动工资体系的变革。

将这些指标综合起来，可以使组织相当准确地把握薪酬体系与其试图影响的行为之间的关系。管理层一旦认识到这些关系，就会考虑薪酬预算和薪酬计划，以及在下一个预算期内预算分配的过程。[②]

---

① J. S. Adams，“Injustice in Social Exchange”，*Advances in Experimental Social Psychology*，ed. L. Berkowitz，New York：Academic Press，1965，pp. 267-299.

② 参见托马斯·J·伯格曼、维达·古尔比纳斯·斯卡佩罗：《薪酬决策》，431 页。

本章小结

薪酬预算是公司在一定时期内，为雇员提供直接或间接薪酬所安排的货币分配的财务计划。

薪酬预算具有两大特征：一是人力资源管理特征；二是灵活性特征。薪酬预算必须建立在对员工、企业及其环境三方面因素详细了解的基础之上，这些因素构成了薪酬预算的三维技术框架，薪酬预算的准确程度依赖于三维技术框架的精细程度。

在薪酬预算的编制过程中，必须注意薪酬预算应该至少包括当前财务年度和下一财务年度两个年度；薪酬预算的重点是整体基础薪酬。薪酬预算的编制方法主要有自下而上法和自上而下法。自下而上法的最大优点在于它对员工的绩效水平进行了翔实的考察，其不足之处则是工作复杂、不准确、周期长，管理者的决策通常是短期的，不能将组织的长期发展和短期利益有效地结合起来，不易于控制总体薪酬成本和人工成本。自上而下法的突出特点是与企业战略紧密相连，服从企业发展。自上而下法虽然能够控制总体的薪酬水平，但却使薪酬预算缺乏灵活性，而且确定薪酬总额的主观因素过多，降低了预算的准确性，不利于调动员工的积极性。自上而下法与自下而上法可以做到一定程度的优势互补，企业可以考虑将二者结合起来。

薪酬预算和预算监控是一个不可分割的整体，企业的薪酬预算需要通过薪酬监控来实现，薪酬预算监控报告包括三个相互关联的报告：薪酬预算概要、员工详细报告和员工报告。以往人们关注的重点都集中在预算控制程序设计的不同方法上，对于如何使用预算报告却少有人问津。实际上，考虑预算报告的不同使用方式是相当重要的。薪酬预算的使用通常分为三类：预算限制型、利润导向型、不考虑型。

薪酬预算评估的重要作用在于通过考察预算的作用与效果，为薪酬政策的调整和新预算的制定提供决策依据，提高薪酬预算的科学性。根据评估内容，薪酬预算评估主要分为以下两种：一是执行性评估，通过预算与实际支出情况的对比，分析引起预算偏差的原因；二是影响性评估，通过企业薪酬水平与市场薪酬水平的对比，以及预算执行前后员工行为的对比，分析预算对员工流动率和生产率的影响。

复习思考题

1. 什么是薪酬预算？它与薪酬管理有什么关系？
2. 影响薪酬预算的因素有哪些？
3. 简述薪酬预算的编制原则和编制方法。
4. 如何实施薪酬预算的监控及评估？

5. 薪酬预算的使用有哪几种类型？

案　例

M企业运用预算控制管理人工成本的实践①

在M企业快速成长过程中，老板很困惑：成立一个投资公司/子公司/项目部，各负责人就会说人不够，逼着我签字招人，而且人总是不够。负责人力资源的总经办也拿不出很好的建议，能压就压，压不住就逼到我这里来了。财务中心年底利润核算，看不到预期利润。企业内部出现了营销中心“签单很热闹”、财务中心“资金运营紧张”、总经办“工资成本逐年水涨船高”、员工抱怨“收入偏低”的现象。下属和管理人员抱怨：“老板真小气，销售额越来越高，怎么发的工资没见涨多少？”财务部门也抱怨：“管理费用太高，能发的工资就这么多，总经办怎么不控制人员？”总经办更是觉得冤枉：“老板要扩展业务，我能不花钱招人进来吗？再说平均工资涨的很少啊！”

随着M企业对知识型人才的依赖性越来越强，人力成本的支出成为企业支出的一个重要方面。企业老板迫切想看到：“我的钱到底用在了什么地方？人力成本上我能支付的是多少？达到公司最高业绩目标时能发多少？达到公司最低目标时，我又能发多少？”因此，预算控制便成为重中之重，属于人工成本的事前控制。

M公司作为一家集团化公司，为了真正发挥作用，达到适度控制的目的，决定对下属单位采用薪酬总额控制的预算管理模式，具体实施上采用自下而上（下属公司和部门依据历史测算数据上报）和自上而下（与销售收入等关键业绩指标相挂钩）相结合的方式，既引入新的人力成本管控模式，又与历史接轨保证平稳过渡。以下是其采用的五步法。

第一步：确定薪酬类型

A. 年薪类；B. 提成类；C. 其他类（与效益不直接挂钩）。

第二步：各薪酬类型的具体人员划分

A. 年薪类人员划分：如总经理、副总经理、总工、技术中心经理/副经理、营销中心经理/副经理、商务中心经理/副经理、工程中心经理。

企业的高层管理人员、影响企业盈利的业务核心人员（营销中心、技术中心、商务中心、工程中心）正职可以实行年薪制。考虑到部门内部的协调性和配合性，对副职岗位（营销中心副经理、技术中心副经理、商务中心副经理）也归属为年薪制，让副职与正职共同努力，做好配合和分管工作。

B. 提成类人员划分：如B1营销中心业务员/营销助理、B2技术中心部长、B3技术中心设计员、B4调试技术员、B5化验员、B6商务中心预算员、B7研

① 合易人力资源管理咨询公司：《薪酬预算：人力成本控制的“杀手锏”》，载《印刷经理人》，2009（6）。

发中心维修部全体人员。

考虑到 B 类人员的年度总额的市场竞争性、月标准工资的延续性、月标准工资和提成的比例关系，以后逐年在保证年度收入逐步增加的同时加大提成的比例，降低月标准工资的占比。这是 M 公司薪酬策略的一个重要方面。B 类人员没有年终奖。

C. 其他类（与效益不直接挂钩）人员划分：如 C1 总经理助理、总经办全体管理人员、财务部全体人员、商务中心采购人员、网络管理员，C2 后勤工人，C3 工程中心管理人员。

比如技术中心的网络管理员，虽然该岗位在技术中心工作，但因为该岗位是对整个公司负责的，不享受技术中心提成分配。C 类人员对公司价值大小不一样，他们享受的年终奖总额不同，所以对 C 类进行了 C1/C2/C3 的分类。

第三步：A/B/C 类人员薪酬结构

薪酬结构为月标准工资、津贴、年终奖、提成、其他四部分。其中标准工资包含岗位工资和绩效工资。

A 类：年薪。

B 类：标准工资（岗位工资＋绩效工资）、津贴、提成、其他。

C 类：标准工资（岗位工资＋绩效工资）、津贴、年终奖、其他。

第四步：方法和内容

依据公司年度经营目标、历史工资水平、B 类人员《提成类人员管理办法》、最高/考核/最低毛利额目标值、各类人员的年薪总额收入相对比例（比如年薪占工资总额的比例）、工资总额的计提比例（工资总额与毛利额的比例），测算确定各类人员的薪酬总额的预算。

薪酬总额预算内容：标准工资总额、津贴总额（住房、电话、夜班、出差等）、其他（加班、福利等）总额、提成、年终奖。

津贴、其他类的总额预算是企业相对固定的支出，不与企业的效益直接相关。故对这两项的支付单独做预算。主要是测算工资总额（标准工资、提成、年终奖）的分类预算，工资总额预算的确定是依据毛利额的一定比例 R（工资计提比例）提取，体现员工与企业同享成功、共担风险。

标准工资总额预算方法：自上而下的测算：依据工资总额预算（R 与毛利额计算出来）减去年薪制人员薪酬总额、提成类人员的提成总额、年终奖总额，余下部分即为标准工资总额，基于此再确定 A/B/C 人员的工资占比（比如 A 类总额占工资总额的比例）。

自下而上的测算：参照历史工资水平（各类人员的年度收入）、市场水平、历史 A/B/C 人员的工资占比，确定 A/B/C 人员的年度总额，进行标准工资总额预算。

这两个过程需要反复多次的测算才能确定一个合理的总表，特别对于第一次做的企业。

第五步：各类人员的薪酬总额预算

A. 年薪类人员依据公司年度经营的最高/考核/最低目标确定最高/考核/最低的年薪发放总额。依据年薪制岗位的重要性确定合理的标准年薪。

实际年薪＝完成经营业绩对应的标准年薪×年度考核系数

B. 提成类人员依据B类人员现有的职务、标准工资总额、年度薪酬水平、B类《提成类人员管理办法》、公司业绩目标，分别测算出B1/B2/B3/B4/B5/B6/B7人员的全年薪酬总额。

C. 其他类人员年薪预算。C类人员的标准工资总额依据历史平均值和增长比例确定标准工资总额。重点是确定C类人员年终奖总额预算。为了体现年终奖与公司效益挂钩，依据经营业绩确定年终奖总额。

经过以上步骤，老板、总经办（人力资源部）、财务中心、各业务部门都清楚地知道公司的人力成本是如何构成的，各部门达到什么程度的业绩需要的人力成本是多少，人力成本不再神秘和不可控，一切都在预算之中。

严格执行薪酬总额预算。确定了年度薪酬总额之后，在日常薪酬发放管理时可以采用月度相对总量控制和年度决算方式进行控制。所谓月度相对总量控制就是将月度标定薪酬总额与销售收入等关键业绩指标的完成情况进行挂钩确定月度应发薪酬总额。年度决算则是将年度标定薪酬总额与全年销售收入等关键业绩指标进行挂钩，其目的是保证全年不突破，同时建立削峰填谷、以丰补歉的薪酬总额管理机制，比如各子公司及部门年度薪酬总额最高发放额度不得高于预算总额的1.3倍，对于超出额部分，形成薪酬调节池；在由于各种原因导致薪酬总额减少到一定程度时，可以通过薪酬调节池适当补充，避免薪酬产生太大波动。

另外，由于该企业正处于快速成长过程中，为了鼓励各子公司及部门负责人通过充分挖掘现有人员潜力、提高流程效率、优化岗位设置来提高部门效率、避免人员过快膨胀，在预算控制中坚持“加人不加预算，减人不减预算”的原则，这样就将人力成本的责任转移到了用人部门。

总之，通过严格控制，不仅能够让各子公司和部门负责人感受到人工成本与公司总体效益的关系，同时，人力的压力也传递到了各用人部门。这样，前文中描述的困惑不存在了，而且变成了推动各级管理者、员工工作的动力。

第 10 章

外部环境与薪酬

今天还是肯定无疑的事情，明天总是成为荒谬绝伦的。

——德鲁克

除了个人和企业因素，企业所处的外部环境也是我们在探索薪酬问题时不可忽视的因素。尤其是伴随着经济全球化、组织知识化的发展趋势，影响薪酬管理制度选择的法律环境、商业环境和产业环境都发生了很大的变动，这些环境因素是薪酬实践与研究所关注的重要方面。比如，在法律环境方面，关注最低工资、公平就业标准、移民政策改革、法律仲裁、现行的工资法律和规定、国家医疗保险规定、辞退规定等法律文件对工资、福利和就业的影响；在商业环境方面，关注经济因素、技术变革、全球竞争、环境的不确定性、预期的通货膨胀、工会化程度等因素如何影响工资和奖金，等等。

20 世纪以来的管理实践证明，没有一种薪酬制度能够适用于所有的企业，也很难服务于企业不同的发展阶段，但不管采用哪种薪酬管理方案，都要尽可能地顺应急速变化的商业环境并支持企业的持续发展。[①] 今天最合适的薪酬方案也许到明天就会成为历史。有效的薪酬管理，应该有助于企业应对来自社会变革、宏观经济环境以及法律法规等外部环境变化的挑战，并最终支持企业整体经营战略的实现。

---

① George T. Milkovich, Jennifer Stevens, "From Pay to Rewards—100 Years of Change", *ACA Journal*, Vol. 9, No. 1, First Quarter 2000.

10.1 影响薪酬管理的外部环境

在研究薪酬管理时，我们不可避免要关注外部环境变化对组织运作有效性的影响。随着经济全球化、知识经济化和信息时代的到来，知识、信息、创新已成为经济发展的强大推动力，变革的时代已经来临。变化无所不在，而且持续不断，这已成为一种常态。[①] 越来越多的组织面对的是一个动态的、变化不定的环境，这反过来又要求组织适应这样的环境。正是日益变化的外部环境，深刻影响着企业的经营理念和运作方式，进而影响企业的薪酬决策。

组织作为一个开放性的功能体，必然受其外部环境的深刻影响。外部环境的改变，无疑是组织薪酬体系设计与变革的重要影响因素。这里所说的“外部环境”是指影响薪酬决策的多方面因素，包括产品和劳动力市场的压力、法律法规的约束、文化差异带来的影响、不断变化的劳动力特征、组织的价值观和期望等。一般来说，企业面对的外部环境主要包括政治、经济、科技、社会文化等因素，这些因素共同构成了影响薪酬管理体系设计与变革的外部环境。

10.1.1 政治因素

政治因素主要包括国家的政治体制、政治稳定性、国际关系、国家政策、法律法规等对组织发展具有重大影响的因素。以美国为例，1920 年美国国会的调查表明，当时 60%的雇主（雇用了全美 80%的雇员）采用计件工资制，他们所关注的是市场工资水平而不是不同工作的可比价值。随着罗斯福新政一系列法规的出台[②]、20 世纪五六十年代的民权运动，以及 70 年代女权运动的兴起，政府通过立法强调公平付酬、同工同酬和消除工作中的歧视，使得企业逐步强调薪酬决策对内部公平的关注，并由此带来工作评价方法研究与应用的兴起。直至 20 世纪 80 年代末，因外部劳动力市场的变化，一系列新的管理实践打破了传统的做法，使得人们对公平的关注又重新回到外部竞争上来。在第二次世界大战和朝鲜战争期间，美国政府采取了严厉的工资与物价管理措施，通过政府规制严格限制最高工资与工资增长，但却允许福利的适度增加。恰恰是由于相对宽松的福利控制，促进了工会与雇主通过福利的方式来满足员工的需要，使得福利逐步成为薪酬管理研究的一个重要领域。[③]

10.1.2 经济因素

经济因素主要指经济发展状况、国民经济结构、通货膨胀水平、市场运行机

---

① 参见迈克尔·哈默、詹姆斯·钱皮：《改革公司——企业革命的宣言书》，19 页，上海，上海译文出版社，1998。

② 第二次世界大战罗斯福新政期间，美国连续通过了 Securities and Exchange (1934)，Social Security Act (1935)，Wagner Act (1935)，Fair Labor Standards Act (1938) 等对雇主薪酬决策行为具有重大调整作用的法案。

③ George T. Milkovich，Jerry M. Newman，*Compensation*，Eleventh Edition，McGraw-Hill，2013，p. 430.

制、劳动力素质、劳动力市场的供求关系以及产业的发展态势等。企业的发展受制于一国或一个地区的经济发展水平，而其所处行业的发展态势和所在劳动力市场的供求状况，直接影响企业可能的薪酬决策。以日本为例，许多传统的日本企业在其薪酬结构中强调年功的作用，但是全球竞争的日益激烈和日本经济的持续疲软，使这种成本变得相当高昂而难以接受，因此它们不得不改变这种以往相当有效的付酬方式，转而更多地关注结果。

就宏观经济环境对薪酬管理的影响而言，劳动力市场分割，尤其是二元劳动力市场对于薪酬管理实践的影响是理论界探讨较多的内容。

现实的劳动力市场是不统一的，始终存在着一些妨碍劳动者充分流动的重要障碍。比如，性别和种族歧视、户籍制度、不充分的劳动力市场信息等，这种现象在发展中国家的劳动力市场中尤为明显。劳动力市场分割（labor market segmentation，LMS）[①] 理论认为，在现实的经济生活中，劳动者工资的差异不仅来源于其提供的劳动质量的差别。从劳动力需求一方来看，在工资决定过程中，行业、部门、职业、职位的结构性特征，同样是导致工资率不同的决定性因素。生产率相同的劳动者，由于所在的行业、企业或职位不同，工资率会有很大的差别。

LMS 理论最重要的分支之一就是二元劳动力市场理论（Doeringer and Piore，1971）。它由两个最基本的命题构成。首先，现实经济生活中存在两个彼此分离的劳动力市场：主要市场和次要市场。两个市场划分的依据是工作的特征和劳动者的特征。主要市场的特征是就业稳定，工作条件较好，以熟练技术型劳动力为主，工资水平较高，存在较多的晋升和培训机会。与此相反，次要市场则工资福利水平普遍较低，工作条件较差，职位极不稳定，劳动力流动程度大，晋升、培训机会也不多。其次，在每个劳动力市场内部，劳动力是流动的。但在两个市场之间，由于受到各种非市场因素的制约，劳动力无法流动或只能有限地流动。

二元劳动力市场理论强调，劳动者个人的工资率并不主要取决于受教育程度，而是取决于就业发生在劳动力市场的哪一部分。这在解释发展中国家的工资差别问题时，诸如现代和传统部门间的分割、正式和非正式部门间的分割、公有和私有部门间的分割，以及内资和外资间的分割，因为有较好的解释力而受到了学者们的青睐。

10.1.3　科技因素

科技的迅速发展与应用为组织创新和薪酬管理实践奠定了技术基础。在计算

---

① Dunlop，J. T.，The Task of Contemporary Wage Theory，in Taylor，W.，Pierson，F. C.，*New Concepts in Wage Discrimination*，New York：McGraw-Hill，1957，pp. 117-139. Kerr，C.，The Balkanization of Labor Markets，in Bakke，E. W. et al.，*Labor Mobility and Economic Opportunity*，Cambridge，Mass：Technology Press of MIT，1954，pp. 92-110. Doeringer，P.，Piore，M.，*Internal Labor Markets and Manpower Analysis*，Lexington Mass.：D. C. Heath，1971.

机发展基础上的电子化薪酬管理方兴未艾，诸如薪资核算、工资发放、绩效考核等常规性事务，得益于计算机和自动化程度的提高，不再需要大量的资源投入就能够轻松高效地完成。借助于通信技术的快速发展，薪酬管理人员能够更迅速地进行交流与沟通，互相借鉴经验与吸取教训，使得薪酬管理变革能够在更短的时间和更大的范围里，产生更广泛的影响。

10.1.4 社会文化因素

社会文化因素主要包括有关社会结构、社会风俗、社会理念、宗教信仰、文化传统等。随着经济全球化的进程，组织内部的人员构成日益多样化、文化多元化，以及不同文化间的碰撞与融合，已成为当今时代的特征之一。

在全球化的时代里，越来越多的公司正将自己的业务范围扩展到全球，这将使它们的人力资源战略发生质的变化，从而对企业的薪酬决策产生重大的影响。跨国公司全球化经营首先要面对的是，如何为遍布全球的员工确定薪酬方案和进行薪酬管理。全球经济发展的不平衡和各国劳动力成本的极大差异，首先对跨国公司的薪资管理实践提出了挑战，主要的问题是如何为其海外员工付酬，如何为海外公司的本地员工付酬，以及如何在本地员工、外派员工、海外公司的本地员工的薪酬差异中寻找最佳的平衡方案。许多国际化企业的薪酬战略，仅仅是简单的“我们如何将员工派往海外工作和我们应该怎样给他们支付报酬”，但是随着公司全球化程度的不断提高，跨国界的经营方式使得它不可能再像一个民族企业那样经营。全球化经营的挑战，一方面极大地促进了跨国公司薪酬实践的发展，使国际化的薪酬管理成为薪酬管理研究的重要内容；另一方面，跨国公司的薪酬实践也通过与所在国薪酬实践的相互借鉴和影响，在很大程度上加速了当前薪酬管理变革的进程。

随着改革开放的逐步深入，我国本土企业原有的统一的薪酬结构发生了很大变化，对薪酬公平性的判断标准在各种压力的推动下也在不断变化。被打破的“铁饭碗”、多样化的薪酬制度、差异逐步增大的薪酬水平，以及跨国公司通过本土化管理不断开发可行的薪酬工具——体现了对所在国文化的理解，如按照所在国传统节日设计福利项目，调整奖金发放时间，使员工有被认可与尊重的感觉等——也都与社会文化因素密切相关。

10.2 宏观经济体制变动对薪酬的影响

改革开放前，我国是一个高度集权的计划经济体制国家。在经济领域，高度集权意味着国家是一个大工厂。企业听任计划经济部门的指挥和命令，对人、财、物，包括对员工的工资分配没有任何自主权。“复制古董、冻结技术，30 年一贯制”，这是孙冶方——以正直和敢言而著称的学者，对中国这种宏观经济体制生动而形象的描述。在薪酬分配领域，当时甚至连“工资”这个概念也被视为

"资产阶级法权"。改革开放至今，在国有企业领域，宏观经济体制变动的进程对中国企业员工的薪酬管理一直有直接的作用，并产生巨大的影响。改革开放以来的分配历史，从某种意义上讲，也就是从国家宏观的绝对控制回归到企业自主决定薪酬管理的历史。通过对历史的回顾和展望，我们能够切实感受到一个国家宏观经济体制的变动对企业薪酬管理的巨大影响，这对深入理解我国当前的薪酬管理理论和实践具有十分重要的现实意义。

10.2.1　改革开放前我国企业工资实践的特点（1949—1978 年）

1949—1978 年间，我国实行的是高度集中的计划经济体制，在收入分配领域，国家对城镇职工的工资分配也采取高度集中管理的模式。在此期间，我国企业职工个人工资分配的实践表现出以下几个特点。

一、只有高度集中统一的国家分配制度，不存在企业薪酬制度

在我国高度集中统一管理的计划经济体制下，无论是产值还是数量上，均占绝对比重的所谓的"国营企业"只是纯粹的"生产车间"，根据国家下达的指令性计划进行生产，生产所需的人、财、物都由国家按计划分配和供应。国营企业生产出的产品由国家统一收购和销售，其收入也归国家所有，国营企业的经济活动只是生产过程，唯国家下达的生产计划任务为终极目标，并非真正意义上的企业。

本属于企业的工资决策权，却集中在中央，国家是分配的主体。工资制度、工资标准、工资形式和工资晋级条件由国家统一制定，职工增加工资和工资标准的调整由国家统一安排。国家对职工的工资采用"一竿子插到底"的直接分配方式。工资增长与工资调整完全取决于国家领导人的思路和国家的财政状况。

各级工资行政管理与计划管理紧密结合：来自中央的工资政策，通过指令性的工资计划把工资和用人等指标层层分解，最后落实到企业。企业必须无条件地接受工资总额和工资水平计划的约束。工资分配的秩序由计划—行政手段维持，无须法律的规范和经济杠杆来调节。计划指标和政府文件就是至高无上的权威。企业调不调工资，就看政府发不发新文件，给不给追加计划指标。

二、受到政治风波的极大影响

高度集中统一的国家分配制度，经常受到政治风波的影响，难以正常运行。最典型的是计件工资制度和奖励制度，曾因 1958 年的"大跃进"和 1966 年开始的"文化大革命"两度取消，随之又分别于 1963 年和 1978 年两次恢复。工资标准要么长期不动，要么按照学历和资历搞"普调"。更为严重的是，在特定的动荡时期，出现了按阶级路线分配，按政治形态、政治表现分配的怪现象。

三、实际上是"身份工资"和"资历工资"

基于工人所掌握的知识和操作技能的技术等级工资制，因缺乏考评或考评流于形式而导致"一朝被评，终身受用"的身份工资。同时，职工工资由全国统一的等级工资标准规定，每个职工拿多少工资，根据国家给他确定的技术等级决定，而技术等级的确定过程非常复杂，国家只能凭资历、论年头，甚至凭关系评定技术等级。

企业干部职员的职务等级工资制或职务工资制，与国家机关和事业单位的行政级别挂钩，在实际操作中逐步演变为根据资历或工龄晋升职务，单纯以行政职务评定工资，干部拿多少工资，取决于是哪一级干部。

这一期间，收入分配的一切都由中央政府决策拍板，即使工资形式与奖励项目也不例外。企业和地区在无权对分配标准进行整顿的情况下，内部工资标准混乱的局面自然也就难以改变，甚至越来越混乱。正是这种呆板、僵化和缺乏灵活适应性的收入分配体制，导致了员工工作动力不足、经济增长乏力的不良局面，产生了市场化改革的内在要求。①

10.2.2 转型经济时期企业薪酬制度的萌芽与探索（1978—1992年）

改革开放以前，我国的工资理论和实践是“单层次的分配模式”，即国家作为社会的代表者，直接对劳动者个人进行直接分配。随着我国经济体制的深化，从高度集中的计划经济向有计划的商品经济转轨，我国的企业工资分配制度也相应进行了改革，即由国家直接对职工的分配制度逐渐变为以“工效挂钩”为主的国家宏观调控下的企业自主分配。

1984年，中国共产党十二届三中全会做出了《关于经济体制改革的决定》，拉开了城市经济体制改革的序幕，提出建立有计划的商品经济，并指出要“使企业职工的工资和奖金同企业经济效益的提高更好地挂起钩来。在企业内部，要扩大工资差距，拉开档次”。1985年初，国务院发出《关于国营企业工资改革问题的通知》，国家在工效挂钩的基础上把企业的内部工资分配权还给了企业，在国家的宏观调控和政策指导下，企业自主地建立符合战略要求和生产特点的企业薪酬制度。企业薪酬制度萌芽，由此开始了艰难的探索。

一、结构工资制的问世

结构工资制，又称分解工资或组合工资。它是根据决定工资的不同因素和工资的不同作用将职工全部工资所得分解为若干单元，并使各单元按其各自规律运动的一种工资制度。一般包括基础工资、职务（岗位、技术）工资、年功工资、浮动工资四个组成部分。

基础工资，是保障劳动者基本生活需要的部分，额度按当时大体维持员工基本生活所需费用计算确定，随着职工维持基本生活所需要的商品价格指数的变化而变化。职务（岗位、技术）工资，主要是按照不同职务（岗位）的业务技术要求、劳动条件、责任大小等因素确定的。职务工资的变动依据员工的职务变迁。年功工资，也称工龄工资，主要依据工龄的长短或工作经验的多少确定。浮动工资与企业的经营状况、个人的工作绩效、贡献大小挂钩，实行多劳多得、少劳少得、不劳不得的原则。

---

① 参见曾湘泉：《经济增长过程中的工资机制——对中国工资问题的宏观动态考察》，242页，北京，中国人民大学出版社，1989。

二、推行以贡献大小，即绩效为基础的浮动工资制

这一时期，企业开始拥有部分生产经营自主权和工资分配权，这种外部条件的变化像催化剂一样，唤起了企业管理者、工程技术人员和工人被压抑多年的工作热情和创造力，企业工资、奖金分配上维持了多年的基本平均的超稳定状态开始动荡、裂变，浮动工资在工资分配领域跃然而出。

这一时期的浮动工资主要有六种形式：(1) 小浮动，即奖金的分配搞活，按照个人的劳动成果拉开差距。例如，超定额计件工资制。(2) 半浮动，即把标准工资的一部分拿出来，与奖金捆在一起随职工的劳动贡献浮动。(3) 全浮动，即职工的全部收入都不是固定的，随劳动成果大小而浮动，上不封顶、下不保底。(4) 浮动升级。企业利用留利中的奖励基金，给少数成绩突出的职工升级，但每年考核一次。不能保持优秀的职工将被取消升级工资，连续几年考核保持优秀者，浮动升级予以固定。(5) 浮动工资标准。按照工作业绩，分档对号入座。(6) 集体浮动。企业将产量、质量、品种、消耗、利润等经济技术指标分解落实到车间班组，依据完成情况给予不等的工资和奖金，再由车间、班组依据个人的劳动贡献分配到个人。

浮动工资的出现突破了原来的平均主义分配格局，企业薪酬管理领域引入了一种新的机制，即报酬量随劳动成果大小（即绩效优劣）增减的机制。但是，在企业启动新的薪酬机制的情况下，原有的八级工资制并未取消，旧的等级工资标准作为职工的档案工资保留，它作为国家唯一承认的工资，在调动工作、计算退休金和其他许多方面继续作为依据使用。由此，两者之间的矛盾、摩擦使企业薪酬制度出现了扭曲。

在职工的全部薪酬中，进入档案的工资较低，工资结构和收入结构开始出现扭曲。不论职工付出多少劳动，工资变成了必保的工资，“上班拿工资，干活拿奖金”的现象普遍存在。改革初期，奖金、津贴和补贴名目繁多，也大多是平均分配，工资项目逐步失去了激励功能，出现了福利化倾向。

10.2.3　市场经济推进过程中的薪酬管理（1992 年至今）

1992 年，邓小平南方谈话解决了长期困扰我国改革开放的理论问题，即“计划”与“市场”的问题。党的十四大提出了“建立社会主义市场经济体制”的改革目标。继而 1997 年党的十五大提出，深化经济体制的改革，核心是建立现代企业制度——使企业真正成为市场的主体，发挥市场在资源配置中的基础性作用。

随着市场经济体制的逐步建立和进一步完善，企业工资的决定机制，也从传统的行政决定机制、计划决定机制，与企业的效益和效率脱节，逐渐转变为市场决定机制。在日益开放的市场经济条件下，我国企业向员工支付报酬的依据，即报酬要素发生了重大转移，开始了真正意义上的企业薪酬管理实践探索，并在社会经济发展的过程中经历了巨大的变革。

一、市场经济进程中薪酬管理实践的特征

总体而言，自 20 世纪 90 年代初期，我国开始出现真正意义上的企业薪酬制度以来，企业薪酬制度变革的驱动力量逐步变成来自企业自身的需求。面对产品市场、资本市场和人才市场的激烈竞争，追求利润最大化的企业认识到人力资本才是企业竞争力的根本，必须通过薪酬制度的重新设计，构建企业的激励机制，以吸纳、保留和激励优秀人才，获取和维持企业的核心竞争力。

（1）薪酬制度设计从过去追求高度统一向现在的多样化、个性化发展；从过去关注生产性员工转变为更加重视科研开发人员、市场销售人员、管理人员，特别是高层管理人员。

（2）薪酬战略从过去平均主义的简单支付转变为与环境、组织的战略目标相适应，通过吸纳、保留和激励优秀人才以赢得并保持企业竞争优势作为目标。

（3）薪酬管理从过去计划—行政手段下的“品位分类”、“身份工资”管理逐步转变为市场导向的体现职位价值的“职位定价”、能力导向的“技能或能力薪酬”和绩效导向的“绩效薪酬”，以及市场薪酬价位。员工的薪酬观念也逐渐从“领工资”向“挣工资”转变，即从分配向按工作、业绩、能力获取报酬转变。

近来，在企业的薪酬实践中，“全面薪酬”、“自助式薪酬”、“薪酬包”等全新的、目前发达市场经济国家热衷于讨论的薪酬理念和薪酬管理模式，也开始传入我国，可以预见，在不久的将来，这些薪酬理念必将在我国企业薪酬实践中有所体现。

二、市场经济进程中薪酬管理实践的影响因素

1. 市场化的经济体制改革为我国企业的薪酬制度变迁提供了先决条件

在总结1978年以来改革的经验与教训的基础上，1992年10月召开的党的十四大，明确提出了我国经济体制改革的目标是，建立社会主义市场经济体制。1993年，党的十四届三中全会通过了《关于建立社会主义市场经济体制若干问题的决定》，提出了未来我国社会主义市场经济的基本框架。从此，我国进入了整体推进、全面配套的阶段，其中，企业改革是我国城市经济体制改革的核心和关键。

1992年以来的企业改革是以制度创新为内容的改革。明确提出企业改革的方向是，要按照“产权清晰、权责明确、政企分开、管理科学”的原则建立现代企业制度。企业逐渐成为真正的“自主经营、自负盈亏”的市场竞争主体。企业不再是简单听从计划行政命令组织生产的“车间”，而变成了在市场信号的指导下，从事研发、生产、销售和管理等经营活动的经济组织。企业的关注点不再是上级主管部门，而是顾客和市场。

政府逐渐放弃了计划指令和行政命令的管理方式，并通过一系列财政、金融、税收和价格等体制改革，不断探索宏观调控模式。与此同时，在国有企业、集体企业等公有制企业逐步走向市场的过程中，非公有制企业也随着经济体制改革的深化快速发展，并成为国民经济的重要组成部分。

市场化的经济体制改革，不仅使企业突破了传统行政—计划体制对其薪酬制度变革的束缚和障碍，而且促进了人们的观念、思维方式的迅速转变，使战略导向、市场导向、绩效导向、能力导向等现代薪酬理念日益为人们所接受。

2. 人才管理体制变革和人才流动加速推动了薪酬制度的市场化

伴随着劳动人事制度的改革，传统的高度集中统一的计划式、行政命令式的劳动用工制度一去不复返，取而代之的是灵活的、双向选择式的企业用工制度。劳动力市场逐步形成并不断完善。市场经济条件下，利益主体是多元的，企业与员工之间的劳动关系表现为一种组织和员工的契约关系，组织和个人的风险责任完全由他们自己承担。面对日益开放的劳动力市场，在价值规律和供求关系的影响下，受经济利益的驱使，人才必然流向能够体现自身价值、实现自身人力资本增值的地方，这对薪酬管理提出了新的挑战。

在市场竞争激烈、科技飞速发展的条件下，企业的寿命不断缩短，世界500强的平均寿命只有50年，中关村企业的寿命大多在3～9年，这就使员工一生只供职于一个企业成为历史。员工对职业的忠诚超过对企业的忠诚，人才流动日益频繁。人才的加速流动促进了市场薪酬价格的形成。

面对人才竞争日益加剧和人才流动加速的态势，企业纷纷提出了“以人为本”的企业文化和管理哲学。员工参与管理、对员工授权的呼声不绝于耳，企业更加关注股东、员工和顾客三者的满意，强调薪酬管理在吸纳、保留和激励优秀员工方面的战略作用。与该文化和薪酬目标相适应，基于市场薪酬价位确定员工薪酬水平的做法，诸如谈判工资，以及考虑外部竞争力的职位薪酬和技能或能力薪酬等市场化取向的薪酬制度，随之出现在企业薪酬实践中，并被员工广泛接受。

3. 我国对外开放体制的建立和发展，加速了现代薪酬管理理念和技术的导入

我国对外开放体制的建立和发展，使企业面临着日益加剧的全球竞争，也使得整合世界范围内的先进管理理念和技术、共同解决困扰企业的管理问题成为可能。

在我国加入WTO之后，随着国外公司大举进入，我国企业在感受到激烈竞争的同时，也深刻地意识到自身存在的种种问题。特别是在员工管理、员工薪酬管理领域，以职位为基础的薪酬制度，基于人的知识、技能或能力的薪酬制度，绩效薪酬和股票期权，员工持股计划等薪酬管理理念和技术，为国外公司构筑的竞争优势和对本土人才的巨大吸引力，对我国企业构成了严峻的挑战。许多公司开始引入这些先进的薪酬管理理念和技术，以解决现实中的薪酬问题。不同文化背景下的薪酬管理模式对我国企业的薪酬制度变迁起到了巨大的推动作用。

管理咨询业的快速发展，对我国企业的薪酬制度变迁起着一定的推动作用。世界500强的企业中有50%左右的公司拥有与自己长期合作的国际著名咨询公司。管理咨询公司凭借职业化的专家队伍、深厚的专业理论知识、丰富的咨询经验和做法，以及独特的外部角色，为企业提供专业化的包括薪酬管理在内的咨询服务，这无疑对我国企业导入现代薪酬管理理念和技术有着重要意义。

4. 公司治理结构和体制的完善使基于绩效的长期激励计划成为必然

在国有企业改革初期，尽管利润留成、放权让利等改革措施在一定程度上使企业和员工的积极性空前提高，企业获得了长足的发展，但却造成了改革者不期

望的工资侵蚀利润问题。继多种形式的承包制之后，股份制改造和完善法人治理结构、建立现代企业制度已成企业改革的必然趋势。

在现代企业治理结构中，在所有权和控制权分离的背景下，股东和经理人员之间是委托—代理关系，作为委托人的股东和作为代理人的经理人员各自追求的目标是不同的：作为委托人的股东追求的是财富的最大化，而作为代理人的经理人员追求的是自身效用函数的极大化，即他们人力资本的增值和个人收入的最大化。由于信息的非对称性、契约的不完全性和监督成本的存在，在两者的目标发生冲突时，代理人有可能会有摆脱委托人控制的倾向，从而产生机会主义的行为，甚至做出违背委托人利益的事情。这就产生了委托—代理问题。

解决委托—代理问题的关键在于，建立一套科学、有效的激励和约束机制，促使代理人采取有利于股东的行为，最大限度地增进委托人的利益。在薪酬实践中，基于经理人员绩效的激励性经营者年薪制、利润分享、收益分享，以及虚拟股票、股票期权、虚拟股票期权、期股、股票增值权、储蓄—股票参与计划等长期激励计划日益流行并广泛施行。

可以预见，随着我国企业告别传统的高度集中管理的计划经济体制模式，步入市场化的运行轨道，全球化的影响将越来越广泛，人才流动将继续加速，人才竞争将日益激烈。企业所面临的产品市场、金融市场和劳动力市场环境，将日趋不确定和复杂。在这样的大背景下，我国企业内部薪酬制度的选择和变革将变得愈加频繁和剧烈，但市场导向、绩效导向、能力导向和个性化、多样化将始终是变革的方向，为企业赢得并保持竞争优势是企业未来薪酬制度的主题。

10.3 劳动力市场规制对薪酬的影响

市场不是解决一切问题的良药，市场机制本身存在着严重缺陷，而且市场自身不能对这种市场失灵进行自我调整。克服市场失灵的有效方式是借助外力对市场进行干预。今天，伴随着市场经济在我国的逐步确立，我们每一个人都更深刻地体会到“市场经济是法制经济”这句话的含义。2012 年全年各级劳动人事争议调解组织和仲裁机构共受理劳动人事争议案件 140.3 万件。结案 126.1 万件（不包括仲裁机构不予受理数），其中调解组织结案 61.8 万件，占 49.0%。仲裁机构立案受理劳动人事争议 64.1 万件，结案率为 94.7%；调解组织受理（含仲裁机构案外调解）76.2 万件。各级仲裁机构立案受理劳动人事争议 64.1 万件，比上年增加 8.8%，涉及劳动者 88.2 万人，比上年增加 13.2%。其中集体劳动争议 0.7 万件，涉及劳动者 23.2 万人。当期共审结劳动争议案件 64.3 万件，比上年增加 8.5%。[①] 在这些迅速增加的劳动争议案件中，一半以上是与薪酬相联系的。因此，研究劳动力市场规制的内涵和现状，深入分析劳动力市场规制与薪

---

① 中华人民共和国中央人民政府门户网站，http：//www.gov.cn/gzdt/2013-05/28/content_2412954.htm。

酬的关系，规范市场主体各方的行为，对于发展市场经济、构建和谐社会都有积极的意义。

10.3.1　劳动力市场规制的基本概念

一、概念界定

规制（regulation）是指约束和规范经济主体行为的一整套法律、规章、政策和制度。在主流的规制经济学理论中，市场规制主要指狭义上的含义，即政府通过立法、规章和制度的执行实施实现对市场的约束、激励及保护。劳动力市场规制是市场规制的一个特殊领域。它是指政府及有关组织为维护劳动力市场秩序和保证劳动力市场正常运转所建立的一整套法律、法规、政策、规则等。

二、主要特点

与其他规制相比，劳动力市场规制具有以下特点：

一是目的的特定性。劳动力市场规制的核心是劳动者，它以保护劳动者为主旨，兼顾国家和雇主的利益。

二是调整对象的特殊性。劳动力市场规制的调整对象是劳动关系以及与劳动关系密切相关的其他关系，主要调整实现劳动过程中劳动者与劳动力使用者之间发生的关系。这种劳动关系具有人身依赖性，劳动关系不得代替或转让，也不得委托他人代理。

三是内容的广泛性。劳动力市场规制的内容非常广泛，从就业指导、就业介绍到劳动关系建立、劳动关系解除、社会保障等各个方面，覆盖了劳动的各个领域。

四是限制性规制多，鼓励性规制少。劳动力市场规制虽然有鼓励性的和建议性的，也有强制性的，但总的来看以限制性规制为主。

10.3.2　我国劳动力市场规制中有关薪酬方面的规定

我国劳动力市场规制可分为四个层次：第一个层次是由全国人民代表大会和全国人民代表大会常务委员会颁布的法律。第二个层次是国务院发布的法规。第三个层次是国务院劳动行政主管部门制定的规章。地方性的企业工资管理立法体系也大体相仿，如省市人大及常委会可以颁布地区性工资管理法规，地方劳动行政主管部门也可以制定管理规章等。第四个层次是有关组织制定的规制和企业内部的规章制度。

一、《中华人民共和国宪法》

工资管理的最高立法是《中华人民共和国宪法》（以下简称《宪法》）。《宪法》是国家的根本大法，同时也是《中华人民共和国劳动法》（以下简称《劳动法》）的首要渊源，是劳动立法的最高法律依据。在劳动执法中，《宪法》具有最高的适用效力。《宪法》主要对薪酬规制的基本原则和基本标准作出了规定，包括两个方面。一是确定了分配的原则。《宪法》第六条规定："中华人民共和国的社会主义经济制度的基础是生产资料的社会主义公有制，即全民所有制和劳动群众集体所有制。社会主义公有制消灭人剥削人的制度，实行各尽所能、按劳分配的原则。国家在社会主义初级阶段，坚持公有制为主体、多种所有制经济共同发展的基本经济制度，坚持按劳分配为主体、多种分配方式并存的分配制度。”第四十八条规定：“国家保护妇女的权利和利益，实行男女同工同酬，培养和选拔妇女干部。”二是不断提高薪酬水平，保障劳动者的基本权益。《宪法》第四十二条规定：“国家通过各种途径，创造劳动就业条件，加强劳动保护，改善劳动条件，并在发展生产的基础上，提高劳动报酬和福利待遇。”第四十三条规定：“中华人民共和国劳动者有休息的权利。国家发展劳动者休息和休养的设施，规定职工的工作时间和休假制度。”

二、基本劳动法律

在《宪法》之下是基本劳动法律，一般是由全国人民代表大会或全国人民代表大会常务委员会制定或修改的法律。1994 年由全国人大常委会通过，从 1995 年 1 月 1 日开始实施，并根据 2009 年 8 月 27 日第十一届全国人民代表大会常务委员会第十次会议《关于修改部分法律的决定》修正的《劳动法》，是中国劳动立法的母法，是劳动领域内的最高法律，是全面、综合、整体调整劳动关系及与劳动关系密切联系的其他社会关系的规制。

《劳动法》关于工资管理的主要内容有以下四个方面：

(1) 规定了分配的原则。提出工资分配应当遵循按劳分配原则，实行同工同酬。

(2) 提出应建立最低工资保障制度。最低工资的具体标准由省、自治区、直辖市人民政府规定，报国务院备案。用人单位支付劳动者的工资不得低于当地最低工资标准。确定和调整最低工资标准应当综合考虑劳动者本人及平均赡养人口的最低生活费用、社会平均工资水平、劳动生产率、就业状况、地区之间经济发展水平的差异等因素。

(3) 对工资支付标准和支付方式作了规定：安排劳动者延长工作时间的，支付不低于工资的百分之一百五十的工资报酬；休息日安排劳动者工作又不能安排补休的，支付不低于工资的百分之二百的工资报酬；法定休假日安排劳动者工作的，支付不低于工资的百分之三百的工资报酬。工资应当以货币形式按月支付给劳动者本人。不得克扣或者无故拖欠劳动者的工资。劳动者在法定休假日和婚丧假期间以及依法参加社会活动期间，用人单位应当依法支付工资。

(4) 规定了国家和企业的分配权限。国家的权限主要是使工资水平在经济发展的基础上逐步提高，同时对工资总量实行宏观调控。企业则可以根据本单位的生产经营特点和经济效益，依法自主确定工资分配方式和工资水平；对实行计件工资的劳动者，用人单位应当根据工时制度合理确定其劳动定额和计件报酬标准。

其他法律如《中华人民共和国劳动合同法》、《中华人民共和国劳动争议调解仲裁法》、《中华人民共和国残疾人保障法》、《中华人民共和国工会法》、《中华人民共和国教师法》、《中华人民共和国妇女权益保障法》、《中华人民共和国人口与计划生育法》、《中华人民共和国公务员法》、《中华人民共和国公司法》、《中华人民共和国合伙企业法》、《中华人民共和国个人独资企业法》、《中华人民共和国安全生产法》则从不同方面，针对不同群体对薪酬分配做了规定。如《中华人民共和国工会法》规定了工会在工资、劳动保护和劳动保险工作决策中的作用，以及工会兼职人员的薪酬福利待遇。要求全民所有制企业在召开讨论有关工资、福利、安全生产以及劳动保护、劳动保险等涉及职工切身利益的会议时，应当有工会代表参加；中外合资经营企业、中外合作经营企业在研究决定有关工资、福利、安全生产以及劳动保护、劳动保险等涉及职工切身利益的问题时，应当听取工会的意见。全民所有制和集体所有制企业工会脱产专职工作人员的工资、奖励、补贴，由所在单位行政支付，劳动保险和其他福利待遇等，享受本单位职工同等待遇；不脱产的委员因参加会议或者工会组织的活动占用生产或者工作时间，其工资照发。

自 2008 年 1 月 1 日起施行的《中华人民共和国劳动合同法》，重点对劳动合同的订立、劳动合同的履行和变更、劳动合同的解除和终止、法律责任等进行了界定，是一部规范劳动关系的重要法律。强调劳动合同在明确劳动合同双方当事人的权利和义务的前提下，重在对劳动者合法权益的保护，为构建与发展和谐稳定的劳动关系提供法律保障。作为我国劳动保障法制建设进程中的一个重要里程碑，《中华人民共和国劳动合同法》的颁布实施有着深远的意义。

2012 年 12 月 28 日，我国十一届全国人大常委会第三十次会议表决通过关于修改《劳动合同法》的决定，修订后的《劳动合同法》规定，被派遣劳动者享有与用工单位的劳动者同工同酬的权利。用工单位应当按照同工同酬原则，对被派遣劳动者与本单位同类岗位的劳动者实行相同的劳动报酬分配办法。法案指出劳动合同用工是我国的企业基本用工形式。劳务派遣用工是补充形式，只能在临时性、辅助性或者替代性的工作岗位上实施。同时规定，用工单位应当严格控制劳务派遣用工数量，不得超过其用工总量的一定比例，具体比例由国务院劳动行政部门规定。

《中华人民共和国劳动争议调解仲裁法》在缩短劳动争议调解仲裁的周期、减少处理环节、提高成效、降低成本等方面作出了许多新的规定，目的在于建立方便、快捷、有效、低廉的劳动争议处理制度。如在仲裁时效期间上，较之《劳动法》60 天的相关规定延长至 1 年，以免劳动者错过时机，特别是涉及劳动报酬争议则可以延长至劳动关系终止后 1 年；而在仲裁的审理期限上，较之《劳动法》的相关规定则是缩短了 1/3，防止案件久拖不决。

《中华人民共和国残疾人保障法》规定：逐步将符合规定的残疾人医疗康复项目纳入城镇职工基本医疗保险、城镇居民基本医疗保险和新型农村合作医疗范围，保障残疾人的医疗康复需求。着力解决好重度残疾、一户多残、老残一体等特殊困难家庭的基本生活保障问题，做好低收入残疾人家庭生活救助。

《中华人民共和国教师法》则对教师的薪酬待遇水平、津贴项目等做了规定，教师的平均工资水平应当不低于或者高于国家公务员的平均工资水平。中小学教师和职业学校教师享受教龄津贴和其他津贴。对教师以及具有中专以上学历的毕业生到少数民族地区和边远贫困地区从事教育教学工作的，应当予以补贴。教师的医疗同当地国家公务员享受同等的待遇。国家补助、集体支付工资的中小学教师的待遇，逐步做到在工资收入上与国家支付工资的教师同工同酬。

《中华人民共和国妇女权益保障法》、《中华人民共和国人口与计划生育法》对妇女的权益保护做了规定。要求实行同工同酬，任何单位不得因结婚、怀孕、产假、哺乳等情形，降低女职工的工资，公民晚婚晚育，可以获得延长婚假、生育假的奖励或者其他福利待遇。妇女怀孕、生育和哺乳期间，按照国家有关规定享受特殊劳动保护并可以获得帮助和补偿。

《中华人民共和国公司法》、《中华人民共和国合伙企业法》、《中华人民共和国个人独资企业法》对工资决策及企业破产后工资清偿程序做了规定。《中华人民共和国公司法》规定董事、监事的报酬事项由股东会决定；公司经理、副经理、财务负责人报酬事项由董事会决定。公司可提取利润的百分之五至百分之十列入公司法定公益金。公司提取的法定公益金用于本公司职工的集体福利。公司破产，优先支付职工工资和劳动保险费用。

三、国家劳动行政法规、规章

行政法规、规章指各级人民政府及所属部门和派出机关行使法定职权时所制定和发布的对公民、法人和其他组织具有普遍约束力的规定。国家劳动行政法规是由国务院制定、修改、批准发布的调整劳动关系及其他有关社会关系的规范性文件，行政法规的名称一般为“条例”、“规定”、“办法”及“实施办法”，它是我国现行劳动法律规范的主要形式之一。如为了贯彻实施《中华人民共和国劳动合同法》，经 2008 年 9 月 3 日国务院第 25 次常务会议通过的《中华人民共和国劳动合同法实施条例》，2007 年 12 月 7 日国务院第 198 次常务会议通过的《职工带薪年休假条例》等均属此类。国家劳动行政规章是指由国务院各部委根据劳动行政法规制定的实施细则、实行办法等。规章的名称一般为“办法”、“规定”、“细则”及“实施细则”等。其中，一般来说，对某一方面的工作作比较全面、系统的规定，称为“办法”；对某一方面的工作作部分规定，称为“规定”；对某一方面的工作作比较具体的规定，称为“细则”或“实施细则”。

国务院关于企业工资管理的法规主要有《关于对企业工资进行宏观调控的规定》、《关于对各类行业和部门的工资总额进行总量挂钩管理的规定》、《关于对集体企业工资管理的规定》、《关于对外商投资企业工资管理的规定》、《关于对企业经营者工资收入管理的规定》等，涉及的内容非常广泛。

国务院劳动行政主管部门关于企业工资管理的规章更多，主要包括以下几个方面：一是涉及全国以及地区、部门工资宏观调控的政策措施；二是对单个企业工资总额提取和使用的规定，如工效挂钩；三是贯彻实施最低工资保障制度的规定；四是有关企业工资支付的规定；五是对各类性质不同的企业（如外商投资企业）和企业内部的不同人员（如经营者）的工资所作的单项性规定，以及对特殊岗位和特殊劳动条件下的工资的专门规定。

四、地方性劳动法规、规章

各省市的工资管理立法，也大体是按照国家的立法体系，根据贯彻实施国家法律、法规的需要而建立起来的。地方性劳动法规是由省、自治区、直辖市的人民代表大会及其常务委会员，在不与《宪法》、劳动法律和劳动行政法规相抵触的前提下，结合本地区的实际情况而制定的规范性的地方劳动法律文件。它是劳动法律规范的又一种表现形式。地方性劳动规章是指省、自治区、直辖市人民政府，根据法律和国务院行政法规制定的实施细则、施行办法等。

五、自治劳动条例和特别行政区劳动法规

自治条例是根据自治权制定的有关本地区实行民族区域自治的基本制度的规范性法律文件。单行条例是根据自治权制定的调整某一方面事项的规范性法律文件。自治劳动条例和单行劳动条例与地方性劳动法规的立法机关不同，它是由自治区、自治州、自治县的人民代表大会，依照当地民族的实际情况制定的在本自治地方有效的规范性劳动法律文件，它是我国劳动法律规范的形式之一。

特别行政区劳动法规是按照《宪法》的规定，由特别行政区人民代表大会及其常务委员会或特别行政区立法机关制定并报全国人大常委会备案的，在特别行政区内有效的劳动法规，它是劳动法律规范的一种特别形式。

六、批准生效的国际劳工公约

国际劳工组织通过的公约，经我国政府批准后即在我国生效，对国内的企业和劳动者也同样具有约束力，是我国劳动法律规范的表现形式之一。随着我国对外开放程度的深化，我国政府批准的国际公约也在逐步增加。如 2006 年 10 月 31 日第十届全国人民代表大会常务委员会第二十四次会议决定，批准 1981 年 6 月 22 日第 67 届国际劳工大会通过的 1981 年《职业安全和卫生及工作环境公约》，这一公约通过促进各会员国在职业安全、职业卫生和改善工作环境方面制定相关法律和措施，明确政府、企业和工人各自承担的职责，从而把工作环境中存在的危险因素降到最低限度，以预防工作过程中发生的事故和对健康的危害。

七、有关的法律解释

拥有解释权的国家机关对劳动法律规范的含义以及使用的概念、术语、定义所作的说明解释，是具有法律效力的解释。如原劳动部发布的《关于贯彻执行〈中华人民共和国劳动法〉若干问题的意见》、《最高人民法院关于审理劳动争议案件适用法律若干问题的解释》、《中共中央、国务院关于促进残疾人事业发展的意见》等均具有法律效力。

八、集体合同和企业内部劳动规则

集体合同是工会与雇主之间签订的以劳动条件、工作条件等为主要内容的书面集体协议。企业内部劳动规则是企业单位为有效地组织工业生产或其他业务活动而订立的本单位的劳动规章制度。集体合同和劳动规则本身不是法律，但只要它们不与法律的规定相抵触，并符合规定的订立程序，就对劳动关系双方都具有法律约束力，可以看做法律规定的延伸和具体化。

10.3.3 劳动力市场规制与企业薪酬

一、最低工资

最低工资标准，是指劳动者在法定工作时间或依法签订的劳动合同约定的工作时间内提供了正常劳动的前提下，用人单位依法应支付的最低劳动报酬。19世纪末20世纪初，新西兰、澳大利亚两国最早出台了最低工资立法，经过100多年的发展，目前世界上已经有超过80%的国家颁布了最低工资制度。[①] 我国最早建立最低工资制度的地区为珠海市，早在1989年，珠海市就制定了最低工资法规，深圳市于1992年在《深圳经济特区企业工资管理暂行规定》中制定了有关最低工资制度的条款，随后一些省市特别是沿海发达地区陆续出台了本地区的最低工资标准。根据改革开放的需要，1993年原劳动部发布了《企业最低工资规定》，1994年7月全国八届人大常委会通过的《劳动法》第四十八条明确规定："国家实行最低工资保障制度。""用人单位支付劳动者的工资不得低于当地最低工资标准。"随后，全国各省、自治区、直辖市先后颁布了本地区的最低工资标准。我国最低工资保障体系的基本形成，为保持我国经济体制转型期的社会稳定和保障人民生活发挥了重要作用。

《劳动法》和自2004年3月1日起施行的《企业最低工资规定》是规制企业最低工资标准的两部最主要的法规。月最低工资标准一般根据当地就业者及其赡养人口的最低生活费用、城镇居民消费价格指数、职工个人缴纳的社会保险费和住房公积金、职工平均工资、经济发展水平、就业状况等综合因素确定。其中，小时最低工资标准，除了考虑上述因素，还要考虑单位应缴纳的基本养老保险费和基本医疗保险费因素，以及非全日制劳动者在工作稳定性、劳动条件和劳动强度、福利等方面与全日制就业人员之间的差异等。根据规定，最低工资中不包括延长工作时间工资；中班、夜班、高温、低温、井下、有毒有害等特殊工作环境、条件下的津贴；法律、法规和国家规定的劳动者福利待遇等。

最低工资保障制度的实施，对促进劳动力市场的发育以及工资管理和工资支付的法制化，加强企业工资收入的宏观调控，制止部分企业过分压低职工工资，保护劳动者合法权益，避免社会收入差距过大，日益发挥着更加重要的作用。

近年来，随着社会收入差距的逐步拉大，要求提高劳动者收入水平、构建更加合理的收入分配机制、避免社会财富过度集中于少数人手中的呼声不绝于耳。2010年伊始，各地最低工资标准"涨"声一片。第一季度有7个省区对最低工资标准作出了调整，其中月最低工资标准最高档平均提高幅度达到17%左右，还有20个省区计划于2010年适时调整最低工资标准。

从2013年4月1日起，上海月最低工资标准上调为1 450元；从2013年5月1日起，浙江省将对全省的最低月工资标准进行调整，最高一档的最低月工资标准提高到1 470元；广州市最低工资标准上调至1 550元，新标准从2013年5

① 参见王宏：《最低工资制度实施中的问题及对策》，载《调研参考》，2002（2）。

月 1 日起正式实施。从 2013 年 5 月起，深圳最低工资亦统一提至 1 600 元。此次调整后，深圳最低工资标准仍将保持全国最高。

二、工资支付

工资是劳动者维持基本生活的重要来源，是劳动力生产和再生产的必要基础条件，也是构成企业人工成本的一个主要部分。由于工资对于劳资双方都有利害攸关的关系，因此，由工资引发的劳动报酬争议历来是劳动争议的主体。随着企业薪酬制度改革的深入和现代企业收入分配制度的初步构建，我国企业工资制度摆脱了大一统的模式，工资支付方式更为复杂多样，依靠计划经济条件下的行政命令对企业工资支付行为进行约束已经难以为继。为了劳动者权益不受侵害，20 世纪 90 年代，我国在企业工资支付方面发布了一系列的规定，最主要的是《劳动法》和 1995 年 1 月开始执行的《工资支付暂行规定》及 1995 年 5 月发布的《对〈工资支付暂行规定〉有关问题的补充规定》，地方出台的有关工资支付的法规、规章，其他有关工资支付的解释、复函等。《劳动法》规定："工资应当以货币形式按月支付给劳动者本人。不得克扣或者无故拖欠劳动者的工资。""劳动者在法定休假日和婚丧假期间以及依法参加社会活动期间，用人单位应当依法支付工资。"《工资支付暂行规定》对《劳动法》的条文进一步作了细化，规范了工资支付项目、工资支付水平、工资支付形式、工资支付对象、工资支付时间以及特殊情况下的工资支付。

工资支付项目方面，规定工资是指用人单位依据劳动合同的规定，以各种形式支付给劳动者的工资报酬；工资支付水平方面，用人单位在劳动者完成劳动定额或规定的工作任务后，根据实际需要安排劳动者在法定标准工作时间以外工作的，应分别按照劳动者正常劳动时间工作报酬的 150%，200%，300%支付劳动者工资；工资支付形式方面，规定工资应当以法定货币支付，不得以实物及有价证券替代货币支付；工资支付对象方面，要求用人单位应将工资支付给劳动者本人；工资支付时间方面，要求工资必须在用人单位与劳动者约定的日期支付；同时，对于劳动者受处分后的工资支付，学徒工、熟练工，大中专毕业生在学徒期、熟练期、见习期、试用期及转正定级后的工资待遇，复转军人的工资待遇等特殊人员的工资支付也做了明确规定。

由于《工资支付暂行规定》及 1995 年 5 月发布的《对〈工资支付暂行规定〉有关问题的补充规定》等法律规定出台时间较早，在当时的社会经济中国有企业占有绝对的主体地位，因此，随着经济体制改革，特别是产权制度改革的深入，以及企业类型的多样化和劳动关系的复杂化，《工资支付暂行规定》已经不能适应形势发展的需要，企业人力资源工作者、劳动仲裁部门的执法人员等都感觉到《工资支付暂行规定》中的有关内容过于原则化，缺乏可操作性，再加上各方对有关内容的理解不一致，加剧了执行中的混乱。而且，由于企业规避的原因，工资支付问题成为劳动争议的多发源头。如加班工资的计算基数在企业的执行中差异就很大，有的企业按最低工资标准支付，有的按标准工资支付，有的按平均工资支付，因此亟须对《工资支付暂行规定》进行修订。根据实际形势的发展，一些地区开始制定或修订工资支付办法。珠海市人大常委会于 2001 年通过了首部有关企业工资支付的地方性劳动工资法规。随后，北京、上海、天津等地根据实际情况也发布了本地区的工资支付法规，目前大多数省区已经修订或制定了工资支付条例。同时，有关部门也正在抓紧修订全国性的工资支付法规。总的来看，我国的工资支付规制更多地侧重于实体性规范，而对于工资支付的程序性规范关注不够，对于工资支付中的性别、民族、种族等方面因素的考虑更显不足。

在国外的工资管理实践中，工资支付规定中一个备受关注之处是豁免和非豁免的问题。由于劳动特征的多样性，总有一些岗位难以按照法律所规定的标准工作时间运作。为此，在劳动时间的计算以及工资的支付上，对于那些由劳动特点决定的难以按照标准劳动时间有规律工作的岗位，各国法律大多做出了豁免规定。如美国的《公平劳动标准法》（ELSA）规定，部分技术岗位和行政管理岗位可以列入豁免范围。其中，技术岗位豁免的条件是：（1）工作所需的知识是通过长期的专业化学习得来的，或者是从事独特的创造性的艺术领域；（2）经常行使决断权；（3）所做的工作是脑力的且不循规蹈矩；（4）至少有 80%的工作时间用于这些活动。行政管理岗位豁免的条件是：（1）主要承担管理职责；（2）监督两个或更多的雇员；（3）能够控制（至少具有巨大的影响）招聘、解雇和晋升；（4）行使决断权；（5）至少有 80%的工作时间从事这些活动。[①]

1994 年，我国也曾颁布了《关于企业实行不定时工作制和综合计算工时工作制的审批办法》，其中规定了部分工作时间和工资支付豁免岗位范围（见表 10—1）。但由于许多地区认为在以经济建设为中心的条件下，建立严格的豁免和非豁免界限，会加大企业的人工成本，影响本地区的竞争力，因此，在实践中法律执行的严肃性远远不够，豁免和非豁免问题还没有引起人们的足够重视。随着改革的深入和全球经济一体化的加快，这一问题将会逐步成为人们关注的一个热点。

表 10—1　　不定时和综合计算工时工作制工种或者岗位的人员范围表

一、企业对符合下列条件之一的职工，可以实行不定时工作制。
（一）企业中的高级管理人员、外勤人员、推销人员、部分值班人员和其他因工作无法按标准工作时间衡量的职工；
（二）企业中的长途运输人员、出租汽车司机和铁路、港口、仓库的部分装卸人员以及因工作性质特殊，需机动作业的职工；
（三）其他因生产特点、工作特殊需要或职责范围的关系，适合实行不定时工作制的职工。
二、企业对符合下列条件之一的职工，可实行综合计算工时工作制，即分别以周、月、季、年等为周期，综合计算工作时间，但其平均日工作时间和平均周工作时间应与法定标准工作时间基本相同。
（一）交通、铁路、邮电、水运、航空、渔业等行业中因工作性质特殊，需连续作业的职工；
（二）地质及资源勘探、建筑、制盐、制糖、旅游等受季节和自然条件限制的行业的部分职工；
（三）其他适合实行综合计算工时工作制的职工。

资料来源：刘杰三：《劳动法及配套法规案例精选（1995）》，320 页，北京，中国商业出版社，1995。

① George T. Milkovich，Jerry M. Newman，*Compensation*，Eleventh Edition，McGraw-Hill，2013.

三、个人收入所得税

个人所得税是对个人取得的所得课征的税种，它以个人取得的各项应纳税所得额为征税对象。个人所得税的纳税义务人可分为居民纳税义务人和非居民纳税义务人。随着个人所得税收入的逐年大幅度增长，我国个人收入所得税已成为仅次于增值税、消费税、营业税、企业所得税的第五大税种。2011 年我国个人所得税收入连续跳过 5 000 亿元和 6 000 亿元两个大关，达 6 054.09 亿元，相比上年增长了 25.2%。

随着人们收入的迅速增长，对个人收入所得征税的有关规定已经成为劳动力市场中的重要规制。目前个人收入调节规制主要有：《中华人民共和国个人所得税法》，《中华人民共和国税收征收管理法》，《个人所得税管理办法》，《国家税务总局关于调整个人取得全年一次性奖金等计算征收个人所得税方法问题的通知》，《关于企业以免费旅游方式提供对营销人员个人奖励有关个人所得税政策的通知》，财政部、国家税务总局《关于个人独资企业和合伙企业投资者征收个人所得税的规定》等。

个人收入所得税不仅成为调节社会收入差距的重要手段，同时对于企业薪酬支付结构、企业薪酬激励行为等方面都有较大的影响。《中华人民共和国个人所得税法》列举的所得项目有 11 类，包括：工资、薪金所得，个体工商户的生产经营所得，对企事业单位的承包经营、承租经营所得，劳务报酬所得，稿酬所得，特许权使用费所得，利息、股息、红利所得，财产租赁所得，财产转让所得，偶然所得，经国务院财政部门确定征税的其他所得。个人独资和合伙企业按规定也征收个人所得税。其中个人的工资薪金所得在扣除一定金额后，实行累进税率。从 1980 年开始，我国的个人所得税起征点统一实行 800 元的标准，但经过 20 多年经济的飞速发展，800 元的起征点已难以起到调节收入差距的作用。据《2002 中国统计摘要》计算，1985 年城市居民消费价格指数为 100，2001 年为 357.6，价格的上涨使个人所得的免税额降低，工薪阶层纳税人数占总人数的比例约为 60%，800 元的起征标准加重了低收入家庭的负担，不利于实现社会的公平、公正与和谐。2005 年 9 月，个人所得税工薪所得减除费用标准听证会在北京举行，2005 年 10 月 27 日，第十届全国人大常委会第十八次会议通过了《关于修改〈中华人民共和国个人所得税法〉的决定》。将工资、薪金所得的税前扣除额标准从原来的每人每月 800 元，统一提高为 1 600 元。由此，工薪阶层纳税人数占总人数的比例降至 26%左右[①]，中低层收入者将是最终受益者。2007 年 12 月 29 日，第十届全国人大常委会第三十一次会议表决通过了《关于修改〈中华人民共和国个人所得税法〉的决定》，将个人所得税起征点自 2008 年 3 月 1 日起由 1 600 元提高到 2 000 元。2011 年 6 月 30 日，第十一届全国人民代表大会常务委员会第二十一次会议表决通过了《全国人民代表大会常务委员会关于修改〈中华人民共和国个人所得

---

① 《800 元起征点成历史　逾七成工薪族将不用交个税》，http：//info.news.hc360.com/html/001/002/003/018/003/140245.htm。

税法〉的决定》，将个人所得税起征点自 2011 年 9 月 1 日提高到 3 500 元。

由于个人收入实行累进税率，因此，员工收入达到一定水平后，一些企业为规避纳税，薪酬开始向福利转化，薪酬结构开始发生变化。表 10—2 列出了个人工资、薪金所得税的税率。

表 10—2　　个人所得税税率表（工资、薪金所得适用）

级数	全月应纳税所得额	税率（%）
1	不超过 1500 元的	3
2	超过 1 500 元至 4 500 元的部分	10
3	超过 4 500 元至 9 000 元的部分	20
4	超过 9 000 元至 35 000 元的部分	25
5	超过 35 000 元至 55 000 元的部分	30
6	超过 55 000 元至 80 000 元的部分	35
7	超过 80 000 元的部分	45

说明：个人所得税起征点自 2011 年 9 月 1 日起提高到 3 500 元。

四、劳动力市场规制与国有企业薪酬分配

1. 出资人对企业工资的管理权限

由于我国的市场经济是中国特色的社会主义市场经济，公有经济仍然在重要领域占有支配地位，因此，对国有企业的规制是整个劳动力市场规制中的一个重要组成部分。改革开放以来，我国不断改革对国有企业工资分配的管理方式，与此相适应，关于国有企业的劳动力市场规制也处于不断的改革之中。

根据劳动力市场规制的内容，目前政府对国有企业的工资分配管理主要集中于两个方面：一是管理企业领导人的收入；二是管理企业的工资总量。对国有企业工资分配进行管理的法律依据主要有《中华人民共和国公司法》、《企业国有资产监督管理暂行条例》、国务院 1985 年下发的《关于工资改革的决定》等相关法律法规，如《企业国有资产监督管理暂行条例》规定，国有资产监督管理机构依照国家有关规定拟订所出资企业收入分配制度改革的指导意见，调控所出资企业工资分配的总体水平。

2. 企业领导人的薪酬

企业领导人在计划经济时期以及改革开放初期与职工实行相同的工资制度，其工资水平与职工的差距在 1～2 倍，在工资制度上没有分离。20 世纪 90 年代以后，随着改革开放的深入，各地普遍实行经营者年薪制，经营者年薪水平由政府有关部门审批。经营者的收入在制度设计上开始逐步与职工的工资制度相分离。

3. 国有企业工资总量的管理

目前，国有企业工资总量管理的主导方式是工效挂钩。改革开放以来，两级分配理论成为主导国有企业分配的理论，即国家对企业首先进行工资总量的分配，然后企业再对个人进行二次分配。因此，改革开放后，企业虽然逐步拥有了内部工资分配自主权，但工资总额的决定权一直由国家或国家授权的资产代表所控制。政府通过“分级管理、分类调控”，采取工效挂钩、工资总额包干以及在“两低于”的前提下自主确定工资总额等办法，实现对企业工资总量的调控。工

效挂钩指企业工资总额与经济效益挂钩。具体做法是，企业根据劳动保障部门、财政部门核定的工资总额基数、经济效益基数和挂钩浮动比例，按照企业经济效益增长的实际情况提取工资总额，并在国家指导下按“以丰补歉、留有结余”的原则合理发放工资。原劳动部、财政部《关于改进完善企业工资总额同经济效益挂钩办法的通知》（劳部发［1996］409 号），原劳动部、财政部、审计署关于《国有企业工资内外收入监督检查实施办法》的通知（劳部发［1995］218 号）等文件对此都做了详细规定。

五、劳动力市场规制与政府宏观调控

在计划经济体制下，政府对企业工资分配的管理和调控权限很大，每个人的工资标准及每年的增长幅度都有明确的规定。改革开放以来，政府逐步下放微观工资的管理权限，宏观工资调控方式的权限也有所变化，由弹性工资计划、地区工资总额与地区经济效益总挂钩变为主要抓工资指导线、劳动力市场工资指导价位、人工成本信息等几个方面。

1. 工资指导线制度

工资指导线制度是国家对企业工资分配进行宏观调控的一种方式。1997 年，原劳动部印发了《试点地区工资指导线制度试行办法》的通知，决定开始在全国部分地区进行工资指导线制度试点。各省市结合当年国家对企业工资分配的总体调控目标，在综合考虑本地区当年经济增长、物价水平及劳动力市场状况等因素的基础上，提出本地区当年企业工资增长指导意见，企业根据当地工资增长的指导意见，在生产发展、经济效益提高的基础上，合理确定本企业当年的工资增长率。工资指导线的实施步骤为：有关地区将本地区当年企业工资指导线方案报原劳动部审核后，经地方政府审批，由地方政府（或其委托劳动保障行政部门）颁布，劳动保障行政部门组织实施。

2. 劳动力市场工资指导价位制度

劳动力市场工资指导价位制度是市场经济条件下，国家对企业工资分配进行指导和间接调控的一种方式。政府有关部门对各类职业（工种）工资水平进行广泛调查，经过汇总、分析和修正，公布有代表性的职业（工种）的工资指导价位，以规范劳动力市场供需双方的行为，从微观上指导企业合理确定劳动者的个人工资水平和各类人员的工资关系。1999 年，原劳动和社会保障部发布了《关于建立劳动力市场工资指导价位制度的通知》，对工作目标、工作规则、劳动力市场工资指导价位调查和制定方法等作了明确规定。建立劳动力市场工资指导价位制度是市场经济国家的通行做法，有利于充分发挥市场机制对工资分配的基础性调节作用，促进市场均衡工资率的形成；有利于指导企业根据劳动力供求状况和市场价格，形成企业内部科学、合理的工资分配关系；同时也有利于企业工资宏观调控体系的建设。

3. 人工成本信息指导制度

人工成本预测预警制度是政府对企业人工成本管理和工资分配进行间接调控的一种方式，是企业工资宏观调控体系的重要组成部分。2004 年，原劳动和社会保障部发布的《关于建立行业人工成本信息指导制度的通知》提出，要在全国建立以中心城市为依托，广泛覆盖各类行业，国家、省（自治区、直辖市）、市多层次发布的行业人工成本信息指导制度。政府有关部门通过调查、收集、整理社会人工成本信息，定期（一般每年一次）公开发布，并对人工成本偏高的企业进行预警预报，指导企业加强人工成本管理、合理确定人工成本水平。人工成本预测预警体系的建立，有利于企业加强人工成本管理，促进企业内部分配自我约束机制的形成；同时，有利于调节行业间、企业间的分配关系。

10.4 国际化对薪酬的影响

国际化通常指的是全球化的背景下，经济活动相对于原有的国内循环向其他国家或地区延伸和发展的一种状态。它可表现在生产、交换、分配和消费等一系列的经济运行环节中。

由于经济全球化的发展趋势，特别是日趋激烈的国际竞争态势，各国之间的薪酬管理的理念、制度和技术在不断地相互吸收、消化和借鉴，特别是产品和资本在国家之间大幅度流动，不同国家的薪酬管理思想和技术也在不断地加大传播力度和影响。在国际化过程中，各个国家的薪酬管理理念和管理技术相互交流、碰撞，最后得以相互融合、发展与应用。由此出现了一些占主导地位的薪酬理念、制度和技术在各国加以吸收和运用的态势。

一体化的工作环境将会要求一体化的薪酬机制。由于经济全球化的影响，各国的经济联系日益密切，一个公司内部可能有不同国籍的员工共同工作，互联网的发展使得公司能够在世界范围内招聘和使用人才。全球范围内的人才市场一旦形成，薪酬机制就会朝一体化方向发展，要求企业在全球的基础上设立经营目标，加快向国外拓展业务的节奏，并设立国际化的薪酬机制。

一体化的薪酬机制，一方面，意味着不同的公司在决定它们的薪酬体系时关注相似的战略问题，比如都要考虑薪酬体系的目标、外部竞争性、内部一致性、员工的贡献、薪酬体系的管理等问题①；另一方面，工作环境的差异性使得不同的公司在设计薪酬体系时的关注点各有侧重，进而表现为明显的制度差异性。特别值得一提的是，全球化经济是跨国公司主导的经济，跨国公司在不同的地区、不同的国家经营，就必须对不同的人员支付报酬、进行薪酬管理，跨国公司不但对自身实施全球化范围内统一的薪酬管理，同时也对各个国家的薪酬管理理念、制度和技术的变革产生了广泛的影响。

10.4.1 国际化背景下的工作环境

国际化背景下人们的工作环境发生了根本性的变化，从一个国家变成了世界

① George T. Milkovich, Jerry M. Newman, *Compensation*, Eleventh Edition, McGraw-Hill, 2013, p. 555.

范围，从单一的文化环境发展到文化多元化的工作场所。不同的工作场所具有不同的文化背景、历史传统、社会制度、经济水平以及劳动力市场等，诸多因素影响着薪酬管理制度、薪酬模式和薪酬水平。

一、文化

文化是一个环境中人的“共同心理程序”，文化不是个体特征，而是拥有相同教育和生活经验的许多人共同的心理程序，是一个群体区别于另一个群体的特征，即一个群体或者社会成员所共有的独特的生活方式，他们拥有共同的价值观、态度和行为，并代代相传。因此，特定的文化决定着人们具有特定的价值观、态度和行为方式。不同的文化观念会使社会形成不同的社会制度和历史传统。比如，人们对效率和平等的关系就具有不同的认识。以日本和美国为例，美国人更加注重效率，事事讲求竞争，以个人主义为中心，其薪酬管理强调对绩效，特别是个人绩效的衡量；而日本人则更加注重合作，注重组织的和谐发展，其货币激励注重年功资历和团队的贡献。

二、社会契约

社会契约即政府、雇主、工会和雇员各自所应当扮演的角色以及所应当承担的责任。社会契约思想实质上包含了通过协商机制平衡各种社会利益的政治规则，是一种国家观。

不同国家和不同文化背景的人，对政府、雇主、工会和雇员各自所应当扮演的角色以及所应当承担的责任的看法不同。一项对美国和德国工资支付体系的比较研究说明了这一点。“在美国你拼命地工作，以保住现有的工作而不至于失业，从而不至于陷入困境，落入社会保障网之中……而德国的工资支付和社会福利体制不亚于向你提供了固定的年收入。”一个典型的德国雇员的边际税率要比美国同行高 30%，因此，努力工作所获得的收益在德国相对较小，但高税收又使德国雇员获得各种优厚的福利。要理解德国的薪酬体系，就必须了解德国的社会契约，不同的社会、经济、文化背景形成了不同的社会和雇佣关系，因此，不同国家和地区的薪酬管理实践都是千差万别的。

目前，雇佣关系的变革也呈现出全球化发展的趋势。日本的一些雇主越来越多地采用绩效工资，从而弱化工资与资历的联系；欧洲的雇主也试图寻找控制劳动力成本增长的途径，开始尝试采用灵活就业和柔性工资支付制度，积极实施绩效考核；德意志银行通过削减 9 000 个工作岗位来控制劳动力成本的增长。雇佣关系已经发生了变化，全球的工资体系也正在发生变革，因此，需要一种“概念框架”来理解和驾驭这一变化。[①]

三、管理自主权

管理自主权指决策的自由程度。就薪酬的决定来看，美国绝大部分公司的管理者比欧洲公司的管理者拥有更大的自主权。比如，设在明尼苏达的 3M 公司是一家跨国公司，它鼓励所有的部门都推行绩效工资。3M 在美国的分公司制定了

---

① George T. Milkovich, Jerry M. Newman, *Compensation*, Eleventh Edition, McGraw-Hill, 2013.

不同的收益分享和奖励计划；3M 在新加坡的分公司早已实行绩效工资，奖金相当于两个月的工资，并且每半年发一次；而 3M 在布鲁塞尔的分公司被比利时政府告知，绩效工资是非法的，因为比利时为了控制通货膨胀和提倡平等，通过了一条法律：所有超过全国性薪酬协议所确定的薪酬都是违法的。通常，在欧洲国家，由全国性工会组织和雇主组织达成全国性薪酬协议。总的看来，美国企业具有较大的自主权；日本企业相对小一些；欧洲特别是德国企业，受到的限制很大。

四、劳动力市场

研究发现，性别、职业、年龄等劳动力供给因素，以及企业所处的产业等劳动力需求因素，在各国都对薪酬差别构成了一定的影响，但其影响的程度和次序则不同[①]，如表 10—3 所示。

表 10—3　　工资差异因素的重要性在不同国家的排序比较

项目排序	日本	韩国	美国	加拿大	澳大利亚	英国	德国	法国
1	性别	职业	职业	年龄	年龄	职业	职业	职业
2	职业	性别	年龄	职业	职业	性别	性别	年龄
3	年龄	年龄	性别	性别	产业	产业	年龄	性别
4	产业	产业	产业	产业	性别	年龄	产业	产业

五、工会

工会是由雇员参与，目的在于部分或全部地履行同雇主交涉有关劳工申诉、劳资纠纷、工资、薪金等级、工作时间或工作条件等问题的职责的劳工组织。在一些发达市场经济国家和地区如美国和欧洲等，企业工会组织已历经 100 多年的演变，并已上升到政府强制性的法律或制度保护的层面。

工会是影响劳动力市场的最重要因素之一。工会具有集体谈判的能力，能够代表员工与企业签订集体劳动合同，以决定和影响工资水平及工资管理方式，即对薪酬具有很大的影响力。在工会较为发达的国家和地区，如欧洲，法律上规定了工会可以建立劳工委员会[②]，劳工委员会可以与雇主通过谈判来签订工作薪酬和工作条件等协议，其中很重要的一条就是工会组织能够决定企业支付的最低工资水平以及福利制度。

世界各国的工会力量虽然不完全一致，但各国工会对员工薪酬管理都有一定的影响作用。[③] 在欧洲，对薪酬管理的最大限制在于许多国家级的薪酬谈判为工会会员确定了最低的必须支付的薪酬水平，尤其是德国，企业内部的工会力量非常强大，20 世纪 80 年代以来集体谈判的覆盖率达到了 90%以上。这种国家层次的谈判协议缩小了企业管理人员通过薪酬调整来实现企业战略的空间，因此，一些跨国公司的薪酬战略必须调整，以适应当地的法律和全国性薪酬协议的要求。

---

① Toshiaki Tachibanaki，*Wage Differentials：An International Comparison*，Macmillan Press Ltd，1998.

② George T. Milkovich，Jerry M. Newman，*Compensation*，Eleventh Edition，McGraw-Hill，2013，p. 542.

③ 参见雷蒙德·A·诺伊：《人力资源管理：赢得竞争优势》，630 页，北京，中国人民大学出版社，2001。

这对薪酬管理提出了新的挑战，一方面，企业管理者不能随意降低员工的薪酬，但另一方面，企业在经营过程中出现了需要节约人工成本的问题，而此时由于工会的存在，企业无法变动最低工资，这在一定程度上将使企业失去发展的竞争力。正因为如此，许多企业不愿意成立工会组织，沃尔玛的“工会事件”就是明显的事实。尽管沃尔玛在全世界范围内极力抵制成立工会，但在中国工会的强大施压下，2004 年 11 月终于提出“在公司内部，由员工自愿组织就可以成立工会”。

六、经济水平

一个国家或地区的经济水平是影响薪酬管理的重要因素，经济水平的高低决定了当地人们的生活水平和支付要求。经济水平高的地方与经济水平低的地方相比，同样的雇佣劳动产生出同样的成果，但可能要求支付的劳动力成本是不一样的（见表 10—4）。目前中国的劳动力成本低，一方面是因为中国的劳动力供给远远大于需求，这降低了劳动者获得高收入的要价能力；另一方面是因为中国目前的经济水平与美国、日本和欧洲等发达国家存在一定的差距。一国的经济发展水平也是影响薪酬水平的重要因素，同样是工人，在发达国家和发展中国家或地区可能就会获得完全不同的年薪收入。

表 10—4　　各国各类人员薪酬水平比较　　单位：美元

蓝领工人		白领工人		经理		CEO	
德国	36 857	英国	74 761	意大利	219 573	美国	717 327
加拿大	34 263	法国	62 279	法国	190 354	法国	479 772
日本	34 263	德国	59 916	日本	185 473	意大利	463 009
意大利	31 537	意大利	58 263	英国	162 190	英国	439 441
法国	30 019	美国	57 675	美国	159 575	加拿大	416 066
美国	27 606	加拿大	47 231	德国	145 627	德国	390 933
英国	26 084	日本	40 990	加拿大	132 887	日本	390 723

资料来源：George T. Milkovich，Jerry M. Newman，*Compensation*，Eighth Edition，McGraw-Hill，2005.

各地经济发展水平不同对跨国公司薪酬管理的影响尤为突出，同在一个公司工作的员工，尤其是经理人员会出现“同工不同酬”的现象，薪酬不公带来的劳资纠纷更是屡见不鲜。但是，随着经济全球化的发展，各主要发达国家之间、发达国家与部分发展中国家之间的经济水平的差距在不断缩小，薪酬水平也日益接近，尤其明显的是，最近几年各国 IT 行业工程师的薪酬水平已经相差无几。

10.4.2　国际化背景下薪酬理念的融合和薪酬制度的发展

经济全球化带来了经济技术的全球化，同时导致各国文化观念、管理理念的相互交融和冲击，带来了管理思想的国际化传播和利用。各种薪酬管理理念、管理制度、管理技术相互吸收、应用，并开始产生相互融合的趋势。尤其是跨国公司的管理实践使各国的薪酬管理在世界各地得以比较、落实、生根和发展，进一步加大了薪酬管理国际化的速度和深度。近十几年来，随着经济全球化速度的加快和程度的加深，薪酬理念出现了重大的变化，薪酬制度也相应地呈现出一系列新的特点，主要表现在以下几个方面。

一、从货币性薪酬向总报酬理念转变

近年来，企业薪酬管理发生了一系列变化，可变薪酬、恰当底薪、自助式福利、发展机遇和心理报酬等字眼随处可见。这些薪酬模式更加关注员工的心理需求。薪酬的内涵已经从直接货币报酬扩展到间接货币报酬、非货币报酬方面。实际上，这些不同的薪酬形式已构成了一种新的薪酬理念和管理框架，即全面报酬体系。在全面报酬计划中，实际上已经把“薪酬”的概念扩展到“所有的奖励机会”。

一些薪酬专家对没有起到激励作用的占薪酬收入30%的福利项目进行开发，衍生出了非货币报酬形式，比如，优越的工作条件、良好的工作氛围、培训机会、晋升机会等，并将这些方面也融入到薪酬体系中。基于员工需求的多样性和动态性，单位为员工提供更多的选择机会，来满足他们多方面的需要。比如，对年轻人来说，将资助MBA教育培训作为个人发展计划，既有吸引力又富有弹性；而对年龄较大的员工来说，使之争取获得俱乐部特殊会员资格，可能更有激励效果。为此，一些企业开发出社会性奖励、学习与发展、实物奖励、旅行奖励、象征性奖励、休假时间、弹性工作制等项目，满足员工社交、荣誉、发展、生活便利等方面的需要。

二、从刚性薪酬向弹性的“意外性收入”薪酬转化

由于全球化竞争的压力，无论美国还是日本，都在积极倡导能力和以绩效为基础的薪酬激励政策，同时也在探讨员工薪酬满意度的课题。其中，“意外性收入”是一个被积极倡导的办法。意外性收入的基本操作思路有四点：一是在原工资中加大绩效工资的比例，使考核经常化，从而以经常性的绩效工资使员工个人收入产生较大的浮动；二是化整为零，把年终奖、分红分解，作为绩效工资的部分资金来源；三是将原来福利性的硬性补贴变为现金支付，花小钱办大事；四是提供一些特别的支付项目。

三、从以等价交易为核心的薪酬理念向以人为本的薪酬理念转化

传统的以等价交易为核心的雇员薪酬管理理念，正在被以人为本的人性化的、以雇员的参与和潜能开发为目标的管理理念替代。这种薪酬管理方案的实质是将薪酬管理作为企业管理和人力资源开发的一个有机组成部分，作为一种激励的机制和手段。其基本思路是：将企业的工资计划建立在四个原则的基础之上——薪酬、信任、减少工资分类和基于业绩，目的是通过加大工资中的激励成分，换取雇员对企业的认同感和敬业精神。利盟国际是一家从IBM分离出来的打印机公司，它也曾为员工的流失而苦恼，后来，它采取了积极的措施，吸引并留住了需要的人才，企业效益大幅度提升。利盟所采取的关键措施就是加强薪酬的开发性和沟通机制，把家长式的管理转变为雇主和雇员之间平等的交换关系，了解员工的个人偏好，更加开放地讨论薪酬，通过沟通建立信任，在此基础上制定出的薪酬结构也就更容易平衡各方的要求了。

四、从单纯激励性薪酬向战略性薪酬管理转化

所谓战略性薪酬，就是要在薪酬体系和组织战略目标之间建立起一种密切的联系。只有基于战略的薪酬管理体系才能帮助组织吸引和留住取得核心竞争优势所需要的人才，提高企业的外部竞争力，实现内部管理的最优。美世人力资源管理咨询公司的专家指出，未来薪酬发展的基本趋势是："以前企业在薪酬管理中比较注重定性化的管理，现在则要注重定量化的衡量，以前只把自身企业的薪酬水平和最佳企业标杆进行比较，现在则是考虑怎样把薪酬与企业的内在需求、战略要求和文化相匹配。"海氏公司得出结论："当迈进 21 世纪时，如何将薪酬管理与企业战略结合起来，通过报酬体系来支撑组织战略，是组织在薪酬管理方面所面临的最大挑战。"所以公司在设计薪酬体系的时候，应该跳出薪酬看薪酬，既要考虑到人才市场的整体薪酬水平，又不能完全被市场牵着鼻子走，而应该站在公司整体的发展战略的角度，以和发展战略相匹配的薪酬战略强化公司在人才市场上的竞争力。

五、从密薪制向明薪制转化

薪酬保密和公开孰优孰劣，至今仍有争议。但目前国际上占主导的意见和做法是，倾向于实行透明的薪酬制度。薪酬制度的透明化有利于保持薪酬分配内部的公平性，它向员工表明：组织的薪酬制度是建立在公平、公正、公开的基础之上的，薪酬高低有其科学依据和合理性，鼓励所有员工监督其公正性，并对组织的薪酬分配提出申诉或建议。透明薪酬的公平性使其激励功能大大强化；保密薪酬则容易在员工中产生薪酬不平等的印象，而且，事实上也难以长期保持其薪酬的秘密，员工会通过各种渠道了解同事的工资额。在这一过程中，员工可能产生猜疑、妒忌或不满的心理和行为，会严重破坏组织的人际关系和团队合作精神，其负面效应往往会大于保密薪酬可能产生的正面效应。

六、从基于职位职级的薪酬向基于绩效及能力的薪酬转化

在要求团队合作的技术性工作中，需要的是知识共享、相互启发，很难划清团队成员的具体职责，以职位为主的管理模式已经不太适合，以职位为主的薪酬模式也不再适用。随着环境的变化，美国公司逐步意识到要提高工作效率，达到企业的经营目标，就不能继续把员工的工作拘泥于特定的职位描述，而必须鼓励他们尝试更多的工作，钻研更新的工作方法。这就要求员工不断学习，才能保持由此获得的竞争优势。为了与新的要求相适应，许多企业改变了原来根据职位决定员工薪酬的做法，引入了一种以个人为基础的薪酬方式，把个人拥有的技术、技能和实现的业绩、贡献作为薪酬决定的基础。

七、从窄幅薪酬结构向宽带薪酬结构转化

一些组织对原来以职位为基础的薪酬体系进行了渐进式变革，形成宽带薪酬体系，减少薪等，增大薪距的交叉范围，让每个员工都有广泛的提薪空间，实际上是加大了工资中知识技能的含量。宽带薪酬事实上比较适合职位职级较少而技术含量又较高的医院和高校，更有利于单位留住核心员工。

1994 年和 1998 年美国薪酬管理协会就宽带工资结构对企业进行的追踪调查

结果显示：宽带工资结构与现代企业发展相适应，对于提高组织的灵活性、支持企业文化转变、淡化等级观念、鼓励员工提高技能以及重视职业生涯的发展，从而增强企业竞争力有很好的效果，而且有进一步广泛、深入应用的趋势。[①] 从不同的地区来看，北美和欧洲应用宽带工资结构的跨国公司数量在不断增加。

同时，我们可以看到，宽带工资结构也有一种从发达国家向发展中国家推进的趋势。宽带薪酬制度打破了等级森严的官僚层级组织结构以及束缚员工发挥主动性和潜能的管理体制，适应了企业组织结构扁平化、团队合作、薪酬分配技能导向和绩效导向的新型管理战略，形成了一种新的薪酬管理体系及操作流程。

八、从一统化薪酬设计向个性化薪酬设计转化

薪酬设计的差异化首先是薪酬构成的差异化，过去那种单一的、僵化的薪酬构成已经不再适应现代企业的需要，取而代之的是多元化、多层次、灵活的、新的薪酬构成。组织内部不同的员工会有不同的偏好（需求）、目标价值和相应的行为。为了提高激励的效率，组织就需要针对员工不同的偏好和目标价值实施不同的薪酬策略，制定不同的薪酬制度，即薪酬制度应具有个性化的特征。

薪酬制度的个性化体现在两个方面：针对组织内不同类型的员工，设计不同的薪酬方案。划分员工类型的标准是多样化的。例如，按员工在组织内的分工不同进行划分，为营销人员、研发人员、经营管理者分别设计符合其特点、满足其价值目标的不同薪酬方案（如在固定工资以外给予销售提成、科技分红、期权激励等）。针对员工不同的需求偏好，设计自助餐式组合薪酬方案。组织在严格控制人工成本总额的前提下，在充分把握员工类型、员工需求、薪酬预算、国家有关法律法规的基础上，设计出现金形式与非现金形式的比例和内容均不相同的薪酬组合，每个员工可在其薪酬预算范围内，自主选择能最大限度满足其需求偏好的组合薪酬。

九、薪酬激励的长期化

传统的薪酬制度主要采用工资、奖金的薪酬形式，其激励机制的特点是：工资奖金与员工即期的工作绩效挂钩，而与组织的远期发展目标相脱节；员工的经济利益与组织经济效益变动状况之间的相关性和敏感度较低，且工资又具有能上不能下的刚性或黏性特征。因而，这种薪酬形式的短期激励力度较大，短期行为的导向明显，不利于组织核心竞争力的提高和长远发展。

根据委托—代理理论，当代理人（经营管理者）与委托人（所有者或组织）的目标函数不一致时，在委托人与代理人信息不对称的条件下，代理人有可能将自身利益置于委托人利益之上，出现规避行为和机会主义行为，导致道德风险（代理风险）产生。为了规避代理人的短期行为和道德风险，必须调整代理人的目标函数，使之与委托人的目标函数相一致。而薪酬激励的长期化，正是促使代理人的目标函数和行为选择与委托人的目标函数和行为要求相一致的“催化剂”。

---

① Kenan S. Abosch，Janice S. Hand，*Life With Broadbands*，Scottsdale，Ariz.：American Compensation Association，1998.

有鉴于此，20 世纪 80 年代以来，股票期权等长期股权激励的薪酬形式普遍得到采用。

十、福利制度的弹性化

公司在福利方面的投入在总成本中所占的比例较高，但这一部分的支出往往被员工忽视，认为不如货币形式的薪酬实在，有一种吃力不讨好的感觉，而且员工在福利方面的偏好也是因人而异的。为解决这一问题，目前最常用的方法是采用选择型福利，即让员工在规定的范围内选择自己喜欢的福利组合。

弹性福利制是一种有别于传统固定式福利的新员工福利制度。弹性福利制又称为“自助餐式的福利”，即员工可以从企业所提供的一份列有各种福利项目的“菜单”中自由选择其所需要的福利。弹性福利制强调让员工依照自己的需求从企业所提供的福利项目中选择组合属于自己的一套福利“套餐”。每一个员工都有自己专属的福利组合。另外，弹性福利制强调员工参与的过程，希望从别人的角度来了解他人的需要。

10.4.3　跨国公司的薪酬管理实践

在经济全球化发展过程中，跨国公司成为活动的主体。跨国公司的人力资源管理最复杂的领域之一也就是薪酬管理。[①] 不同的国家有不同的员工报酬标准，在不同国家的文化背景下，对薪酬的理解是不一样的。跨国公司在不同的国家采用不同的薪酬策略，但是总的来说，跨国公司往往采用统一的原则，即“全球化的构想，地区化的操作”。跨国公司的薪酬管理方案既要满足公司整体的战略意图，又要保证足够的灵活性，以在不同的国家或地区根据不同的文化背景进行适当的修正，从而满足所在国和第三国员工的实际需要。在讨论跨国公司的薪酬管理时，我们可以将其分成子公司所在国（东道国）员工的薪酬管理和外派员工的薪酬管理两部分进行分析。

一、东道国员工的薪酬管理

由于东道国员工的薪酬管理一般实行当地化，因此，必须首先进行薪酬调查，了解世界各地小时工资与福利的差异，注重对东道国薪酬和文化的熟悉与调查。其具体内容是：

1. 对东道国员工的薪酬策略

对海外目标市场进行分类，将海外目标市场国家按照发展阶段分为三类：引入阶段、成长阶段、成熟阶段。在分类的基础上，对海外本地员工采取有针对性的薪酬策略和薪酬激励形式。例如，对处于引入阶段的东道国员工，适当增大浮动工资的比例，而对成熟阶段的东道国员工，则以固定工资为主、浮动奖励为辅。

2. 对东道国员工薪酬水平的定位

跨国公司根据薪酬策略确定薪酬水平。在低成本策略的指导下，将东道国员

---

① 参见亚瑟·W·小舍曼：《人力资源管理》（第 11 版），505 页，大连，东北财经大学出版社，2001。

工的总现金收入（基本工资+津贴+奖金）水平定位于所在国可比劳动力市场的中位数，以该中位数为上限，下拉一定的百分比作为下限，形成东道国员工的薪酬范围；奖金比例以业绩目标实现为基准，强化业绩导向，以此作为企业制定东道国员工薪酬的基本框架。如果企业考虑在当地采用有竞争力的薪酬策略，则可以以该中位数为下限，上拉一定的百分比作为上限。在为东道国员工支付薪酬时通常的做法是：稍微高于当地的薪酬水平，但不过高超出当地的薪酬水平；否则，一方面会扰乱当地的薪酬状况，另一方面可能会增加公司的劳动力成本，给自己造成竞争压力。

除了要给东道国员工支付基本工资，还要支付相应的福利。各国福利水平和支付方式也存在一定的差异。美国的福利占工资总额的40%，而法国的福利占工资总额的70%左右，在意大利福利更是高达92%。美国的福利大多是由雇主主动向员工提供的，而在其他发达国家，大多数福利是由立法或政府规定的。目前中国企业支付给员工的大部分福利都是由政府或相关法律规定的。

3. 薪酬管理的本地化操作

虽然有了以上的框架和原则，但在各个国家的具体操作中，仍有很多隐性因素影响着成败，这些因素包括：

（1）劳动法规。不同国家在人员管理和薪酬激励方面的法律环境非常不同，主要体现在与公平就业机会相关的法律规定、与最低工资制相关的法律条款、与员工福利保障相关的法律条款上。法律具有天然的强制性和普遍性，必须以遵守当地法律为基本前提。从人力资源管理的角度看，全面了解当地的法律环境是进行企业正常业务运营的基本前提。

（2）工会角色。在不同的国家，工会的定位和影响力差别很大。一些企业在面对这种情况时，突出和强化了人力资源管理中的员工关系以及员工沟通的职能和工作，目的在于加强企业与工会间的协调和交流，让劳资双方的关系有序发展，为企业服务。跨国公司在制定海外员工薪酬制度之前，通常要全面、系统地掌握所在国的工会组织，以及它对员工薪酬和其他方面的影响。在此基础上，再进行相应职能的完善和制度的设计。

（3）税收影响。在合法的前提下，利用税收政策最大限度地为员工增加实际所得，是企业和员工的共同期望。

不同国家的个人所得税的征收范围和征收水平是完全不同的。不同企业为员工进行税收处理方面的做法也表现出很大的差异。跨国公司在管理和操作东道国员工的薪酬制度时，在公司整体战略的指导下，深入了解和分析不同国家的税收制度对员工收入的影响，尽可能做出适当的税收安排，以最大限度地增加员工实际所得。

二、外派员工的薪酬管理

外派员工的薪酬管理是跨国公司薪酬管理的重点和难点，它同时涉及两个以上国家的薪酬管理现实的复杂性。外派员工的薪酬计划必须具有竞争性、激励性、低成本、公平且易于理解、与国际财务管理相配合、易于管理、沟通方便等特征。国际薪酬方案必须满足以下要求，才能充分有效地实施：(1) 提供出国工作的激励；(2) 能够保持与国内相同的生活水平；(3) 能够让员工方便地回国；(4) 提供子女教育；(5) 能够维持与家庭、朋友和同事的关系。①

跨国公司在支付外派员工的薪酬时，常用的两种方法有：现行费率法和资产负债法。根据发达国家跨国公司外派员工的薪酬管理办法，可以发现大多数企业通过资产负债表法确定外派员工的报酬组合总水平。

1. 资产负债表法：使个人购买力与其本国相符的一种薪酬制度②

资产负债表法由四个部分组成：(1) 基本工资。该部分报酬与本国类似职位的报酬相符。(2) 补贴项目。用于抵消国外的高生活开支。(3) 激励项目。用于补偿远离家园、朋友和国内支持系统所带来的不便，通常为基本工资的 15%。(4) 后勤服务项目。用于补偿搬迁与储藏、汽车和教育费用等的附加开支。

外派员工的薪酬购买力是一个重要的考虑因素，这些费用主要包括产品和服务、住房、收入所得税、储备金等。外派人员一般会面临税收、住房、产品和服务以及储备金等方面的一系列成本支出。在东道国工作的成本显然要高很多，因此，企业应该向外派人员提供一定的补贴和奖金来补偿在东道国工作所造成的成本之差。然后再向雇员提供一定的奖金和奖励，从而鼓励他们努力克服到一个陌生的环境中去工作和生活所必须面对的各种困难。

2. 外派员工基本薪金的确定

外派员工的基本薪金可以基于母国的可比薪资水平来确定，也可以根据东道国中同一职位的市场流行薪资水平来确定。另外，对于外派员工而言，应该提供高于他们现行薪资水平的薪金，以作为对他们被外派的奖励。外派员工基本薪金的确定受到两国之间汇率波动的影响，有时候会与母国的基本薪金出现不一致，高于或低于母国的基本薪金。

3. 各国生活标准的比较方法

比较国家之间的工资很难，因为即使工资水平看上去相同，但不同国家的医疗费用、生活成本以及公司提供的福利（如宿舍和补贴等）都会大不相同，因此对一个薪酬设计人员来说，必须获得当前数据并了解当地的文化和习俗。生活标准的比较有两种方式：

(1) 一篮子商品法。瑞士银行使用基于欧洲消费习惯的一篮子商品标准，包括从服装到交通再到个人护理等 137 项商品的价格。一位妇女购买了夏季服装、夹克、裙子、鞋袜后发现，东京是最昂贵的购买地（约 2 300 美元），而内罗毕（50 美元）和孟买（120 美元）则是理想的购物去处。

(2) 巨无霸测量法。使用不同地方的巨无霸汉堡包价格作为依据。例如，巨无霸汉堡包在美国的平均价格为 2.36 美元，在中国为 9.6 元（1.56 美元），在加

① Ranae M. Hyer, "Executive Compensation in the International Arena: Back to the Basics", *Compensation and Benefits Review*, 25, no. 2, March-April, 1993, pp. 49-54.

② 参见亚瑟·W·小舍曼：《人力资源管理》（第 11 版），507～508 页。

拿大是 2.86 加元（2.57 美元）。

4. 购买力的计算方法

这些生活标准数据的测量对于薪酬设计很重要，特别是对在不同国家间流动的国际雇员的薪酬进行调整，以保持其购买力，使他们的生活水平不至于下降。计算购买力的方法有以下几种：一是根据标准的一篮子商品和服务成本与小时工资之比来计算。二是计算购买同一商品在不同国家所需的劳动时间。例如，购买一个巨无霸汉堡包，芝加哥需要劳动 14 分钟，伦敦 36 分钟，墨西哥城 39 分钟。然而，巨无霸汉堡包在内罗毕、加拉加斯、拉各斯都是奢侈品，在内罗毕需要劳动 3 小时，在加拉加斯需要劳动 4 小时，在拉各斯需要劳动 2 天。

5. 外派人员的税收均等补贴

不同国家的税收政策是不一样的，更为重要的是，作为跨国公司的外派人员要缴纳双重税收，即母国的税收和东道国的税收。跨国公司一般选择以下两种办法来处理国际税收事务：税务平衡、税务保护。①

（1）税务平衡。企业暂时代扣的数额等于母国人员在母国应该缴纳的税额，然后用于支付东道国的全部税收。

（2）税务保护。员工的纳税额不超过他在母国薪酬应纳税额的总额。在这种情形下，如果在外国的纳税低于母国，超出的部分就应成为雇员的额外收入。

聘请国际会计师事务所提供咨询服务，来处理不同国家的税务政策的复杂性和差别化是跨国公司处理外派人员税务的重要方法。这些国际会计师事务所可以帮助外派人员在东道国和母国获得一定的税收好处。跨国公司在制定薪酬计划时，应该考虑到东道国和母国的税收政策的不同，使得外派人员的总体薪酬在各种税收政策内获得最大的优惠和最适当的回报。

总之，外派人员的薪酬管理非常复杂，它除了涉及本节中提到的各因素的影响，其他诸多因素如各国的经济发展水平、各国特有的薪酬政策、各国使用的币值等同样会对外派人员的薪酬管理产生重要影响。

10.4.4 国际化对我国薪酬管理的影响

国际化是一场世界范围内的经济、政治、文化等各方面的融合与冲击，每个国家都毫不例外地参与到这一竞争与发展之中。在这个过程中，世界范围内的管理经营思想不断传入中国，与中国的优秀历史思想交融、碰撞、发展，给中国企业的经营管理带来了发展的机遇，同时也使中国本土企业的管理面临严峻的挑战。

一、国际化背景下我国薪酬管理面临的挑战

加入 WTO 后，国内企业将真正面临一个全球化的商业环境、更趋激烈的国际竞争以及人力资源的国际化争夺。有人将 WTO 比作陨石，据说，恐龙的灭绝

① 参见赵曙明、彼得·J·道林、丹尼斯·E·韦尔奇：《跨国公司人力资源管理》，160 页，北京，中国人民大学出版社，2002。

是由于几千万年以前一块巨大的陨石坠入地球后造成了全球气候的剧烈变化。那么，国内企业能否避免恐龙的悲剧？中国加入 WTO 后，国内市场将成为国际市场，国际市场也是国内市场。我们所处的商业环境将发生根本变化，国内企业不仅将面临更大的 3C（customer，competition，change）挑战，同时，国内企业将更真切地感受到商业环境的瞬息万变与捉摸不定：没有边界的经济体系和全球化的商业，全球范围的劳动力市场，即时信息和通信，反应灵敏的公司。随着现代信息革命的深入，这种特征将变得越来越真切，薪酬管理也将面临更大的挑战。

1. 本土企业传统薪酬制度的竞争力不足

国际化背景下，我国人才遭遇零距离的“国内外流”。随着越来越多的跨国公司在中国安营扎寨，尽管目前跨国公司也面临人才流失，为中国企业培养了优秀的管理人才，但总体而言，中国人才遭遇“国内外流”的现象依然突出。原国家人事部人事与人才研究所一项有关中国人才工作十大问题的研究显示，目前已有来自 14 个国家的 400 多家世界 500 强企业在华建立了研发机构，这些研发机构实际上形成了外资企业争夺中国高层次人才的桥头堡。

现代企业竞争的关键是人才的竞争，而人才竞争过程中起决定作用的又是薪酬的竞争，目前情况下，在中国谁的薪酬竞争能力强，谁就能赢得优秀的人才。外资企业凭借其科学的薪酬制度和诱人的薪酬水平，在中国本土大量挖掘优秀人才，尤其是对中国企业优秀人才的拼抢，使得中国国有企业的优秀人才大量流失，企业竞争力大大下降。在与西方公司的人才竞争中，中国国有企业和国有机构再次遭受巨大损失。如果不能采取行之有效的应对措施留住人才，人才流失将会威胁到中国的经济安全。

中国传统的人事管理是行政化的管理，将人当作成本，既然是成本，根据企业“成本最小化，利润最大化”的经营目标，必定要想方设法降低成本，表现在劳动力上就是低工资和很少提供培训机会。一项将中国上市公司董事长、总经理的年度报酬与每股收益和净资产收益率分别进行回归分析的统计结果表明：总经理的年度报酬与每股收益的相关系数仅为 0.045，与净资产收益率的相关系数仅为 0.009，并且管理层的持股比例与企业经营业绩的相关性也很低，这说明中国上市公司不仅存在年度报酬激励不明显的现象，而且存在股权激励不明显的现象。这样的分配结果显然不足以对国有企业的经营者形成足够的激励。

除了薪酬水平，对当前中国企业的薪酬制度而言，仍存在品位分类而非职位分类、资历而非能力和绩效导向、结构而非水平问题突出和没有规范的工资制度等根本性的缺陷。[①]

2. 中国境外企业的薪酬管理危机

2004 年 3 月，在秘鲁的我国首钢秘鲁铁矿公司发生了工人罢工事件。首钢出于与当地工会组织搞好关系的良好愿望，邀请他们到北京参观访问。这些工会领导人一返回秘鲁，就提出要按照中国社会主义企业的模式给秘方员工增加福利。

① 参见曾湘泉在“第四届中日人力资源开发国际研讨会”上就中国企业薪酬问题所作的发言。

首钢迫于罢工的压力，同企业工会组织签订了多达 35 项的福利条款协议，包括首钢秘铁职工及其家属全部享有免费医疗、免费教育、免费居住和免费水电等。[①] 据首钢秘铁初步测算，此次罢工遭受的直接经济损失就高达 351 万美元。更令人担忧的是，谁也不能确定下一次罢工的具体日期。这种事件的发生对中国的在外企业将造成极大的损失。

在国际化进程中，我国不仅面临跨国公司进入国内竞争的压力，而且国内的企业迟早要实行"走出去"的战略转变。实际上，伴随着中国改革开放步伐的不断加快和加入 WTO，越来越多的中国企业也开始走上在海外谋求发展的国际化道路。除了上述首钢在秘鲁的投资，海尔、联想集团等也开始实施国际化战略。中国企业的跨国经营，或者说向跨国公司的发展，面临着人员管理、薪酬管理等复杂和困难的问题。显然，如果不熟悉所在国的文化背景和影响薪酬管理的社会制度等，都将给我国在外企业的薪酬管理带来麻烦，影响企业的经营和发展。

中国企业对外派经理人员的薪酬管理存在一定的问题，影响了外派人员的工作积极性，主要表现在以下几个方面[②]：

（1）在外企业经理的薪酬激励水平比较低，激励的手段和方式比较单一。在外企业经理的薪酬基本上沿袭了国内企业的水平，在国内母公司的经理薪酬水平不高、激励不强的前提下，境外企业经理作为一个分支机构的主要负责人，难以有更大的突破。

（2）在激励的方式上，基本上也是以工资、奖金、补贴为主要内容的短期激励，缺少以企业绩效提高和企业发展为目的的中长期激励手段。在低水平的短期激励之下，受到所处发达国家当地更强的经理激励水平的影响，在外企业经理很容易产生差距感和失落感，进而无心为企业全心付出，甚至无心经营，出现了很多跳槽和单干的现象。

（3）薪酬管理"过死"与"过弱"两种状态造成了管理的失败。"过死"是指国内企业对境外企业管得过死，在外企业的经营机制尚未实现根本转变，沿用的仍然是国内传统的管理办法，不能根据所在东道国的政治、经济环境和社会习俗做出适当的调整，使得境外企业的经理在经营过程中受到国内母公司的制约过多，无法发挥自己的积极性和创造性。"过弱"是指在在外企业与母公司的信息不对称的状况下，由于经营权力的不断扩大，在外企业的经营管理处于一种不得不放松管制，甚至放任自流的状态，经理人员的实际收入实际上处于一种失控的状态，甚至出现违法的现象。

二、我国薪酬管理如何应对国际化挑战

我国薪酬管理要应对国际化挑战，首先必须获得同台竞争的资格，即真正做到薪酬管理的规范化。而要想赢得这场竞争的胜利，则不能仅仅满足于照搬或模仿，必须结合我国实际，不断进行薪酬技术的创新。

---

① 参见盛立中：《中企海外扩张遭遇"工会关"》，载《中国经济周刊》，2004（30）。

② 参见朱艳：《中国境外企业经理激励研究》，湖南师范大学硕士学位论文，2004。

（1）薪酬管理规范化——获得同台竞争的机会。在日益激烈的市场竞争中，尤其是在“入世”后国内市场国际化、国际市场国内化的市场竞争中，越来越多的企业在“走出去”、“走进来”。然而，我国企业的国际化步履异常艰难，其首要的制约因素是人才问题，既缺乏参与国际竞争的国际化人才，又没有形成吸引、培养和留住人才的现代薪酬机制。如何合理反映员工的工作绩效，让员工体会到发展的公平感和成就感？如何制定合理的薪酬体系，使得企业战略与人才能够和谐地发展？我国企业将处于极为被动的局面。国内企业一定要借助现代薪酬管理的先进方法技术，建立规范化薪酬管理体系，形成高效的人力资源平台，与国际接轨，只有这样，才能获得与国外企业同台竞争的机会。国际化前行的支点仍然来自对细节实实在在的把握，中国企业的国际化始于了解与被了解。从国际企业进入中国的那天起，就应以国际化标准、国际化运作、国际化思维结构打破传统的中国式企业管理模式。

（2）薪酬技术创新——赢得竞争的关键。我们必须明白，规范化只是基础。对国外企业而言，建立在科层制企业组织基础上的组织结构、薪酬制度、信息采集、评价过程乃至设计方法已是众所周知。我们建立起来的规范化的管理体系，纵然能使我们在国内获得管理上的优势，但与国外同行企业相比却没有丝毫的优势，在这些领域，西方企业的管理已经相当成熟。

坚持创新是根本，这一点在薪酬管理上同样适用，管理创新是没有终点的。国际化也是民族化。国际化的结果是促进多元文化的融合，同时也能使民族文化中的鲜活成分大放异彩，成为国际的文化。在企业薪酬管理方面也是一样的。中国企业走向国际化、学习国外先进管理理论经验与探索中国式的管理并输出管理到国外是相辅相成的。现在国内企业非常崇拜西方企业的薪酬管理，也喜欢模仿西方企业的薪酬管理模式，付出了很大的代价，但结果大多是水土不服。这并不是说我们不需要学习西方的管理，而是我们学习的方法有问题。对于“硬”管理方面，有些是可以直接为我所用的。至于涉及与人有关的因素的管理，目前研究得还很不够。

就目前我国薪酬管理存在的上述问题，我们应从以下几个环节入手来应对国际化的挑战。

1. 转变薪酬管理理念

我国企业薪酬制度要走市场化、规范化、国际化的道路。如今越来越多的跨国公司进入我国，它们了解我国企业的人力资源管理，但我国企业却不了解跨国公司的人力资源管理。因此，我国企业在人力资源管理和薪酬制度上要有国际视野，要导入国际的先进理念。

（1）树立全面薪酬体系的理念。20 世纪 90 年代以前，企业吸引员工的主要方式仍然以传统的报酬方式为主，如工资和福利。但是进入 21 世纪后，吸引员工特别是关键人才成为一件十分困难的事。员工在考虑潜在的雇主时，越来越多地关注非传统的福利，包括灵活的工作安排、职业发展、工作环境、认同及赏识等项目。

美国薪酬协会曾邀请AC尼尔森公司在世界范围内开展了一项主题为“最佳的工作场所应该具备何种条件”的专项调查。调查结果发现，“企业理解我对工作的期待”，“具备我正常工作所需要的材料及设备”，“公司的使命或目标使我感到我的工作很重要”，员工在工作中“有机会每天做我做得最好的事情”，“我的建议能够被采纳”等12项条件，成为300多万名普通员工和20多万名经理人员的共同选择。美国薪酬协会的专家说，如果人们可以看到他们与公司的关系，可以看到他们是如何融入全局的，他们就会忠于公司。他们寻求的是一种共同的命运，也就是他们与公司关系的新价值。与其他福利相比，他们寻求具有竞争力的薪酬、有挑战性的工作、公开的交流、支持型的上司、共同分享利润和学习的机会等全面的薪酬体验。

(2) 注意对人的真正关注。我国的“人本管理”在理论上已经相当成熟，但在实践中，对人的尊重和关心还过多地停留在口头上，原则性的内容并没有得到真正的落实。薪酬管理是对人的看法和提高工作效率的间接体现，经营理念往往反映在各个薪酬决策的细节中。现实中，企业对人的不重视便往往暴露在不合理的薪酬体系中，这种情况不符合现代企业制度的基本要求。中国企业的老板们说得最多的一个词汇可能就是“以人为本”，然而如何实践“以人为本”，他们却没有任何概念，“以人为本”成了自我标榜的“噱头”。国内企业最欠缺的是对于企业微观层次的薪酬管理的各项运作策略。没有具体的运作策略，再好的理念也仅仅是概念。

2. 加强薪酬管理的基础性工作

工作分析是现代人力资源管理的基础设施和平台。① 在过去的100多年中，西方企业薪酬管理经历了从刚性到柔性的发展变化过程。其中，以职位和工作价值判定为基础的薪酬体系，一直占据主要地位。这种操作性强的薪酬模式对企业业绩发挥了巨大作用。与这些严格的规范化制度相配套的基础性工作，是企业今天实施柔性管理的条件，是管理中不可逾越的阶段。我国企业面对的现实是，这方面的基础性工作相当薄弱。因此，在进行各项薪酬制度变革时，我们必须特别重视基础性工作。

为了保证企业薪酬分配的内部公平性，首先应该进行职位分析，根据各职位的职位评估来确定每个职位的报酬，然后根据公司的具体情况做适当的调整。职位分析需要公司管理层结合公司经营目标，在业务分析和人员分析的基础上，明确各职能和职位的关系，然后由人力资源部与各部门主管合作编写职位说明书。

职位评价是在职位描述的基础上，对职位本身所具有的特性（比如，职位对企业的影响、职责范围、任职条件、环境条件等）进行评价，以确定职位的相对价值。通过职位评价可以比较企业内部各个职位的相对重要性，得出职位等级序列，从而为进行薪酬调查和薪酬设计建立统一的职位评价标准，以确保工资的公平性。

---

① 参见曾湘泉：《中国企业的薪酬问题与薪酬设计》，载《中国人才》，2003（2）。

3. 改革和完善我国薪酬管理制度

400 多年前，英国经济学家格雷欣发现了“劣币驱逐良币”的“格雷欣法则”。目前，我国许多企业在薪酬或人力资源管理方面均可能发生类似的情形：由于企业在薪酬管理方面没有充分体现“优质优价”的原则，一些国企低素质员工的薪酬超出市场水平、高素质员工的薪酬低于市场水平，这导致高素质员工的绝对量尤其是相对量下降。这一方面表现为企业内对自己薪酬心怀不满的高素质员工另谋高就；另一方面表现为企业外的高素质人力资源对企业吸纳祈求的消极回应。目前的人力资源市场既使得低端劳动力的价值被高估，又使得高端人才没有在市场上实现价值回归。因此，必须加快我国薪酬制度改革，避免薪酬管理的“格雷欣法则”。

美世咨询公司的调查数据显示，我国企业的总体薪酬管理制度还存在许多问题，在个体上不利于包容人才多方面的需求，在群体上也不利于激发各类人才的综合成长。现有的薪酬制度至少可以在以下几个方面进行改革和完善：(1) 将市场薪酬水平作为员工薪酬水平判定的参照系。(2) 增加可变薪酬的比例和方式。(3) 提高员工生活方便性的项目，如房补、住房贷款担保、车补、通信费用等。(4) 提高员工生活幸福感的项目，如弹性工作、健身活动、带薪休假等。(5) 提高员工个人能力的项目，如培训、进修、轮岗、富有挑战性的工作机会等。(6) 提高员工个人成就感的项目，如职位提升、荣誉称号、决策权、建议权等。(7) 提高员工公平感的项目，如有竞争力的整体薪水待遇、公平的工作机会、合理的奖惩措施和激励手段等。

总之，薪酬制度的改革应不断提高薪酬水平，完善薪酬结构，薪酬体系设计应逐步由制度性的规定朝满足人才个性化需求、提高个人满意度的方向发展。为此，需要加大薪酬制度的创新力度。

10.5　以创新应对外部环境变化的挑战

10.5.1　日益加速的薪酬管理变革

变革的时代已然来临。变革和创新成为当代管理领域讨论最多的话题，也是最热门的话题。

随着经济全球化的日益推进和竞争激烈程度的持续提高，宽带工资、为绩效付酬、为能力付酬、自助餐式的灵活福利系统、薪酬外包、电子化的薪酬管理等变革策略纷纷出笼，新的薪酬工具不断涌现。20 世纪 80 年代以来，战略薪酬的兴起，总报酬的深刻影响，绩效管理的广泛应用，为技能和能力付酬的方兴未艾，销售人员、高级管理人员和知识型员工的报酬方案，薪酬工具的整合与应用（如团队可变报酬计划）等，使得薪酬管理正以出人预料的速度发生变革，并在很大程度上影响和改变着全球企业的薪酬实践。

就我国企业而言，在市场经济改革的进程中，薪酬管理变革比产品、技术和科研创新等开展得更晚，加上长期以来一直按国家统一的薪酬结构和基本原则制定薪酬制度，企业普遍缺乏对现代薪酬管理的基本认识。但是自 20 世纪 90 年代以来，在各种因素的综合影响下，我国企业的薪酬实践经历了从传统计划经济体制下的品位分类、身份工资向发达市场经济国家实践所证明的职位分类、体现职位价值的职位定价、绩效导向的绩效薪酬、市场驱动的薪酬体系及以技能、知识和能力为基础的薪酬体系的变革，薪酬管理变革的步调之快超出人们的想象。

20 世纪 80 年代以来薪酬管理变革日益加速，究其原因可以概括为以下几点[①]：

（1）全球化和技术进步导致竞争日益激烈，组织逐步将薪酬管理作为支持组织战略实现的有效工具。

（2）薪酬管理的研究与实践日益脱节，薪酬管理的实践较之以前更多地先于薪酬管理的研究，企业在实践中的摸索和试错过程相对而言就会更长，新的变化也会更多地出现。

（3）人们对于新的薪酬工具能否为组织创造价值变得日益敏感。企业在薪酬管理变革中更希望扮演领头羊的角色，而不只是被动地应对变革的压力。

（4）薪酬工具的多样性也为薪酬管理变革的丰富化提供了必要的基础。比如，个人激励与团队激励相结合、结果导向与能力工资相结合、构成内容日益丰富的总报酬计划等。

10.5.2 薪酬管理变革的目标

对于企业而言，薪酬管理变革和企业重组、流程再造、文化整合，或新产品（服务）的推出一样，通常都是一个较为复杂的过程，因为对组织内部任何一个环节的变革都会影响和波及组织的其他方面。薪酬管理的变革，可能是对薪酬管理流程的某个环节进行优化，也可能是对整个薪酬管理体系的彻底再造，但和其他管理变革一样，企业最终关注的不是变革本身，而是变革能否达到预期的效果，解决企业的实际问题。

设计和管理薪酬系统就是为了达到某种目标，通常这些基本目标包括：效率、公平和合法。[②] 企业之所以进行薪酬管理变革，一方面是因为企业要适应外部环境的变化；另一方面是由于自身的薪酬管理出现了问题，已经不能有效地应对当前的管理困境，不进行薪酬管理变革，将影响整个人力资源管理系统的工作成效和组织的运作效率。薪酬管理的变革直接表现为对薪酬管理系统的优化与再设计，除了顺应不同管理情境下的具体要求，一般而言，效率、公平和合法也是薪酬管理变革的三个基本目标。

1. 效率

变革的目的在于增强组织效率。[③] 薪酬管理变革需要充分发挥薪酬的激励与导向作用，引导员工关注企业发展目标，强化绩效与目标意识，增强员工对企业

---

① Zingheim, Patricia K., Schuster, Jay R., "Introduction: How are the New Pay Tools Being Deployed?" *Compensation and Benefits Review*, Jul/Aug 1995.

② George T. Milkovich, Jerry M. Newman, *Compensation*, Eleventh Edition, McGraw-Hill, 2013, p. 19.

③ 参见托马斯·卡明斯、克里斯托弗·沃里：《组织发展与变革精要》，20 页，北京，清华大学出版社，2003。

的认同感和对自身发展的责任意识，尽可能地调动员工的积极性和工作潜能，达成一系列诸如期望的绩效改善、对产品或服务质量的有效控制、取悦于顾客、控制人工成本的细化目标。

2. 公平

公平是薪酬体系设计的基础，薪酬管理的变革至少应该促进内部一致性和外部竞争性的实现。此外，准确反映员工的贡献程度和薪酬管理的程序公平，也日益成为薪酬管理变革的重要目标。通过设计与应用公平的付酬体系，使得不同岗位的重要性和价值能够得到体现，不仅为企业的理性付酬提供了一个长期可靠的基础，也使企业能够吸引、保留和激励高素质的员工，以更好地实现组织目标。

3. 合法

薪酬管理的变革应在相关法律法规允许的范围内进行。一旦影响薪酬管理决策的法律法规发生变化，企业就必须尽快调整自己的薪酬实践，以保持与这种变化的一致性。由于跨国公司在进行全球化经营时必须面对不同国家和地方的相关法律法规，薪酬体系的合法性成为薪酬管理变革的重要目标。

但是具体而言，不同的企业存在不同的薪酬问题，比如薪酬制度是否完善、是否合法，薪酬管理系统与其他人力资源管理子系统间的衔接是否合理，薪酬管理方式及管理者的管理行为是否需要调整，以及薪酬专业人员的素质是否符合要求等。相应地，薪酬管理变革也难以形成固定的模式，更不可能采用一成不变的方法。现实世界中，薪酬管理变革的目标总是随着管理情境的变化而变化。

毫无疑问，薪酬管理的变革与创新有相当大的难度，对薪酬管理变革的评价所需要的时间、实施薪酬管理变革所要花费的成本，以及长期的可靠性都必须慎重考虑。由于企业外部环境变化的速度越来越快，或许一项薪酬变革尚未完成或生效就已经过时了。随着薪酬管理战略角色的日益突出，评估企业薪酬管理变革的成效就变得相当重要。评估企业薪酬管理变革成效的因素通常包括以下几个方面（Ramlall，2003）①：

- 当前的薪酬体系是否与企业战略相匹配？
- 薪酬能在多大程度上吸引并激励新进员工？
- 薪酬体系是否反映了组织的文化和员工的个人价值？
- 薪酬能否留住优秀员工？
- 员工对薪酬的整体满意度如何？
- 薪酬体系是否存在应对外部挑战和机会的足够弹性？
- 薪酬体系的总成本是否与它所带来的总收益相匹配？

10.5.3　薪酬管理的技术创新

一、职位价值与薪酬调查

随着经济体制改革的深入，我国企业对人员的管理正在逐渐从品位管理向职

---

① Sunil J. Ramlall, "Measuring Human Resource Management's Effectiveness in Improving Performance", *Human Resource Planning*, Vol. 26, Iss. 1, 2003, p. 51.

位管理转变，相应地，企业的薪酬制度也逐渐转变为以职位价值为基础。不同的职位拥有不同的薪酬结构，但无论哪种薪酬结构，都取决于其所在职位的价值，以及该职位对组织目标的相对贡献。为此，确定职位价值就成为众多企业关注的问题。

现代组织通过职位评价技术和方法，可以确定职位的相对价值，得出一个由高到低的薪酬结构。这个薪酬结构具有内部公平性，得到雇佣双方的认可，但是在我国现有的组织架构和职位体系状况下，仍不能简单地套用国外现有的职位评价的技术和方法，包括职位名称、职位分类体系、职位评价要素的选择和软件技术的开发使用等。我国科学的职位评价工作才刚刚起步，在我国现在的条件下，对各类组织来说，目前职位评价工作仍存在大量亟待研究和解决的课题。

薪酬调查是现代薪酬管理的重要内容和技术。组织应经常进行薪酬调查工作，以确保企业支付给员工的工资在劳动力市场上具有竞争力，这是现代企业进行薪酬管理的重要内容。在发达国家，大企业定期进行薪酬调查已经相当普遍，薪酬调查数据已经成为企业制定发展战略的基本信息。大量的第三方调查，包括政府部门、咨询公司、专业和行业协会所进行的调查，其调查数据也为企业的薪酬决策提供了非常有价值的参考。例如，美国劳工统计局向公众提供免费的薪酬调查，由专业调查人员和统计人员负责完成。现在，劳工统计局有关薪酬的调查包括：国家薪酬调查、小型私营企业员工福利调查、大中型私营企业员工福利调查、州和当地政府员工福利调查。① 一些咨询公司也专门从事对某些具体职业或行业的调查，提供给客户及其他希望购买这些资料的单位和个人，比如韬睿、Forster 和 Crosby 公司，它们均擅长对中高层管理者的薪酬调查。② 除此之外，专业和行业协会也会对成员进行薪酬调查。

在我国，各种机构组织实施并向社会公布的薪酬调查也越来越多，其中包括政府部门的薪酬调查、管理咨询机构的薪酬调查、专业网站所进行的薪酬调查、学术研究机构组织的薪酬调查等。③ 尽管我国的薪酬调查已经有了较大的发展，也受到越来越广泛的重视，但是我们也应该看到，由于受到各种因素的限制，目前我国的薪酬调查总体质量不高，其在我国的运用还有相当大的局限性。我国薪酬调查的内容、方法和技术仍有待进一步突破和创新。

（1）从技术上讲，作为薪酬调查的基础，薪酬的概念、劳动力市场的界定等问题在我国还没有完全解决。目前国内由于制度外收入的差距不断加大，制度内工资概念的作用越来越小。实际生活中所使用的薪酬概念非常混乱。我们至今仍没有一个大家能广泛接受的、较为一致的薪酬测量范畴。

（2）目前在国内建立现代人力资源管理体系的过程中，科学、规范的职位体系和工作说明书仍在发展之中。薪酬调查是调查职位的价格，首要的问题就是要

---

① 参见约瑟夫·J·马尔托奇奥：《战略薪酬》，196 页。

② 参见托马斯·J·伯格曼、维达·古尔比纳斯·斯卡佩罗：《薪酬决策》，240 页。

③ 参见孙健敏：《薪酬调查的现状及存在的问题》，载《人力资源》，2003（3）。

明确职位之间不同的工作内容和任职资格要求，使其具有基本的可比性。对于在一个落后的人力资源管理体系的基础上发展起来的劳动力市场职位调查，调查数据之间的可比性深受怀疑。

（3）对薪酬调查的技术和方法研究不够。我国国内从事薪酬调查的机构较多，调查特点也各不相同，但是这些调查问卷的设计、调查样本的选择、调查所应开展的规范流程等，目前都鲜有公开，特别是针对这些内容的学术研究几乎还是空白。这些调查的信度和效度并不清楚。因此，通过这些薪酬调查，我们只能粗略地观察和评价我国劳动力市场的薪酬总体行情。

（4）应建立能客观反映我国劳动力市场薪酬状况的、权威的中国企业薪酬调查数据系统。目前境外专业咨询机构纷纷进入我国，它们虽有较成熟的市场评估体系和方法，但缺乏对我国国内劳动力市场状况的深入了解，所使用的薪酬调查方法和所提供的薪酬数据与国内实际情况有一定的差距，加之费用昂贵，因此，包括政府在内的各类组织应加大对国内薪酬调查研究的投入，探索对我国企业更有价值也更加经济的薪酬调查技术和方法，以建立适应我国企业薪酬管理需要的薪酬调查系统。

我国的薪酬调查，应在与国际相应调查方法接轨的基础上，从多方面来完善现有的薪酬调查系统。比如，重视调查问卷的科学设计、调查过程的严格规范、调查手段的合理运用和选取具有行业代表性的单位，以及采集共同的典型职位、采用多样化的统计方法对数据进行处理，并对统计结果给予一定的解释或探讨，逐步建立和形成多行业、具有权威性和代表性的劳动力市场价格指数，使薪酬调查结果对组织的薪酬水平确定具有更大的参考价值。

二、为业绩和能力付酬

近年来，随着市场竞争日趋激烈，工作更富有弹性，职责不断变化，许多企业逐步意识到要提高生产率，实现企业的经营战略，就不能再把员工的工作拘泥于特定的职位，必须给员工更大的空间，鼓励他们不断学习、钻研。在变化的环境中，一个仅能做好本职工作的员工，对于大多数组织来说，其价值比一个能很快适应环境变化的员工要小得多。[①] 与之相适应，发达国家的薪酬管理制度有了很大的创新，在传统的以职位为基础的薪酬管理制度的基础上，越来越多的企业开始为员工的业绩或能力付酬。

许多企业改变了以往按照职位付酬的做法，采取“以任职者为基础”的付酬方式，把个人拥有的技术、技能和实现的业绩、贡献作为薪酬决定的基础。基于业绩和能力的薪酬体系关注个人的价值。现在，价值也取决于个人能做什么，而不仅仅是他实际做了什么。[②]

在业绩和能力比职务和资历更重要的情况下，企业逐渐认识到，基于业绩和

---

① Kevin Ford，“Competencies in the Real World：Performance Management for the Relationally Healthy Organization”，*Compensation and Benefits Review*，Jul/Aug 2001.

② Martin G. Wolf，“Compensation：An Overview”，*The Compensation Handbook*，Fourth Edition，McGraw-Hill，2006.

能力的薪酬管理体系，能够提高员工的业绩期望；吸引和留住高绩效员工；增加对顾客的关注；有助于建立真正的团队；提高组织内部的协作创造力等。

传统上，我国企业的薪酬制度严格坚持内部均等原则，旨在满足所有员工的需求，薪酬与员工个人能力和业绩几乎没有联系，我们至今仍没有真正意义上的绩效薪酬。企业和员工在薪酬管理活动中，并没有树立起通过有效的薪酬发放机制，创造驱动员工高绩效工作的环境的理念和意识。在激烈的竞争条件下，适应当前外部环境和内部机制的变革，企业需要深刻认识到把薪酬与个人能力和业绩联系起来的重要性，并且需要通过加大绩效薪酬体系的创新，强化个人薪酬支付与业绩和能力的内在联系。

绩效薪酬和能力薪酬计划成功的关键在于绩效和能力评价。绩效薪酬体系的建立要求科学设计工作，建立明确的绩效评价标准，包括质量、数量和工作时间等，能够精确衡量员工的工作绩效。要让雇员知道，如果他们付出了努力，达到了明确的工作标准，他们的薪酬就会增加。

能力是指可以带来绩效的知识、技能、行为等个人特征。[①] 传统的人力资源管理以职位为基础。但自 20 世纪 90 年代以来，认为人力资源管理将逐步转向以能力为基础的呼声日益高涨，能力工资体系的兴起就是对这股潮流的一种响应。根据员工所拥有的与工作相关的知识或技能水平来报偿他们的劳动，适应了知识经济的本质与特征。[②] 为了避免传统刚性薪酬体系所带来的各种弊端，以技能为基础的薪酬制度已经成为企业薪酬改革的一种潮流。为最有能力的员工支付最高的报酬，是最佳薪酬实践。这种薪酬体系是根据员工所掌握的技能付给酬劳，而不是根据他们在特定时间所从事的工作付酬。

基于能力的薪酬制度在职位变化和新技术应用方面，具有很强的适应性。不论外部环境如何变化，高绩效者都会得到保留与激励。能力薪酬体系强化了对高绩效者的激励，同时也鼓励一般员工努力提高绩效。实行按能力付酬后，管理的重点将转变为最大限度地利用员工已有的能力。这一薪酬体系能传递信息，使员工关注自身的发展，鼓励员工自觉掌握新的工作技能和知识。

以能力为基础的工资方案适用于技术、管理和专业人员。通常对这些人员很难根据观察或具体的行为来判断他们的工作绩效。如对于从事科学研究、计算机软件开发、管理咨询等工作的人员来说，知识和能力是其取得成功的关键要素。采用能力薪酬体系的企业，通常具有扁平化的组织结构、宽幅化的薪酬结构，并且十分注重员工培训与开发。

对于企业来说，业绩工资制由于把薪酬与可量化的业绩挂钩，因此更具有激励性和公平性，但是需要有合理的目标设定方法和良好的绩效考核系统来支持。业绩工资制可能出现的问题有：（1）员工无法准确理解业绩目标，制度设计不合

---

① Kevin Ford, "Competencies in the Real World: Performance Management for the Relationally Healthy Organization", *Compensation and Benefits Review*, Jul/Aug 2001.

② 参见谢晋宇、李新建：《发达国家企业人力资源管理中的薪酬管理创新》，载《技术经济与管理研究》，1999 (6)。

理或者获取奖金的机会有限；(2) 难以预料的不可控因素将导致个人绩效的波动；(3) 把依赖于与他人合作才能取得的个人绩效全部归功于某人，会增加员工的不公平感，降低合作精神；(4) 员工认为与经理的关系是左右业绩评估结果的首要因素，导致绩效薪酬系统缺乏足够的说服力；(5) 绩效管理水平低，缺乏支持薪酬体系正常运转的专业人员。

而能力工资制所面临的最大问题，则在于如何界定和评价员工所具有的能力，以及能否将这种工作中的潜能转化为实际的工作业绩。实行能力工资制可能会增加企业成本，因为它支持员工学习技能，要求企业更加关注员工培训并进行大量投资。能力薪酬并不适用于所有的企业和所有的员工，社会上存在着对能力工资制实施效果的一些争论。比如，有学者认为，能力工资制的缺陷在于：员工不愿意公开承认自己的能力缺陷，因为他们知道这可能会影响到其工资；能力很难准确界定和衡量，难以为薪酬支付提供有效的基础；有时能力薪酬计划过于复杂，容易失败。[①] 也有人认为，能力工资制会增加管理负担，相对于传统的薪酬体系单位劳动力成本的上升，可能产生能力过时的问题，需要将"基于职位"的市场数据转化为"基于任职者"的工作环境等。[②]

对中国的企业而言，很清楚的一点是，业绩或能力薪酬体系非常重要，但管理的技术要求则更高，对薪酬管理人员也更具有挑战性。在解决现有组织业绩、能力与薪酬管理问题的现实领域，存在着大量的现实需求，也需要高水平的研发技术和工具。

三、薪酬管理的咨询与外包

随着全球化、知识经济和信息经济时代的到来，产品和服务日新月异，企业面临着更加激烈的竞争。薪酬管理作为企业的一项重要职能，也在不断发生变化，薪酬方案日益纷繁复杂，薪酬管理系统日趋强大和烦琐，其维护成本也渐趋高昂。薪酬水平及结构的设计、调整，大规模数据处理，跨地区薪酬管理等问题日益凸显。这些变化对薪酬管理专业化程度的要求越来越高，许多企业自身的人员已经无法满足这一要求，或者说一个企业雇用高水平的薪酬专业工作者面临较高的薪酬成本。为此，不少企业开始借助外脑，聘请专业咨询公司设计本企业的薪酬制度和方案，或者通过外包服务机构，代理本企业薪酬福利方面的一些事务，帮助企业减少成本，提高效率，赢得竞争优势。

广义上说，薪酬管理咨询包含在薪酬外包之内，是企业通过整合利用其外部最优秀的专业化资源，降低成本、提高效率、充分发挥自身核心竞争力和增强企业对环境的迅速应变能力的一种管理模式。企业把薪酬管理的部分或者全部业务，交由外部服务机构负责和处理，这样做给企业带来的益处主要有：

(1) 可以降低企业经营风险，引导企业把资源集中于与企业核心竞争力有关

---

① Gerald E. Ledford，"Pay for Skills，Knowledge and Competencies"，*The Compensation Handbook*，Fourth Edition，McGraw-Hill，2006.

② John M. Bremen，Maggi Coil，"Comparing Alternative Base Pay Methods：Which One Meets Your Organization's Needs？" *ACA News*，June 1999.

的事务，发展自身的核心竞争优势；可以使人力资源部门从事务性工作中解脱出来，专注于战略管理，从而使人力资源部门能真正成为企业的战略合作伙伴、管理专家、变革的推动者、员工利益的维护者。

(2) 能够帮助企业建立完善的薪酬管理制度，在不增员的情况下获取额外的技术专长。特别是对处于高速发展期的中小企业，以及缺乏专业人力资源业务素质的企业来说，现有人员不擅长或无力满足企业的发展要求，将一些业务外包给专业服务公司或顾问人员，无疑是更好的选择。

(3) 有助于更好地管理薪酬成本，控制管理成本。将企业的薪酬管理业务部分或全部外包出去，可以减少企业分配在事务性、操作性和非战略性人力资源事务上的专门的人力资源，从而降低薪酬管理成本的开支。

(4) 可以吸收最新的薪酬管理技术和方法，帮助企业吸纳和保留优秀员工。如何留住关键职位上的优秀人才，已经成为企业人力资源管理过程中的一个突出问题，是企业发展所面临的最大挑战。借助外部专业公司对现代薪酬技术和方法的熟练掌握和运用，可以帮助企业建立起一整套全新的薪酬管理体系，有助于提高员工满意度，降低员工流失率，从而帮助企业吸纳、保留并激励优秀员工，打造企业的核心竞争力。

越来越多的中国企业也开始把薪酬管理外包作为一项重要管理内容加以考虑。随着薪酬管理咨询业务的不断成熟，许多客户越来越不满足于传统的服务，比如代发工资、代缴国家法定保险（养老保险、失业保险、医疗保险、住房公积金）等，一些新服务项目如职位评价、薪酬调查、薪酬方案设计、福利津贴方案的设计等受到越来越多的欢迎。同时，企业不仅需要外部专家提供一个解决方案，而且需要他们帮助将方案变成现实。

但并非所有的企业都适合进行薪酬管理外包。这是因为薪酬管理外包使得企业机密外泄的风险增加；会对企业人力资源部门的人员产生一定的冲击。此外，由于难以有效监控外包服务商，企业可能达不到预期目标。因此，企业需要结合实际情况，考虑开展薪酬管理咨询和外包业务。

一般而言，具有下述特征的企业适合进行薪酬管理的外包：大量的管理活动，通常与市场数据息息相关；承诺妥善地管理薪酬计划；期望节省管理工作所耗费的时间，以便投入更多的时间来解决与薪酬设计相关的经营问题；尝试和体验过外包其他人力资源管理工作。①

而具有下列特征的企业则一般不适合进行薪酬管理的外包：将管理视作一项核心能力（单独或针对薪酬部门而言）；认为薪酬管理过于机密化或独特，外部供应商难以提供有效的支持；未尝试过外包服务或不喜欢这一理念；难以有效地管理外部服务机构或不希望与第三方建立合作伙伴关系。

四、薪酬管理的信息化

从20世纪60年代起，计算机在企业的薪酬管理中发挥重要作用。② 当今社

---

① 参见吴宇：《薪酬外包管理》，载《今日工程机械》，2003（9）。

② Martin G. Wolf, "Computers and Compensation Administration", *The Compensation Handbook*, Fourth Edition, McGraw-Hill, 2006.

会，科技和信息技术日新月异，网络已成为人们获取信息的主要手段之一，知识经济初见端倪。知识正日益取代物质资源，成为决定企业命运的关键资源。今后，企业竞争的焦点将集中在掌握知识的智力资源——人才的竞争上。知识型员工大多富有开拓进取精神，敢于面对挑战，更倾向于开放、透明和积极向上的工作环境和氛围。为此，企业需要更灵活的管理模式，而不是传统低效率的管理方式。企业能否建立长效机制支持人才发展，成为企业生存与永续发展的关键，这也是对企业人力资源部门最大的挑战。

在这样的背景下，企业对人力资源管理的要求不断提升，人力资源管理的难度也不断增大。传统的人力资源管理已经跟不上企业高速发展的需要，建立在手工基础上的人力资源管理，其高成本和低效率制约了企业对人才的吸纳。同时，企业人力资源部门人员的时间将重新进行分配，用于日常管理型的活动所占的比重将下降，而在服务和沟通以及战略规划方面所花费的时间则有所上升。因此，为了降低成本、提高效率，企业人力资源的信息化进程就显得尤为重要。企业信息化建设对于促进管理现代化、加快技术进步和增强市场竞争力都具有深远的意义，是带动企业人力资源管理工作创新和升级的重要突破口。这无形中为人力资源领域的服务创造了巨大的市场空间，许多软件厂商不断介入为人力资源管理提供下游服务的人力资源管理信息化领域。目前国内提供 e-HR 系统的厂商超过 40 家，尚不包括一些仅为本地企业提供 e-HR 系统服务的区域性公司。

e-HR，即电子化的人力资源管理或网络人力资源管理，就是通过现代信息技术手段，帮助企业建立人力资源服务的网络系统，使人力资源管理流程电子化和自动化，提高管理效率，实现信息共享。“e”有两层含义：电子化（electronic）和提高效率（efficiency），即通过电子化的手段，达到提高效率的根本目的。①

20 世纪 90 年代初，e-HR 作为 ERP 软件或财务软件中的一个薪资模块进入中国。到 90 年代中期，e-HR 才作为独立的人力资源管理软件出现在市场上。从 2000 年开始，国内 e-HR 软件市场逐步成熟。华信惠悦咨询公司在 e-HR 调查中发现，在中国，人力资源专职人员与公司员工总数的比例是 1∶81.5，而北美地区的相应比率为 1∶95。该比例是衡量公司人力资源服务效率的主要标准之一，从华信惠悦的调查来看，中国的人力资源职能部门承担了太多的行政性工作，尚未充分利用 e-HR 的技术优势。但是数据也同时表明，国内的 e-HR 市场巨大。中国公司“在加强技术运用，以达到提高人力资源流程、效率、生产力及降低成本等预期结果方面，还刚刚起步”②。《21 世纪人才报》与其合作伙伴也曾对国内企业进行过一次针对 e-HR 的调查，该调查的统计分析发现，目前企业使用最多的功能依次是人事信息管理（71%）、薪资（68.2%）、报表（62.2%）、考勤（59.5%）、招聘（56%）、福利（53.8%）等。③

① 参见章凌：《e-HR：是成本太高还是时候未到?》，载《中国上海人才市场》，2003（8）。

② 林清扬：《将 e-HR 进行到底》，载《21 世纪人才报》，2003-07-30。

③ 参见郑大奇：《中国 e-HR 现状调查》，载《21 世纪人才报》，2003-03-19。

不同的薪酬管理软件往往在功能上存在较大差异，有些能够满足不同企业薪资核算的需要，灵活定义企业的薪酬结构并随时调整，通过对比市场薪酬调查数据及时调整薪资水平；有些能对工资核算的全过程进行处理，自动完成每次工资核算、员工个人所得税的计算、福利保险的扣减、各种特殊工资项目的处理，以及各种工资报表的打印等；有些针对中国各地区、各行业的政策，进行薪酬福利方面的核算处理，并能根据法律政策的变化随时进行升级更新；还有一些更为先进的薪酬管理软件，能够支持企业建立薪酬模型，通过对不同员工和职位进行比较，协助管理者做出最优的薪酬决策。

积极推进薪酬管理信息化的建设，可以在以下几个方面取得显著成效：

（1）提升企业薪酬管理的专业化水平。通过加快企业薪酬管理信息化进程，企业的薪酬管理人员可以及时、准确地收集薪酬方面的信息，并根据这些信息做出正确的薪酬决策，建立相应的薪酬制度及其调整方案，促使薪酬管理定量化和科学化。

（2）提高人力资源部门的工作效率。将事务性薪酬管理活动自动化，可以提高企业薪酬管理工作的透明度，减少薪酬管理人员事务性工作的时间耗费，使其更加专注于战略性管理工作。例如，明基电通公司有几千名一线工人，他们的流动性较大，有的还要当场计结薪水，在使用信息系统后，电脑可以在瞬间完成复杂的薪酬管理过程，大大提高了人力资源部门的工作效率。[①]

（3）降低薪酬管理成本。实现企业薪酬管理的信息化，可以加快信息汇总速度，降低薪酬管理人员工作的操作成本，加强人力资源部门与其他部门员工之间的沟通，减少通信费用，最终达到降低企业薪酬管理成本的目的。

（4）建立薪酬管理的员工参与平台。信息化建设提高了企业薪酬管理过程的透明度，使薪酬管理体系延伸到企业各个职位，让普通员工也能参与到薪酬管理活动中来。比如，员工可以看到自己的考勤、薪资、福利等相关信息，了解企业薪酬管理的动态。这有助于增加员工的公平感，建立良好的员工关系，减少企业内耗。

10.5.4 薪酬管理的专业化趋势

在计划经济时期，组织中负责工资的部门更多以“劳资科”的形式出现，负责劳资的工作人员也通常只有一两个人而已，他们的工作任务包括工资发放的一般事务，在组织中的地位不高，对组织的价值贡献有限，远不如其他部门重要。随着企业薪酬战略重要性的上升，企业薪酬管理工作者的角色也在不断变化。最突出的一点就是，如何使企业的薪酬管理与企业战略相联系，起到支撑企业战略的作用。薪酬管理人员角色预期的变化，必然对薪酬管理从业者的专业化程度提出更高的要求。

一、薪酬管理人员专业化的历史背景

如今，薪酬决定基础不断变化，从以岗位付酬到新兴的以能力付酬、以知识

① 参见赵萍：《明基的高效能团队效应》，载《人力资源开发与管理》，2004（4）。

付酬等，需要薪酬管理工作者系统掌握新的薪酬操作知识、技术与方法。为了适应市场竞争，组织的管理必须不断改进，以实现组织战略，寻求生存之道。薪酬管理也要随着组织环境的变化和各方施加的压力而不断调整，以满足组织变革的需求，提高组织效率。因此，薪酬管理从业人员不能对薪酬管理的新兴技术与方法一无所知，相反，他们必须非常熟悉所有这些方法，以根据组织战略、市场竞争等要素的影响，调整薪酬策略。

在这种情形下，旧有的企业挑选薪酬管理从业人员的方法就不可取了。以前我国企业很多薪酬管理人员要么是退伍军人，要么是业务部门能力一般的老员工等。由于当时薪酬方面的工作只是发放工资、简单的一般性工资管理等很容易上手的基本事务，因此这些员工承担薪酬管理工作并未受到真正的挑战，甚至可以说他们的工作能力和水平也是基本可以胜任的。但是随着全球化和市场化条件下人才竞争的日益加剧，现代薪酬管理变革成为一种常态，而且其技术和方法也日新月异，薪酬管理工作者的工作价值不断提升，对组织战略的实现也愈发重要。对薪酬管理专业知识和技术不精通的人，已很难适应这份工作。薪酬管理变革的这种背景变化，是对薪酬管理人员素质和能力要求变化最重要的影响因素。

二、薪酬管理人员的专业化

薪酬管理人员的发展应当走专业化和职业化的道路。他们应该是组织的战略伙伴、内部咨询师和变革代言人，而不仅仅是薪酬管理的技术专家或支持性人员。① 如何通过专业化的训练来不断提高自己的职业能力，是薪酬管理人员所面临的真正挑战。美国薪酬协会早在 1976 年就推出了薪酬管理从业人员（CCP）的专项认证，随着薪酬管理实践的不断发展，又于 1994 年推出了福利管理从业人员（CBP）的专项认证。如今通过美国薪酬协会认证的人员已经遍布全球，这在很大程度上推动了薪酬管理人员的专业化进程。②

随着薪酬管理实践的变化，美国薪酬协会关于薪酬管理的各种专业认证也在不断变革和完善。如今，已推出了包括高级经理人的报酬（executive compensation）、国际薪酬管理（international remuneration）、薪水管理（salary administration）、福利项目管理（benefits program administration）、退休计划管理（retirement program management）、健康与福利项目管理（health and welfare program management）等在内的六大体系认证。薪酬管理变革一方面进一步充实着薪酬管理的内容构成；另一方面又对薪酬管理从业人员的专业化不断提出更新和更高的要求。

我国目前还没有薪酬管理人员的认证制度，这从一个方面说明，与发达国家相比，我国薪酬管理人员的专业化和职业化程度仍有较大的差距。显然，薪酬管理人员需要掌握现代薪酬管理的专业知识和理论，接受专业化的技能训练。要成

---

① Norman A. Handshear, Sandra O'Nea, "Challenge and Opportunity: The New Pay and the New Pay Professional", *ACA Journal*, Volume 2, Number 1, Spring/Summer 1993.

② Shenenberg, Ted, Smith, Denny, "Certifying Compensation and Benefits Management Competencies", *Human Resource Management*, Vol. 38, Iss. 2, 1999, p. 161.

为一名合格的薪酬管理专业人才，需要建立一定的职业门槛和技术壁垒。如何推动这项对我国薪酬管理具有战略意义的工作，仍需要我们吸收国际经验，结合我国的现实情况，进行大胆的探索和思考。

本章小结

变革的时代已经来临。外部环境的改变，无疑是组织薪酬体系设计与变革的重要影响因素。由于经济全球化的发展趋势，特别是日趋激烈的国际竞争态势，各国之间的薪酬管理的理念、制度和技术在不断地相互吸收、消化和借鉴，不同国家的薪酬管理思想和技术也在不断地加大传播力度和影响。

在我国现代薪酬制度的建立过程中，宏观管理体制的变革对企业薪酬制度的影响是巨大的。20 世纪 90 年代以来，我国企业薪酬制度变革取得了突破性的进展。我国的企业从纯粹的“生产车间”逐渐演变为真正意义上的市场主体，企业的薪酬也随着经济体制改革的逐步深入，由国家直接对员工的工资分配逐渐变为企业对员工的报酬。

市场不是解决一切问题的良药，市场机制本身存在着严重缺陷。研究劳动力市场规制的内涵和现状，深入分析劳动力市场规制与薪酬的关系，规范市场主体各方的行为，对于发展市场经济、构建和谐社会都有积极的意义。

全球化经济是跨国公司主导的经济，跨国公司在不同的国家经营，就必须对所在国（东道国）员工的薪酬和外派员工的薪酬进行管理。跨国公司的薪酬管理方案既要满足公司整体战略意图，又要保证足够的灵活性，以在不同的国家或地区根据不同的文化背景进行适当的修正，以满足所在国和第三国员工的实际需要。

在国际化的过程中，世界范围内的薪酬管理思想不断传入我国，并与我国已有的管理思想交融、碰撞、发展，给我国的薪酬管理带来了很好的发展机遇，同时也使我国本土企业的薪酬管理受到了严峻的挑战。转变薪酬管理理念、加强薪酬管理的基础性工作、改革和完善我国薪酬管理制度、不断进行薪酬管理创新是我们的必然选择。

20 世纪以来的管理实践证明，没有一种薪酬制度能够适用于所有的企业，也很难服务于企业不同的发展阶段。20 世纪 80 年代以来，薪酬管理变革呈现出日益加速的态势，并已成为企业适应环境变化和应对管理困境的有力工具。而企业在发展过程中应对外部环境变化的不确定性，为薪酬管理变革提供了无限的可能性。未来的薪酬管理充满未知数，但可以肯定的是，变革将无处不在。

复习思考题

1. 影响薪酬管理的外部环境因素主要有哪些？
2. 20 世纪 80 年代以来，薪酬管理变革呈现出日益加速的态势，其主要原因有哪些？

3. 试从薪酬管理专业化的角度，讨论薪酬管理人员需要具备怎样的任职能力以应对外部环境变化所带来的挑战。

4. 国际化给薪酬管理带来了哪些影响？如何理解国际薪酬管理的一致性与差异性？

5. 跨国公司一般如何对外派员工进行薪酬管理？

6. 谈谈你对国际化环境下我国企业薪酬管理所面临的机遇与挑战的认识。

案　例

要求兑现加薪承诺　首钢秘鲁铁矿再遭罢工威胁

首钢秘鲁铁矿工人又要罢工了。

2010 年 3 月 25 日，据路透社报道，首钢秘鲁铁矿的工人周四表示，计划下周一（3 月 29 日）举行罢工，施压业主以满足其加薪要求。首钢一位内部管理人士证实了该消息，“罢工的消息已经传出来，这是家常便饭”。

中国冶金工业规划研究院院长李新创刚从武钢利比里亚邦矿项目考察回来，谈及首钢秘鲁铁矿罢工问题，他表示，“南美人最喜欢用罢工的方式来争取自己的利益，这也是困扰首钢秘鲁铁矿生产的最大问题”。

1992 年 11 月 5 日，首钢集团以 1.18 亿美元购买了濒临倒闭的秘鲁国有铁矿公司 98.4%的股权。罢工的梦魇自此开始。

从秘鲁铁矿被首钢收购伊始，就为各种名目的罢工示威所困扰，“每次费尽心力解决完问题后，又面临下一波威胁。而每次罢工的目的几乎都是涨工资、加福利”。

最近的一次大规模罢工发生在上年 7 月份。罢工维持了 10 多天，在号称“秘鲁最有战斗力”的矿业工人工会的领导下，工人四处游行、喊口号、砸玻璃、烧汽车……最终以首钢承诺加薪而告终。

秘鲁铁矿工人之所以计划于 3 月 29 日进行无期限罢工，原因是“公司没有履行加薪承诺”。

实际上，每年三四月份，首钢秘鲁铁矿公司都要集中精力应对矿业工会的强势。“他们每年都会提交增加工资的申请书，如果处理不妥善，轻则影响公司财务状况，重则导致无期限罢工。”上述首钢人士表示。

一位知情人士告诉记者，据不完全统计，矿工罢工给秘鲁铁矿公司带来的日平均损失在 100 万～200 万美元不等。2004 年的那次罢工事件，甚至给秘鲁铁矿造成直接经济损失 500 多万美元。

首钢刚接手秘鲁铁矿时，曾仿效国内模式建立职工代表大会，但矿工们并不领情，首钢一位宣传人士曾对记者抱怨，秘鲁工人不关心企业的经营决策和发展前途，他们唯一关心的就是工资和福利。

另一知情人士甚至表示，每次罢工都是“有预谋、有组织”的行为。“这其中起主导作用的是工会，工会为了自己的饭碗，为了捞取更大的政治资本，对组织工人罢工乐此不疲。”

首钢秘鲁铁矿也有过短暂的劳资双方“蜜月期”。在最初的两年，面对工人加薪要求，首钢基本是“有求必应”。“首钢在编员工享受的福利，秘鲁工人都享受了，甚至还有一些国内工人想也想不到的福利。”首钢方面曾对外表示，在首钢秘鲁矿区工作的高层人员每月总收入达 5 000 美元，企业中层收入在 2 000 美元左右，“这在秘鲁算比较高的了”；首钢还免费为职工提供住房、水、电、交通、医疗等。

频繁的劳资纠纷一度令秘鲁铁矿处于半死不活的状态。随着罢工中的暴力事件越来越多，秘鲁铁矿经营问题重重，首钢曾想卖出秘鲁铁矿，但面对摩擦升级，首钢的态度渐渐转为强硬。1994 年的一次罢工后，首钢开除了带头闹事的工会主席；此外，面对工人的加薪要求，首钢拒绝的次数越来越多。

“强硬也要有后台。首钢在其中汲取了经验，和当地政府打好交道很重要。另外，要给工会一些威慑，最好能掌控工会，尽管这非常难。”上述首钢中层表示。

然而，秘鲁铁矿罢工事件频繁，首钢自身无法推卸责任。“刚开始，首钢试图在秘鲁引入国内管理体系，初期管理非常混乱。”一位业内专家表示，生产事故频发、成本核算不符合常态、财务报告错误百出等，在秘鲁铁矿都见怪不怪。

首钢至今没有从秘鲁铁矿频繁的罢工梦魇中逃脱出来，首钢正在经历的痛苦也在警示中国企业不要重蹈覆辙。如今，在首钢经营秘鲁铁矿近 21 年的时间里，首钢方面派去的领导班子换了近 10 拨，短暂的秘鲁之行更像是一次镀金之旅。

首钢已经意识到，成功进入秘鲁投资只是第一步，后面的路还很长。

图书在版编目（CIP）数据

薪酬管理/曾湘泉主编. —3 版. —北京：中国人民大学出版社，2014.10
“十二五”普通高等教育本科国家级规划教材
新编 21 世纪人力资源管理系列教材
ISBN 978-7-300-20046-0

Ⅰ.①薪… Ⅱ.①曾… Ⅲ.①企业管理-劳动工资管理-高等学校-教材 Ⅳ.①F272.92

中国版本图书馆 CIP 数据核字（2014）第 216424 号

“十二五”普通高等教育本科国家级规划教材
新编 21 世纪人力资源管理系列教材
薪酬管理（第三版）
曾湘泉　主编
Xinchou Guanli

出版发行	中国人民大学出版社		
社　　址	北京中关村大街 31 号	**邮政编码**	100080
电　　话	010－62511242（总编室）		010－62511770（质管部）
	010－82501766（邮购部）		010－62514148（门市部）
	010－62515195（发行公司）		010－62515275（盗版举报）
网　　址	http://www.crup.com.cn		
经　　销	新华书店		
印　　刷	北京鑫丰华彩印有限公司	**版　　次**	2006 年 5 月第 1 版
规　　格	185 mm×260 mm　16 开本		2014 年 10 月第 3 版
印　　张	16.75	**印　　次**	2020 年 9 月第 7 次印刷
字　　数	345 000	**定　　价**	32.00 元

教师教学服务说明

中国人民大学出版社管理分社以出版经典、高品质的工商管理、统计、市场营销、人力资源管理、运营管理、物流管理、旅游管理等领域的各层次教材为宗旨。

为了更好地为一线教师服务，近年来管理分社着力建设了一批数字化、立体化的网络教学资源。教师可以通过以下方式获得免费下载教学资源的权限：

在中国人民大学出版社网站 www.crup.com.cn 进行注册，注册后进入“会员中心”，在左侧点击“我的教师认证”，填写相关信息，提交后等待审核。我们将在一个工作日内为您开通相关资源的下载权限。

如您急需教学资源或需要其他帮助，请在工作时间与我们联络：

中国人民大学出版社　管理分社

联系电话：010－82501048，62515782，62515735

电子邮箱：glcbfs@crup.com.cn

通讯地址：北京市海淀区中关村大街甲 59 号文化大厦 1501 室（100872）